EMPRENEDORIA REGIONAL

i economia del coneixement

Pierre-André Julien

Traductors: Francesc Solé Parellada i Romà Puiggermanal

UPC

Amb el suport de

Generalitat de Catalunya

Aquesta obra compta amb el suport
de la Generalitat de Catalunya

Traducció al català de l'obra original en francès
Entrepreneuriat régional et économie de la connaissance,
realitzada per Francesc Solé Parellada i Romà Puiggermanal

En col·laboració amb el Servei de Llengües i Terminologia de la UPC

Fotos: Shutterstock

Disseny de la coberta: Ernest Castelltort
Disseny de la maqueta interior: Tono Cristòfol
Maquetació: Edicions UPC

Primera edició: desembre de 2010

Edicions de la Universitat Politècnica de Catalunya, SL
Jordi Girona Salgado 31, Edifici Torre Girona, D-203, 08034 Barcelona
Tel.: 934 015 885 Fax: 934 054 101
Edicions Virtuals: www.edicionsupc.es
E-mail: edicions-upc@upc.edu

Producció: LIGHTNING SOURCE

Dipòsit legal: M-53567-2010
ISBN: 978-84-7653-562-2

índex

pròleg

pròleg

Estimat lector.

El llibre que et fem a mans és una traducció del que va escriure el professor Pierre-André Julien amb el títol *Entrepreneuriat régional et économie de la connaissance*, publicat el 2005 per Presses de l'Université du Québec. El professor Julien va reescriure el llibre l'any 2008, i és sobre aquesta nova versió que hem treballat.

De fet, la nostra col·laboració amb el professor Julien ve de lluny. Hem estat treballant amb ell en temes d'economia regional des de l'any 1996, amb diverses estades nostres al Quebec i d'ell a Catalunya. Els seus plantejaments en aquest camp han coincidit amb els que manteníem nosaltres dins el Groupe de recherche européen sur les milieux innovateurs (GREMI), fet que va fer que el professor Julien s'acostés a aquesta associació, per bé que no hi va acabar ingressant.

I és que el punt de partida del professor Julien i de GREMI són molt semblants: *Per què alguns territoris són capaços d'assolir situacions més pròsperes que altres, amb punts de partida semblants? Per què els primers, en cas de crisi, la superen amb més facilitat?*

Aquestes són preguntes que sempre han preocupat els experts en economia regional, ja siguin els viatgers per països diferents o els estudiosos de les condicions de desenvolupament d'unes zones determinades, comparades amb altres.

Les respostes que el professor Julien i GREMI donen a aquestes preguntes són gairebé les mateixes: la regió que aprèn, en el primer cas, i el medi innovador, en l'altre. En el moment actual, en què la reactivació de l'economia de les regions es veu com a absolutament necessària, hem cregut que el treball del professor Julien podia ser molt útil per als experts en economia regional de casa nostra, com també per als polítics que han de guiar la recuperació de la crisi i, no cal dir-ho, per als estudiants d'aquesta matèria.

Però aquesta obra, a més, és aconsellable per a qualsevol persona interessada en la temàtica regional, gràcies a l'amenitat i al rigor amb què s'hi exposen els continguts. El seu plantejament clar, amb exemples ben escollits, i el paral·lelisme que l'autor estableix amb els sistemes d'investigació criminal (de fet, el subtítol del llibre és *Una metàfora de les novel·les policíaques*) fan que la seva lectura sigui alhora aclaridora i entretinguda.

Un dels encerts del llibre és vincular els elements de l'emprenedoria regional (emprenedor, organització, entorn) amb l'economia del coneixement, cosa que permet donar valor a la informació necessària per emprendre i sostenir les empreses que han d'impulsar l'economia de la regió. Als primers capítols, el professor Julien repassa les tipologies d'empreses amb relació als elements esmentats, i les fa dependents de tres condicions:

a) la informació (condició necessària)

b) les xarxes (condició necessària)

c) la innovació (condició suficient)

A partir d'aquest entramat, el professor Julien basteix una teoria de l'emprenedoria molt vinculada al medi innovador que ha propugnat el GREMI: la regió que aprèn i que, per mitjà de la innovació, és capaç de resoldre els reptes que afronta el territori. L'autor articula aquesta innovació a través de la informació de qualitat obtinguda mitjançant les xarxes (pròpiament, la gestió del coneixement) i que ell anomena "l'enxarxat de la intel·ligència".

El professor Julien empra tothora un mètode holístic, integrador de les diverses teories i explicacions més acceptades, ja que està convençut que cadascuna, per si sola, no és capaç d'explicar la complexitat del problema. El resultat és un treball sòlid i exhaustiu, una eina a disposició dels qui estan treballant en el camp de l'economia regional, que els ha de permetre entendre millor els instruments i les polítiques que cal aplicar. O, com diu l'autor, emprar els mecanismes del desenvolupament endogen i aconseguir el contagi emprenedor i l'apropiació del coneixement que han d'impulsar l'economia del territori.

La conclusió de l'obra, l'enunciat de la seva teoria de l'emprenedoria, esmenta la racionalitat col·lectiva, que es constreix mitjançant:

- la racionalitat individual;
- la racionalitat subjectiva;
- l'aprenentatge col·lectiu;
- les relacions interpersonals;
- les regles i les convencions del territori;
- la cooperació entre les empreses i l'intercanvi d'informació, en els seus aspectes qualitatius i quantitatius, i, finalment,
- l'entorn favorable.

Potser la millor manera de resumir el treball del professor Julien és reproduir uns fragments de l'últim paràgraf del llibre:

> "Captar la interdependència entre les variables microeconòmiques, macroeconòmiques i sociològiques és fonamental per entendre l'esperit emprenedor endogen i pensar com suscitar el dinamisme en una regió. [...] Recordem, també, que no hi ha un model genèric per a la promoció de l'esperit emprenedor, perquè tots els elements es poden combinar fins a l'infinit. [...] Cada regió ha de trobar el seu propi model i, per fer-ho, pot manllevar dels altres els elements compatibles, a condició d'adaptar-los."

"L'esperit emprenedor endogen és un projecte col·lectiu que suposa una construcció social especial dels recursos, les competències i, finalment, les produccions a cada regió. Aquesta construcció ha de tenir en compte valors difusos, comportaments dinàmics i conservadors, i les institucions que els fomenten."

"Com qualsevol procés de desenvolupament, l'emprenedoria és simplement la història col·lectiva de l'home (ésser humà) que va a la recerca de la seva identitat per conèixer-se (néixer amb) i després fer-se reconèixer pel seu treball."

"Això és cert fins a tal punt que qualsevol història individual pertany també a tots els qui la defensen i li donen valor, més enllà del seu valor monetari: el valor d'allò que és realment la humanitat i el seu poder de canviar el curs de les coses."

Barcelona, setembre de 2010

introducció

introducció

Una metàfora de les novel·les policíaques

A gairebé qualsevol economia es poden trobar territoris amb un progrés destacable, alguns dels quals es desenvolupen sobretot explotant els seus propis recursos, o durant períodes especialment propicis per al seu creixement econòmic. **Per què aquestes regions són guanyadores[1], mentre que altres territoris, fins i tot contigus, segueixen difícilment l'evolució econòmica general, o entren en declivi?** Aquesta és la qüestió que volem tractar, per mostrar, amb l'ajuda d'una teoria general, com, *en alguns territoris especialment emprenedors*, hi ha empreses, tant acabades de néixer com creades fa més temps, que creixen ràpidament; mentre que en altres llocs aquestes creacions o són escasses o es limiten a empreses insignificants com petits tallers o perruqueries més que no pas fàbriques de plàstics o de productes farmacèutics, per exemple, o es tracta de petites empreses que, un cop posades en marxa, moren ràpidament o no es desenvolupen gaire.

Se sap que hi ha regions molt afavorides, amb recursos naturals importants o amb una forta població implantada de fa temps, que no només aprofiten les inversions locals, sinó que n'atreuen d'altres que vénen de l'exterior. Per exemple, el fet de posseir petroli, mines de coure, platges assolellades o muntanyes nevades fàcilment accessibles explica l'interès dels inversors externs per posar en marxa i sostenir el desenvolupament d'aquestes regions[2]. Així mateix, l'existència d'una metròpoli o d'una gran capital, pel simple efecte de la importància i de la densitat de la població, o d'allò que s'anomena economies d'aglomeració, assegura generalment el desenvolupament durant un llarg període. Tanmateix, d'una banda, el nombre de regions privilegiades és limitat i, d'altra banda, els avantatges poden acabar per reduir-se, si no desaparèixer, a causa de la competència de nous materials o de fonts més riques i més accessibles, de la innovació tecnològica, d'una emigració important de la població o potser d'un canvi de moda. Hi ha metròpolis que perden el seu atractiu en benefici dels suburbis o d'altres grans ciutats menys contaminades o menys congestionades. El desenvolupament de les regions que no disposen dels avantatges esmentats només pot dependre, per tant, de les forces internes, d'allò que s'anomena el desenvolupament endogen (Romer, 1990; Walsh, 2006).

1 Per fer servir el títol de l'obra col·lectiva dirigida per G. Benko i A. Lipietz (1992) que presentava aquestes regions al costat d'altres en declivi.

2 El lligam entre la presència de recursos naturals importants i el desenvolupament regional, però, no sempre es dóna, com es veu a la major part del països en desenvolupament, on el petroli i els diamants són explotats sense tenir en compte les poblacions locals, i fins i tot en detriment seu. Aquesta distorsió apareix, per exemple, a la Guiana, a l'Amazònia o al Congo, com també es va veure a l'inici dels grans llocs turístics a diversos països industrialitzats, fins que els governs van intervenir per dictar lleis que tinguessin en compte els interessos de la població local.

La qüestió del desenvolupament territorial endogen fa referència a la creació i creixement de tota mena d'empreses per part de les forces locals. A la majoria de les regions, el creixement econòmic a curt o llarg termini prové majoritàriament de l'esperit emprenedor o de les noves iniciatives de les empreses locals, imitades a continuació per altres empreses creades per emprenedors exteriors, com ha recordat Baumol (1986), reprenent així Schumpeter (1911). Es pot per tant tornar a plantejar la pregunta precedent així: **per què l'emprenedoria endògena és més dinàmica en alguns llocs i durant certs períodes?**

0.1 La definició d'emprenedoria

Abans de respondre la pregunta plantejada, convé definir l'emprenedoria o esperit emprenedor. Davidsson (2001) o Steyaert i Hjorth (2003) recorden amb raó que no sempre hi ha acord sobre aquesta definició. Per exemple, Cole (1942), un dels més antics investigadors sobre l'assumpte després de Schumpeter, definia l'esperit emprenedor com «una activitat que permet crear, mantenir i ampliar una empresa rendible». Gartner (1990) reprèn la definició explicant que l'emprenedoria fa referència al «comportament que porta a la creació d'una nova organització». Altres autors posen l'accent sobretot en la innovació. Així, per Curran i Burrows (1986), l'emprenedoria constitueix fonamentalment «un procés innovador [...]», cosa que exclou les reproduccions d'empreses o les simples compres, com les que poden fer els directius. Vankataraman (1997) veu també l'emprenedoria com «una nova producció de béns o serveis en resposta a una oportunitat, amb totes les seves conseqüències», o encara com a «noves iniciatives de negocis inicialment concebuts i a continuació desenvolupats» per arribar al mercat. L'OCDE (2003) completa aquestes definicions dient que «l'esperit emprenedor és una manera de veure les coses i un procés per crear i desenvolupar activitats econòmiques a base de risc, creativitat i innovació, a gestionar a l'interior d'una organització nova o ja existent».

Si considerem una sola empresa, podem resumir aquestes concepcions distingint quatre tipus d'emprenedoria: la que crea una nova empresa, la que en reprèn una, la que es dirigeix a un mercat ja existent i la que es dirigeix a un mercat nou (veure figura 1).

1. D'entrada, al quadrant nord-oest de la figura, es troba **l'emprenedoria per creació d'una empresa nova** que reprodueix allò que es fa en un altre lloc o ho imita. Pels investigadors, la creació d'una empresa nova és l'arquetip de l'esperit emprenedor, i per tant aquesta és la definició utilitzada més sovint, com acabem de veure. L'empresa nova parteix d'una certa intuïció o d'una idea, tant si és una empresa molt petita –cas d'un venedor de diaris a la cantonada d'un carrer particularment concorregut, o d'un camioner que compra un camió de segona mà per connectar millor les empreses del seu poble amb la gran ciutat–, o més complexa –com en el cas d'una empresa manufacturera que utilitza màquines-eina de control numèric i una cadena de producció que requereix la intervenció de desenes d'empleats. Suposa la posada en marxa d'una organització, per

mínima que sigui –com en el cas del treballador autònom[3]–, un període previ a l'arrencada, després l'arrencada i finalment la consolidació, períodes amb trajectòries diverses segons el cas, però que apunten a la constitució més o menys ràpida d'una empresa i a la seva continuïtat. La nova empresa necessita un mínim d'innovació, ni que sigui en bona part per la imitació o reproducció d'una altra, com s'ha dit. Si bé es distingeix de les altres empreses per la influència central que l'empresari té sobre la seva posada en marxa i sobre la forma de la seva organització, almenys al començament, i pel fet que crea un valor relativament nou, té també la seva particularitat per l'efecte que provoca sobre l'emprenedor, sobre les organitzacions competidores i sobre els clients.

EMPRESA	**Antic**	**Nou**
nova	Empresa nova a partir de la reproducció o imitació del que es fa en un altre lloc	Empresa nova innovadora
antiga	Represa amb canvis menors o majors	Ampliació del mercat, internacionalització

| Figura 0.1 |
Una tipologia de l'emprenedoria individual.

Adaptat de Page Davidsson (2001)

2. La creació pot ser més innovadora si **ofereix un nou producte o instaura una nova manera de fer**. Fruit de l'efecte rusc d'un investigador universitari o d'un innovador que ha volgut aplicar la seva innovació al mercat, aquest tipus d'emprenedoria, col·locat al quadrant nord-est de la figura, faria referència a l'emprenedor de valorització o d'aventura, com veurem al capítol 3.
3. Però l'emprenedoria també pot venir de la **represa d'una empresa existent**, a condició que la recuperació la transformi d'alguna manera, ni que sigui en la seva organització i orientació, en la seva posada al mercat o en els productes que oferta. Ens trobem ara al grup del quadrant sud-oest. Si la recuperació o la gestió de l'empresa existent es fa sense canvis o d'una manera rutinària, no hi ha emprenedoria pròpiament dita. És el cas, per exemple, de recuperació d'una franquícia controlada per una gran cadena; en aquest cas es tracta més aviat d'un inversor que no pas d'un d'emprenedor. Reprendre una empresa canviant només la seva forma jurídica no és tampoc un cas d'esperit emprenedor. En aquest grup situem també les empreses que no només canvien les rutines o la simple gestió (els gerents de filials), sinó que **fan innovació adoptant noves tecnologies,** per exemple. Aquest enfocament permet superar la qüestió de si l'empresari

3 En aquest cas, l'organització depèn dels lligams que el treballador té amb les seves eines, encara que es limitin al telèfon i l'ordinador.

inicial continua sent empresari al cap de deu o vint anys (Davidsson, 1991) o, al contrari, si només ho és de tant en tant, en el sentit schumpeterià, quan fa canvis importants o quan innova. En l'últim cas, una gran empresa que evoluciona ràpidament, tant a l'interior com a l'exterior (per fusió o per adquisició), entra en aquesta definició d'emprenedoria[4]. Però el canvi no sempre vol dir creixement, ni el pas de petita a mitjana i gran empresa; es pot procedir a canvis regulars per respondre als atzars del mercat tot romanent petits (Gibb i Scott, 1986). Així mateix, el creixement no vol dir evolució lineal, com intenten demostrar alguns partidaris de la teoria dels estadis de creixement, com Stanworth i Curran (1979), o encara Watson (1995), malgrat els seus nombrosos crítics. La teoria va lligada a una metàfora de l'evolució biològica, mentre que les empreses són organismes socials sense trajectòries obligades i amb un gran marge de llibertat.

4. Finalment, al quadrant sud-est hi ha les empreses que **amplien el seu mercat**, sigui proposant un nou producte o una nova gamma de productes al mercat regional o nacional, sigui proposant el mateix producte a un mercat més ampli, sobretot per a l'exportació.

Però aquestes definicions no són suficients, com recorden Bygrave (1989) o Aldrich (1990), perquè es limiten a l'esperit emprenedor individual, on l'entorn general i les relacions amb la família, per exemple, les xarxes i el paper dels models de l'entorn juguen un paper molt important en el desenvolupament de cada firma. L'objectiu d'aquest llibre és, a més, estudiar l'emprenedoria regional o local o la creació i el canvi en un gran nombre d'empreses.

Com veurem més endavant, l'enfocament del llibre és estudiar la creació d'empreses i el canvi més enllà del cas per cas. Aquí volem respondre a la pregunta plantejada per Gartner (2001): per què s'ha creat una nova empresa?, i estendre-la al territori i al canvi o a la innovació que vénen a continuació de l'acte de creació. La nostra preocupació és la creació i el creixement de les firmes a les regions o a les localitats.

Tota creació o canvi en una empresa té no només un impacte sobre aquesta, sinó també sobre el mercat local i possiblement nacional o internacional, cosa que acaba per produir canvis en el teixit industrial territorial. L'emprenedoria crea doncs una estructura diferent entre els diversos actors socioeconòmics del territori, perquè l'arribada d'una nova empresa o els canvis en empreses existents comporten nous ajustos i noves creacions, i estimulen el canvi general en el teixit industrial.

En resum, per tant, per nosaltres, l'emprenedoria regional considera tots els quadrants de la figura 1. Comporta la creació més o menys regular de valors nous als mercats territorials o exteriors, com noves estructures de producció, i la creació de nous béns o noves localitzacions (Bruyat i Julien, 2000). Aquesta creació afecta altres empreses, i també els actors o *jugadors* econòmics de la regió o de l'exterior que aprofiten aquesta

4 Aleshores es parla d'intraprenedoria. Watson (1995) explica que, encara que l'esperit emprenedor pugui ser esporàdic, és rarament absent en els propietaris-directius, en tant que pot molt bé no existir a les filials amb un comportament de simple gerència que "administra amb parsimònia", cosa que il·lustra a més l'origen de la paraula "manager", "ménagère" (mestressa de casa) en francès.

evolució. La creació de valors nous pertorba el o els mercats, cosa que empeny més o menys ràpidament el territori a evolucionar, i finalment a desenvolupar-se i respondre millor a les necessitats dels seus ciutadans i dels clients exteriors, creant en el seu si més empreses i per tant més treball i riquesa, *i finalment més desenvolupament territorial.*

0.2 Les diferents formes emprenedores

La creació de valors nous pot prendre gran varietat de formes. A més, canvia segons els llocs i el temps. No es pot avaluar només pel seu grau de novetat, sinó al contrari entendre-la i situar-la a l'entorn on es troba. Es manifesta a diferents economies i territoris, en funció de contexts socioculturals particulars i de la història o del nivell de desenvolupament general. Per tant, s'ha d'estudiar en el seu context, com qualsevol objecte d'investigació, com precisen Kuhn (1970) o Chalmer (1994). Els emprenedors i les seves accions reflecteixen les característiques del temps i del lloc on evolucionen (Filion, 1997). La creació d'empreses no pot concebre's fora de la societat on té lloc (Chell, 2001), i per tant de la cultura que l'envolta. Així, Torrès (2001) proposa els quatre tipus ideals d'emprenedoria que ara definirem, per afegir-ne dos més a continuació:

1. **L'emprenedoria liberal nord-americana**, lligada més o menys estretament a l'ètica protestant definida per Max Weber o a un enfocament utilitarista i positivista com el de Jeremy Bentham. Afegim que la seva aplicació neoliberal per part de diverses firmes americanes comporta les trajectòries que s'han conegut aquests últims anys (com l'afer Enron, que s'ha tancat amb l'empresonament de la direcció), però no podria explicar la realitat als Estats Units (D'Iribarne, 2000). Ogbor (2000) parla d'una ideologia relacionada amb la cultura occidental, però massa simple per representar una realitat molt més complexa.
2. **L'emprenedoria corporativa** «a la francesa», que cerca la seguretat amb el suport de diferents lleis i regles de funcionament, almenys en un bon nombre de grans empreses de l'Hexàgon (Fayolle, 2000).
3. **L'emprenedoria de la classe mitjana** a la belga i a l'alemanya, o allò que els Britànics anomenen «la petita burgesia» (Audretsch i Elston, 1995), formada sobretot per PiME més o menys conservadores.
4. **L'emprenedoria de xarxa** a la japonesa, que Dana (1998) divideix en tres classes: el *Sanchi*, proper al districte industrial italià, el *kuodokumiai*, basat en la col·laboració entre PiME per a diferents funcions, com les compres; i finalment el *shita-uke gyoscha*, que constitueix un sistema de subcontractació a diversos nivells. Aquest sistema d'estructura en xarxa també es pot trobar a Dinamarca (Mönsted, 1995) i evidentment a Itàlia, amb els *districtes industrials* (Beccatini, 1989).
5. **L'emprenedoria asiàtica**, formada per milers de petites empreses amb funcions ben definides en una jerarquia entre les molt petites, les petites, les mitjanes i les grans (Guilheux, 1998).
6. Finalment, **l'emprenedoria informal o comunitària** africana, que compta amb una presència important de les dones i reposa en part sobre les tontines o el microcrèdit (Kawdem, 2001).

Però fins i tot aquesta tipologia no és prou afinada. S'ha de matisar, ja que en un mateix territori es poden presentar diversos tipus o subtipus. Per exemple, en Anglaterra, enfront del suposat model anglosaxó de l'empresari solitari, prop de 40% de les PiME tenen dos o més propietaris-dirigents i hi ha creacions d'empresa fetes per cooperatives de treball (DTI, 1999). A Itàlia hi ha tres grans regions emprenedores diferents, com s'ha vist més d'un cop (Conti i Julien, 1993); i el sistema de districte industrial de la *Terza Italia* existeix també a altres països europeus, i a Nord Amèrica (Pyke i Sengenberger, 1992). A Espanya, l'esperit emprenedor de Catalunya és força diferent del d'Andalusia (Guzman Cuevas, 1995). A l'Àfrica, els comportaments dels empresaris difereixen segons siguin musulmans, cristians o animistes. A l'Àsia, els nous empresaris xinesos ignoren la lleialtat cap a proveïdors i clients, i els de les grans illes de l'oceà Índic tindrien comportaments propis, ni africans ni asiàtics (Valéau, 2001). A Nord Amèrica, al Québec, el sistema de xarxes de col·laboració ha fet que bona part del comerç de detall continuï sent controlat per independents, al contrari d'allò que passa als Estats Units, on les grans cadenes dominen clarament; o que les cooperatives financeres siguin més importants que les banques privades. Tot plegat, segons com, evoluciona ràpidament.

Això sense tenir en compte que en alguns països es desenvolupen nous tipus d'empreses virtuals a nivell nacional o internacional, afavorides per Internet. Hi ha també els camins paral·lels de les firmes *alternatives* per promoure, per exemple, el comerç *equitatiu* o la contracultura. Michel Certeau (1973) explica aquests canvis a la història socioeconòmica de diversos països.

La complexitat es pot estendre als sectors de producció informal, o al mercat negre, no només a països en desenvolupament, sinó també als industrialitzats, com han mostrat diversos estudis antropològics (Steward, 1991). En el cas de mercats paral·lels, Fadahunsi i Rosa (2002) expliquen el cas dels empresaris nigerians que treballen a les fronteres i que es troben amb el dilema de subornar els duaners o recórrer a mitjans legals menys costosos però menys eficaços; afegim que aquestes empreses creen milers de llocs de treball i representen una part significativa de l'activitat econòmica de la regió. Un altre exemple és aportat per Rehn i Taalas (2003), que expliquen que, contràriament a la creença econòmica o periodística general, a la Unió Soviètica va existir sempre un mercat emprenedor paral·lel i il·legal per compensar els límits de la planificació central[5]. Schumpeter explicava que molts emprenedors creen les seves pròpies regles: pensem en exemples coneguts, com Bernard Tapie a França, o Conrad Black d'Hollinger al Canadà. Aquesta transgressió de les regles generals es pot fins i tot estendre a les empreses criminals, com en el cas dels 'Young Boy Inc.', empresa creada a finals dels anys 1970 per Butch Jones i Raymond Peoples per distribuir droga als barris Oest de Detroit, i que estava gestionada exactament com qualsevol empresa legal, amb els seus departaments i una gran capacitat d'innovació (Rehn i Taalas, 2004).

Un exemple d'esperit emprenedor allunyat de la PiME capitalista a l'americana. En estudiar el districte industrial de Prato, prop de Florència, cap als anys 1980, vam veure que fins i tot els petits patrons eren membres del partit comunista i seguien la mateixa obediència que els seus empleats sindicats, cosa que probablement seria considerada una heretgia, causa de presó, si no de pena capital, en alguns indrets retrògrads de Nord Amèrica, com mostrava la pel·lícula Easy Rider el 1960. Per a aquests patrons italians, l'enemic era la gran empresa milanesa i torinesa tentacular, que a més donava suport a la democràcia cristiana. Això s'explicaria pel fet que, després de la guerra, els centenars de milions de dòlars del pla Marshall van ser lliurats gairebé exclusivament als organismes del Nord d'Itàlia, cosa que va obligar les petites empreses del centre del país a espavilar-se pel seu compte, justament a través de la col·laboració i l'emprenedoria endògena. Sobre això veure Bianchi (1996).

Un exemple més modern, lluny del funcionament de les firmes tradicionals, és una petita empresa de la ciutat de Québec especialitzada en els problemes de logística de l'edició de còmics; l'empresa treballa, entre altres, amb autors de Cali (Colòmbia) o Sao Paulo (Brasil), uns treballs que s'imprimiran a Amsterdam i seran distribuïts per una firma de Los Angeles, una de les capitals mundials dels còmics.

Hoftede (1994) ha demostrat que l'organització està influïda per la manera que té la societat de concebre l'autoritat, els comportaments individualistes amb relació als socials, les relacions entre homes i dones, l'actitud davant de la incertesa, el nivell de permissivitat enfront del fet l'il·legal, o fins i tot la consideració del curt i llarg termini, etc. Així, els comportaments davant de la competència varien molt segons les cultures: en certs casos són molt febles[6], o particularment agressius, en tant que en altres llocs es busca molt més la col·laboració; i la competència varia en un mateix país, segons els sectors, igual com les bases sobre les quals es funda. ¿No es van comparar fa un temps els japonesos i els occidentals amb l'argument que els primers utilitzaven més l'hemisferi dret del seu cervell (més sintètic, més holístic i integrant millor dades diverses) i els segons l'hemisferi esquerre (més analític, més lògic)[7]?

Cal notar que no hi ha cap jerarquia entre els diversos tipus d'emprenedoria. Tots valen i tots poden ser font de desenvolupament o de restriccions; amb tot, en aquest treball insistirem més sobre l'esperit emprene-

5 Aquests autors parlen d'una part molt important d'activitats econòmiques paral·leles basades en les coneixences i les relacions (Reen i Taalas, 2003, pàg. 237). Un col·lega de la Universitat Lliure de l'ONU, que va viure uns anys a Moscou els anys 1970, explicava que més d'un milió de porcs havien estat criats pels moscovites a les cambres de bany i de mals endreços per a les tradicions de les festes de Nadal, per subornar els veïns i els inspectors de sanitat i per a l'intercanvi per a altres despeses de les festes. El sistema, anomenat "blat", existia a tots els països de l'Europa de l'Est, al mateix període, com a Polònia, afavorit en aquest cas pels horaris de treball a les grans empreses (de 6 a 14), cosa que deixava tota la tarda per fer intercanvis o comprar i vendre per aconseguir alguns béns essencials i completar els salaris massa baixos.

6 Per exemple, Gustave Welter, a la seva *Història de Rússia* (1963), remarca el gran impacte de la religió ortodoxa en la submissió dels ciutadans al tsar, amo de la terra i per tant del seu destí, i més tard a dictadors com Lenin i Stalin, cosa que afecta molt l'individualisme necessari per crear una empresa que no sigui el molt petit comerç que acabem de presentar a la nota anterior.

7 Aquesta teoria va ser molt criticada i ja no és vigent. Veure Rao i al. (1992).

dor occidental, que té alhora parts de l'esperit emprenedor americà i de l'europeu, que coneixem millor, però que també compta amb elements més universals[8].

A més l'emprenedoria no es pot limitar a certes èpoques o territoris, ni circumscriure a l'empresa privada. Ni és necessàriament més present en alguns grups que en altres. Si la seva presència i el seu dinamisme poden variar segons les èpoques i els territoris, és sobretot pel seu mode de funcionament, que es distingeix d'un indret a l'altre, com veurem al llarg d'aquest treball.

En resum, les diferents teories sobre emprenedoria no són necessàriament errònies. Però sovint estan massa lligades al comportament individual de cada emprenedor i a un territori o a una època, i sobretot sovint són massa parcials. Cal doncs superar aquests enfocaments i recórrer a una teoria més complexa, com recomanen Shane i Vankataraman (2000) i el grup d'investigadors dirigit per Steyaert i Hjorth (2003).

0.3 La necessitat d'un enfocament complex

Només es pot parlar d'esperit emprenedor adoptant una visió àmplia, ja que, per entendre'l, cal necessàriament considerar diferents tipus d'individus (segons l'edat, sexe, orígens, formació de l'emprenedor, etc.), diferents formes d'organització (segons la dimensió de l'empresa, el sector, els enllaços amb altres empreses, etc.), diversos entorns socioeconòmics, pròxims (el medi) o més amplis (el mercat, l'economia), i diverses èpoques (el temps).

Sanberg i Hofer (1987) van provar de mostrar això en escollir un enfocament que tingués en compte l'emprenedor, la seva estratègia i l'estructura del sector, camí que reprengué més tard Storey (1994), afegint-hi el procés de gestió.

Però això no és prou. Per entendre l'esperit emprenedor cal diverses disciplines i tantes investigacions com facetes té. Així, un no es pot restringir a l'empirisme ingenu d'alguns estudis que es limiten a fer l'enllaç de variables purament econòmiques, com recorda el títol de l'obra de Curran i Blackburn (2001) *A la recerca de les PME*[9], fent referència a tota la complexitat del concepte.

De fet, a tota investigació sobre emprenedoria cal aplicar el principi sistèmic de *la varietat necessària*, que diu que un enfocament no pot ser menys complex que la qüestió estudiada[10]. D'altra banda, la complexitat pot limitar la comprensió, com explica Chia (1998, pàg 344): «qualsevol ciència, sigui quina sigui la seva complexitat, és finalment reduccionista en les seves intencions», ja que, *en definitiva, és impossible tenir-ho en compte tot*, o, en el cas que ens concerneix, tots els elements possibles que afecten l'emprenedoria al mateix temps i durant el mateix període, i continuar sent entenedora (Bacharah, 1989). Per tant, parlarem d'emprenedoria segons almenys quatre enfoca-

8 En especial la presència, a la família restringida o ampliada, de models amb una importància que es veu a l'augment de les probabilitats d'èxit del nou emprenedor, tant als països africans com a Occident (Matsanga, 1997).

9 "Researching the Small Enterprise".

ments: antropològic i psicològic, sociològic, geogràfic i econòmic, tot i saber que això no esgotarà el tema.

El principi *de la varietat necessària* explica que una organització ha de ser tan complexa com el sistema en què es troba, si no vol ser superada i per tant quedar en fals respecte al sistema en qüestió. Així, les organitzacions han de ser capaces d'entendre què passa als mercats, investigar-ne els elements i desenvolupar una combinació complexa de recursos capaç de captar els canvis subtils i reaccionar, o millor proaccionar amb ells. Jacques Mélèse ha mostrat que una organització fortament jeràrquica només pot evolucionar lentament i que llavors cal que controli el seu entorn amb mesures monopolístiques per intentar bloquejar el canvi: «Una jerarquia formal en la qual tota la varietat prové del cim només és un dispositiu de desmultiplicació que no presenta cap caràcter de capacitat de control, d'adaptació a l'aprenentatge» (Mélèse, 1979, pàg. 73).

En l'enfocament *antropològic i psicosociològic*, si no behaviorista, l'empresa, almenys els primers anys d'existència, té a veure principalment amb l'emprenedor, i per tant amb totes les seves dimensions individuals, psicològiques, socials pròximes (la seva família) i més àmplies (els seus orígens, cultura, educació, formació, etc.). Són en efecte les dimensions que han determinat les característiques i comportaments que han permès a l'emprenedor fer-se'n, desenvolupar algunes idees i a continuació concretar-les en la creació o transformació d'una empresa. Aquest enfocament fa referència al paradigma de Schumpeter sobre el paper central del creador de l'empresa, l'«heroi» de l'emprenedoria, almenys els primers anys.

Pel que fa a l'emprenedor, es pot parlar del seu desenvolupament cognitiu, de la seva capacitat reflexiva i del seu *sentit d'alerta per aprofitar les oportunitats* (Kirzner, 1979; Baron, 2006). S'ha de tenir en compte, sobretot, la seva experiència passada i en curs, les coneixences que ha fet de jove al si de la seva família o després, la seva concepció de la idea de sortida, també el desenvolupament de la seva estratègia i la configuració de l'organització que ha posat en marxa. Tot plegat constitueix l'estructura subjectiva individual i col·lectiva que facilitarà o no el posicionament de l'organització al mercat.

En l'aspecte cognitiu es poden trobar, com en tot individu, comportaments de mercat i no de mercat, com el fet de contractar un parent o un amic tot coneixent les seves limitacions, o actuar per impulsos que, per definició, no sempre són racionals. Només cal pensar en el problema de la successió, que sovint no té res a veure amb una anàlisi raonada i que, a diverses societats, perpetua antics prejudicis quan es dóna preferència

10 Com haurien de fer totes les ciències que tenen com a objecte l'ésser humà o la societat; com la medicina, que amb tot es limita massa sovint a utilitzar alguns medicaments específics que precisament són incapaços de respondre a la complexitat (varietat de causes) i obliguen el pacient a recórrer a nous medicaments que no fan més que anul·lar l'efecte dels primers, si no és que n'agreugen els efectes secundaris sense anar a buscar les causes. Per exemple, el desembre del 2003, un metge es meravellava que s'estigués a punt de posar al mercat una vacuna contra l'al·lèrgia als cacauets. La lògica més elemental diria que primer s'han de buscar les causes possibles d'aquesta al·lèrgia, com la utilització massiva de pesticides a les plantes de cacauets. Només fa unes desenes d'anys, gairebé tots els esmorzars nord-americans feien servir mantega de cacauets, sense cap conseqüència ni per als nens ni per als adults.

al fill, tot i que la filla sigui molt més apta, o quan es descarta un executiu en benefici d'un fill, malgrat els handicaps evidents d'aquest últim.

L'emprenedor és al cor de la creació d'una empresa i del seu desenvolupament. És efectivament un individu una mica especial, tant en un mercat capitalista com en un altre lloc. Però és també un ésser social que ha de tenir en compte les possibilitats i límits de la societat on viu[11]; malgrat el que diuen Pareto o Frédéric Hayek, els quals, reprenent els aforismes simplificadors de Bentham, en fan un només ésser egoista i calculador. L'emprenedor té interessos personals, família, amics i, per conseqüent, afinitats i interessos diversos. La família i amics poden intervenir a l'empresa com a gestors o com a empleats, amb papers no sempre ben definits. L'emprenedor té activitats fora de l'empresa, i per tant emocions, una vida social, lligams diversos més o menys obligats. El seu èxit s'explica també pels seus múltiples enllaços amb el medi socioeconòmic i per un entorn propici, com veurem més endavant.

> Així, el meu avi va empènyer el meu pare a associar-se amb un germà per raons purament familiars, fet que el va obligar vint anys més tard a recomprar a un preu molt elevat les participacions del germà per tenir les mans lliures per desenvolupar la firma. Les obligacions familiars o socials són moneda corrent al moment de la creació d'una empresa, no només als països amb organització tradicional, sinó també als altres.

Així, al costat dels emprenedors hi ha molts altres actors, que anomenarem *participants,* ja sigui la família, els socis, alguns empleats especials[12], les relacions de negoci, però també altres persones que els serveixen de model o que els proporcionen tota mena d'informacions útils.

L'emprenedor, i per tant l'esperit emprenedor regional, és un fenomen eminentment sociocultural. Com qualsevol consumidor, és un ésser connectat a una col·lectivitat i no pot actuar aïllat, seguint una trajectòria traçada des del seu naixement; té necessitat dels impulsos i del suport del seu entorn, en especial del més pròxim.

L'enfocament sociològic és doncs essencial. En aquest cas, l'emprenedor és vist com a creador d'una organització en relació amb les altres organitzacions de la societat, i per tant del medi social que fa de mediador entre elles, com anota Arrow (1994). L'organització pot ser més o menys complexa, segons la seva dimensió, i dinàmica, segons l'estratègia adoptada. A l'inici és el prolongament de l'emprenedor, el completa. A continuació, a poc a poc, s'emancipa d'ell, encara que hi queda fortament lligada. Agrupa els altres elements, ja sigui executius, empleats i altres participants, i els orienta segons la seva estratègia. Per l'emprenedoria, l'organització es veu més important que l'emprenedor,

11 Cosa que ja reconeixia els anys 1920 el gran economista John Maurice Clark (1926). Per ell, "la societat no és una simple suma d'individus", i "el benefici social no és només una operació aritmètica". Després de citar-lo (1946, pàg. 152), Pirou afegeix que Clark proposava així una concepció *organicista i dinàmica* de l'economia, cosa que s'ha oblidat massa temps i que Mintzberg ha represès en parlar dels comportaments de les empreses.

12 Especialment els primers empleats, els que han participat a la posada en marxa de l'empresa i al desenvolupament de les seves especificitats. És per això que sempre diem als nostres estudiants, quan enquesten PiME, que relativitzin les dades dels organigrames que obtenen, subministrats sovint pels emprenedors una mica a contracor, o que almenys en limitin l'abast real.

ja que representa la base del teixit industrial i per tant del desenvolupament del territori que proporciona llocs de treball i productes. El posicionament de sortida de l'organització i, a continuació, els seus ajustos graduals o brutals al mercat, influeixen en el seu desenvolupament. El tancament d'una empresa, fins i tot quan sobrevé perquè l'emprenedor agafa la jubilació, ha assolit els seus objectius o no troba comprador, representa sempre un fracàs per al desenvolupament regional.

L'enfocament geogràfic o d'economia regional permet diferenciar les regions segons la seva capacitat per mantenir l'empresa i sostenir la creació o obertura d'empreses noves, o sigui segons el seu grau de dinamisme: com que l'emprenedoria varia d'un territori a l'altre, cal tenir en compte la inserció social de l'organització i els seus enllaços amb el medi. Cada empresa, sigui nova o antiga, se situa en un territori que li proporciona els recursos i el capital social complementari al capital financer i humà necessari per sostenir el seu desenvolupament. L'acte emprenedor no es concep fora de la societat que el conté, sobretot la societat pròxima, el seu medi i la seva economia (Giddens, 1991).

Finalment, *l'enfocament econòmic* permet situar l'emprenedoria en la perspectiva més àmplia dels cicles econòmics. La veritat és que l'emprenedor i l'esperit emprenedor són molt poc presents a les teories econòmiques. Per la teoria neoclàssica, l'emprenedor no existeix o no és important. Tant més que sols compten les empreses molt grans, cosa que critica Kirchhoff (1994). No obstant això, l'esperit emprenedor només pot desenvolupar-se en un entorn econòmic (mercat, estructura o sector, competència, etc.) i una conjuntura (expansió, estagflació, declivi) donats, en els quals es mou l'emprenedor i que li procuren la informació necessària per ajustar-se i per trobar les oportunitats de negoci. Sense un entorn complex més enllà del mercat no hi ha empresa capitalista, ni per tant emprenedor, digui el que digui Casson (1991).

Aquest últim afirma, en efecte, amb molts altres economistes, que existeix a tot arreu un mercat d'emprenedors, *sempre disposats a manifestar-se si el salari convé*[13]. Refusa veure l'emprenedor d'altra manera que com un productor o un *venedor especialitzat* (ho diu així) que té d'entrada unes competències que el distingeixen de la seva empresa; no obstant, després aquesta el transformarà, com veurem més endavant[14]. Si Casson entra en altres camps, com l'economia institucional de John R. Commons, quan parla de control es queda amb una visió purament jeràr-

13 Encara que retreu a Walras (amb tot, aquest explica que tot això se situava dins un món purament teòric i només era "una primera aproximació [... que dissortadament...] els economistes joves s'imaginen que fan l'economia més i més 'científica' a mesura que la fan cada cop més confusa i obscura...", com remarcava el seu primer assistent Antonelli, 1930, pàg. 20 i 254) que consideri que el preu d'equilibri s'ha d'anunciar abans que intervinguin els productors, Casson fa el mateix a la seva discussió dels salaris disponibles al mercat. Per ell, aquests ingressos han de ser suficients abans que els emprenedors potencials s'activin. La seva anàlisi és tant més complicada que ell hi inclou tant els emprenedors empleats (*delegats*) a la manera de Cantillon (l'emprenedor és diferent del capitalista) com els *emprenedors dirigents*, fent servir ara l'un ara l'altre. Casson no admet que l'emprenedor llança la seva empresa perquè *creu* poder fer diners, encara que, a la realitat, pot acabar més o menys ràpidament fent fallida o fins i tot no arribar a posar en marxa la seva empresa si la seva capacitat per innovar i superar els obstacles, si no la sort, no es donen. En una recent anàlisi sobre el tema de les oportunitats copsades pels emprenedors, Casson continua simplificant la realitat de forma insultant (Casson i Wadeson, 2007).

14 S'ha de dir que la majoria de referències que utilitza provenen de recerques sobre l'empresa i no sobre l'emprenedor, i que estan fetes sovint a empreses grans i molt grans.

quica. Així mateix, en recórrer a la teoria de la negociació de Williamson, no pot superar els càlculs purament racionals, el postulat de racionalitat total i el recurs sistemàtic a l'anàlisi marginal el bloquegen. Refusa veure en l'emprenedor la condició humana, amb totes les seves possibilitats i límits[15]; en això segueix Pareto, que afirmava que no correspon a l'economia investigar per què l'individu fa una tria o altra, més enllà de la investigació del seu interès particular i de les forces que l'empenyen a mirar per l'interès general. Per ell, com pels economistes purs, l'home és un agent dominat per les forces econòmiques que planen damunt seu.

| Quadre 0.1 |
Els diferents enfocaments de l'emprenedoria

Enfocament	**L'emprenedor**	**L'empresa o l'organització**	**L'entorn o el medi territorial**
Antropològic, psicològic o behaviorista	Les seves característiques (els seus trets!)	Personal i centralitzada	Malament o no tinguts en compte
Sociològic	Un creador d'organització	En relació amb les altres organitzacions i la societat	L'organització forma part del teixit industrial
Geogràfic o d'economia regional	Un dels principals actors, però no l'únic	Un element de diversificació o no	Forts enllaços amb el medi i recíprocament
Econòmic	L'emprenedor com a simple agent econòmic	Una part de l'estructura industrial i una resposta a les necessitats del mercat	El dinamisme de l'empresa prové de la conjuntura i d'altres cicles econòmics de mitjà i llarg termini

L'enfocament de Casson s'assembla una mica al de Gary Becker, que ha introduït les nocions sociològiques[16] a les restriccions de l'economia a partir d'equacions simplificatives (per ell, tota la societat es pot analitzar a la llum del mercat utilitzant simples equacions). Per exemple, Becker (1996), que no obstant això ha rebut el "premi Nobel d'Economia"[17], mostra que el problema de la criminalitat en un territori pot explicar-se únicament per càstigs massa febles o sentències insuficients per desanimar els criminals. Per ell, el crim, com l'emprenedoria, s'ha d'analitzar com una tria racional. No obstant això sabem que, així com l'emprenedor que pren un risc creu fermament que el seu projecte és bo i que amb una mica de sort tindrà èxit (Singh, 2000), també el criminal creu que no es deixarà agafar. És per això que els sociòlegs han acabat per deixar de refutar l'argument. Per ells, les semblances amb la realitat sociològica que ell descriu *són purament fictícies o aleatòries*, cosa que feia dir a Pierre Bourdieu (1984) que Becker és totalment *acultural* des del punt de vista

15 Kets de Vries (1985) mostra diversos defectes dels emprenedors (com, per exemple, una certa inadaptació social, un esperit de desconfiança i fins i tot alguns problemes psicològics...), alguns dels quals poden estimular la voluntat de ser el seu propi amo, però que poden acabar també sent nocius per al desenvolupament de la seva empresa.

16 Especialment a la seva obra *The Economic Approach to Human Behavior*, Chicago, Chicago University Press, 1976. Per exemple, Becker sosté que el matrimoni s'explica essencialment per un càlcul d'interessos entre dos éssers humans de cara a les necessitats quotidianes de la vida. Així, una dona acceptaria unir-se a un home gairebé amb la sola finalitat que ell satisfaci les seves necessitats. N'és una prova, segons ell, que quan la dona arriba a guanyar més que el seu marit la seva unió acaba gairebé sempre amb un divorci.

17 O més aviat un premi del govern noruec administrat per la fundació Nobel.

sociològic, encara que el seu pensament no pugui ser criticat perquè conté els seus propis elements de racionalitat, però sense cap lligam amb la realitat[18]. Ara bé, el fenomen emprenedor és massa complex per ser analitzat només des del punt de vista de les regles econòmiques[19]; ans al contrari, s'han tenir en compte tots els enfocaments que acabem d'exposar breuement (veure el quadre 1), i encara més.

0.4 La piràmide emprenedora

Els diferents enfocaments tenen en compte no només els actors individuals, sinó també els efectes de les seves accions i el seu impacte tant sobre ells com sobre el mercat on actuen, generant el canvi; en altres paraules, aquests enfocaments penetren l'ontologia mateixa del fenomen estudiat, com recomana Chia (1998). Això permet construir una piràmide que il·lustra els diferents enfocaments, la seva interdependència i les variables sobre les quals la nostra anàlisi treballarà, variables que anomenarem actors de l'emprenedoria endògena i factors que l'afavoreixen[20] (veure la figura 2). Els tres primers actors, o sigui l'emprenedor, l'organització i el medi, pertanyen més específicament a l'emprenedoria endògena, i seran l'objecte de la primera part del treball. Els altres dos, l'entorn i el temps, són exteriors i poden ser vistos com a restriccions, però també com a possibilitats per a l'acció emprenedora. Els trobarem tot al llarg de l'argumentació.

La piràmide comprèn quatre triangles, la lògica dels quals sostindrà els nostres propòsits en aquest treball. El primer, a la dreta, representa els tres elements base de l'emprenedoria endògena: els emprenedors o els catalitzadors de l'activitat emprenedora, com explica Holmquist (2003), la seva organització com a complement i suplement de les seves accions, i el medi, que explica sovint no només la seva multiplicació sinó també el seu dinamisme, i a canvi aprofita les seves accions. El segon triangle, el que està de cara, connecta els emprenedors amb l'entorn i per tant amb l'economia, on troben mercat i recursos, segons el tipus de sector en què actua l'empresa; per la majoria de les petites empreses això es limita al mercat local i als recursos del medi pròxim, encara que gairebé sempre acaben afectades per l'evolució de l'entorn. El tercer triangle, el de l'esquerra, fa d'enllaç entre els emprenedors, l'entorn i el temps. El temps tracta dels comportaments dels emprenedors, que fan tries més o menys oportunes segons el període, com les grans empreses cotitzades a Borsa, que opten pel molt curt termini per respondre als desigs dels seus accionistes, més que per invertir a llarg termini. Ex-

18 Per una altra forta crítica de les anàlisis de Becker, veure Monzingo (1977). Una recent compilació del ministeri canadenc de Justícia dels estudis fets sobre l'efecte de les sentències mínimes que s'hauria d'imposar a qualsevol crim, en comparació per exemple a les sentències suspeses, mostra que l'efecte seria mínim.

19 És el que recordava, per exemple, Johnson-Laird (1983, pàg. 3): "L'esperit és massa complex per ser vist clarament o per ser estudiat amb efectivitat a partir d'una sola perspectiva. El coneixement científic només pot provenir d'una síntesi d'enfocaments."

20 Johnson-Laird (ibid) continua així: "[...] com els rellotges, els models a petita escala de la realitat no cal que siguin completament exactes, ni que corresponguin exactament a la realitat que representen per ser útils. No hi ha cap model mental complet per a cap model empíric, sigui quin sigui." Els models simplement ens ajuden a copsar millor la realitat complexa.

plica també l'evolució particular de l'entorn i el seu dinamisme. L'últim triangle, al fons, reprèn els enllaços entre emprenedors, organitzacions i temps per mostrar que els dos primers es transformen considerablement en el temps, tant si el pateixen com si en treuen profit[21].

Al centre de la piràmide hem posat els factors que afavoreixen l'aparició d'una emprenedoria endògena i el seu desenvolupament: 1) la informació que és a la base de l'economia del coneixement i que serveix de carburant per fer marxar tota l'economia, on la informació és cada cop més cabdal; 2) el treball en xarxa, que permet un millor accés, una tria i una adaptació d'aquesta informació; i finalment 3) la innovació, que és al nucli del caràcter distintiu de les firmes o de la seva competitivitat a l'economia del coneixement, i que descansa sobre la informació que procuren les xarxes.

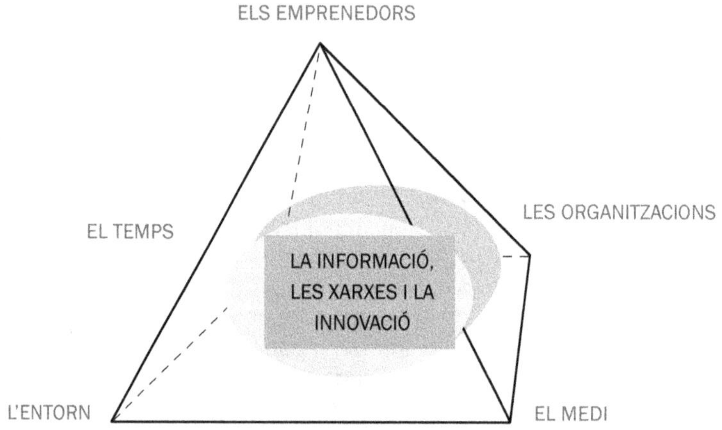

| Figura 0.2 |
La piràmide de l'emprenedoria

En aquesta lògica complexa, trobem d'entrada la dialèctica, ben coneguda pels gestors, entre l'emprenedor (E) i l'organització o l'empresa (O): E ⇦⇨ O. Però aquesta dialèctica no és suficient. Una tercera dimensió, l'entorn, juga un paper clau, com precisen els economistes, ja que tota organització és un sistema obert que obté els seus recursos de l'entorn i tracta amb un o més mercats de compradors. L'entorn, o més aviat el medi (o entorn pròxim), no és passiu, però, sinó que es desenvolupa conjuntament amb l'emprenedor i la seva empresa, amb un desenvolupament que no és general o global, sinó específic per a cada territori i cada període de la seva història (Giddens, 1991).

Durant massa temps els economistes no distingien el paper especial del medi a l'entorn, és a dir el paper dels altres actors pròxims, de les estructures i de les relacions de negoci a l'emprenedoria; ja que, com hem dit, la majoria[22] consideraven que l'economia era sovint favorable a

21 Així, el temps empeny gradualment els emprenedors a convertir-se en gestors, a causa de la seva aversió al risc, com veurem al final del tercer capítol.

22 Excepte, evidentment, Scumpeter i altres, com Kirtzner (1973) i Leff (1979), que van criticar durament aquesta creença.

l'emprenedoria, almenys quan la conjuntura era propícia. Ara bé, aquest medi, **M**, part de l'entorn, **e**, no és únicament un camp d'oportunitats o una restricció de competència, ni un simple context, sinó una cosa que pot ser especialment activa, segons la relació Eo ⇦⇨ M (o potser {(E + O) f(Me)}): si el desenvolupament passa per les empreses, aquestes es transformen gràcies al medi pròxim i a l'entorn. Finalment, el temps, ***t***, no és indiferent, ja que la tria del moment per aprofitar una oportunitat i transformar-la en acció depèn d'ell, i pot explicar-ne l'èxit o el fracàs.

D'altra banda, la paraula *oportunitat* que utilitzen els economistes, provinent de l'anglès, significa més que la seva traducció "*ocasió de negoci*", perquè inclou justament la referència al temps[23], que fa que l'oportunitat (també la creada, com veurem als capítols 3 i 8) sigui oportuna o no, o que per desgràcia arribi massa d'hora o massa tard. La paraula va també associada a la idea d'oportunisme, cosa que mostra l'enllaç entre la idea, la seva aplicació i el seu autor o autors, l'emprenedor(s). S'obté així una relació completa on l'emprenedoria és una funció de {(E + O) f(Me, t)}.

Podríem incloure altres variables, com la dimensió, que oposa les petites empreses a les grans, o a les institucions. Per una millor concisió, aquestes variables es veuran més endavant. Però aquesta anàlisi va més lluny que els primers enfocaments de Porter (1981) i la seva adequació entre l'organització, els seus recursos, la seva estratègia i la seva capacitat per copsar les oportunitats de l'entorn. A l'estratègia s'ha de fer també l'anàlisi del comportament dels decisors a l'interior de l'empresa, ja que l'emprenedor i la seva organització poden influir sobre el medi, l'entorn, l'economia (no són només captadors de recursos i d'oportunitats). Aquest element estratègic, sobretot a l'organització (*d'òrgan, d'orgànic*: l'empresa no és un muntatge fet a base d'ordre, sinó un sistema viu en creixement), és ben explicat per Brown i Eisenhart (1998), que mostren que l'aplicació de l'estratègia és tan important com l'estratègia mateixa. Aquesta consisteix a competir sobre *el fil de la navalla*, creant un flux continu de petits avantatges competitius de tota mena per distingir-se dels competidors, tot *condicionant* l'entorn (Marchesnay i Julien, 1990). Això suposa un procés en cinc temps:

1. *La improvisació* (al límit del caos, entre la permanència i la flexibilitat);
2. *La coadaptació i la col·locació* (la proximitat i la col·laboració de l'equip multidisciplinari);
3. *La regeneració* (explotar els elements antics tot creant-ne de nous, per reenginyeria);
4. *L'experimentació* (les anticipacions i proves per explorar el futur a un cost baix i de manera flexible); i
5. *La marxa* (el ritme natural, la trajectòria, l'itinerari, que mantenen la capacitat de canvis naturals tot aprofitant la sinergia de la posada en marxa).

23 La definició de la paraula *oportú*, segons el *Larousse*, és: "que es correspon amb el temps, el lloc, les circumstàncies, que passa al moment adequat". Prové de les paraules llatines *ob* (endavant) i *portus* (entrada, port), o sigui allò que demana reflexió abans de l'acció (tenir compte dels corrents i del vent abans d'entrar a port), escollir just el bon moment per tenir èxit (l'atracada).

És la dialèctica entre estructura i caos, que adquireix coherència a partir de la visió de l'empresa. L'estratègia suposa també treballar en col·laboració al si de les xarxes (personals, de negoci i informacionals), per tal d'aprofitar recursos exteriors i multiplicar el seu impacte.

Un se situa així en la línia del que expliquen Hitt i al. (2001) i que permet al pensament emprenedor ser coherent amb l'estratègia. Vankataraman i Sarasvathy (2001) precisen que «l'emprenedoria concerneix la creació, la gestió estratègica i la manera d'establir i mantenir un avantatge d'allò que s'ha creat» enfront del mercat. Aquesta visió pot englobar també la cultura de l'empresa, que augmenta la coherència entre els comportaments dels executius i empleats i els seus enllaços amb l'entorn. Tot plegat encara l'empresa a una complexitat intrínseca que exigeix l'adopció d'un enfocament complex.

0.5 De Colombo a Holmes, Maigret i de Baskerville

Per entendre la necessitat d'una anàlisi complexa que sigui comprensible es pot recórrer a una metàfora, com una temptativa deliberada de simplificar la complexitat amb l'ajuda d'una imatge fàcil de copsar i entendre. Utilitzarem la de les novel·les policíaques, on el personatge principal, el policia, i amb ell el lector, no només fan la investigació d'un o diversos crims, sinó també de les seves causes[24]. Prenem els casos dels quatre policies literaris probablement més cèlebres: Colombo, Sherlock Holmes, Maigret i Guillaume de Baskerville, coneguts pels llibres que n'expliquen les aventures, dels quals s'han venut milions d'exemplars al món, i per les pel·lícules que se n'ha fet a continuació.

El primer personatge, Colombo, ens servirà de contraexemple, ja que el seu procediment és molt simple, si no simplista. En efecte, a cada episodi, l'espectador coneix ràpidament el culpable i comprèn que el policia sospita d'ell des del començament, sense poder provar la seva culpabilitat. Només falta veure com arribarà a forçar l'assassí a confessar. És una lògica d'investigació molt limitada, a imatge dels investigadors que consideren que l'emprenedoria només depèn del vigor de l'economia o del dinamisme dels emprenedors. Entre els primers tenim els pensadors neoclàssics, que consideren que n'hi ha prou que l'economia creixi perquè els emprenedors apareguin i es multipliquin les empreses[25]; entre els segons, els defensors de la teoria dels trets específics de l'emprenedor, que fa d'aquest un ésser especial si no excepcional, capaç de discernir oportunitats de negoci d'una manera potser única i pel seu propi enginy, mentre els altres ciutadans no veuen res; en resum, que consideren l'emprenedor com a primera si no única causa de l'emprenedoria.

Per la seva part, Sherlock Holmes és un policia més complex. Per trobar el culpable es basa essencialment en l'acumulació i avaluació d'indicis de tota mena, inclosa la seva disposició al lloc del crim, però també en els enllaços entre ells. En emprenedoria, això porta a considerar que

24 Sempre cal ser prudent amb una metàfora i entendre que només és una reducció d'una realitat més complexa, reducció que hem de superar per entendre les subtileses de la realitat, com recorda el filòsof Paul Ricoeur (1975).

25 Per una il·lustració d'aquesta teoria, veure Lucas (1978).

hi ha tota mena d'emprenedors i empreses, que no tenen la mateixa importància ni actuen de la mateixa manera. Amb aquest enfocament ja es pot entendre que l'entorn pròxim, el medi, juga un cert paper per sostenir la intervenció emprenedora. Però el més important i aclaridor són els enllaços subtils entre les variables. En "Un escàndol a Bohèmia", Holmes retreu a Watson, el seu fidel cronista, que mira sense observar: «Només mireu, no observeu. La distinció és clara... Tota la qüestió és aquí.» I continua explicant que per investigar cal anar més enllà de les aparences, recollir els fets, reconstruir la realitat complexa. Així, no es pot parlar del paper de l'emprenedor sense situar-lo en el seu context i distingir els diversos tipus d'emprenedors i d'organitzacions i el medi on intervenen. És el que diu Karl Vesper (1985), recordant que els emprenedors són éssers complexos, amb intervencions que no poden reduir-se a alguns trets o comportaments. Spinosa, Flores i Dreyfus (1997) recorden que per entendre l'emprenedoria cal estar disposat a anar més enllà de les aparences, a *sentir* la complexitat de l'acció dels emprenedors a l'economia[26].

Això és el que fa Maigret, el nostre tercer policia cèlebre, anant més enllà dels indicis, tot i tenir-los en compte pel treball dels seus col·laboradors[27]. Concedeix una gran importància a la història i a la psicologia de la víctima, adduint que és molt rar que els assassins l'escullin a l'atzar[28], a no ser que estiguin bojos. El coneixement de la víctima explicarà en part els motius i per tant els comportaments dels assassins. Maigret necessita posar-se tan com pot a la pell de la víctima per entendre per què l'assassí l'odiava: cal «esdevenir una esponja per impregnar-se del misteri, per tal que es descobreixi per si mateix[29]». Per entendre millor l'emprenedoria, doncs, ens hem de posar a la pell de l'emprenedor i descriure els enllaços entre el medi en què es mou, els seus orígens, la seva trajectòria, preferències, comportaments, però també amb tots els recursos que obté del medi i de les xarxes a les quals treballa. Com observa Gartner (1989): no és *l'emprenedor qui és important*, sinó *què ha fet, què fa i per què*.

Però qui va més lluny en la investigació de la veritat és Guillaume de Baskerville. El nom d'aquest *policia* franciscà no és una casualitat, ja que Umberto Eco hi associa Sherlock Holmes[30] i el filòsof anglès Guillaume d'Occam (1270-1349), que predicava el retorn de l'Església i del papa al

26 "Hem de cultivar una sensibilitat semblant per entendre millor la història veritable" (Spinosa, Flores i Dreyfus, 1997, pàg. 41).

27 Miss Marple, d'Agatha Christie, es pot comparar fins a un cert punt amb Maigret pel seu esperit d'observació i la seva intuïció, especialment subtils; en tant que el seu segon policia, Hercule Poirot, el petit belga *amb el cap d'ou*, està molt més pròxim a Sherlock Holmes. Amb Maigret alguns reconeixeran Mendes, el vell policia de les putes i els pobres del català Francesc González Ledesma, i evidentment Montalbano, del sicilià Andrea Camilleri, fervent admirador de Maigret.

28 El policia suec Wallander explica que "no hi ha assassins per naturalesa, sinó éssers humans que cometen assassinats" (a Henning Mankell, *Els gossos de Riga*, traducció de *Hundarna i Riga*, Barcelona, Tusquets). És el mateix que diuen altres autors policíacs, com els americans Lieberman i Conelly, el català Montalban, el portuguès Viegas, la francesa Vargas o la russa Marinina, i allò que fa les seves novel·les tan *humanes*, i per això tan reals.

29 *Maigret i el seu mort*, Simenon. L'antic mentor de Wallander, Rydberg, parla del mateix quan li diu *"que un policia ha de ser com un actor: capaç de copsar el fet desconegut amb empatia, de lliscar dins la pell d'un assassí o una víctima, d'imaginar els pensaments i els esquemes de reacció d'un estranger"*. Abans havia afirmat que calia *"veure l'invisible"* (subratllat al text, *ibid.*).

30 *El gos dels Baskerville*, una de les més conegudes aventures de Sherlock Holmes, de Conan Doyle (*The Hound of the Baskevilles*, 1902).

domini espiritual, per deixar a l'emperador el govern de l'ordre material i de les nacions. A la seva investigació dels culpables de les morts successives al gran monestir de Melk, al segle XIV, aquest personatge acaba entenent que, si no va més enllà de les oposicions entre els frares, de les seves gelosies i els seus odis, no entendrà res. Veu que tots els crims s'inscriuen en el llarg enfrontament sobre la precedència de l'emperador o del papa per la direcció temporal de l'imperi[31]. A això s'afegeix el debat entre els ordes menors, sobretot els franciscans, que sostenen la posició de l'emperador, i els ordes majors, els dominicans, que prenen partit pel papa. Sense oblidar el control de les ànimes a través del segrest dels llibres on es podria trobar la veritat[32]. Els assassinats no són més que la conseqüència dels diferents conflictes.
Com es veu al quadre 2, Guillaume mostra que la veritat només es pot entendre a partir de nivells diferents. Al primer nivell, de fet, en el cas de l'emprenedoria, hi ha l'emprenedor i la seva organització. Tanmateix, el seu dinamisme no depèn únicament d'ells, sinó també del medi en què actuen i dels enllaços amb les xarxes que els proporcionen recursos i informació. Cal doncs tenir en compte aquest segon nivell.

Tanmateix, per acabar d'entendre el procés, cal passar al tercer nivell, o sigui reconstruir el context sociocultural, la història i el desenvolupament del medi, els models emprenedors que proporciona, les convencions (les regles del joc) sobre les quals els actors s'han basat per sostenir la seva acció, en resum, la cultura emprenedora i l'atmosfera industrial del territori. No fer això seria, per exemple, provar d'explicar els assassinats relacionats amb bandes criminals com un simple conflicte entre individus, sense tenir en compte el desenvolupament de les organitzacions criminals ni l'entorn social que afavoreix o limita la seva activitat a la societat.

| Quadre 0.2 |
La metàfora de les novel·les policíaques i l'enfocament de problemes complexos

Policia	**Eines d'investigació**	**Mètode d'investigació**	**Teoria subjacent**	**Nivell de comprensió**
Colombo	Interrogacions indirectes per provar els fets	Lineal (causa a efecte)	Positivisme	Primer nivell
Sherlock Holmes	Acumulació d'indicis i síntesi	Inducció	Post-positivisme Interpretacionisme	Segon nivell
Maigret	Indicis, empatia, intuïció	Inducció/ Deducció	Interpretacionisme	Segon nivell
Guillaume de Baskerville	Indicis, intuïció, recomposició i deducció	Circular o espiral	Constructivisme	Tercer nivell

Com veurem al llarg del llibre, l'emprenedoria és més que la dinàmica dels emprenedors i de la seva empresa. Suposa un medi ric no només en recursos (i per tant un territori prou gran per tenir un mínim de recursos

31 Recordem que aquest conflicte va durar fins al papa Pius XI, que el 1925 va instaurar la festa de Crist Rei per intentar marcar altre cop la precedència del fet religiós sobre el temporal, i per tant de Crist sobre els caps d'estat.

32 Especialment el llibre de la biblioteca de l'abadia que afirma que Jesús havia rigut durant la seva vida terrenal, i que així qüestiona la doctrina de l'època que deia que els humans només són a la terra per fer penitència, evitant qualsevol recerca de plaer per tal de guanyar el cel.

complexos), sinó també en enllaços amb l'exterior, amb l'entorn; un medi amb una atmosfera especial que promou la cohesió entre esperit d'empresa, recursos i potencials de mercat; en resum, un medi on la cultura emprenedora afavoreix la sinergia entre els elements i sosté l'intercanvi d'informació entre les xarxes per permetre una innovació global cada cop més generalitzada.

Evidentment, entendre tot això no és fàcil i no ho estudiarem en aquest treball. A l'anàlisi de l'emprenedoria territorial trobem medis diferents pels seus recursos, cultura i història; fins i tot en una economia coneguda, les empreses tenen recorreguts o itineraris diferents, i les condicions socioeconòmiques varien. A més, el canvi no es fa al mateix ritme a tot arreu; depèn de l'estructura industrial i dels recursos tecnològics del medi: el temps també és un factor que és important no descartar. Algunes teories i anàlisis dels anys 1970 a 1990, que estudiaven la situació especial d'experiències organitzacionals territorials, van tenir tant èxits com fracassos, de manera que algunes es contradiuen i altres ja no s'apliquen.

En resum, a la realitat encarem una mena d'anamorfosi davant la qual ens hem d'allunyar per reconstituir la imatge imprecisa, vaga, deformada, i observar la realitat complexa a través de les múltiples dimensions del prisma, per entendre millor les seves diferents facetes.

0.6 Objectiu i mètode de treball

L'objectiu del llibre és proposar una teoria holística o transdisciplinària[33] de l'emprenedoria, com recomanen Bygrave i Hofer (1991), així com Bull i Willard (1993). És allò que Montesquieu aconsellava per a qualsevol problema complex fa més de 275 anys, no només a les *Cartes perses* (1721), sinó també al treball major *De l'Esperit de les lleis* (1748). Se sap que, amb les *Cartes perses*, aquest cèlebre autor llençava una mirada especialment crítica sobre la societat francesa del segle XVIII, a través de les observacions d'un fals viatger persa; però a *l'Esperit de les lleis* anava encara més lluny en l'estudi de les estructures i comportaments polítics i econòmics -estudi que ha marcat nombrosos textos fundadors, com el de la *Constitució americana*, o la teoria econòmica d'Adam Smith-, en afirmar ja que la riquesa havia de provenir de la indústria, del comerç i dels múltiples enllaços d'interdependència amb l'entorn.

L'enfocament transdisciplinari és obligatori, d'entrada, perquè l'emprenedoria es manifesta en la creació i desenvolupament de petites empreses molt heterogènies en què l'emprenedor té un paper tan important que les personalitza[34]; després, perquè la participació personal s'estén al territori on l'emprenedor viu i la seva empresa s'implanta, i que és

33 Segons F. Wacheux (1996), citat per Verstraete (2001), la transdisciplinarietat va molt més lluny que la interdisciplinarietat, ja que construeix coneixements sense tenir en compte una disciplina especial per assolir la complexitat d'un concepte o d'un domini de recerca.

34 Contràriament a la gran empresa "anònima" (com recorda el nom de les grans empreses europees, que no utilitzen la denominació nord-americana d'empresa "de responsabilitat limitada"). S'ha de notar que l'expressió "societat anònima" ve del segle XIX i més concretament de les lluites polítiques d'aquell temps contra la gran empresa i la burgesia; en aquella època, per a un propietari era millor restar anònim, per no patir la ira popular.

sovint el seu primer mercat i que proporciona diversos recursos materials i immaterials. Així, no ens queda més remei que considerar la petita empresa molt diferent de la gran, a causa del paper central de l'emprenedor, que es manifesta en un funcionament especial: l'emprenedor, a l'inici de l'empresa, realitza no només tasques de gestió, sinó també moltes de producció (Chicha i Julien, 1979), ja que hi ha poca o nul·la separació de funcions, lluny del cas de la gran empresa.

La teoria holística és encara més necessària a la nova economia del coneixement que està transformant les economies industrialitzades. Aquesta economia, en tant que procés col·lectiu que pretén multiplicar i compartir la informació que serà a continuació transformada en coneixement, conforma l'emprenedor i l'emprenedoria, i explica en part la necessitat d'apropiar-se la informació. El saber només pot ser assimilat i transformat si l'emprenedor i la seva organització tenen comportaments socioculturals harmoniosos amb el medi i les diferents xarxes. De fet, com veurem, i com escrivia Chandler (1977), l'empresa és abans que res un mecanisme que transforma el saber en coneixement per respondre a les necessitats del mercat, i l'emprenedoria, un sistema de relacions que proporciona la informació necessària per al desenvolupament d'aquest saber.

La nostra anàlisi d'aquestes relacions prové d'enquestes sobre el terreny, de nombroses lectures, sovint nord-americanes però també europees[35], i de discussions amb col·legues en col·loquis internacionals i en estades a diverses universitats. Prové també dels nostres treballs a l'OCDE des de 1989 sota la direcció de Marie-Florence Estimé, cap de la Divisió PiME d'aquest organisme. També es nodreix dels nostres treballs a la càtedra Bombardier, a la Universitat de Québec à Trois-Rivières, que ens han permès entrevistar durant prop de deu anys un centenar de dirigents d'empresa, desenes de caps de PiME i molts subcontractats localitzats a diverses regions del Québec (Julien i al., 2003b). Sense comptar la lectura de desenes de manuscrits per any, en tant que director de la Revista internacional P.M.E., de 1988 a 2005. La nostra anàlisi prové també de l'estudi de centenars d'altres PiME, algunes de les quals han crescut i s'han fet grans, tot romanent pròximes a les seves idees i comportaments de sortida, però transformant-se gradualment i esdevenint, a la segona i sobretot a la tercera generació, més tecnocràtiques i menys lligades al territori. També ha aprofitat l'aportació de desenes d'estudiants al màster de gestió de PiME creat a la Universitat de Trois-Rivières l'any 1981, i més recentment al doctorat en gestió dels negocis (DBA) iniciat l'any 2000. El nostre enfocament és constructivista a la manera de Guillaume de Baskerville, ja que ens basem tant sobre el fet real i la seva transformació com sobre conceptes en curs de desenvolupament, i també fenomenològic, com expliquen els filòsofs com Heidegger, perquè reconstruïm la realitat pas a pas i angle per angle per aconseguir explorar-la[36].

A l'anàlisi presentem les PiME com els elements claus de l'emprenedoria, no com un fenomen menor[37] o com a membres de grups sense

35 Johannisson i Landström (1999) afirmen amb raó que un bon nombre d'investigadors europeus van molt més enllà que els americans en el desenvolupament de conceptes i models que permeten entendre millor les PiME i l'emprenedoria.

36 Veure Bygrave (1989) a propòsit d'aquest enfocament fenomenològic.

estratègia de desenvolupament propi, sinó com un autèntic motor del desenvolupament. A molts territoris, la PiME és en efecte l'única que sosté el desenvolupament, l'única resposta al declivi de les grans empreses. La importància de les PiME prové sobretot del fet que continuen sent les primeres creadores d'ocupació, com va passar amb el retrocés de la gran empresa els anys 1970-80 i amb la posada en qüestió del *fordisme* basat en l'estandardització i el *taylorisme*.

Però tornem a repetir que amb aquest treball *no pretenem donar una recepta* ni demostrar el valor d'un sol model emprenedor. D'altra banda, hi haurà sempre treball a fer. Watson (1995)[38] recorda que l'emprenedoria és «una història intrigant i sempre a desenvolupar», ja que encara és jove, menys de trenta anys[39]. Volem més aviat atreure l'atenció del lector sobre les grans variables que expliquen l'emprenedoria en diferents situacions, i recordar-li que en altres situacions són possibles, si no desitjables, noves combinacions d'aquestes variables. Així, no s'hauria d'aplicar a altres cultures els exemples que descrivim sense haver-los adaptat als nous medis. Tot model ha de ser coherent amb el seu entorn, si no acaba ràpidament per no ser adequat. Cap empresa no pot obviar l'evolució del seu mercat, de la tecnologia disponible i dels valors que marquen la seva economia sense sacrificar la seva eficàcia.

0.7 El pla del llibre

El treball es divideix en quatre parts. A la primera descrivim el context en què farem la nostra anàlisi de l'emprenedoria endògena. A la segona presentem els grans actors de l'emprenedoria. A la tercera expliquem quins són els factors presents en el dinamisme de les empreses. Finalment, a la quarta, connectem actors i factors per explicar com funciona l'emprenedoria a les regions dinàmiques.

La primera part comprèn dos capítols. Al primer mostrem en què es distingeix la nova economia del coneixement de la que havíem conegut els anys 1970 a 1990, una espècie *d'edat d'or* de les petites empreses[40]; com augmenten la incertesa i l'ambigüitat[41] a l'economia, i com les empreses i regions han de posicionar-se pel que fa a les necessitats de nous coneixements per disminuir aquelles. Al segon capítol descrivim les diferències d'evolució d'un territori a l'altre, i repassem les velles teories

37 Segons Harrison (1994), les PiME estarien sobretot al servei de les grans empreses, com a simples proveïdores de recursos o d'economies de proximitat en resposta a les necessitats dels assalariats, cosa que constitueix un enfocament simplista, si no un gran desconeixement de les PiME.

38 No és un joc de paraules amb el fidel ajudant de Sherlock Holmes i les novel·les de policies.

39 La London Business School havia intentat una primera avaluació els anys 1970 i no havia trobat més de 2592 treballs sobre PiME abans d'aquella data, contra els 4356 abans de 1980 recollits el 1983. Sis anys més tard, el 1989, en comptava més de 13000 (citat per Curran i Blackburn, 2001, pàg. 4); afegim que aquests últims investigadors consideren que la major part de les recerques són de la pitjor qualitat, tenint en compte la complexitat del domini d'estudi. Veure també la introducció de Bygraves (1989, pàg. 7), que explicava que "l'emprenedoria és un dels paradigmes més joves de les ciències de la gestió". El grup de recerca internacional dirigit per Steyaert i Hjorth (2003; 2005; 2007) planteja les mateixes qüestions.

40 Parafrasejant els trenta gloriosos de Jean Forestier o la dècada daurada dels americans que va seguir a la segona guerra mundial (de 1945 a 1973, abans de les guerres el petroli), quan el producte nacional real de la major part dels països industrialitzats augmentava amb percentatges del 5%, en comptes del 2,5% després de 1990.

41 L'autor fa un joc de paraules amb l'ambigüitat de l'ortografia francesa de la paraula "ambigüité", que ha canviat a "ambiguïté". (*Nota del T.)*

que expliquen aquestes diferències, teories amb elements que podran servir-nos a continuació.

La segona part està formada per tres capítols, els 3, 4 i 5. Al capítol 3 presentem l'emprenedor, primer actor de l'emprenedoria endògena, a més de l'entorn i el temps. Els darrers són importants però poc manejables en un context territorial, ja que depenen de l'economia nacional i internacional i de la seva dinàmica. Els territoris no poden intervenir gaire sobre el seu entorn, si no és per aliar-se amb altres regions per obtenir de l'Estat programes d'ajuda per a la seves empreses. El temps, per la seva banda, es pot utilitzar per avançar-se a la competència, o per preveure els canvis futurs i posicionar-se millor. Al capítol 4 estudiem l'organització o l'empresa, segon actor i complement indispensable de qualsevol emprenedor. Amb l'organització, parlem de l'estratègia que escull l'emprenedor per augmentar el saber i el know-how, i conseqüentment la competitivitat de l'empresa i el territori. Finalment, al capítol 5 enfoquem el medi, els actius col·lectius materials i immaterials, sobretot reputació i contactes, que afavoreixen la creació i desenvolupament d'empreses, i la cultura emprenedora, els quals constitueixen el tercer i últim actor. En efecte, si la presència d'emprenedors i d'empreses actives, si no proactives, és la condició necessària perquè la regió sigui dinàmica, el medi és la condició suficient o la clau que explica per què aquest dinamisme es pot imposar i mantenir-se en un lloc quan en un altre el desenvolupament alenteix o entra en declivi.

La tercera part comprèn també tres capítols, els 6, 7 i 8, cadascun dels quals tracta sobre un factor de diferenciació de les empreses i dels medis: la informació, les xarxes i la innovació. Al capítol 6 tractem de la informació, el factor que permet a les empreses i territoris encarar millor la incertesa i l'ambigüitat, i així seguir o millor precedir el canvi. Al capítol 7 veiem que les xarxes són els mecanismes utilitzats per investigar, triar, proporcionar i difondre informació. Finalment, al capítol 8 mostrem que la innovació difusa és l'objectiu de les empreses i de les regions que volen mantenir o augmentar la seva competitivitat als mercats nacionals i internacionals. Com més la regió afavoreix la investigació i distribueix la informació, més les xarxes estimulen la distribució i milloren la qualitat de la informació; com més la innovació és present i eficaç, més el territori es diferencia i és dinàmic.

Però la presència de xarxes no vol dir que els intercanvis d'informació siguin prou rics. La quarta i última part té dos capítols que parlen precisament del treball en xarxa. Al capítol 9 mostrem no només com funcionen les xarxes eficaces, sinó també com poden transmetre una informació que faciliti i estimuli la innovació a tot el teixit industrial de la regió. Al capítol 10 ampliem els intercanvis, per treball en xarxa o d'altra manera, a tot el medi, i mostrem com aquest pot esdevenir un lloc on compartir l'entusiasme i multiplicar les idees, per crear així una cultura emprenedora que sostingui i estimuli el dinamisme.

Finalment, en acabar, reprenem la metàfora de les novel·les policíaques i recorrem a l'evolució de les grans teories econòmiques i de gestió per assentar els fonaments teòrics del nostre enfocament, i mostrar que s'inscriu en les noves teories i en un entorn que té en compte l'economia del coneixement.

Aquestes quatre parts i els seus capítols s'han de veure finalment com una espiral, des de l'element més simple (l'emprenedor) als més complexos (el medi i les convencions), una mica com un *globus en expansió*, reprenent així la metàfora de Bergson (1907) per explicar la complexitat de tota societat, o, en el nostre cas, per explicar la dinàmica de l'emprenedoria. Bergson explica que per entendre millor la complexitat hem d'arribar al nivell de la intuïció, que permet copsar la totalitat del fenomen[42].

El lector observarà que cada capítol comença amb una cita de Montesquieu que resumeix fins a cert punt les anàlisis que hi presentem, i que remarquen com aquestes consideracions existeixen des de sempre, evidentment amb les seves diferències i les seves semblances. Hem anat inserint quadres per presentar exemples d'allò que exposem i facilitar-ne la comprensió. Alguns dels exemples són trets de casos descrits a la documentació científica o als nostres treballs amb empreses durant més de vint anys. El lector que tingui pressa podrà evidentment deixar-los de banda. Aquests exemples, com la metàfora i els gràfics, constitueixen mitjans per ajudar el lector a copsar tota la complexitat de la teoria.

42 Bergson defineix la intuïció com el coneixement immediat d'alguna cosa sense intermediari i sense recórrer al raonament. D'altres, com Csikszentmihalyi i Sawyer (1995; 358), prefereixen parlar d'*insight*, o sigui un procés mental ampli precedit per una llarga preparació conscient i que requereix un període d'incubació de tota mena d'informació en paral·lel, i una reflexió a nivell subconscient. La importància que Bergson i els seus seguidors donen a la intuïció en fan potents adversaris del positivisme que encara massa sovint preval entre els investigadors.

Part 1. El context

L'economia del coneixement i les diferències de dinamisme territorial

Per començar qualsevol estudi aplicat sobre emprenedoria, és important descriure l'entorn socioeconòmic en què aquella té lloc (o l'entorn de l'activitat criminal, per tornar a la nostra metàfora), ja que cap anàlisi no pot ser independent de l'època i dels llocs que la determinen. Abans d'entrar de ple en l'assumpte, cal doncs precisar què entenem per economia del coneixement i diferències de dinamisme territorials[1]*, a partir de la creació d'empresa i del paper dels emprenedors, més enllà de les estructures financeres de l'economia*[2]*.*

Se sap que la distinció entre emprenedor i capitalista i per tant el seu diferent paper en el desenvolupament va ser definida per economistes francesos, sobretot Robert Turgot i Jean-Baptiste Say; ja que, a diferència de la burgesia anglesa, la francesa distingia clarament entre qui posava el capital i qui intervenia directament en la gestió de les empreses.

No tot són nous coneixements, i algunes rutines de producció o gestió que requereixen poques aptituds i encara menys aptituds noves poden continuar sent vàlides; igual com no tot és global, i algunes produccions són d'entrada locals i ho seran per molt de temps. Passa el mateix amb la criminalitat, que no sempre és de naturalesa global. Algunes grans bandes criminals, ajudades per les tecnologies de la informació i la varietat de mitjans de transport, han esdevingut cada cop més internacionals, sobretot en el camp de la droga i del tràfic de blanques. Però el crim insignificant i les malifetes de les bandes de barri, per desgràcia, continuen presents, tot i que el seu nombre ha disminuït l'últim decenni, probablement a causa de millors mesures de protecció, o de l'expansió del cocooning, o potser d'un major control de les grans bandes sobre els mercats.

Quan es parla a tot arreu de coneixements tecnològics o científics o de mundialització, que afectarien qualsevol producció, es ve a dir tot i res, fins al punt que alguns parlen de mondialivernes[3]*. Així, el fet local o regional no s'oposa al mundial, al contrari; i bon nombre d'empreses*

1 Al llarg de l'obra farem servir de manera indistinta les paraules *regió* i *territori*. Precisarem, però, al capítol 5, que per tenir èxit cal una certa massa crítica de recursos i per tant un territori prou gran, que pot agafar més d'una regió o, si més no, un territori prou dens. Així, no discutirem sobre desenvolupament local si no és a l'interior d'un territori molt més gran que una sola localitat.

2 A propòsit dels dos economistes citats al requadre, és veritat que la major part dels economistes historiadors, com Joseph Schumpeter (1924) (seguint els escrits de Léon Say (1877), el fill de Jean-Baptiste), atribueixen a aquest últim la distinció entre emprenedor i capitalista. Però està clar que Turgot escrivia ja el 1766, a les seves Reflexions sobre la formació i la distribució de riqueses, o sigui deu anys abans que la famosa obra d'Adam Smith, que "Sent el capital tan necessari com el treball en una indústria, l'home industrial [l'emprenedor] ha de repartir de bon grat els beneficis de la seva empresa amb els capitalistes que proporcionen els fons que necessita" (Pelletier, 1990).

3 Paraula formada evidentment de *mondial* i *baliverne* (poca-soltada)

escapen a les pressions internacionals o almenys saben jugar el seu joc sense dependre contínuament de la competència internacional.
D'altra banda, hi ha petites regions que viuen principalment del turisme, aprofitant justament l'atractiu que exerceix sobre els estrangers el caràcter folklòric de les seves produccions, inaccessibles al gran mercat mundial. D'altres es limiten a transformar de mica en mica els seus coneixements per sostenir les seves produccions i desenvolupar-se al seu propi ritme. És cert tanmateix que les regions més dinàmiques recorren sistemàticament a les noves tecnologies i a la innovació que requereix coneixement, i estan doncs fortament connectades al fet internacional. Importa recordar què distingeix les regions, destacar en què difereixen les seves trajectòries, per superar les aparences i entendre per què i en què el dinamisme regional varia d'un període a l'altre.

Aquesta posada en situació ens permetrà demostrar que, finalment, allò subjacent als canvis de dinamisme és la capacitat de les empreses i regions, i per tant dels forts enllaços entre elles, per encarar la incertesa i l'ambigüitat en economies complexes i canviants.

1

l'economia del coneixement

Incerteses, ambigüitats i potencialitats

"El rei de França és el príncep més poderós d'Europa. No té tantes mines d'or com el rei d'Espanya, el seu veí; però té més riqueses que ell, perquè les obté de la vanitat dels seus súbdits, més inesgotable que les mines.
[...]
D'altra banda, aquest rei és un gran màgic: exerceix el seu imperi sobre l'esperit dels seus súbdits; els fa pensar com vol. Si només té un milió d'escuts al seu tresor, i en necessita dos, només els ha d'explicar que un escut en val dos; i s'ho creuen. Si hi ha una guerra cara de sostenir, i no té diners, només ha de posar-los al cap que un tros de paper són diners; i de seguida se'n convencen."

MONTESQUIEU, *XXIVena carta persa*

L'economia fundada sobre el saber és aquella en què el desenvolupament s'ha basat essencialment «en les capacitats per crear i utilitzar el coneixement[4] (Viginier, 2002, pàg. 5), i per tant, finalment, en la transformació de la informació en innovació de tota mena. El coneixement[1] serveix per canviar els productes i els processos, i per sostenir el caràcter distintiu de les empreses i la seva competitivitat. Aquesta economia permet així entrar en una economia cada cop més de l'immaterial, en la qual les inversions tradicionals, com els recursos naturals, els equips i les infraestructures passen a un segon rang, després de les inversions immaterials, sobretot la formació i la R+D. Afecta tant les petites com les grans empreses, i tant les petites com les grans regions. Si tornem a la nostra metàfora, aquesta transformació s'aplica igualment a qualsevol nivell de criminalitat, tant si aquesta està aïllada o prové de xarxes internacionals que recorren a mètodes complexos, per exemple, per blanquejar diners obtinguts en tràfics il·legals.

Alguns investigadors recorden, però, que aquesta transformació de l'economia encara s'ha de fer[2] o, al contrari, que no és nova (Howitt, 1996), o que és un mite (Gadrey, 2000). Ja se sap que la mundialització del crim és molt antiga: pensem a la guerra de 1900 entre França i Anglaterra, anomenada dels Bòxers, per impedir als Xinesos expulsar

1 Herbert Spencer (1820-1903) definia el coneixement d'un individu com un enriquiment successiu i deliberat de la memòria, que genera associacions cada cop més riques i àmplies, semblances o diferències, i permet així una millor comprensió de la realitat i de les eleccions amb relació a aquesta i a les relacions amb els semblants. El coneixement d'una comunitat és la suma dels coneixements dels individus que la componen, augmentada pels efectes de sinergia a causa dels seus intercanvis.

2 L'OCDE (2000) parla més aviat de "transició cap a l'economia del saber». Un dels deu reptes que la Unió Europea acaba de plantejar-se és precisament entrar a la futura societat que aprèn o del saber, recordant així que encara no hi és (IRTS-JRC, 2000).

els estrangers, molts dels quals es dedicaven a la producció i al tràfic, extremadament lucratiu, de la droga, sobretot entre la Xina i les capitals europees. A les seves novel·les Conan Doyle descriu l'heroïnomania[3] de Sherlock Holmes, que Watson no podia impedir.

La producció de saber i la innovació han estat sempre importants per explicar el desenvolupament (Foray i Lundval, 2000). Així, Schumpeter (1939) precisava que la fase creixent dels cicles econòmics llargs, com els Kondratieff de vint-i-cinc o trenta anys, provenia de l'acceleració del coneixement i d'innovacions sistemàtiques, bona part de les quals fetes per petites empreses, i que arrossegaven canvis tecnològics importants; mentre que la fase descendent s'explicava per l'esgotament d'aquests últims i la disminució dels coneixements que permetien renovar-los. Una prova n'és la primera revolució industrial, que es va accelerar justament amb la multiplicació d'innovacions de tota mena a les manufactures després de la introducció de la màquina a vapor; revolució feta a partir dels milers de petites innovacions dels segles XVII i XVIII, algunes de les quals radicals, primer en el funcionament dels molins de vent o hidràulics i a continuació en els canals i altres mitjans de transport (Gille, 1962). O també es pot pensar en el que s'ha anomenat *fordisme*, a començaments del segle XX, basat sobretot en noves formes d'organització del treball (el *fayolisme* i el *taylorisme*[4]), que van transformar la gran empresa més enllà de les inversions en equips. Hi hauria a tots els casos una acceleració de les necessitats de coneixement, i per tant canvi, al qual l'emprenedoria no podia escapar.

En aquest capítol examinarem primer el canvi accelerat i el connectarem a la mundialització dels mercats. Després el mesurarem, utilitzant algunes dades internacionals sobre l'estructura industrial (serveis i feines informacionals). Per a la majoria de les firmes i de les regions, l'acceleració del canvi que suscita la mundialització dels mercats té com a conseqüència augmentar la incertesa i l'ambigüitat, alhora que ofereix a l'emprenedoria tota mena de noves possibilitats, com discutirem a continuació. Per disminuir la incertesa i l'ambigüitat, cal mirar de *controlar* millor la informació, tema que enfocarem en quart lloc. Finalment, tancarem el capítol recordant que la competitivitat canvia de registre i recolza en el saber i saber-fer, com mostren precisament les noves teories de gestió.

1.1 Canvi i mundialització dels mercats

L'acceleració del canvi no és nova. Així, l'economista John Maurice Clark subratllava ja l'any 1926 els *capgiraments* (és el terme que utilitza) de finals del segle XIX i principis del XX, amb l'arribada de l'automòbil, l'avió, el telèfon, les grans corporacions privades i la urbanització ràpida[5]. Aquests canvis van afectar probablement més profundament la gent i l'economia del que han pogut fer-ho als nostres dies l'exploració espacial

3 Holmes, a *L'home del llavi torçat*, admet que fuma opi i es punxa amb cocaïna.
4 O l'organització científica del treball, promoguda especialment per Henry Fors i Frederick W. Taylor a finals del segle XIX i començaments del XX.
5 Citat per Pirou (1946, pàg. 164).

o Internet. Tanmateix, amb el fort creixement dels ingressos dels últims decennis, una gran part dels consumidors poden adquirir ara nous productes per satisfer les seves necessitats de varietat, tant, per exemple, per assegurar la seva comoditat domèstica com per divertir-se gràcies a espectacles de tot tipus, o satisfer el seu gust per una certa distensió amb els viatges i el turisme nacional i internacional, multiplicant així les oportunitats per a milers de petits fabricants i oferents de serveis, com els productes artesanals o la restauració amb productes de la regió.

El creixement dels ingressos permet també al consumidor diferenciar-se millor, cosa que explica la segmentació en molts mercats, que representen tants altres petits grups i modes de tota mena. Les necessitats diferents es manifesten en especial als serveis, que tenen un potencial enorme de varietat i poden, per definició, ajustar-se tant a les particularitats dels ciutadans com a les de les empreses, tot i que se sap que hi ha innovacions o canvis més o menys artificials, provocats per la política d'obsolescència controlada per algunes empreses[6]. Per exemple, es diu que gairebé un 80% de les innovacions de medicaments no són més que una manera que té l'empresa de conservar el control sobre el producte, afegint-li les modificacions mínimes perquè es pugui protegir amb una nova patent quan la patent precedent caduqui legalment (Angell, 2000).

La varietat s'ha afavorit amb l'obertura de fronteres, que comporta l'arribada als nostres mercats de productes procedents de tots els racons del planeta. Només s'ha de pensar en la multiplicació a les botigues de discos de cantants i ritmes de tot arreu del món, sobretot de l'Àfrica, encara que això no siguin tan nou com es pensa. Un altre exemple és desgraciadament la multiplicació de les branques internacionals mafioses (colombiana, russa, xinesa...) a les grans ciutats, o els gangs ètnics a les petites ciutats dels països industrialitzats.

La internacionalització de la música és molt antiga. Per exemple, la cantata 78 de Johan-Sebastian Bach, composta cap a 1730 a Leipzig, representa una síntesi de músiques de tot el món segons la moda del temps, amb influències de l'estil concertant italià de Vivaldi, dels ritmes de balls de la suite francesa, del contrapunt culte de la música alemanya, de la cantata espanyola en la seva forma definitiva, i fins i tot d'estils religiosos com el motet catòlic romà i el coral luterà.

Una tal mundialització, però, no afecta tots els mercats i totes les empreses de la mateixa manera. Per exemple, més d'un terç dels intercanvis internacionals provenen de transaccions entre les sucursals o les filials de les empreses multinacionals (ONU, 1993), proporció que tendeix a augmentar ràpidament amb la deslocalització de produccions estàndard a països amb salaris baixos, sobretot a l'Àsia del Sud-Est. Per als països de l'Oest, l'entrada de deu nous països de l'Est a la Unió ha accelerat les deslocalitzacions d'empreses. A altres països passa el contrari,

6 Si no les enredades, com en el cas del famós "efecte 2000", que es va desinflar de cop el gener d'aquell any, havent costat milers de milions a les economies, com ja havíem escrit a les pàgines del *Deure* des de 1999. Heus aquí un altre bon exemple d'obsolescència planificada: les organitzacions obliguen els empleats que treballen amb elles a canviar l'ordinador, encara prou bo per a les tasques que han de fer, per un de compatible amb els seus.

sobretot a l'Àfrica, on les empreses dels països industrialitzats que hi són presents han destruït l'agricultura tradicional a favor de monocultius, o alimenten massa sovint sistemes corruptes que impedeixen als seus habitants aprofitar els avantatges de la mundialització i limiten les petites empreses en el seu desenvolupament; com s'acaba de comprovar altre cop amb la crisi alimentària que ha seguit a l'especulació descarada que ha fet pujar sense motiu el preu del petroli i a la desviació de la producció alimentària per fabricar etanol.

A més, subsisteixen restriccions de tota mena als països industrialitzats. Així, hi ha encara un gran nombre de barreres indirectes, com les normes especials, si no polítiques, que retarden indegudament els intercanvis. Per exemple, malgrat els acords de l'OMC, continuen les pressions dels productors americans no només per competir injustament amb les produccions agrícoles o mineres dels països en desenvolupament[7], a través de subvencions directes i indirectes, sinó també per retardar les importacions que vénen d'altres països, cosa que condemnen les instàncies internacionals. Finalment, les barreres culturals, reforçades pels governs de països com Japó o la Xina, limiten també els intercanvis.

El lliure intercanvi tampoc no es fa en tots els sentits. Acabem de mencionar-ho per als països en desenvolupament, que continuen patint les barreres insidioses dels països industrialitzats. Però veiem també que la liberalització ha permès retrobar les antigues vies d'intercanvi bloquejades per les barreres duaneres. Així, al Canadà, la desaparició de la majoria dels drets de duana amb les Estats Units, que havien imposat durant decennis les transaccions est-oest, ha permès augmentar considerablement els intercanvis nord-sud: per exemple, s'han multiplicat per deu entre Québec i Nova Anglaterra, en tant que han augmentat menys del 2% entre les províncies canadenques (Julien i Morin, 1995). Així mateix, Catalunya, després de l'entrada d'Espanya a la Unió Europea, ha restablert ràpidament els intercanvis que havia mantingut del segle XV al XVIII amb les regions del Llenguadoc-Rosselló, Provença i Nord d'Itàlia (Braudel, 1976). És prou sabut que les petites empreses, ben sovint, comencen exportant primer als països més pròxims, geogràficament o cultural, abans d'ampliar les seves exportacions a mercats més llunyans (Cavusgil i Zou, 1994).

Passa el mateix amb els intercanvis financers que, encara que sembla que es facin en tots sentits de manera extremadament especulativa, no tendeixen a uniformitzar les organitzacions financeres, com veiem a Québec o a Luxemburg amb la importància de les cooperatives de crèdit, i com ha mostrat Guinet (1993); tot i que el caràcter especial de la moneda, essencialment documental, ens hauria pogut fer creure que la mundialització esborraria ràpidament les diferències nacionals[8].

La desaparició de les fronteres no ha abolit les diferències entre els països (D'Iribarne i al., 1998); ni l'arribada de productes de països amb salaris baixos ha portat a les indústries més tecnològiques dels

7 Com s'acaba de veure altre cop a l'última Conferència ministerial de l'Organització Mundial del Comerç (OMC) el juny del 2008, en el marc del que s'ha anomenat la ronda de Doha. Malgrat tots els esforços que s'hi han fet, les discussions continuen sent un fracàs, a causa del rebuig, sobretot dels Estats Units, a abaixar considerablement les seves subvencions a l'agricultura (especialment a la producció de cotó), que impedeixen que els productes dels països en desenvolupament es puguin vendre als mercats industrialitzats, unes pràctiques que representarien per a aquests països molt més que totes les ajudes i subvencions proporcionades pels països rics.

països industrialitzats la catàstrofe anunciada; no pas més que l'entrada a la Comunitat Europea, els anys 1970, de Portugal i Grècia, llavors considerats com tot just sortits del subdesenvolupament. Els que actualment tenen tanta por de la Xina, amb els seus salaris baixos i el seu dinamisme especial, obliden la gran por que feia l'auge del Japó[9], quaranta anys enrera, i l'arribada de productes mexicans o brasilers als mercats d'Amèrica del Nord, fa vint anys; però, qui considera encara que aquests països són una amenaça greu per a les produccions dels països industrialitzats? Com més els països desenvolupen productes complexos, més necessiten mà d'obra formada i més augmenten els salaris i la competència, com ja comença a passar a la Xina.

Alguns intercanvis internacionals provenen de la fugida endavant de les grans firmes que volen aprofitar els salaris baixos dels països en desenvolupament o dels antics països comunistes; esperen així assolir el punt mínim de la corba de costos mitjans de la teoria microeconòmica i compensar les deseconomies d'escala degudes a la burocràcia i falta de flexibilitat de les grans organitzacions enfront del canvi (Julien i Marchesnay, 1990). Però aquesta estratègia no sembla gaire més eficaç que les múltiples fusions que els últims anys del decenni precedent van marcar l'anomenat esforç de racionalització[10].

De tota manera, no totes les empreses estan subjectes a les lleis dels intercanvis internacionals. Així, com l'indica la figura 1.1, aproximadament el 15% de les PiME manufactureres escapen gairebé del tot a la mundialització a causa de mercats diferenciats o de produccions per encàrrec[11]. Un altre 15% es veu poc afectat, ja que depèn sobretot de recursos locals o actuen en nínxols que escapen en bona part a la competència internacional amb produccions de gamma alta, o amb produccions de proximitat protegides per la distància tant geogràfica com cultural. Aproximadament el 20% de les firmes només han estat afectades per la mundialització per les compres d'equips o de matèries primeres que provenen del mercat internacional, ja sigui directament o a través d'agents o firmes intermediàries, uns equips associats a més coneixement que permeten compensar en bona part els costos inferiors. En el cas dels serveis, el funcionament fora de la mundialització és encara més clar, almenys per a la majoria de serveis a les persones o a les famílies (perruqueries, guarderies, psicòlegs,

8 Passa el mateix amb altres formes de l'anomenada invasió cultural que només afecten els comportaments culturals nacionals de forma superficial. Per exemple, els McDonald's no canvien realment el món; no fan més que reemplaçar els antics snack bars, sovint de qualitat més mediocre... o qualsevol altre sistema de restauració ràpida que es trobava una mica per tot arreu. Fora dels Estats Units, afecten encara molt poc els àpats familiars i la restauració de gamma mitjana i alta.

9 Els anys 1950, el Japó produïa béns de molt mala qualitat que es venien per quatre cèntims o que s'incloïen a les capses de llaminadures. A mesura que la producció japonesa va evolucionar, els salaris van augmentar i la competència actual del Japó és del mateix tipus que la dels països industrialitzats; segons com superior, segons com inferior, evoluciona amb la conjuntura internacional. I el Japó fa com aquestes economies i recorre a la producció dels països asiàtics en desenvolupament per a produccions que requereixen poc o gens coneixement especial.

10 Les tres quartes parts de les empreses que en van comprar d'altres estimaven que les seves adquisicions s'havien pagat més cares del compte. Pel que fa als grups americans, avaluaven que quatre cinquens de les adquisicions no s'haurien d'haver fet mai (Lynch, 1993).

11 Per exemple, els fabricants de mobles de cuina fets a mida, o els que reprodueixen mobles antics que es venen per desenes de milers de dòlars, com el consorci Permanente Mobili di Cantù, prop de Milà (l'origen del qual es remunta a 1893). Es pot pensar també en la fabricació de teules de totes menes, algunes de les quals pintades a mà, com a Fès, al Marroc, o a San Luis Potosí, a Mèxic.

lampistes, etc.) i també de serveis a les empreses, sobretot regionals (com assessories, en especial en tecnologies de la informació). Com a resum, una mica menys del 50% de les firmes s'han vist afectades fins a cert punt per la competència internacional: un 15% (30% del 50%) actuen en mercats molt competitius i probablement a mitjà o llarg termini estan condemnades, si no aconsegueixen modernitzar molt la seva producció; un altre 30% treballen com a subcontractades per grans empreses i són empeses contínuament a comprar nous equips i a recórrer a noves tecnologies immaterials (veure el capítol 4), si no a exportar una part de la seva producció; finalment, un 5% de les firmes es poden anomenar PiME globals i, a causa de la seva gran capacitat d' innovació, exporten arreu els seus productes de manera prou avantatjosa per compensar les pressions internacionals.

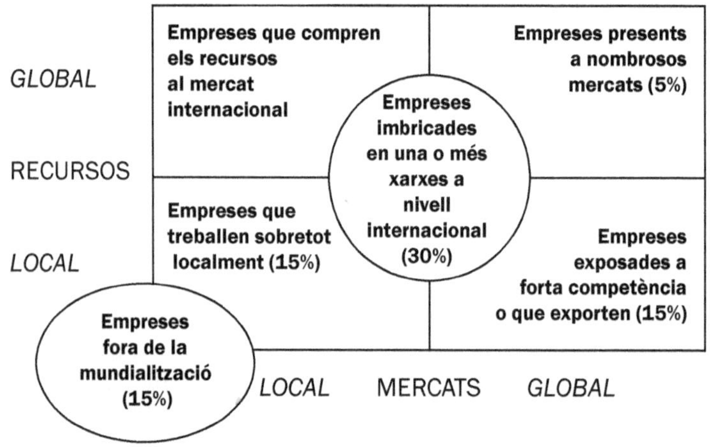

| Figura 1.1 |
Compromís de les empreses manufactureres amb relació a la mundialització.

Adaptat de O. Torrès, «Les estratègies de globalització de les petites empreses», quadern de recerca nº 94-04, ERFI, Universitat de Montpeller.

Encara que algunes de les firmes manufactureres o de serveis arribin a escapar, del tot o en part, a la pressió internacional, es veuen afectades per l'augment d'immaterial que es generalitza a l'economia.

1.2 La importància creixent de l'immaterial a les nostres economies

Tant si perpetua o accelera el canvi iniciat fa uns segles, l'economia del coneixement es manifesta, d'un costat, per un fort creixement dels serveis amb relació als béns i, de l'altra, per l'augment de pes dels factors immaterials amb relació als materials en els sistemes de producció. En el primer cas, el pes dels serveis és evident no només a l'estructura industrial, sinó també en l'addició als béns materials de tota mena de serveis immediats o de postvenda que requereixen molt de saber. Només cal pensar en els especialistes que ofereixen els venedors d'equipaments en la venda de màquines complexes. En el segon cas, es veu en el creixement del nombre de colls blancs, executius o especialistes, als departaments d'estudi de les empreses, comparativament als colls blaus a la fàbrica. Es veu també a la multiplicació de petites empreses de serveis que aprofiten l'augment d'ingressos de les famílies (com en el cas de la decoració d'interiors), els canvis demogràfics (per exemple, els serveis socials i psicològics per a persones grans) o l'augment del temps de lleure (els animadors de tota mena per a festes de nens o per a festes de barri).

Per exemple, als Estats Units, com a la majoria dels països industrialitzats, l'ocupació total als serveis ha passat d'aproximadament el 25% l'any 1870 a més del 72% l'any 1992 (Maddison, 2002). Ara bé, els serveis suposen abans de tot relacions de saber. El psicòleg, l'expert comptable, l'especialista en sistemes, el formador, però també el venedor i cada cop més el banquer, el transportista o el comunicador ofereixen més que res coneixement en la relació entre client i productor: consells financers a la banca, logística en el transport o sistemes d'anàlisi de la informació a les firmes de comunicació. Perquè la investigació en economia i gestió cada cop està més orientada cap als serveis, en tant que fa trenta o quaranta anys es limitava gairebé exclusivament a la indústria[12].

| Quadre 1.1 |
Ocupació segons l'àrea de treball al Canadà, 1971-1996

Font: M. Lavoie, R. Roy i P. Therrien, «Tendència de creixement cap al treball del coneixement al Canadà», Research Policy, vol. 32, nº 5, 2003, pàg. 827-844.

Treballadors de	**1971** %	**1981** %	**1986** %	**1991** %	**1996** %
Saber avançat	5,3	6,4	7,2	8,1	8,9
Ciència	0,9	0,9	1,0	1,0	1,1
Enginyeria	1,3	1,4	1,4	1,6	1,4
Informàtica	0,3	0,5	0,8	1,1	1,2
Ciències socials i humanes	2,8	3,5	3,9	4,3	5,3
Gestió	2,4	6,5	7,8	9,0	8,9
Tractament de dades	35,6	36,3	36,0	36,5	37,5
Serveis	15,2	15,0	16,2	16,8	17,1
Producció de béns	41,4	35,8	32,8	29,5	27,6
Ocupació total	100	100	100	100	100
Ocupació total en nombre (en milers)	8.104	10.738	11.702	13.005	13.319

A més, tant és que sigui als serveis o a la producció material, les feines es basen cada cop més en la informació i requereixen molta formació inicial al moment de la contractació, i formació contínua a continuació. Per exemple, els llocs de treball lligats directament al saber d'alt nivell al Canadà han passat del 5,3% l'any 1971 al 8,9% l'any 1996. En particular, els especialistes lligats a les ciències socials i humanes han gairebé duplicat la seva proporció als llocs de treball totals (veure el quadre 1.1). Si s'afegeix les feines de gestió, que gairebé s'han quadruplicat durant aquest temps, s'assisteix a un avenç de més del 100%, en menys de vint-i-cinc anys, de les feines que requereixen formació universitària. En canvi, durant aquest temps, els treballadors lligats a la producció

12 Així, als Estats Units, el 1992, una quarta part de la recerca afectava els serveis, en tant que deu anys abans només ho feia un 4%.

de béns han vist la seva part disminuir gairebé un terç. Tendències semblants s'han observat a diversos països, com als Estats Units, on la distribució de treballadors en funció del nivell de saber és pràcticament idèntica a la del Canadà (BIT, 2003). L'augment dels llocs de treball que requereixen formació avançada té segurament efectes sobre les capacitats d'absorció i transformació de la informació necessària per produir béns i serveis.

Finalment, es comprova a l'economia una proporció cada cop més important de l'immaterial en detriment del material. Així, en tant que l'any 1929 la part del capital tangible (edificis, equips, estocs i recursos naturals) en la producció interior als Estats Units era aproximadament el doble de la del capital intangible (educació i formació, salut i innovació), l'any 1990 només en representava un 87%, i l'educació i la formació representaven el 41,3% d'aquest capital brut (quadre 1.2). Es pot pensar que actualment aquesta proporció està per sobre del 50%.

L'aportació del capital humà, sobretot el dotat de formació avançada, ha esdevingut doncs crucial per al desenvolupament econòmic, també per a les noves petites firmes[13]. Com a prova, el problema de l'atur elevat a moltes economies o regions on, tot i això, gran nombre de demandes de treball no troben personal, sobretot en empreses petites, que han de recórrer a experts externs[14]. S'ha passat així d'una economia d'oferta, on el control dels recursos i les economies d'escala eren la clau, a una economia de demanda, basada en la innovació, la producció de valor afegit i, per conseqüent, un control cada cop més gran del saber. En altres paraules, l'antiga economia produïa abans que res béns de consum relativament homogenis en grans empreses que aprofitaven totes les economies d'escala possibles. La nova economia reclama productes heterogenis per a medis o grups de consumidors amb necessitats molt diferents; aquesta producció prové tant de grans com de petites empreses i s'accentua per una competència internacional cada cop més intensa. A la nova economia, els nous recursos són abans que res els empleats molt qualificats i especialitzats que es disputen les empreses, i que només poden atreure i retenir oferint molt més que un bon salari, com és una participació en beneficis, però també facilitats d'habitatge i feina per a la parella[15].

Per enfrontar aquest canvi, fins i tot les grans empreses han d'abandonar un sistema de producció rígid i integrat[16], centrat sobre la quantitat i que proposa un mínim de serveis, a favor d'una producció flexible que ofereix cada cop més qualitat i que canvia sovint per a clients crítics i amb gustos diferents (Volverba, 1998), com es veu a

---

13 Als quinze països de la Unió Europea de 1999, gairebé el 25% de població activa (o sigui 38 milions de treballadors) treballaven en ocupacions dites altament qualificades (OCDE, 2001).

14 De totes maneres, s'ha de ser prudent amb les discrepàncies entre demanda i oferta de treball, ja que se sap que, quan escassegen els treballadors especialitzats, les empreses tenen tendència a anunciar necessitats futures o potencials per tenir més possibilitats de satisfer-les quan es manifestin realment.

15 Com s'ha vist fa poc amb empreses d'alta tecnologia de Québec, que volien contractar quebequesos expatriats a Silicon Valley de Califòrnia, o com passa ara a les universitats que volen atreure els millors investigadors.

16 Per exemple, abans dels anys 1970, al sector de l'automòbil li sortia tan cara la posada en marxa de les seves cadenes de muntatge que no les podia canviar fins al cap de cinc anys perquè li fos rendible.

gran nombre de PiME (veure la figura 1.2). Per tant, han de treballar d'una altra manera, sobretot descentralitzant la seva organització i donant-li noves formes que els permeten estar en relació més o menys estreta amb firmes i organismes participants que provenen del medi per augmentar les seves capacitats en innovació. S'arriba així a una economia encara més orientada cap al coneixement, la investigació i la formació, que genera organitzacions que aprenen per sostenir un saber-fer en constant millora, que permet a les empreses distingir-se i afrontar millor la incertesa i l'ambigüitat, i per tant la competència, innovant.

| Quadre 1.2 |
L'estoc de capital real brut interior als Estats Units (en milers de milions de dòlars de 1987 i en percentatge)

Font: Kendrick (1994), citat per Foray, *L'economia del coneixement*, París, La Découverte, 2000.

Components de l'estoc real	**1929**	**1948**	**1973**	**1990**
Capital tangible: total	6.075 (65,1)	8.120 (57,8)	17.490 (50,2)	28.525 (46,5)
Estructures i equips	4.585 (49,2)	6.181 (44,0)	13.935 (40,0)	23.144 (37,7)
Estocs	268 (2,9)	471 (3,3)	1.000 (2,9)	1.537 (2,5)
Recursos naturals	1.222 (13,1)	1.468 (10,4)	2.555 (7,3)	3.843 (6,3)
Capital no tangible: total	3.251 (34,8)	5.940 (42,2)	17.349 (49,8)	32.819 (53,5)
Educació i formació	2.647 (28,8)	4.869 (34,6)	13.564 (38,9)	25.359 (41,3)
Salut, seguretat i mobilitat	567 (6,1)	892 (6,3)	2.527 (7,2)	5.133 (8,4)
R + D	37 (0,4)	169 (1,2)	1.249 (3,6)	2.327 (3,8)

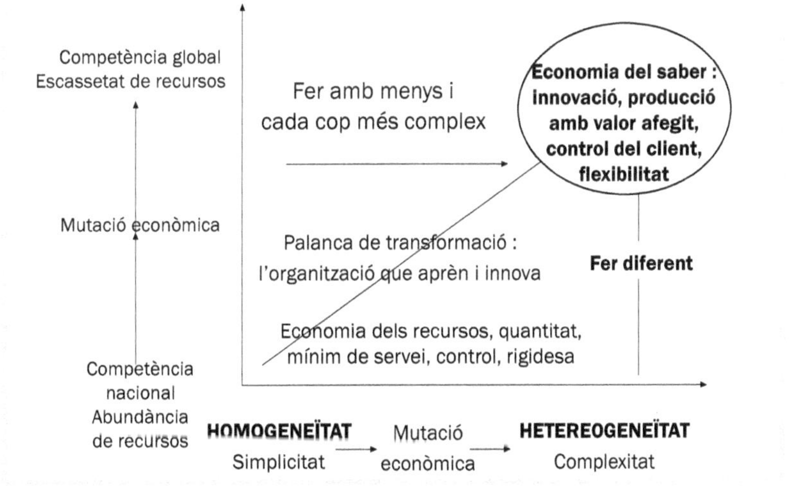

| Figura 1.2 |
Elements que indiquen la transformació de les economies industrialitzades des de fa trenta o quaranta anys

1.3 Incertesa i ambigüitat

Com en el cas d'una petita banda criminal local no afiliada a la màfia internacional, a l'exemple de la nostra metàfora, la incertesa de l'emprenedor o del dirigent d'una petita empresa prové de l'augment, al món, del nombre de productors que poden intervenir al mercat nacional oferint substituts, però també del canvi accelerat de les tecnologies. Una bona part de les empreses que ofereixen productes de consum corrent o intermedi són susceptibles de patir la competència de productes de països dels quals fa uns anys no se sospitava les capacitats de producció. I amb l'expansió dels mercats i dels mitjans de transport, els productes pateixen la competència de substituts amb característiques diferents, si no superiors.

La incertesa és la mesura de la ignorància. Es caracteritza per l'absència de respostes a preguntes plantejades per actuar amb menys riscos i disminueix amb l'obtenció d'informació addicional. Pel que fa a l'ambigüitat, prové de la polisèmia, o sigui del nombre massa gran d'informacions amb diversos significats i que per tant poden crear confusió.

La incertesa engloba la noció de risc, la probabilitat d'ocurrència del qual és sempre variable. Reenvia a esdeveniments no previsibles i disminueix amb la informació adequada. Però no tota la informació és coneixement, i massa informació genera ambigüitat, cosa que obliga a qui la rep a desenvolupar sistemes per avaluar-la i completar-la.

Estem envaïts per la informació, però no obstant això la incertesa creix. Per exemple, tot i que un emprenedor sent parlar d'un productor japonès o brasiler que fabrica un producte semblant al seu a un preu molt inferior, no sap si aquest producte està realment adaptat al mercat nacional, si és eficaç a llarg termini, si respon a les mateixes especificacions de qualitat i terminis de lliurament, ni sobretot si el productor estranger està interessat a exportar i desenvolupar una xarxa de distribució adequada per arribar als consumidors del nou mercat i quan ho farà. A més, per decidir què fer, l'empresari ha de saber si el productor en qüestió té els mitjans per abastir el nou mercat, quina és l'estructura financera de la seva empresa, quines són les seves capacitats en investigació i desenvolupament per fer evolucionar el producte o respondre a necessitats canviants, etc.

La informació és rarament suficient per ella mateixa i sovint és portadora d'ambigüitat; requereix per tant una interpretació i informacions complementàries no sempre disponibles. L'ambigüitat exigeix donar sentit a la informació, destriar-la, interpretar-la i completar-la amb altres informacions a desxifrar i connectar per finalment passar al coneixement. La informació vàlida és la diferència entre les dades obtingudes sobre una situació o un esdeveniment i la interpretació que se n'ha fet entre diferents possibilitats.

Es pot adoptar una o l'altra de les quatre estratègies següents, més o menys concomitants, per encarar l'augment de la incertesa i l'ambigüitat:

1. La primera estratègia és una certa fugida endavant, sense preocupar-se gaire d'obtenir la informació adequada: l'empresa recorre ràpidament a les noves tecnologies materials i immaterials i innova de forma constant o regular. Aquesta estratègia suposa, d'una part, que

sigui gairebé impossible saber què passa a causa de la mundialització, on el perill pot venir en qualsevol moment i de tot arreu; d'altra part, es pensa que així se sabrà afrontar la majoria de competidors potencials, siguin quins siguin. En un estudi efectuat per verificar les capacitats de les petites empreses dels sectors més afectats per la desaparició de barreres duaneres, amb la posada en marxa de l'acord de lliure intercanvi entre Canadà i els Estats Units, hem mostrat que, com que la informació complexa sobre els productes oferts era difícil d'obtenir, un bon nombre d'empreses calculaven que modernitzant-se sistemàticament serien capaces d'afrontar qualsevol competidor, fos de Califòrnia o de Carolina del Nord, però també de Thailàndia o Hongria (Julien i col., 1994a). Una variant d'aquesta estratègia és compensar, per als productes de gamma baixa, la competència potencial de països amb salaris baixos invertint a països en desenvolupament, o establint aliances amb algunes de les seves empreses. Però sovint aquesta manera de fer no és rendible, perquè, a més de patir molta ineficàcia, amaga tota mena de despeses directes o indirectes, com el *bakchich*, o costos de baixa qualitat o imprevistos de transport, que augmenten molt els costos generals. Coneixem més d'una empresa que s'ha «menjat la camisa» amb inversions d'aquestes a l'estranger.

2. La segona estratègia és desenvolupar una gran flexibilitat, d'una banda provant d'obtenir informació complexa de seguida que s'han rebut les primeres notícies del canvi, i d'altra banda preparant marges de maniobra per reaccionar ràpidament; per exemple imitant tan bé com es pugui els avantatges del producte competidor, treballant el preu, afegint-hi elements complementaris, etc. La flexibilitat pot venir també de la tria del mercat. Així, invertir en un gran mercat com una metròpoli redueix fins a cert punt la incertesa, ja que es pot pensar que, entre tots els consumidors potencials, sempre se'n trobarà alguns susceptibles de comprar els productes oferts.
3. La tercera estratègia és innovar sistemàticament per avançar-se a la competència potencial, diferenciant-se el millor possible i renovantse regularment per tal de mantenir-la a distància. És l'estratègia que empren gran nombre de PiME de fort creixement, les *gaseles*, com ha mostrat l'estudi internacional sobre el tema (Julien, Mustar i Estimé, 2001). La incertesa té el seu costat bo: permet la innovació, fer una altra cosa i d'una altra manera; cosa que no seria possible si tot fos conegut i per tant fixat d'entrada. Així, invertir en un sector nou, com actualment a les nanotecnologies, comporta una gran incertesa, perquè gairebé tot hi és desconegut; però ofereix al mateix temps possibilitats immenses a qui sap esperar.
4. L'última estratègia és investigar sistemàticament la informació, sobretot a les xarxes, destriar-la, analitzar-la i transformar-la en coneixement i en acció. Suposa per tant un cert control de la informació, com veurem amb més detall als capítols 6 i 7.

1.4. El control de la informació

Per bé que un millor control de la informació depassa àmpliament els límits de les tecnologies de la informació i les comunicacions (TIC), diversos investigadors expliquen bona part de la nova economia del coneixement per la seva importància creixent (Foray, 2000). Però no està provat que aquestes tecnologies aportin més coneixement, tot i que permeten multiplicar la informació i faciliten els intercanvis. Un millor continent no vol necessàriament dir un millor contingut. A més, alguns estudis han demostrat que gran nombre d'empreses han entès els límits de les TIC i vacil·len a llançar-s'hi sense pensar; entre les que ho han fet, menys del 5%, segons Oxbrow (2000), afirmen haver obtingut una millora real de la qualitat de la informació. El desinflament de la bombolla financera de les TIC a finals del 2000 es pot explicar no només pels excessos de l'especulació[17], sinó també per les esperances decebudes dels usuaris d'aquestes tecnologies, que havien de resoldre de manera massa automàtica el problema del control de la informació; però aquest control prové sobretot del factor humà i organitzacional, que va molt més enllà de les tècniques. La crisi va venir també pel fet que els consumidors van utilitzar aquestes tècniques molt menys que no havien previst els productors entusiastes. La gestió del coneixement es resumeix desgraciadament massa sovint a comprar programaris que, com que són complexos, són mal utilitzats o poc amigables i no poden reemplaçar el tractament humà de la informació; els múltiples fracassos dels sistemes informatitzats de gestió i de producció (ERP) a les empreses confirmen aquesta conclusió.

La informació és una qüestió extremadament complexa. La seva importància ha estat reconeguda des de fa molt de temps. Així, al segle XVI, Olivier d'Hivernacles la posava al primer rang dels mètodes agrícoles per assegurar cada any l'aprofitament de les terres, malgrat la incertesa del clima[18], la competència i les vicissituds de les guerres.

Els economistes són probablement els primers que han estudiat el problema de la informació i el seu control. Tot i que els teòrics clàssics consideraven que la informació no era problema, ja que el mercat acabava sempre per proporcionar-la, ni que fos per l'evolució del preu dels productes, que anunciava les variacions del cost dels factors de producció, la seva investigació i la seva costosa anàlisi eren necessàries per sobreviure al mercat. Hayek (1945) explicava que era a la base de la competitivitat. Theil (1967) consagrava un treball de quatre-centes pàgines a la teoria econòmica de la informació i a les tècniques probabilistes per calcular-la, a partir sempre de la idea que, un cop obtinguda, permet reduir la incertesa. Els economistes del creixement nacional, després dels primers treballs sobre la funció Cobb-Douglas, han acabat per entendre que el control de la informació i la seva aplicació a la formació i innovació, almenys sota la forma de variable residual, eren crucials per mesurar les diferències de creixement entre països (Denison, 1974). Aquests tre-

17 Com ha passat en altres casos, com a la bombolla financera dels ferrocarrils a principi del segle XX, que va acabar amb una caiguda de la borsa encara més brutal.

18 O sigui una bona combinació de localitzacions per assegurar al màxim l'assolellada i un bon drenatge per a algunes collites i l'ombra i el regadiu per a d'altres.

balls han comportat la distinció que coneixem entre les indústries més informacionals, amb forta tecnologia o saber, tals com la informàtica o la biòtica, i les indústries més tradicionals. No obstant això, la distinció és cada cop menys vàlida quan es parla de l'economia del coneixement, perquè la majoria dels sectors, si no tots, estan més o menys afectats pel saber. És el cas sobretot de la indústria tradicional del vestit, que als països industrialitzats, sobretot a Itàlia, ha arribat a superar els països en desenvolupament amb salaris baixos, sobretot gràcies al seu disseny i al seu coneixement dels mercats.

La teoria econòmica de la informació xoca tanmateix amb dos esculls. D'entrada, no es pot mesurar l'abast del seu objecte perquè és intangible, però sobretot perquè considera el seu control fet a partir d'anàlisis individuals, quan la informació no és només un fenomen social, sinó que la seva comprensió passa també pel col·lectiu. Per exemple, les companyies aèries disposen de les tècniques més sofisticades per gestionar les variacions meteorològiques, l'arribada dels passatgers, el flux dels equipatges, etc., però són cada cop més ineficaces pel que fa als vols i als aeroports. Passa el mateix amb els sistemes sanitaris, que es deterioren a tots els països malgrat les noves tècniques per seguir l'evolució de la salut dels pacients, la utilització d'infraestructures i sistemes de diagnòstic, etc.[19] En tots dos casos, és la filosofia de gestió que es qüestiona, perquè, en regular d'un amb un els problemes que sobrevenen, tots o bona part dels dirigents i empleats arriben a no saber com millorar les coses i respondre a totes les reclamacions dels viatgers o dels pacients.

La informació és a la base del saber i del saber-fer d'una col·lectivitat, factors que no difereixen en importància, sinó segons la forma i el tipus de mercat. Així, el producte estàndard i el diferenciat no responen igual a les necessitats dels consumidors. En l'últim cas, el valor de significat que li atorga el medi té molta més importància que el valor d'ús individual, cosa que exigeix que l'empresa conegui bé la seva clientela i el seu entorn, com fan la majoria de les empreses molt petites (Pacitto i Julien, 2004). A més, una peça que canvia regularment no ha de ser considerada un producte estàndard que es pot adquirir al mercat internacional al menor cost (per exemple a la Xina); la seva compra ha de tenir en compte la capacitat del productor no només per canviar sinó també per negociar amb el comprador. La nostra experiència amb grans compradors mostra que és molt més fàcil fer canviar un petit subcontractat local per adaptar-se a les seves necessitats que treballar amb una gran firma estrangera. Això suposa per part de les empreses proximitat i confiança, o sigui comportaments ben diferents dels descrits per la teoria econòmica neoclàssica, que limita la seva anàlisi de la competència als costos, a la innovació de procés i al recurs a les noves tecnologies.

19 El 2008 es calculava que als Estats units més del 30% dels vols, especialment domèstics, tenien retards importants, que feien enfadar cada cop més els viatgers i els incitaven a quedar-se a casa. A Europa, els trens de gran velocitat obliguen les companyies aèries a ser més eficaces. Per exemple, cap altre sistema de producció no permetria fer esperar els consumidors dues o tres hores en aeroports plens de gent, o demanar-los que arribin tots a la mateixa hora, quan és ben sabut que el metge coneix prou bé, si no hi ha circumstàncies excepcionals, el temps mitjà que dedica a cada pacient. Sobre el primer punt veure el petit llibre de Mintzberg (2001) sobre les males experiències d'un "passatger ordinari". A l'obra diu que el principal motiu de la ineficàcia de les línies aèries deu ser que probablement "els amos no agafen mai l'avió!"

L'economia del coneixement és una resposta al principal fracàs de la teoria econòmica que pretén que la informació està sempre disponible, tot i que això no és normal que passi, i crea asimetria al mercat i al sector. Com que la incertesa creix amb l'ampliació dels mercats i la multiplicació de productes i productors, la recerca de la informació, sigui per conèixer els competidors i enfrontar-s'hi millor, sigui per innovar, esdevé la clau de l'economia.

1.5. SABER I SABER-FER d'una altra manera. Les noves formes de competitivitat de les firmes i les regions

L'economia del coneixement canvia les bases mateixes de la competència, tant per a les grans com per a les petites empreses. En endavant, els països industrialitzats, amb relació als països amb salaris baixos, s'hauran de basar més sobre el saber. Això fa que les nomenclatures sectorials dels instituts d'estadística siguin cada cop menys adequades, ja que no tenen en compte les nombroses diferències referents no només al producte i al servei afegit, sinó també al procés de producció i de posada al mercat. Per exemple, s'accepta cada cop més que bona part de les diferències de productivitat mesurades per la relació entre producció i nombre d'hores treballades és esborrada per alguns trets específics dels productes (Paranque i Rivaud-Danset, 1996).

Prenem el cas de la diferència de productivitat entre Québec i els Estats Units, que s'hauria ampliat entre 1991 i 2001 (l'any 2001, aquesta separació havia estat del 11,3%). Les dades recents mostraven també que les inversions privades en maquinària i material continuen sent més d'un 1% més baixes des de fa deu anys (l'any 2001, 7,6% del PIB al Québec contra 8,7% als Estats Units). No obstant això, en el mateix període, les exportacions quebequeses cap al seu veí han augmentat fortament (més de 10% en valor real), sense que això es pugui atribuir a la devaluació ja antiga del dòlar canadenc[20]. I fins i tot la disminució de l'avantatge monetari prop del 20% entre 2002-2005 no ha alentit gaire les exportacions[21]. Aquest paradoxa es pot explicar d'entrada pel fet que les noves mesures americanes de productivitat afegeixen un valor que té en compte l'aportació de les noves tecnologies d'informació i comunicació. Però també té a veure, justament, amb les inversions immaterials que afecten la qualitat (i per tant la novetat i la innovació) dels productes exportats, qualitat que no es té prou en compte en l'evolució del PIB i que potser explica per què aquests productes continuen interessant als americans. Entre les inversions immaterials, anotem que la taxa d'obtenció d'un diploma d'estudis secundaris per empleats quebequesos era l'any 1998 de 81% contra 74% als Estats Units, i que la taxa de diplomats universitaris per habitant havia estat també superior[22]. Evidentment, els últims anys les coses han canviat, amb la gran revaluació del dòlar canadenc i el fort alentiment de l'economia americana, per la crisi dels crèdits hipotecaris, tot i que un bon nombre de PiME quebequeses continuen exportant massivament als Estats Units.

Això explicaria per què la majoria de grans compradors proven sempre d'abastir-se als nous països industrials per finalment tornar als productors nacionals. Així, la gran empresa Bombardier Productes recreatius ha buscat nous subcontractats a Ontario, als Estats Units, a continuació a Europa de l'Est i a Àsia, per tornar als productors quebequesos. Tot i que els preus eren més baixos en aquells països, sobretot a causa dels salaris inferiors, es trobava a faltar altres elements de competitivitat, com la qualitat i els terminis de lliurament, i sobretot la capacitat per fer evolucionar sistemàticament el producte. Per exemple, hem calculat que prop del 80% de les peces de les motoneus es canvien cada dos anys, cosa que obliga subcontractats i compradors a discutir i a posar-se d'acord constantment, cosa molt difícil amb productors asiàtics o de l'Europa de l'Est (Julien i al., 2003b).

La competència pels preus només és un aspecte dels comportaments de compra, sobretot per als consumidors finals, que no sempre tenen la capacitat si no la possibilitat de comparar, com en el cas dels medicaments prescrits. Això explica la supervivència de les petites botigues de barri malgrat la presència de les grans superfícies, botigues que subsisteixen per l'habilitat dels seus amos per entendre i satisfer les necessitats especials i canviants del consumidor. S'ha d'incloure, a més, els costos de transport (especialment amb l'alça del preu del petroli) i de transacció o la investigació del millor productor per als consumidors, però també la confiança a curt i llarg termini en la capacitat de l'oferent per continuar servint al comprador i adaptar-se a les seves necessitats canviants.

A la nova economia, la competitivitat depèn cada cop més del saber i saber-fer, i per tant de les capacitats immaterials de cada organització, sobretot de les petites organitzacions molt flexibles. Aquestes capacitats permeten variar el producte (el bé i sobretot els serveis associats) gairebé fins a l'infinit, i es manifesten sovint per la innovació subtil o difusa que afecta diversos elements d'una part o tota la cadena de valor, incloent l'entrada en diferents mercats. La teoria ampliada de la competitivitat basada en els recursos i competències explica justament que la competitivitat descansa sobretot en la combinació i la capacitat diferents o especials per mobilitzar els recursos tant humans com materials, i per tant sobre les competències (Reed i Filippi, 1990; Véry i Arrègle, 1997). Aquesta combinació es basa en configuracions diferents dels recursos més o menys inimitables i no substituïbles que generen un valor específic. Avui dia és més aviat la tria i organització dels recursos humans allò que constitueix la base d'aquesta singularitat, contràriament a l'època de postguerra, on l'organització científica del treball (el taylorisme) era en bona part dictada pels equipaments (Foray i Mairesse, 1999). Una altra variable és la importància del *capital relacional* que ha desenvolupat l'empresa, capital que li permet completar els seus recursos escassos a través de les xarxes, com recordava sobretot Hall (1993). Els avantatges no són evidentment

20 Font: Pressupost 2003-2004, Document de consulta, Ministeri de Finances, d'Economia i Recerca, febrer del 2003, taules, pàg. 7, 9, 27 i 28.

21 Alentiment que es pot atribuir sobretot a la recessió americana.

22 El 1999, amb una taxa del 23%, el Québec es classificava en tercer lloc entre els països de l'OCDE per a població d'entre 25-34 anys amb títol universitari, i passava així per davant de quatre països del G7, o sigui el Regne Unit, França, Alemanya i Itàlia. Font: S@voir.stat. *Butlletí sobre l'economia del saber*, Institut d'Estadística del Québec, abril del 2002.

permanents en mercats turbulents, on preval la recerca d'oportunitats. Per conservar-los, l'empresa ha de reconfigurar per tant regularment els seus recursos i els seus enllaços amb els actors externs, cosa que afavoreix al mateix temps l'intercanvi d'informació en temps real, per passarel·les i catalitzadors informacionals, i la formació sistemàtica per a la creació de nous coneixements i saber–fer particulars, com veurem després.

La singularitat que en resulta explica l'estabilitat relativa de les transaccions. Així, diverses firmes amb qui treballem des de fa més de deu anys expliquen que, finalment, ofereixen un producte per respondre no pas a una necessitat donada d'un client, sinó a necessitats desenvolupades conjuntament.

Per exemple, la competitivitat d'una firma que produeix molles espirals que moltes empreses poden fabricar es basa en la seva capacitat especial per respondre a diversos tipus de pes, de torsió, de resistència, de variacions de temperatura, humitat i salinitat (Julien i al., 2003ha); una capacitat que va més enllà del que poden produir els equipaments sols. Així mateix, la capacitat d'una PiME per produir diversos tipus de béns per a la indústria aeronàutica, com sistemes de direcció (mànecs de comandament per a helicòpters) o sistemes d'anàlisi de l'estat dels motors, ve del fet que aquesta PiME ha dividit la seva fàbrica en seccions, cosa que li permet explotar materials diferents i fer-ne combinacions subtils gràcies a saber i saber-fer especialitzats, que li donen un avantatge important per resoldre tota mena de problemes i oferir productes únics.

Eisenharth i Martin (2000) anoten la importància creixent de tres elements en aquesta capacitat particular de les empreses: 1) la varietat de respostes complexes, 2) la proximitat per discutir-les; però també 3) la flexibilitat davant l'evolució de les necessitats. Allò explica per què, malgrat la mundialització, els grans compradors recorren a PiME nacionals, si no locals, i a dirigents nacionals o de la mateixa cultura per a les filials a l'estranger, com les multinacionals de l'automòbil tant americanes i europees com asiàtiques.

Proximitat, flexibilitat i varietat són part integrant del concepte d'innovació que sosté la singularitat de les empreses, més enllà de la productivitat. És cert que la productivitat és el factor clau per a les empreses que ofereixen un producte de masses, estàndard o de canvi lent. En aquest cas, la tendència a transferir la producció a països amb salaris baixos continuarà. Però per als productes d'alt valor afegit i de canvi regular, la fabricació dels quals requereix una capacitat especial de l'organització i per tant personal format, la producció romandrà a les regions capaces de produir i sostenir aquests recursos. La competitivitat en aquest cas va més enllà de la productivitat.

A la figura 1.3 volem il·lustrar la relació entre productivitat i innovació presentant sobre un continu, a la dreta, les produccions que requereixen saber i innovació sistemàtica, i a l'esquerra les que utilitzen sobretot una mà d'obra dòcil i de cost baix, com preconitzava el taylorisme als països industrialitzats abans dels anys 1970. Es tenen doncs d'una banda productes gairebé únics per a mercats específics i de l'altra béns barats i sovint de poca qualitat.

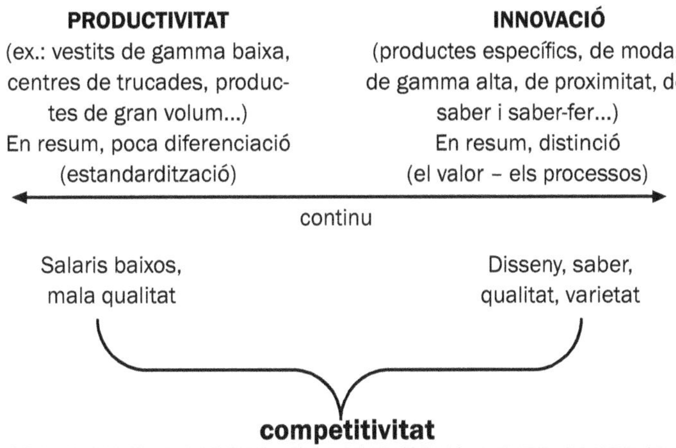

| Figura 1.3 |
Continu entre productivitat i innovació

Proximitat, flexibilitat i varietat s'inscriuen en l'economia del coneixement i del saber-fer d'una altra manera, perquè permeten a l'empresa recombinar diferentment els seus recursos i competències per generar el màxim de respostes especials per a cada client. Per tornar a la nostra metàfora, aquestes tres qualitats s'apliquen tant al petit criminal com al gang, que també han de diversificar-se i adaptar els seus comportaments a cada territori i situació canviant, com explica Maigret a *El lladre mandrós*, que tenia una capacitat especial per reaccionar als canvis dels policies. Això suposa que l'organització és capaç de gestionar la informació per encarar millor la incertesa i l'ambigüitat, com hem vist en un bon nombre de PiME. La capacitat de fer d'una altra manera pot doncs també ser la de les regions on es troben aquestes PiME. Algunes regions ho han entès fa temps, mentre que d'altres triguen a fer-ho, cosa que explica les diferències actuals pel que fa a l'emprenedoria.

2

l'emprenedoria diferenciada

Les disparitats regionals

No només un comerç que no dóna res pot ser útil, sinó fins i tot un comerç desavantatjós. He sentit dir a Holanda que la pesca de la balena, en general, no rendeix gairebé mai allò que costa: però els que han treballat a la construcció del vaixell, els que han proporcionat els estris, l'aparellatge, els queviures, són els que tenen més interès en aquesta pesca. Encara que perdin amb la pesca, han guanyat amb els subministres. Aquest comerç és una espècie de loteria, i cadascú ha estat seduït per l'esperança d'un bitllet negre.

MONTESQUIEU, *De l'Esperit de les lleis, tom tercer, 4ª part, capítol 6*

Les PiME funcionen bé a tot arreu, ja que continuen sent la primera font de llocs de treball i per tant de desenvolupament territorial. A tots els països de l'OCDE, llevat d'Alemanya, Canadà, Bèlgica, Estats Units, Finlàndia i Suècia, representen més del 60% dels llocs de treball de les empreses de menys de cinc-cents empleats, i sovint més del 30% de les de menys de cent (veure la figura 2.1). Però, d'una part, la seva importància no és la mateixa pertot i, de l'altra, no totes participen de la mateixa manera o tenen el mateix vigor per sostenir el desenvolupament regional. Així mateix, el crim difereix segons el nivell de desenvolupament, i d'aquí la importància dels ingressos dels països i del nivell de permissivitat social[1].

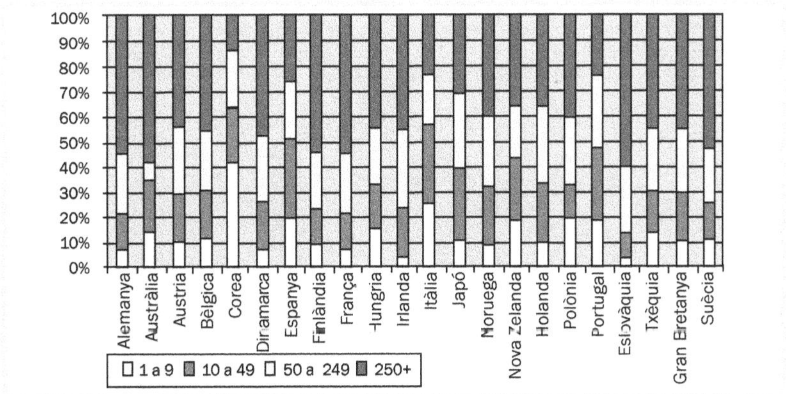

| Figura 2.1 |
Percentatge de llocs de treball al sector manufacturer segons la dimensió de l'empresa, en alguns països de l'OCDE (1999 o l'any més recent)

Font: Perspectives de l'OCDE sobre les PiME, París, OCDE, 2005.

Per distingir les regions, dividirem aquest capítol en sis seccions. A la primera veurem les diferències en el nombre d'empreses per regió

1 Per exemple, a *La Defensa Lincoln (The Lincoln Lawyer)*, Little, Brown and Co., 2005), Connely explica que Los Angeles té el rècord mundial d'atracaments per habitant; només al comtat de Los Angeles (10 milions d'habitants), hi ha cada any més de 100.000 crims violents, que comporten almenys 140.000 arrestos.

i a la segona allò que distingeix el vigor de la creació d'empreses. A les parts següents discutirem les causes considerades habitualment per explicar aquestes diferències, d'entrada les causes generals o macroeconòmiques (secció 3) i a continuació les que es refereixen més aviat als comportaments dels empresaris o microeconòmiques (secció 4). A la cinquena secció presentarem una síntesi d'aquestes causes amb l'ajuda d'un model internacional. Finalment, a l'última mostrarem la necessitat d'anar més lluny en les explicacions de les diferències emprenedores segons els territoris, i tornarem al paper conjunt dels emprenedors, les organitzacions i el medi.

2.1. La importància diferenciada de les PIME a la regió

Les diferències en el nombre d'empreses és un primer indici de les disparitats en el desenvolupament de les regions, ja que les empreses són les primeres productores de llocs de treball, com acabem de dir, i per tant d'ingressos que assegurin el benestar dels habitants del territori. Encara que, evidentment, s'ha de tenir en compte la dimensió de les regions, sobretot en nombre d'habitants, i també la de les empreses, i el seu dinamisme com a creadores de llocs de treball.

| Quadre 2.1 |
Nombre total d'empreses als Estats americans entre 2000 i 2005. Percentatge per 10.000 habitants i evolució entre els dos períodes.

Font: Càlculs fets a partir de dades de Small Business Economic Indicators, 2005 (Internet) i Missouri State Census Data Center.

	2000	2005	2005/ 2003 en %	Taxa per 10 000 habitants en 2005
Estats més industrialitzats				
Districte de Columbia	25 157	27 656	9,9	475
Wyoming	18 566	20 721	11,6	409
Montana	32 593	35 597	9,2	380
Vermont	20 976	21 451	2,3	346
Colorado	134 085	152 434	13,7	326
Idaho	39 089	46 349	18,6	325
Rhode Island	32 666	33 679	3,1	316
Maine	38 711	41 026	6,0	313
Dakota del Sud	22 556	24 349	7,9	312
New Hampshire	36 643	40 619	10,9	312
Estats menys industrialitzats				
Michigan	213 865	214 316	0,2	212
Kentucky	88 460	84 988	-3,9	204
Virgínia Oest	38 665	36 684	-5,1	203
Ohio	232 775	230 799	-0,8	201
Indiana	124 654	125 532	0,7	201
Arizona	103 893	119 193	13,8	199
Alabama	88 222	88 274	0,1	194
Mississippí	53 509	54 666	2,2	188
Tennessee	110 510	111 607	1,0	186
Texas	388 439	412 520	6,2	181

Així, al quadre 2.1 podem veure que als Estats Units, si bé hi ha estats que l'any 2005 tenien més de 400 empreses per 10.000 habitants, com el districte federal de Columbia o Wyoming, d'altres en tenien menys de 200, com Arizona, Alabama, Mississippi, Tennessee i Texas. Per exemple, Mississipi, tot i no estar gaire menys urbanitzat que Wyoming, situat en una regió muntanyosa molt a l'oest del gran riu, tenia la meitat d'empreses que aquest últim; i Texas, tot i el seu petroli, estava en una situació gairebé igualment deplorable, comparada amb estats amb un territori compost en bona part de grans boscos, com Montana (diferència del 62 %) o Vermont (diferència del 48 %). Això no vol dir, però, que els primers creïn més ràpidament noves empreses que els darrers, ja que, entre aquests, Rhode Island té un creixement dèbil, en tant que Arizona crea proporcionalment gairebé tantes empreses com Colorado i Wyoming.

Les dades del quadre 2.2 per al Regne Unit, encara que una mica més antigues, són del mateix ordre. Així, la metròpoli, Londres, tenia el nombre més gran d'empreses, prop de 270.000 l'any 1998, o sigui 478 empreses per 10.000 adults (18 anys i més), relativament més que a cap altre lloc. Mentre que les regions angleses del North East (204 empreses), del North West (294), del Yorkshire i Humber (295) i Escòcia (287) eren molt menys dotades. D'altres regions estaven millor proveïdes, com Irlanda del Nord (438), el South East (398), l'East Anglia (382) i el South West (381). Fins i tot el país de Gal·les, més rural i amb una economia que, abans de l'augment de les PiME, depenia de l'explotació del carbó (a més de la pesca i l'agricultura), ha aconseguit la reconversió per assolir una taxa de 323 empreses per habitant adult, o sigui no gaire lluny de la mitjana nacional (352).

| Quadre 2.2 |
Nombre d'empreses registrades al Regne Unit per grans regions a l'inici de cada any (de 1994 a 1999) i taxa per 10.000 habitants l'any 1998

Font: «Business start-ups and closures: VAT registrations and e-registrations 1980-98», Londres, Despatx d'estadístiques governamentals, URN 99/111, Ministeri del Comerç i la Indústria.

	1994	1995	1996	1997	1998	1999	1999/ 1994 en %	Taxa per 10.000 habitants adults el 1998
Regne Unit	1 629 235	1 609 335	1 600 065	1 603 200	1 621 315	1 651 635	1,38	352
North East	44 120	43 425	42 455	42 035	41 815	41 995	-4,82	204
North West	162 900	159 875	157 365	156 585	157 580	160 060	-1,74	294
Yorkshire/Humber	122 410	120 460	118 350	117 665	117 240	117 710	-3,84	295
East Midlands	111 795	110 755	110 005	109 485	109 995	111 195	-0,54	336
West Midlands	138 145	136 595	135 215	134 840	134 595	136 290	-1,34	324
East Anglia	159 490	157 450	156 030	157 470	159 995	162 715	2,02	382
Londres	242 175	241 465	245 055	249 790	258 660	269 955	11,42	478
South East	243 370	241 055	240 440	241 815	246 115	253 045	3,98	398
South West	152 870	150 065	147 560	147 085	148 015	149 715	-2,06	381
Anglaterra	1 377 280	1 361 145	1 353 345	1 356 745	1 374 005	1 402 675	1,84	358
País de Gal·les	79 465	77 200	76 060	75 415	73 335	75 230	-5,33	323
Escòcia	119 825	118 610	117 785	117 525	118 265	119 160	-0,55	287
Irlanda del Nord	52 665	52 380	52 875	53 510	53 755	54 215	3,70	438

Però aquestes dades no diuen res de l'emprenedoria pròpiament dita, sobretot de la creació neta d'empreses, llevat si tenim en compte la taxa d'evolució. Així, al quadre 2.1, podem veure que el nombre de firmes havia augmentat fins i tot a Texas un 2,7 % entre 2000 i 2003, però menys que a Carolina del Nord (4,0 %) i Arizona (5,6 %) i encara menys que a Colorado (7,3 %), Idaho (6,3 %) i a l'Estat de Washington (6,0 %), estats que ja tenien més empreses per càpita l'any 2000. Així mateix, al quadre 2.2, si la regió del Yorkshire i Humber perdia un 3,84% de les seves empreses entre 1994 i 1999, el país de Gal·les en perdia encara més, un 5,33%. A més, durant aquest temps només quatre regions veien augmentar el total de les seves empreses: la regió de la capital (+ 11,42), el South East (+ 3,98), Irlanda del Nord, malgrat els disturbis (+ 3,70) i l'East Anglia (+ 2,02).

2.2. Un ritme de creació diferent segons els territoris

Provem d'analitzar l'evolució del nombre d'empreses, primer entre països, ja que disposem de diverses enquestes internacionals que fan la comparació, i després entre regions. En el primer cas, agafem l'enquesta molt coneguda del projecte Moniteur global sobre l'emprenedoria, o projecte GEM, que mesura la proporció d'adults (de 18 a 64 anys) compromesos activament i directament en el procés de creació d'una empresa potencial (abans de posar-la en marxa) o acabada de néixer (de menys de 42 mesos). Per exemple, per a l'enquesta del 2004 (*Acs i al., 2004*), realitzada a 34 països, que representen 800 milions d'habitants i més del 80 % del producte interior brut internacional, els investigadors del consorci de recerca van interrogar per telèfon 113.000 persones, més de 2.000 per país, utilitzant un qüestionari adaptat a cada país. També van consultar de 20 a 70 experts per país, per entendre millor les raons que hi faciliten o limiten l'emprenedoria. I van diferenciar els que havien participat a la creació o desenvolupament d'una empresa *per necessitat* (per exemple, després de ser acomiadats) dels que ho havien fet per aprofitar una *oportunitat*. D'aquestes dues possibilitats han tret una mitjana, anomenada índex d'activitat emprenedora total, com es pot veure a la figura 2.2.

Aquesta figura 2.2 indica que el 2004 el Perú, Uganda i l'Equador se situen al primer rang en activitat emprenedora, amb més del 25% dels adults de 18 a 64 anys compromesos d'una manera o altra en la creació d'una empresa. Segueixen Jordània, Nova Zelanda, Islàndia, Brasil, Austràlia, Argentina i els Estats Units, amb una taxa del 10% o més. A l'altre extrem de l'escala trobem el Japó, Estònia, Hong Kong, Bèlgica, Suècia, Croàcia, Portugal, Hongria, Itàlia, Finlàndia i Alemanya, amb una taxa de menys del 5%.

Les versions més recents del projecte GEM són una mica més complexes, i afegeixen en paral·lel un tercer grup, o sigui les empreses de fort potencial (EFP)[2] (aquelles on es preveu agafar almenys 20 empleats els 5 primers anys d'existència), que els investigadors relacionen una mica

2 «High-expectation entrepreneurship activity» o HEA.

massa de pressa amb la noció de gasela, desenvolupada especialment a l'estudi de l'OCDE de 2005 i de què parlarem més endavant. Les EFP, de totes maneres, només afecten un 2% dels emprenedors potencials o reals (Minniti, Bygrave i Autio, 2005).

Assenyalem que d'un any a l'altre els països participants poden canviar, ja que la participació és voluntària i requereix un equip de recerca molt subvencionat pels governs. Així, en el cas de les versions 2005 i 2007 (Minniti, Bygrave i Autio, 2005; Bosma i col., 2007), els països més emprenedors són, en el primer cas, Tailàndia, Veneçuela, Nova Zelanda, Jamaica i la Xina, en tant que en el segon l'ordre canvia una mica, sempre amb Tailàndia primera, en tant que Veneçuela i la Xina estan ara en quart i cinquè llocs, amb l'entrada de Colòmbia i Perú al segon i tercer. Aquest any Jamaica i Nova Zelanda no van participar a l'enquesta.

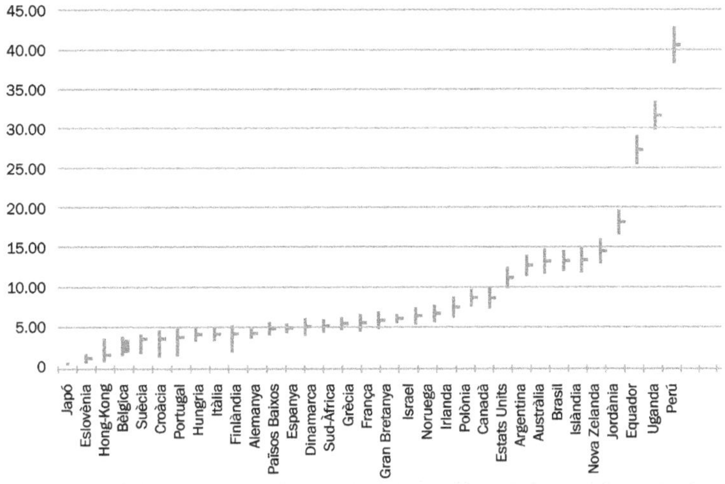

| Figura 2.2 |
Índex d'activitat emprenedora total (compromís en el procés de creació o participació a la posada en marxa d'una empresa) segons els països participants, 2004.

Adaptat de *Global Entrepreneurship Monitor. 2 004 Executive Report*, Babson College.

Evidentment, l'estudi no compara el nombre d'empreses efectivament creades, com tampoc no diu si el compromís es traduirà *realment* en un gran nombre d'empleats (especialment per a les EFP). Això fa que en creació real les dades siguin molt diferents[3].

Per exemple, en una altra enquesta internacional, la de l'OCDE (2006), que es pot veure a la figura 2.3, i que fa una comparació entre Estats Units i països europeus, les taxes de creació als Estats Units són inferiors a les de Luxemburg, el Regne Unit i Noruega, i segurament no més del doble que les de Dinamarca, Espanya, Itàlia i Finlàndia, com semblen indicar les xifres del GEM. Aquestes diferències es tornen a trobar, d'altra banda, en estudis més aprofundits, com els fets sobre la taxa d'auto ocupació (treballadors autònoms i directors d'empresa) en la població en edat de treballar (Blanchflower, 2004), i que assenyalen

3 Així, una enquesta francesa realitzada el febrer de 1998 arriba a resultats molt diferents dels de l'enquesta de 1999 del GEM. Mostrava que si un 27% de la gent de 20 a 57 anys estaven interessats en la creació d'una empresa, el 8% eren caps d'empresa al moment de l'enquesta, el 7% havien creat o reprès una empresa en el passat, el 7% tenien la intenció de crear-ne una a curt o mitjà termini i el 5% havien renunciat al seu projecte (Letowski, 2001).

en especial els Estats Units com un dels països amb taxes més baixes entre els de l'OCDE. En comparar un gran nombre d'estudis, Iversen, Jorgensen i Malchow-Möller (2008) mostren els límits de l'anàlisi del GEM i expliquen que els resultats d'aquests estudis són funció dels indicadors utilitzats i de la manera com s'obtenen les dades[4], límits que també mostren un gran nombre d'estudis comparatius internacionals sobre la creació d'empreses. Ho confirmen també la major part si no totes les altres comparacions internacionals, incloent les que es fan sobre la riquesa col·lectiva, que rarament té en compte el cost real de la vida.

| Figura 2.3 |
Comparació de les taxes de creació real d'empreses als Estats Units i a la Comunitat Europea (els deu països mencionats)

Font: Dades d'Eurostat i de la SBA, represes a OCDE, *Comprendre l'entrepreneuriat: mise au point d'indicateurs pour les comparaisons et évaluations internationales.* Informe relatiu al Projecte de l'OCDE sobre els indicadors de l'emprenedoria i Pla d'acció, París, 2006.

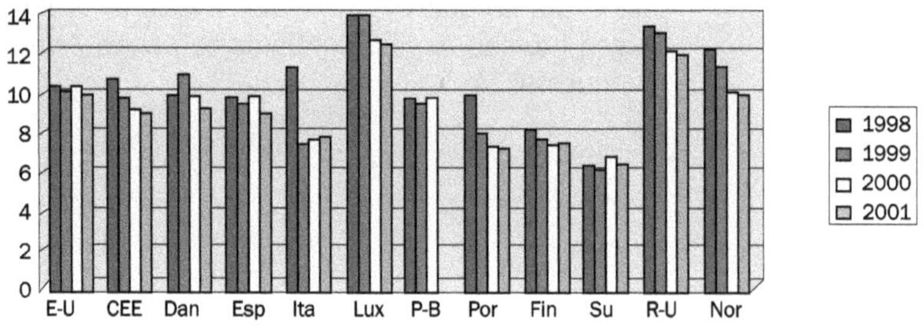

De totes maneres, els estudis no tenen prou en compte les diferències territorials[5]. Per exemple, en alguns països, el compromís nacional necessari per a una bona creació d'empreses és més fort a les grans ciutats, perquè el seu dinamisme és més important que el de les regions perifèriques, que s'estanquen; però la situació es pot invertir en altres països.

Cal doncs anar cap a anàlisis més fines pel que fa a les regions, sobretot les regions petites de cada país. Així, l'estudi canadenc del projecte GEM ha intentat trobar les diferències emprenedores entre les grans regions. Allà es veu que la taxa d'activitat emprenedora del 2004 era del 7,2% a les Prairies, del 5,3% a Ontario i del 4,9% al Québec, en tant que només era del 3,1% a les províncies marítimes (Riverin, 2005). Aquest estudi, com passa sovint en el cas de les dades nacionals, mostra de totes maneres grans fluctuacions sense cap bon motiu: per exemple, per al Québec, la taxa varia entre el 8,1% el 1999, el 3,3% el 2000 i el 4% el 2003, sense que la conjuntura hagi fluctuat gaire ni les mesures de suport a l'emprenedoria per part del govern del Québec hagi canviat de forma important.

A França, investigadors de la Universitat de Caen han mostrat que la taxa de creació real per 1000 habitants era elevada a la zona de

4 Un altre exemple dels límits del projecte GEM té a veure amb les dades fiscals per país, que no té en compte ni diferències d'estructura fiscal, amb efectes diferents sobre els emprenedors i les empreses que sobre els consumidors, ni comportaments d'evicció, en recórrer a tota mena d'exempcions o al frau (O'Halloran, Rodriguez i Vergara, 2005). En alguns països, els tipus d'imposició directa o indirecta són molt alts, precisament per compensar un frau massiu difícilment evitable per raons històriques i de comportament; i les diferències poden comportar diferents comportaments, com comportaments de rendistes o activitats il·legals (Lu, 1994).

5 Per exemple, n'hi ha prou de sortir una mica del centre de les capitals nacionals dels països en desenvolupament, que apliquen sovint preus occidentals a la restauració i a les vacances, per trobar restaurants i albergs a menys del 25 % dels primers.

París i a les regions Roina-Alps, Provença-Alps-Côte d'Azur i Llenguadoc-Rosselló, però molt més feble, menys de la meitat, a les regions del Nord i de l'Est (Nord-Pas-de-Calais, Champagne-Ardenes, Lorraine, Picardia i Normandia) (veure quadre 2.3).

	Distribució				
	Firmes noves el 1994	**Firmes existents al cap de 4 anys (1997)**	**Estoc de firmes el 1995**	**Taxa de creació per 1 000 habitants**	**Taxa de creació per firma el 1995**
Île-de-France	24.48	22.81	27.47	2.08	10.9
Prov-Alpes-Côte-Azur	8.68	8.28	10.51	1.98	10.9
Llengadoc-Rosselló	4.94	4.71	4.92	1.85	11.9
Midi-Pyrénées	5.07	5.27	4.69	1.57	9.3
Roina-Alps	10.49	10.54	10.43	1.56	9.5
Aquitània	5.74	5.88	5.37	1.56	9.4
Alsàcia	2.70	2.85	2.47	1.22	9.9
Auvergne	1.92	2.09	1.91	1.20	7.8
Poitou-Charente	2.43	2.60	2.16	1.11	8.2
Bretanya	4.10	4.67	3.73	1.09	8.5
Borgonya	2.38	2.48	2.13	1.09	8.3
Pays-de-la-Loire	4.65	4.92	4.07	1.08	9.0
Franche-Compté	1.51	1.65	1.43	1.07	8.5
Centre	3.55	3.59	3.09	1.06	8.5
Alta Normandia	2.20	2.26	2.21	1.03	8.9
Baixa Normandia	2.00	2.15	1.75	1.03	8.6
Picardy	2.41	2.37	2.26	1.01	8.9
Limousin	0.91	1.00	0.86	0.99	7.7
Lorraine	2.99	3.02	2.74	0.98	9.5
Champagne-Ardennes	1.78	1.79	1.57	0.96	8.3
Nord-Pas-de-Calais	4.55	4.51	4.21	0.88	9.0
Còrsega	0.53	0.55	-	2.11	-
Total	100 %	100 %	100 %		

| Quadre 2.3 | Localització i evolució del nombre de firmes privades (manufactureres, construcció, comerç i serveis a empreses i persones) a 22 regions franceses

2.3. Diferents tipus d'empreses

Les comparacions, per interessants que siguin, no donen una informació important, el tipus d'empreses creades. En efecte, en el moment que una població prou important s'instal·la en algun lloc, un emprenedor acaba per obrir una petita botiga i un altre un garatge. Si la població continua creixent, algú obrirà una perruqueria, una modista contractarà gent per ajudar-la i el sabater acceptarà fer sabates a mida si la ciutat que ofereix aquest servei és massa lluny. Finalment, el garatge potser instal·larà un taller de reparacions, etc. Hi haurà també empreses socials i col·lectives que participin en el desenvolupament de l'emprenedoria i sostinguin el dinamisme de la regió (Steyaert i Hjorth, 2003). És possible que el cúmul d'activitats acabi fent una bola de neu que acceleri el desenvolupament, però sovint aquestes activitats no fan més que seguir l'evolució demogràfica. Per això se'ls diu activitats *banals*, en el sentit del vell terme de *banalitat* o de *servitud* del temps de les senyories, com el molí banal, que era indispensable a la comunitat per moldre el gra dels pagesos.

Com exemple d'empresa col·lectiva, coneixem dues germanes monoparentals i sense feina d'un barri pobre de Montréal que van decidir ajuntar-se per preparar els menjars i estalviar comprant quantitats més grans. Uns treballadors socials els van demanar compartir la seva experiència amb altres dones del barri. Després de vèncer el seu orgull, van posar en marxa una cooperativa de menjar i de compra comunitària que reunia trenta famílies amb les mateixes necessitats i que volien aprendre a alimentar bé la família amb poca despesa, un aprenentatge que anava fins a les bases de les matemàtiques (1/4 de cullerada de sal!). Finalment, van organitzar també una guarderia comunitària perquè les mares poguessin sortir almenys un o dos cops per mes, ajuda per als deures dels nens, compres amb descomptes a diversos comerços del barri, una ajuda de viatge per als parents o famílies amb pocs recursos venint de fora, etc. Avui dia el seu moviment agrupa no menys de 1.200 famílies.

A l'estudi GEM, l'absència d'informació sobre el tipus d'empreses realment creades encara és més greu. Per exemple, els resultats del 2004 per al Perú, Uganda o l'Equador no diuen res sobre el sector on actuen les empreses, i encara menys els seus efectes sobre el dinamisme d'altres firmes amb qui col·laboren, o en la creació de noves empreses. En especial, per a aquests tres països en desenvolupament, es pot suposar que el sector informal, sovint més important que el formal, no ha estat tingut en compte, per la dificultat d'avaluar-lo. Ara bé, una bona part del sector informal existeix *per necessitat*, i permet a la gent tenir un segon ingrés que s'afegeix al feble salari de la primera feina, per poder sobreviure i tenir una oportunitat; però aquesta necessitat, que prové també de les petites oportunitats creades pels desequilibris de mercat d'aquests països, com explica Kirzner (1973), és lluny de la noció utilitzada pel GEM. Afegim que la importància del sector informal fa que la recerca dels experts sigui per força esbiaixada, pel fet que han d'escollir entre variables molt diferents que influeixen en un o altre dels sectors[6]. A més, a causa de la mala organització de l'economia en aquests països, es pot trobar un gran nombre d'empreses treballant a sectors més o menys il·legals, com el contraban, com han mostrat Fadahunsi i Rosa (2002) a Uganda. Finalment, entre les empreses en fase de projecte, és probable que algunes no es creïn mai i que, entre les altres, moltes siguin empreses insignificants i poc innovadores que responen a la forta empenta demogràfica que prové de l'interior o de l'emigració. La majoria dels participants interrogats a les enquestes del GEM afirmen a més que el seu projecte d'empresa reproduirà allò que fan altres empreses existents; només un 7% pensen que la seva empresa serà diferent «de manera important» (Reynolds i al., 2002, pàg. 5).

D'altra banda, ens podem interrogar sobre la taxa de supervivència de les noves empreses. Algunes desapareixen ràpidament després de la

6 Així, en viatjar per un país en desenvolupament, només ens hem d'aturar en un semàfor per tenir un munt de petits venedors de diaris o de tota mena de galindaines, o malabaristes que ofereixen el seus serveis als automobilistes, sense que se sàpiga si treballen per a una empresa o van pel seu compte (De Soto, 1989).

seva creació o sobreviuen amb prou feines. Per exemple, Baldwin i Gellatly (2003) han mostrat que al Canadà prop del 25% de les més petites desapareixien el primer any de la seva creació; la taxa seria del 27% als Estats Units (Phillips i Kirchoff, 1989). Com que prop del 80% de les firmes són petites quan comencen la seva activitat, l'efecte és major. Així, després de només un any, més del 25% de les empreses noves de menys de vint empleats no sobreviuen; després de tres anys, més del 40% desapareixen; i després de deu anys en queda menys del 20%. Per contra, encara que siguin molt més escasses, prop del 50% de les empreses noves amb més de cent empleats continuen vives. De mitjana, prop de la meitat superen els cinc anys, una taxa de supervivència que no varia gaire per a set països de l'OCDE: és una mica més alta els primers anys als Estats Units i més baixa al Canadà, tot depenent evidentment de la conjuntura anual a cadascun dels països i del mode de càlcul empleat (veure la figura 2.4).

La taxa de supervivència pot augmentar quan la creació ha estat facilitada per l'ajuda exterior o complementària, com en el cas d'una posada en marxa a l'interior d'una incubadora o d'un altre organisme d'ajuda a la creació, o també per efecte rusc amb el suport de l'organització de partida. Es considera també que el fet que l'empresa hagi estat creada per diverses persones amb experiències diferents facilita la seva supervivència (Siegel i al., 1993)[7].

| Figura 2.4 |
Taxa de supervivència als 7 anys* a 7 països de l'OCDE, 1990
* Les xifres fan referència a les taxes de supervivència mitjanes estimades per a diferents grups d'empreses entrades al mercat des de finals dels anys 1980 fins als anys 1990.

Font: *Perspectives de l'OCDE sur les PME*, París, OCDE, 2002, pàg. 40.

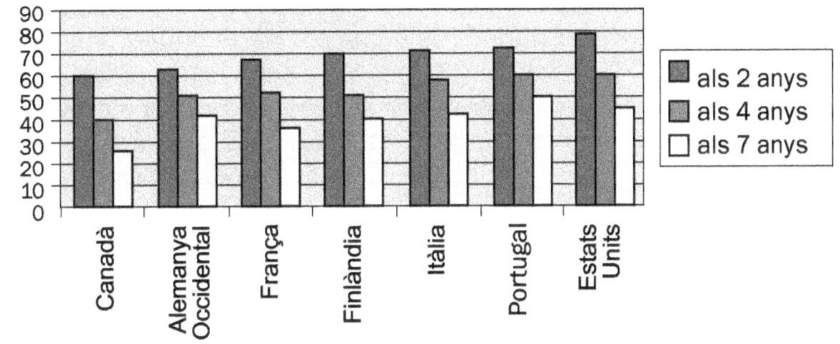

Però la desaparició d'empreses a les dades oficials no vol dir necessàriament que hagin fet fallida. Entre les empreses desaparegudes, algunes han estat comprades, altres s'han fusionat o simplement han suspès la seva activitat per reprendre-la més tard. Per exemple, a França s'ha calculat que les represes de firmes suposen més del 30% de les creacions dites noves, i les reactivacions prop del 25%. Menys del 25% de les desaparicions poden ser realment considerades com a fracassos; i fins i tot aquests poden permetre treure lliçons per a una nova sortida (SESSI, 1999a)[8]. Així, diversos estudis han mostrat que, al cap de quatre o cinc anys, més del 75% dels nous emprenedors continuen actius, després d'una primera o una segona temptativa, una reactivació o una represa (Reynolds i Miller, 1989; Observatori europeu, 1995).

7 La creació en equip és cada cop més freqüent i eficaç, a condició evidentment que es respectin la complementarietat i les particularitats de cadascun.

8 La lliçó pot ser molt llarga. Així, el PDG d'Amway, productor i distribuïdor porta a porta de productes domèstics a Amèrica del Nord, va fracassar disset vegades abans de fer-se multimilionari.

Algunes variables permeten especificar el tipus d'empreses que continuen vives després d'uns anys. El fet de respondre a l'expansió demogràfica i per tant a les necessitats de la població n'és una. Pensem en les botigues de queviures, garatges, perruqueries, ferreteries, botigues de roba, etc., però també en els despatxos de notari, psicòlegs, guarderies, firmes de construcció residencial, etc. D'altres empreses sobreviuen precisament perquè serveixen a les empreses anteriors, però també perquè també actuen fora de la regió. És el cas sobretot de les firmes de transport, de suport o de reparació dels equipaments, dels bancs, de les firmes comptables i assessories, de les empreses d'informàtica. I com més una empresa exporta els seus productes fora de la regió, més necessitat té de transport especialitzat, d'agents de logística i de duana i d'altres empreses complementàries. Si utilitza una tecnologia puntera i innova molt, requereix centres d'investigació, firmes de capital risc, etc. Finalment, el govern sosté aquesta multiplicació d'activitats econòmiques i socials amb escoles i serveis de salut, sense oblidar les infraestructures que faciliten els intercanvis i les institucions que proporcionen personal instruït i amb bona salut.

Així, la complementarietat entre els diferents tipus d'actors juga un paper important en el desenvolupament de les empreses. Sabem per exemple que, quan el tancament d'una o més empreses en un poble, ciutat o barri fa que la població disminueixi fortament, apareix el dilema de mantenir l'escola oberta o preveure el transport d'alumnes al poble veí, i si el restaurant de la cantonada continuarà obert. Però la complementarietat pot ser encara més gran entre les empreses, no només pels serveis que es fan entre elles, sinó per tota mena d'activitats de subcontractació de serveis i productes intermedis o peces. La complementarietat influeix també en les inversions que vénen de l'exterior: una gran població atreu les filials de grups comercials importants, com grans magatzems, franquícies i agrupacions de marques o en cooperatives. Aquestes inversions exteriors no són tanmateix neutres, ja que provenen de consideracions o d'estratègies que no sempre tenen a veure amb la realitat local; així, es pot tancar una botiga local rendible per atreure els clients a un centre comercial de la ciutat veïna, que llavors podrà diversificar encara més la seva clientela i els seus productes. Una regió massa dependent de l'exterior es veu abocada a disposar menys dels seus propis recursos, cosa que limita les possibilitats de desenvolupament de les empreses, com veurem al capítol 10.

Però si hi ha variables que poden afavorir el desenvolupament de les empreses, d'altres, al contrari, l'alenteixen, sobretot les seves pròpies estratègies. La majoria d'empreses tenen en efecte estratègies més aviat reactives; es limiten a seguir l'evolució de la demanda i a ajustar-se tan bé com poden, però sovint amb retard, als seus competidors i a l'evolució de la tecnologia. Poques tenen una estratègia proactiva, pròpiament emprenedora, que descansi especialment sobre la innovació contínua en productes i processos. Però són precisament elles les que obren noves possibilitats a la seva regió i la transformen, d'entrada retenint-hi serveis dinàmics o exigint-los, a continuació aïllant les firmes que persisteixen a no seguir ni afavorir el canvi als mercats i al territori (Wennekers i Thurik, 1999).

Algunes de les empreses, amb innovació contínua, creixen ràpidament. Se'ls anomena *gaseles*[9], per diferenciar-les de les desenes de petits *ratolins* que any rera any estan estancades o creixen lentament, i d'alguns *elefants*, grans empreses que aprofiten les inversions exteriors, amb una estratègia que, com hem vist abans, parteix de consideracions alienes als interessos regionals. Encara que siguin poc nombroses, les *gaseles* tenen un gran paper en la reestructuració o el desenvolupament del territori, i per tant en la creació d'ocupació per empreses duradores. A la figura 2.5 mostrem que la seva proporció en nombre és molt més petita, en general de menys del 10%, que el seu impacte sobre l'ocupació, ja que representen d'un 20 a un 40% (i fins a un 80% en alguns països no citats aquí) dels nous llocs de treball que provenen de firmes duradores (Picott i Dupuy, 1995; Birch, Haggerty i Parsons, 1997).

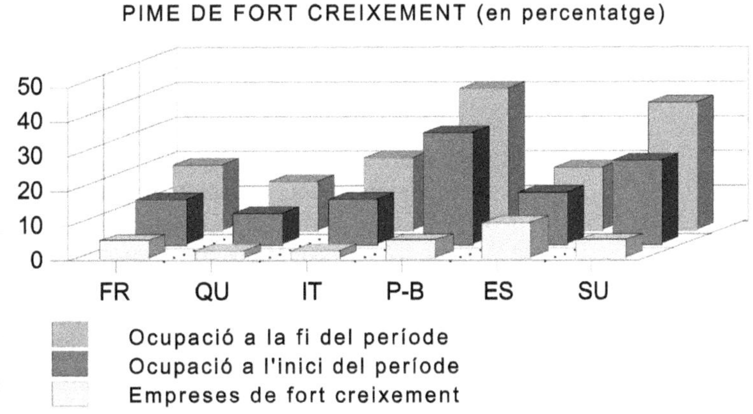

| Figura 2.5 |
Impacte de les empreses de fort creixement en l'ocupació al començament i al final del període estudiat, a 6 països o regions de l'OCDE

Font: P.-A. Julien, P. Mustar i M.F. Estimé, «Les PiME de fort creixement: una comparació internacional», Editorial del número temàtic sobre les gaseles, *Revue internationale PME*, vol. 14, números 3-4, 2001.

Les *gaseles* juguen també altres papers: poden esdevenir models per als futurs emprenedors i les altres empreses i inspirar-ne algunes a seguir el seu exemple. Afavoreixen el dinamisme regional en recórrer a tota mena d'establiments de serveis en la regió, als quals exigeixen que posin al dia els seus coneixements[10] per poder-les seguir, si no avançar; nous coneixements que així transformen en factors de dinamisme per a altres empreses (Gardney, 1998). És això que hem volgut il·lustrar amb l'esquema de la figura 2.6. Repetim que, si bé les PiME de fort creixement constitueixen una part petita del nombre d'empreses a la majoria de regions, un 8 o 10%, el seu impacte pot esdevenir més gran, amb un efecte de bola de neu que accelera el desenvolupament a base de coneixement nou.

Hi hauria doncs una relació entre el dinamisme territorial i la proporció de *gaseles*. O, si més no, aquestes últimes serien un bon indici del dinamisme de les regions. Així, al quadre 2.5, podem veure que, als Estats Units, entre 1993 i 1996, més del 15% de les firmes manufactureres eren *gaseles* als estats de Nevada, Oregon, Arizona, Utah, New Hamp-

9 És a dir, segons l'estudi de l'OCDE de 1999, les PiME que han més que doblat els llocs de treball en cinc anys.
10 Especialment les gaseles en alta tecnologia (Mueller, 2007).

shire, Califòrnia, Massachusetts i Florida, tots els quals formaven part dels 21 estats considerats més dinàmics (sobre 50), segons 18 criteris referits a la nova economia (Atkinson, Curt i Ward, 1999). Al contrari, els estats de Hawaï, Alaska, Michigan, Virgínia Oest, Wyoming i Iowa tenien les taxes més febles de PiME de fort creixement, els tres últims situats a les posicions 41, 42 i 48 de l'avaluació del seu dinamisme regional.

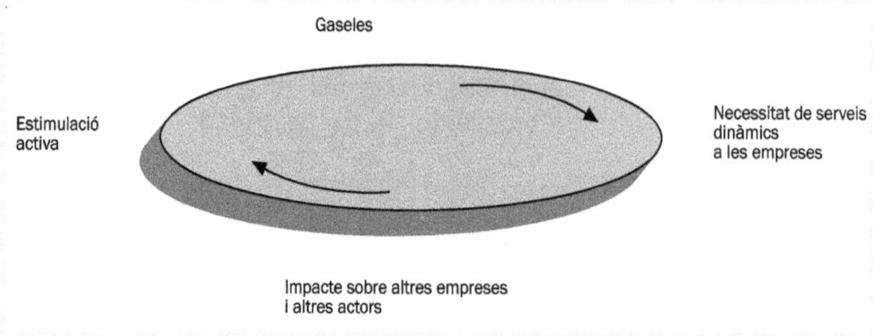

| Figura 2.6 |
Efecte d'arrossegament de les gaseles

Per mesurar l'índex de dinamisme hem analitzat el creixement de les empreses manufactureres al Québec, de 1991 a 2001, a les petites regions anomenades municipalitats regionals de comtat (MRC)[11], dividint el període en dues parts (Julien i Morin, 2003). Així, al quadre 2.6, es veu que la proporció de les PiME de fort creixement al Québec varia molt d'una regió i d'una subregió a una altra, o sigui entre el 0 i el 29,4%. Es veu també que és a les regions especialment dinàmiques on es troba un bon nombre de MRC amb una proporció molt important de *gaseles*, com passa als dos períodes estudiats (1991-1996 i 1996-2001) a la regió de Lanaudière amb les MRC d'Autray i de l'Assomption (20% i 17,2%), i a la de la Chaudière-Appalaches amb la MRC de Desjardins (sumant els dos períodes 33,8%), de la Nouvelle-Beauce (33,9%) i dels Etchemins (33,1%).

| Quadre 2.5 |
Proporció d'empreses de fort creixement (gaseles) en alguns estats americans entre 1993 i 1996

Font: R. Atkinson, R.H. Curt i J.el Sr. Ward, «The State New Economy Index», Washington, Progressive Research Institute, juliol 1999.

Estats considerats més dinàmics	Proporció de gaseles	Estats considerats menys dinàmics	Proporció de gaseles
Nevada	19,3%	New York	12,5%
Oregon	17,8%	Maryland	12,4%
Arizona	17,7%	Dakota del Nord	12,3%
Utah	16,7%	Carolina del Sud	12,3%
New Hampshire	16,2%	Michigan	12,2%
Califòrnia	16,1%	Iowa	12,1%
Florida	15,8%	Wyoming	11,9%
Missouri	15,5%	Virgínia de l'Oest	11,6%
Massachusetts	15,5%	Alaska	11,3%
Wisconsin	15,4%	Hawaï	9,2%

11 La creació de les municipalitats regionals de comtat (MRC) es va fer gairebé deu anys abans per portar les municipalitats urbanes i rurals de les petites regions a compartir alguns serveis, com els centres esportius o culturals, els serveis de policies i bombers, etc., en comptes de multiplicar-los sense considerar les capacitats de pagar a llarg termini, com passava massa sovint abans. Les MRC reuneixen els alcaldes i alguns regidors de cada municipalitat, proporcionalment a la seva població, i tenen com a objectiu, entre altres, posar en marxa un pla d'ordenació quinquennal per a la distribució dels serveis.

El quadre mostra també que algunes MRC han estat especialment dinàmiques des d'aquest punt de vista durant el primer període, tot i la llarga recessió, de 1990 a 1993, ja sigui les d'Autray, els Etchemins i l'Assomption, com acabem de veure, però també les de Memphrémagog en Estrie, de Maskinongé a Mauricie, de Thérèse-de-Blainville a les Laurentides i de Drummond al Centre-du-Québec. Per contra, algunes MRC que tenien poques *gaseles* el primer període han vist com es multiplicaven el segon, com Portneuf a la regió de Québec, el Granit en Estrie, la Rivière-du-Nord a les Laurentides, Vaudreuil-Soulange a Montérégie i l'Érable al Centre-du-Québec.

En el pla regional trobem altre cop la regió Chaudière-Appalaches, amb 7 MRC que tenen almenys un 13% de *gaseles* entre 1996 et 2001, entre les quals les MRC de la Nouvelle-Beauce i de Robert-Cliche. Es veu també que aquesta regió, que havia alentit el seu dinamisme tradicional (després de més de 30 anys) entre 1991 et 1996, va retrobar el seu ritme el darrer període. Però resulta també que els últims anys hi ha noves regions molt actives, com Lanaudière (15% de *gaseles*), les Laurentides (15,1%) i l'Estrie (14,2%). Per contra, les regions més perifèriques continuen amb retard, com el Nord-du-Québec (0,0%), l'Outaouais (3,4%) i l'Abitibi-Témiscamingue (4,4%). Pel que fa a les altres tres regions perifèriques, la Gaspésie i les Îles-de-la-Madeleine sembla que es moguin, ja que, encara que s'hi troben massa poques empreses manufactureres, més del 8% d'elles creixen ràpidament. El Saguenay-Lac-Saint-Jean té una taxa de més de l'11% i la de la Côte-Nord ha passat del 14,7% al 5,2% entre els dos períodes[12]. Així mateix, les altres regions es mouen cada cop més de pressa, ja que la proporció de *gaseles* a Montérégie i al Bas-Saint-Laurent supera el 10%, en tant que és de més del 9% a Mauricie, al Centre-du-Québec i a la Comunitat urbana de Montréal.

Aquestes diferències no són casualitat. Un cop assegurada la supervivència, les empreses no són les úniques responsables del seu desenvolupament. El desenvolupament endogen s'explica en efecte per la voluntat dels emprenedors, però també pels enllaços que aquests tenen amb els serveis més dinàmics del seu medi, per la insistència del medi perquè tot plegat es mogui i per tant per la cultura emprenedora conjunta. Cosa que ens obliga a interrogar-nos sobre les raons invocades des de fa quaranta anys per explicar les diferències emprenedores regionals, fora del cas de la presència de recursos naturals excepcionals, com les economies d'aglomeració o una demanda forta.

12 Cosa que permet confirmar els nostres comentaris sobre la importància relativa que s'ha de donar a l'emprenedoria de massa curta durada constatada a l'estudi de Nathalie Riverin per a la MRC de Minganie-Basse-Côte-Nord, i probablement per a la de Sept-Rivières-Caniapiscau, pels mateixos motius.

Municipalitats regionals de comtat	**Nombre total d'empreses 1996**	**Nombre total d'empreses 2001**	**Proporció de gaseles 1991-1996**		**Proporció de gaseles 1996-2001**	
(01) Bas-Saint-Laurent	**140**	**144**	**10,1**		**10,6**	
10 Rimouski-Neigettes	32	24	3,1		12,5	
12 Rivière-du-Loup	33	29	15,2	++	10,3	
(02)Saguenay- Lac-St-Jean	**147**	**173**	**12,2**	+	**10,4**	
94 Le Fjord-du-Saguenay	91	96	13,2	+	14,3	+
(03) Québec	**282**	**305**	**7,8**		**11,8**	
23 Communauté urb. Québec	234	238	7,7		11,7	
34 Portneuf	29	31	3,4		19.4	++
(04) Mauricie	**164**	**193**	**7,9**		**9,8**	
36 Le Centre-de-la-Mauricie	41	38	4,9		13,2	
37 Francheville	78	91	5,1		8,9	
51 Maskinongé	31	45	16,5	++	11,1	
(05) Estrie	**229**	**264**	**10,0**		**14,2**	
30 Le Granit	37	35	8,1		20,0	+
42 Le Val-Saint-François	36	41	8,3		9,8	++
43 Sherbrooke	87	102	11,5		17,6	
45 Memphrémagog	30	30	16,7	++	6.7	+
(06) Commu. Urb. Montréal	**1431**	**1493**	**8,5**		**9,0**	
(07) Outaouais	**45**	**68**	**6,7**		**3,4**	
81 Comm. Urb. Outaouais	30	37	3,3		2,7	--
(08) Abitibi-Témiscamingue	**59**	**68**	**6,8**		**4,4**	--
(09) Côte-Nord	**34**	**38**	**14,7**	++	**5,2**	--
(10) Nord-duQuébec	**5**	**5**	**0,0**	--	**0,0**	--
(11) Gaspésie-Iles-Madelei.	**39**	**37**	**10,3**		**8,1**	--
(12) Chaudières-Appalaches	**348**	**397**	**9,5**		**14,6**	
18 Montmagny	24	29	8,3		17,2	
19 Bellechasse	29	32	3,4		15,6	+
24 Desjardins	25	29	20,0		13,8	++
25 Chûtes-de-la-Chaudières	48	57	12,5		10,5	+
26 La Nouvelle-Beauce	22	34	4,5	++	29,4	
27 Robert-Cliche	32	31	9,4		16,1	
29 Beauce-Sartigan	70	79	8,6		13,9	++
31 L'Amiante	30	39	10,0		7,7	+
33 Lotbinière	30	29	6,7		17,2	
(13) Laval	**162**	**191**	**7,4**		**8,9**	++

Municipalitats regionals de comtat	Nombre total d'empreses 1996	Nombre total d'empreses 2001	Proporció de gaseles 1991-1996		Proporció de gaseles 1996-2001	
(14) Lanaudière	**158**	**193**	**7,6**		**15,0**	+
52 D'autray	20	32	20,0	++	21,9	++
60 L'Assomption	25	32	20,0	++	17,2	++
61 Joliette	44	37	4,5		8,1	
64 Les Moulins	37	58	10,8		10,3	
						+
(15) Laurentides	**183**	**212**	**6,7**		**15,1**	
72 Deux-Montagnes	33	27	9,1		11,1	
73 Thérèse-de-Blainville	54	71	15,0	+	11,3	++
75 La Rivière-du-Nord	50	42	2,0	-	21,4	
(16) Montérégie	**715**	**831**	**8,5**		**11,6**	
46 Brome-Missiquoi	34	42	8,5		7,1	
47 La Haute-Yamaska	87	192	8,0		11,8	
53 Le Bas-Richelieu	29	30	10,3		3,3	++
54 Les Maskoutains	72	87	9,7		18,4	
56 Le Haut-Richelieu	60	62	6,7		8,1	
57 La Vallée-du-Richelieu	60	68	13,3	+	11,8	+
58 Champlain	109	136	12,6	+	13,2	+
59 La Jemmerais	76	84	7,9		14,3	--
67 Roussillon	60	77	6,7		5,2	
70 Beauharnois-Salaberry	37	37	3,4		5,4	+
71 Vaudreuil-Soulanges	37	37	5,4		16.2	
(17) Le Centre-du-Québec	**164**	**193**	**7,9**		**9,8**	+
32 l'Érable	54	55	5,6		16,4	
39 Arthabaska	83	97	8,4		8,9	+
49 Drummond	108	131	7,4		14,5	

|Quadre 2.6|
Quadre 2.6 Proporció de PiME manufactureres amb un fort creixement d'ocupació (més del 100 % durant el període) a les MRC amb almenys 25 PME (de 10 à 200 empleats)

Font: P.A. Julien i M. Morin, compilació especial.

2.4. Algunes explicacions superades

La presència especial de les *gaseles* s'ha d'explicar, ja que no pot ser espontània, cosa que també és certa per a tot el desenvolupament territorial. No ens podem acontentar amb raons històriques lligades a una localització especial, o a qüestions de defensa, com és el cas de París (Lutèce) sobre l'illa de la Cité, de Nova York sobre l'illa de Manhattan o de Montréal sobre l'illa del mateix nom, les poblacions d'origen de les quals han arrossegat a continuació noves poblacions que finalment han creat les metròpolis que coneixem; la veritat és que, no obstant això, hi ha regions molt poblades que han decandit, mentre que altres aconseguien atreure nous pobladors, tant per aprofitar la creació d'empreses com per estimular-la.

2.4.1 Algunes respostes superades més macroeconòmiques

Els últims decennis s'han avançat algunes raons per explicar les diferències de desenvolupament regional. Tot i que aquestes respostes superades són insatisfactòries, per massa unitàries o tretes d'una anàlisi unidisciplinària, convé recordar-les, perquè algunes ens ajudaran en la investigació d'una resposta molt més complexa, seguint l'enfocament de Guillaume de Baskerville.

L'explicació més antiga és la dels economistes tradicionals, que han posat l'accent sobretot en l'efecte d'una demanda dinàmica, que crea oportunitats per a les empreses, o en la presència de recursos naturals abundants que atreuen els inversors. Per aquests economistes (pàg. ex., Arthur Lewis, 1951, o Paul Baran, 1957), l'empresari no és mai un problema, ja que apareix sempre, de forma necessària, allà on es presenten ocasions de negoci, com costos baixos de producció o salaris baixos. Ràpidament, aquestes ocasions, si són importants, acaben per ser copsades per grans emprenedors i per tant per grans empreses, les úniques veritablement eficaces als seus ulls, perquè poden aprofitar les economies d'escala (Martin, 1986). L'arribada d'aquests emprenedors multiplica els ingressos i així arrossega la creació d'altres empreses, incloent una multitud de PiME que s'afegeixen a les grans empreses o que responen a les necessitats de la població creixent atreta pels llocs de treball. Això té un efecte de bola de neu per suscitar l'engegada i a continuació el desenvolupament sostingut.

Rostow (1960), un dels pares de la idea del desenvolupament acumulat, parlava d'alguns alentiments ocasionals, però afirmava que, un cop ben engegat, el desenvolupament només es podia consolidar i ampliar. No obstant això, com que la importància de les riqueses naturals pot disminuir o la forta demanda baixar per l'emigració o per l'aparició de competidors en un altre lloc, la regió pot entrar en declivi. Fins i tot els avantatges dels salaris baixos poden durar només un temps, fins que les necessitats de noves inversions facin pressió sobre ells mentre s'obren nous territoris amb salaris encara més baixos, o fins que els ciutadans emigrin cap a regions més pròsperes. Si bé és possible que hi hagi un lent reequilibri entre regions en retard i regions dinàmiques, Gunnar Myrdal (1956) recordava ja fa temps que la mobilitat dels factors no el generava necessàriament, i que calien intervencions externes, d'entrada en infraestructures (per disminuir els costos de la distància) i a continuació en ajudes especials als inversors per crear una certa massa crítica i així canviar el cercle viciós del subdesenvolupament per un cercle virtuós de desenvolupament.

Els geògrafs i els economistes regionals proposen una segona explicació, que descansa sobre el paper dels pols de creixement[13], que aprofiten l'aportació del seu *hinterland* per créixer cada cop més, abans d'acabar per difondre la riquesa i arribar finalment a les regions més desafavorides. Aquesta anàlisi prové de teories sobre la localització òptima de les empreses (sobretot von Thunen, Weber, Christaller, Lösch) i sobre el desenvolupament de les economies d'aglomeració provenint dels llocs centrals (Bairoch, 1999). Segons Marshall (1920), les economies d'aglomeració comprenen: 1) Les que provenen de la divisió del treball entre les empreses, 2) Les connectades als intercanvis d'informació, multiplicades amb el nombre creixent d'actors, 3) Les referides a la formació d'una mà d'obra cada cop més instruïda, i per tant de l'acumulació de

13 Teoria desenvolupada primer per François Perroux els anys 1950 per explicar el retard i la dependència dels països en desenvolupament.

coneixements i, finalment, 4) Les que provenen de la multiplicació de la innovació i les tecnologies pels contactes directes i indirectes entre les empreses. Així, les grans aglomeracions generen forces centrípetes institucionals, socials, culturals i econòmiques que afavoreixen la multiplicació de les empreses. Estan en condicions de fer funcionar, sobre un mateix territori, un conjunt complementari i substitutiu de recursos extremadament variats o atreure'n de nous, i amb ells capacitats emprenedores més o menys sostingudes per les seves decisions polítiques i administratives (Catin, 1991; Bailly i Huriot, 1999). Evidentment, també es poden exercir forces centrífugues, com l'augment del preu dels terrenys, la congestió i la contaminació, a més de la violència de les grans ciutats, que vénen a compensar les primeres i fan fugir gradualment els emprenedors i la població. D'altres conceptes s'afegeixen a la teoria de les economies d'aglomeració, com el de les *conques d'ocupació* que atrauen empreses o el dels *tecnopols*, que agrupen tota mena de recursos científics i tecnològics per estimular les empreses de tecnologia puntera.

Alguns economistes[14] consideren però que aquest enfocament no té en compte les condicions territorials inicials, les forces endògenes que poden sostenir el desenvolupament, sobretot la qualitat del capital humà. Són els economistes dits *des de baix*, precisament perquè preconitzen recórrer a les energies locals, més aviat que fer-les dependre de l'arrossegament (Stöhr i Taylor, 1981). Reconeixen tanmateix que una demanda interior insuficient obliga les petites regions a exportar per trobar les sortides que les activitats induïdes pel mercat local no arriben a procurar-los. Els mercats externs, comprès el turisme estranger, haurien de constituir llavors sortides importants per a les empreses locals, que multiplicaran a canvi els retorns a la regió i desencadenaran un procés d'acumulació gradualment accelerat.

Finalment, els behavioristes o els managerialistes racionals, sobretot Drucker (1985), han posat més aviat l'accent sobre els comportaments dels emprenedors, que creen oportunitats a força d'innovacions o a causa d'una capacitat especial per descobrir les oportunitats de mercat. Així, un cop han arribat a una dimensió que els assegura una certa massa crítica, les empreses arribarien també a suscitar una dinàmica similar, que es pot fer duradora.

Les diverses explicacions anteriors han estat resumides en dues teories econòmiques contràries, que no només donen una explicació de les disparitats entre les regions, sinó que en certa manera permeten preveure el futur: *la teoria de la convergència* i la *de la divergència*. La primera explica que les diferències regionals no poden fer més que diluir-se, pel fet que el cost dels recursos (salaris, lloguers dels edificis i del diner, etc.) acaben augmentant necessàriament a les regions pròsperes, a causa d'una demanda sempre creixent, i que cada cop esdevé més interessant per als emprenedors anar a instal·lar-se a les regions amb un cert retard, per aprofitar recursos amb un cost més baix (Afxentiou i Serletis, 1998)[15]. La teoria de la divergència sosté al contrari que els

14 Les visions dels quals han estat ben resumides per Coffey i Polèze (1984).

15 Evidentment, a condició que els obstacles a la lliure circulació dels factors de producció siguin febles, que la competència sigui efectiva, que les infraestructures es desenvolupin i que hi hagi ajudes de l'Estat per superar alguns obstacles.

avantatges de les regions dinàmiques s'acumulen més i més, i de manera durable, atraient encara més recursos variats i creant així cada cop més economies d'aglomeració i sinergies, que compensen àmpliament les deseconomies externes.

Però cap d'aquestes teories no ha estat realment provada, ja que sempre hi ha raons per sostenir l'una o l'altra (Veggeland, 1992), cosa que mostra que el tema és molt més complex que no es podria pensar. A escala de països, per exemple, Grècia, Portugal i Irlanda acusaven retards en la seva economia respecte als altres països de la Comunitat Econòmica Europea, cosa que els va empènyer a accelerar el seu desenvolupament, ajudats per les subvencions, sense arribar però a igualar França, Bèlgica i Alemanya. D'altra banda, en el pla territorial, hi ha zones sempre molt dinàmiques, tot i el creixement feble d'altres regions; és sobretot el cas de la Tercera Itàlia amb relació al Sud, tot i que no va poder aprofitar les enormes subvencions del pla Marshall concedides al Nord després de la guerra, o encara de l'Oest americà en detriment de l'Est (Benko i Lipietz, 1992; Maillat i Lecoq, 1992). Si una o altra de les grans tendències fos irreversible, les regions estarien *condemnades* sigui a l'èxit, sigui al fracàs, sense possibilitat de canviar el curs de la història (Polèse i Shearmur, 2005).

Això demostra que totes les teories tenen els seus límits, inclosa la que defensem en aquest llibre. Així, l'explicació de la demanda prèvia (de les oportunitats) ha sorgit d'un enfocament positivista més o menys tautològic. Si la demanda atreu les inversions, què fa sorgir la demanda en un territori particular? No hi ha oportunitats prèvies. Aquestes es poden descobrir durant la mateixa creació d'una empresa o durant el seu desenvolupament, *sobre la marxa* (Julien i Vaghely, 2008). I les oportunitats no estan reservades necessàriament a una regió més que a una altra. Cal que la demanda sigui copsada i desenvolupada i que s'accepti l'oportunitat. No hi ha cap relació racional entre una ocasió de negoci i el compromís.

Coneixem emprenedors que refusen una o més oportunitats per tota mena de raons personals (ingressos suficients, manca de temps, por de perdre el control o complexitat massa gran, aparent o no, i objectius com conservar la feina per als membres de la família, etc.), o col·lectives (l'organització no està preparada, el repte és massa gran, etc.). Al contrari, altres emprenedors es llancen malgrat la seva ignorància més o menys gran (la mà «que amaga», segons Crozier i Friedberg, 1977) o amb una informació molt reduïda, si no esbiaixada; descobreixen gradualment les dificultats i les superen a força de treball, de coratge, o de sort. Maigret explica que alguns crims s'han comès amb poques probabilitats d'èxit, simplement perquè el criminal s'hi ha vist empès, sense tenir en compte els problemes que tindrà després. Sobretot, l'oportunitat es pot crear completament, tant més que l'efecte de la demanda s'hauria d'aplicar a la majoria, si no a totes les regions, ja que la distància és cada cop menys un obstacle, llevat d'alguns serveis de proximitat.

Pel que fa a les grans empreses, que busquen avantatges absoluts (sense riscos, com els recursos naturals excepcionals), sovint se'n van a un altre lloc un cop els han obtingut (i esgotat, en el cas dels recursos naturals), a no ser que l'Estat els concedeixi ajudes complementàries, en resposta de vegades al xantatge que exerceixen amb la pèrdua massiva d'ocupació que es produiria si tanquessin. A més, les grans inversions, sovint indiferents al territori, no generen efectes d'arrossegament i pocs retorns territorials, si no són alguns contractes de subcontractació banal, com passa sovint als països en desenvolupament (Emmanuel, 1969). Ben al contrari, algunes grans empreses, sobretot les de produccions primàries, constitueixen barreres importants al desenvolupament als països en desenvolupament: es basen únicament en l'exportació, sostinguda sobretot amb suborns, i afavoreixen el consum ostentós, de productes generalment importats, pels executius amb ingressos elevats. Fins i tot als països industrialitzats són una barrera per a les petites empreses, ja que ofereixen als seus executius i empleats salaris que aquelles no poden permetre's i així capten els millors recursos, deixant només els serveis menys interessants a les empreses locals. Sobretot, creen sovint una cultura de dependència i limiten molt el desenvolupament d'una cultura emprenedora dinàmica als territoris, com veurem més lluny.

La teoria de la demanda suposa que l'adequació entre les necessitats del mercat i els objectius i capacitats dels emprenedors es fa de forma més o menys instantània, o almenys que es desenvolupa harmoniosament. Això suposa: 1) que els dirigents són els únics actors que poden exercir una influència sobre les orientacions de l'empresa, que els altres participants només son executors, i que l'entorn és passiu; 2) que els dirigents només tenen un objectiu: la recerca del benefici; i 3) que el procés és clar, estable i apropiat, amb una informació accessible i no costosa (Bruyat, 2001). Ara bé, l'emprenedoria supera aquestes formes de regulació de l'activitat econòmica, que es pot reduir difícilment al simple informe *mercat-jerarquia* que proposen tant els economistes lligats a la teoria neoclàssica com els que defensen l'enfocament neo-institucionalista, com veurem a les conclusions.

Pel que fa a l'enfocament dels geògrafs, caldria explicar per què hi ha grans ciutats en declivi o que continuen tenint greus problemes. O, al contrari, portant la seva lògica fins a l'extrem, caldria esperar el declivi de les ciutats mitjanes per arribar a una sola metròpoli per a cada gran regió, sense consideració dels costos de concentració. El desenvolupament territorial sorgeix de forces molt més complexes, que permeten a les ciutats intermèdies i als centres regionals continuar desenvolupant-se segons una jerarquia canviant que té en compte la complementarietat i la interdependència dels factors culturals i també polítics (Bailly i Huriot, 1999). D'altra banda, hi ha regions que se'n surten bé sense ser dependents d'un gran centre, com la Beauce al Quebec. Kangasharju (2000) ha analitzat la creació d'empreses a les regions finlandeses entre 1989 i 1993, període amb un final especialment difícil, amb la llarga recessió de 1991 a 1993. Mostra que, malgrat aquesta recessió, algunes regions petites s'han defensat millor que altres, sobretot les situades al voltant i al nord de Tempere, i que han funcionat millor que les més pròximes a la capital.

Als partidaris del desenvolupament *des de sota* els podem retreure que obliden que, tot i que la responsabilització és territorial, cal tenir en compte la necessitat de massa mínima, si no crítica, i els efectes de desestructuració, que creen un cercle viciós amb l'emigració dels joves, l'envelliment gradual de la població i sobretot el desenvolupament d'un esperit de dependència. És força improbable que una regió amb aquests problemes superi la tendència sense una ajuda especial i sostinguda de l'Estat, tant més que hi ha algunes activitats que depassen les fronteres territorials. Si més no, la regió no pot aïllar-se; s'ha de connectar a les xarxes nacionals, si no internacionals, si vol desenvolupar-se.

Finalment, en el cas de l'enfocament behaviorista o managérialista, hem de recordar, primer, que l'empresari no està sol; que per entendre la seva acció cal tenir en compte diversos participants o una pluralitat d'actors amb ell. Segon, que hi ha tota mena d'emprenedors i d'empreses. A més, a la seva anàlisi lineal, els managérialistes no semblen entendre que la recerca d'oportunitats pels emprenedors no segueix una lògica clara. Per exemple, moltes empreses són creades d'entrada per respondre a una necessitat personal, la satisfacció de la qual amb un producte nou dóna lloc a una petita producció per als amics i veïns, i finalment comporta la creació d'una empresa formal. El procés és rarament organitzat, sistemàtic, racional. A més, l'emprenedor no anticipa necessàriament el canvi, però pot ser ell mateix l'element de canvi o, almenys, afectar-lo. Drucker i Casson descriuen tots dos el gestor però no l'emprenedor, la gestió dels negocis però no l'emprenedoria (Spinosa, Flores i Dreyfus, 1997).

En resum, aquestes causes o anàlisis no són completament errònies, sinó massa limitades. Consideren elements que reprendrem més lluny, però de manera més complexa, tenint en compte el mercat (la demanda) i el territori (la densitat i els recursos disponibles), però també els comportaments dels emprenedors, la seva organització i el seu entorn pròxim. Les relacions dels primers amb els segons poden explicar per què els mecanismes de l'emprenedoria no juguen de la mateixa manera a tot arreu i a totes les èpoques.

2.4.2 Les noves anàlisis més territorials

Aturem-nos en anàlisis més mesoeconòmiques, com la de Kangasharju (2000). Aquest, amb l'ajuda de dos mètodes que proven de mesurar la importància de diverses variables territorials, va comparar els resultats obtinguts per Reynolds i al. (1994) amb els de les regions de diversos països europeus, Alemanya, França, Itàlia, Irlanda i Regne Unit. Podem veure al quadre 2.7 que les variables més importants són la proporció de petites empreses de la regió (i així el mecanisme d'autoformació dels futurs emprenedors i, per conseqüent. la presència de models per a ells), el creixement del mercat mesurat pel creixement de la població, la immigració i, finalment, la densitat de població. La taxa d'atur o la seva variació és neutra, o positiva. Passa el mateix amb la presència d'un govern intervencionista a la regió. Les altres variables són negatives o neutres. Així, el creixement dels ingressos per càpita no sembla influir[16], ja que els mercats exteriors poden compensar els mercats interiors. Així mateix, fortes despeses del govern local comporten sovint impostos ele-

16 És cert que el període estudiat per Kangasharju estava afectat per la forta recessió dels anys 1990-1993. Per la seva banda, Grant (1996) va trobar una forta relació entre el nivell d'ingrés nacional brut i les diferències en la incorporació de noves empreses als 48 estats americans contigus.

vats. La capacitat d'estalvi de la població, i per tant la capacitat d'invertir en noves empreses[17], que correspon a la proporció de famílies propietàries del seu habitatge, no té més efecte. Kangasharju també ha verificat l'impacte de la disponibilitat de la mà d'obra i del nivell d'instrucció de la població, sense cap resultat. Hem de precisar que les mesures utilitzades eren relativament grosseres.

| Quadre 2.7 |
Els factors regionals i la creació d'empreses a diversos països europeus

Fonts: P. Reynolds, D. Storey i P. Westhal (1994), "Regional variations in new firms formation rates", Regional Studies, vol. 28, n. 4, pag. 443-456; A. Kangasharju (2000), "Regional variations in new firm formation: panel and cross-section data evidence from Finland", Regional Science, vol. 79, n. 4, pag. 28, n.4, pag. 355-373.

Creixement de la demanda			
Creixement del PIB *per càpita*	+ / -	-1	0
Emigracions/creixement de la població	+ 5	+ 3	0
Urbanització/aglomeració			
Densitat de la població	+ 3	+ 1	0
PME			
Proporció d'empreses petites	+ 5	+ 5	+ 5
Despeses governamentals			
Despeses del govern local	- 1	- 1	- 5
Comportaments governamentals			
Presència d'un govern intervencionista	+ / -	+ / -	+ 1
Atur			
Taxa d'atur	+ / -	+ 2	+ / -
Canvi de la taxa d'atur	+ / -	+ 2	0
Població propietària de la seva casa			
Percentatge de població propietària	- 2	0	0

En un altre estudi sobre la creació i desaparició d'empreses a 382 petites regions americanes, Reynolds, Miller i Maki (1995) han arribat a resultats una mica diferents afegint altres variables explicatives. Entre les ja utilitzades, el creixement de la població tenia un efecte molt net sobre la creació d'empreses (i sobre la seva mortalitat i volatilitat). Entre les noves variables, un nivell d'ingressos personals elevat tenia un gran impacte; però una taxa d'atur elevat i una bona varietat d'estatus social tenien poc efecte. La diversitat sectorial, bones oportunitats de carrera (mesurades pel nivell d'instrucció i la proporció de gestors i professionals a la població regional), la modernització de la indústria en sectors nous i una bona flexibilitat de la mà d'obra estimulada, per la creació d'empreses, tenien grans efectes. Al contrari, costos baixos de producció, institucions públiques i infraestructures desenvolupades i variades, una forta densitat de la població i de serveis, fins i tot les capacitats de R+D, no semblaven tenir cap efecte sobre la creació d'empreses.

Anàlisis més recents presenten altres resultats, no gaire més concloents. Per exemple, Bosma, Wennekers i de Wit (2001), en un estudi comparatiu de les regions holandeses, mostren que els canvis en els ingressos per càpita, el seu nivell de desigualtat, la diversitat en l'estructura industrial,

17 Storey (1991) havia utilitzat aquesta variable perquè és veritat que un cert nombre de petits emprenedors hipotequen el seu domicili per obtenir diners per engegar l'empresa.

la rendibilitat i el suport a la creació d'empreses explicarien millor les diferències en la creació d'empreses. En un altre estudi comparatiu de l'emprenedoria de 17 països industrialitzats, Acs, i col. (2005) han trobat que les diferències s'explicarien sobretot per la importància de les despeses en R+D (ponderades pel PIB), seguides per la proporció de joves (de 30 a 44 anys) en la població i pel creixement econòmic, però limitades pel nivell d'impostos sobre les persones (no sobre les corporacions) i el nivell de salaris (un nivell més baix facilitaria el posada en marxa de l'empresa)[18]. Finalment, Rotefoss i Kovereid (2005), en estudiar el dinamisme en la creació d'empreses a les regions noruegues i distingir els emprenedors que volen començar dels naixents i dels debutants, mostren que la variable més important és l'experiència anterior; l'impacte de les altres variables (creixement de la població, taxa d'atur, especialització industrial, pes de les polítiques d'intervenció, etc.) és diferent segons el tipus d'emprenedor (desitjat, naixent o debutant). Al contrari, hi ha variables que no tenen cap influència, com el nivell d'educació dels futurs emprenedors, el nivell d'urbanització i les disponibilitats financeres.

Recordem altra vegada que totes aquestes anàlisis tenen els seus límits, sobretot perquè la majoria de variables s'han mesurat de manera instantània o en un període curt, i les intencions emprenedores maduren sovint durant anys[19]; entretant, l'entorn econòmic varia (Tödtling i Wanzenbock, 2003). Així mateix, les raons per crear una empresa són diverses i no tenen una sola causa, com es veurà al capítol següent; i varien segons els individus, el tipus d'empresa creada i la seva dimensió; poden haver estat afectades o fins i tot estimulades pel dinamisme del teixit industrial, per la presència d'oportunitats i per la disponibilitat de recursos, si no per la cultura emprenedora del medi, com es veurà al capítol 5.

De totes maneres, aquestes anàlisis són insuficients, perquè no poden explicar ni la multiplicació de petites empreses a regions amb una economia basada anteriorment en l'agricultura o en l'explotació de les riqueses naturals, ni la reestructuració de les regions en declivi els últims decennis. Cal per tant afegir raons més emprenedores, que provenen de la voluntat d'alguns de crear la seva empresa, tot i l'absència de certes condicions.

Des d'aquesta òptica, Ashcroft, Love i Malloy (1991) van avaluar l'impacte del benefici esperat de la creació de l'empresa, de la probabilitat econòmica del benefici, de la presència de capitals de posada en marxa importants, de les capacitats o de l'experiència de l'emprenedor a l'inici, de la dimensió de la firma a l'inici, de les possibilitats d'efecte rusc de les empreses i de les organitzacions presents, i de la presència de firmes model. Les tres primeres variables han resultat les més susceptibles d'afavorir la creació d'empreses.

Baldwin i Gellatly (2003) han considerat també la tercera variable: la presència de capitals de posada en marxa importants, i afirmen que començar amb capitals insuficients crea un handicap que afectarà el creixe-

18 Sense que els autors expliquin les diferències, els resultats varien molt, segons que s'utilitzin les dades recents, o sigui les de 1990 a 1998, o les de tot el període estudiat (de 1981 a 1998), sent les variables positives més significatives les despeses en educació i els salaris elevats.

19 Se sap, com bé recordava John Maynard Keynes, que no són els objectius reals (el benefici, segons la seva teoria) els que condicionen la creació d'empresa (les inversions), sinó els objectius *assolits* o *anticipats* en el futur.

ment de la firma i augmentarà els riscos de tancament o fallida. Així mateix, *Stearns i al.* (1995) han notat que el fet d'engegar una empresa en un sector en creixement, més aviat que en decreixement o estagnació, augmentava considerablement les possibilitats que a continuació es desenvolupi.

Alguns investigadors avancen una mica més i tenen en compte característiques de l'emprenedor. Per exemple, Abdesselam, Bonnet i Le Pape (2000) van fer una anàlisi complexa de l'efecte de 29 variables sobre la taxa de supervivència després de quatre anys de 23.013 firmes franceses a 22 regions i 4 departaments d'ultramar. Les variables recollien l'edat de l'emprenedor, la seva feina activa anterior, el seu nivell universitari, les seves fonts de finançament mes importants, l'experiència adquirida en activitats anteriors, els seus coneixements i la seva experiència pràctica del medi emprenedor (gestor o soci d'una firma anteriorment). Els autors van arribar a la conclusió que la supervivència d'una firma jove venia indirectament condicionada per l'existència d'hàbits inicials en l'empresari, i per tant del seu domini de la tasca i el seu saber-fer en la funció emprenedora, però sobretot per la seva experiència anterior al mateix sector, com va demostrar també l'anàlisi de Rotefoss i Kolvereid (2005), i que ja havien notat Dunkelberg i Cooper (1982).

Altres investigadors han recordat la importància de la innovació per crear una empresa que es distingeixi dels seus competidors (North i Smalbone, 2000). Així, l'empresa que engega amb una estratègia orientada a la qualitat més que als preus (Storey i al., 1989), a l'especialització dels productes (Stratos, 1990) o sobre un nínxol (Woo i al., 1989) té més possibilitats de sortir-se'n. Però hi ha moltes menes d'innovació i diverses formes d'organitzar-la. Alguns estudis destaquen que el fet que una empresa s'instal·li al camp en comptes de la ciutat sembla tenir cada cop menys influència sobre la innovació, malgrat la presència a les ciutats de serveis per sostenir-la (Audretsch i Fritsch, 1994; Julien, Beaudoin i Ndjambou, 1999). Ashcroft, Love i Malloy (1991) fins i tot han demostrat que, per contra, les PiME de les regions rurals britàniques funcionaven millor en el capítol de la innovació que les de les regions urbanes. Cal també tenir en compte el paper de la difusió de les noves tecnologies a les regions, perquè sosté les capacitats competitives de les empreses (Thomas, 1969; Thwaites, 1988). Finalment, Siegel i al. (1993) han trobat que les empreses creades en equip tenien més possibilitats de sobreviure que les iniciades per un emprenedor individual.

L'OCDE, amb col·laboració amb Eurostat, ha resumit les diferents variables, tant macroeconòmiques com micro, com reprenem en bona part al gràfic 2.7. Les variables impliquen tant un entorn administratiu propici, com una cultura que afavoreixi la creació d'empreses i la innovació; tot plegat sostingut per un finançament adequat tant per a la creació com per al desenvolupament de les empreses i per lleis i reglaments que afavoreixin la competència nacional i internacional, en detriment dels monopolis, oligopolis i altres acords entre multinacionals.

En altres paraules, com veurem al llarg del llibre, la presència d'emprenedors no és prou per multiplicar les empreses i crear llocs de treball i riquesa; s'ha de sostenir amb un entorn favorable tant pel que fa a la cultura emprenedora i a les estructures i institucions com a les capacitats d'innovació i finançament.

DETERMINANTS						Resultats empresarials
Regles administratives	**R+D+i tecnologies**	**Capacitats empresarials**	**Cultura empresarial**	**Accés al finançament**	**Condicions del mercat**	**Nombre de firmes**
Regles d'entrada i sortida	Inversions en R+D	Formació i experiència dels emprenedors	Actitud front als riscos	Finançament amistós	Lleis antitrust	
Seguretat, salut i ecologia	Interfície empreses universitats	Formació dels quadres i de la mà d'obra	Empatia envers les empreses	Finançament de proximitat	Nivell de competència	**Creació de llocs de treball**
Regles i normes dels productes	Cooperació tecnològica entre les firmes	Infraestructures empresarials (xarxes, associacions)	Propensió a fer-se emprenedor	Finançament dels deutes	Obertura del mercat nacional	
Regles del mercat de treball	Difusió tecnològica i patents	Immigració	Formació empresarial	Capital risc	Obertura dels mercats estrangers	**Riquesa col·lectiva**
Impostos i taxes directes i indirectes	Tecnologies d'informació i de comunicacions			Dinamisme de les borses	Ajudes i compres públics	

| Figura 2.7 |
Variables clau que influeixen l'evolució emprenedora a les economies industrialitzades

Font: Adaptat del model OCDE/Eurostat a R. Ahmad i A. Hoffman, «Framework for addressing and measuring entrepreneurship», OCDE, París, 20 de novembre del 2007.

Dit això, les variables estudiades als diversos treballs anteriors no són sense sentit. La importància d'una demanda local, les economies d'aglomeració, els efectes beneficiosos d'alguns pols de creixement, la presència d'un bon nombre d'empreses per servir de models a altres emprenedors, o també l'experiència anterior dels emprenedors no són negligibles, però no basten. Per entendre l'emprenedoria territorial (i per tornar a la nostra metàfora de les activitats criminals) cal per tant anar més lluny i escrutar el paper que hi juguen els actors individuals o col·lectius (estudiar per tant el comportament dels emprenedors, el de les organitzacions i del medi regional, o també el de la cultura o de les convencions, que poden estimular o no les possibilitats emprenedores), i la seva manera d'utilitzar i desenvolupar el seu saber i saber-fer. Sherlock Holmes descrivia amb exactitud les diferències de classe i per tant els ingressos mitjans per barris a Londres i als seus suburbis a finals del segle XIX, i l'impacte d'aquestes diferències en el nivell de criminalitat (el nivell de pobresa i d'immigració, per exemple), malgrat l'impacte de la revolució industrial a tota Anglaterra. Darrere de la necessitat i el nivell de coneixement, hi ha sempre diferències de dinamisme entre les individus, cosa que fa que es creïn tota mena d'enllaços, incloent els virtuals, perquè es trobin empresaris, empreses (organitzacions) i medi.

Part 2. Empresaris, organitzacions i medis territorials

La capacitat per desenvolupar el coneixement

L'economia del coneixement només pot ser cosa de l'ésser humà. Les tecnologies de la informació i la comunicació (TIC) poden facilitar la transmissió i tractament de la informació, però això no és coneixement. Com explica Nooteboom (1994, pàg. 342), el coneixement s'ha de veure en tres dimensions, la seva amplada, la seva profunditat i el seu caràcter tàcit. Les tecnologies, per exemple, són incapaces de la intuïció necessària per explicar aquestes tres dimensions, especialment en l'aspecte tàcit, que és la base de la intuïció. Només l'esperit humà pot combinar els coneixements anteriors i la informació nova per extreure'n, per exemple, estratègies, innovacions o decisions. En el cas de l'emprenedoria en una economia del coneixement, els elements humans i per tant els actors són d'entrada els emprenedors, a continuació les organitzacions, formades sobretot per empleats i altres participants, i finalment els medis o altres actors en relació amb ells. Evidentment, els diferents actors han d'encarar dues restriccions, o sigui la seva experiència i capacitats i l'estat de l'entorn socioeconòmic i del temps.

Per prosseguir amb la metàfora de les novel·les policíaques, no es pot entendre una situació perversa sense tenir en compte els còmplices dels criminals, els que els donen suport o els paguen per actuar, la seva organització i la seva capacitat per imaginar noves maneres de perpetrar el crim o de prendre diners a la gent; sense deixar de banda el comportament de la policia i la permissivitat de la societat, que condicionen les accions dels criminals. Així, per entendre què passa realment a l'emprenedoria, no només s'ha de tenir en compte els primers responsables, o sigui els emprenedors i la seva organització, sinó també el medi[1] en què evolucionen i que els facilita més o menys la tasca, proporcionant-los les informacions que faciliten o limiten les seves accions (per exemple, multiplicant els recursos disponibles o creant obstacles o restriccions). Cal a més considerar els factors culturals i polítics que conformen la societat i hi generen o no una cultura emprenedora. Tot això constitueix un primer component d'aquesta restricció. Però cal igualment tenir en compte el temps que ha permès que es creï aquest clima o que, al contrari, l'ha tancat encara més. Aquest factor és un segon component, que es manifesta sobretot a l'aplicació de les oportunitats.

En economia, d'una part, l'entorn representa el mercat dels béns i serveis desitjats pels compradors intermedis (les empreses o les organitzacions públiques i semipúbliques) o pels consumidors finals privats o institucionals. D'altra part, proporciona a les empreses recursos com la mà d'obra i la informació, sobre els quals els emprenedors creen i gestionen les seves empreses. L'entorn pot fluctuar més o menys: quan la conjuntura és dolenta, com que els compradors són més reticents a comprar, les empreses han de fer esforços especials per convèncer-los de gastar. En conjuntura favorable, les vendes són clarament més fàcils, perquè la majoria dels actors econòmics són optimistes. Sigui com sigui,

1 A més, és el terme que s'utilitza en un entorn criminal.

se sap que una conjuntura dolenta obliga a utilitzar millor els recursos i a desenvolupar noves maneres de fer més eficaces, que acaben per arrossegar la recuperació (Dupriez, 1947).

Els governs centrals proven d'actuar sobre l'entorn, sigui amb despeses públiques conjunturals per minimitzar la frenada econòmica, si no impedir la recessió, sigui amb mesures més estructurals per ajudar a modernitzar l'economia tant per part de les empreses com dels recursos, sobretot amb la formació dels recursos humans.

Com ja hem dit, el temps és un factor fonamental quan es parla de desenvolupament regional, ja que aquest, com el declivi en un altre lloc, esdevé al llarg d'un període. Per exemple, les mesures governamentals per sostenir el desenvolupament són sovint ineficaces, no per si mateixes, sinó perquè es canvien després de cada elecció, sense que els emprenedors hagin pogut familiaritzar-s'hi, ni s'hagin pogut corregir alguns punts incòmodes. El temps és també necessari per efectuar canvis majors a l'empresa, o per obrir un nou mercat. El temps veu com un gran nombre de noves empreses obren les portes, però també com la majoria d'elles desapareixen després de menys d'un decenni, perquè la idea de sortida era dolenta, perquè l'organització creada estava mal estructurada o no era prou eficaç per respondre a les necessitats del mercat, perquè hi ha hagut problemes de successió a la direcció, perquè les firmes no s'han modernitzat prou ràpidament, perquè els seus principals competidors han demostrat més poder d'innovació, o perquè els canvis de necessitats i gustos dels consumidors les han superat i elles han reaccionat massa tard.

En el cas de l'emprenedoria endògena, els emprenedors regionals tenen poc domini sobre aquestes restriccions, sobretot el temps, que escapa a tot control, si no és amb la decisió d'invertir més o menys ràpidament, per aprofitar nous avantatges i superar els competidors. Pel que fa a l'entorn, el millor que poden fer els petits emprenedors és provar d'acondicionar un espai de mercat al seu voltant, multiplicant les antenes informatives per copsar els canvis en l'economia general; les empreses multinacionals disposen de més poder per actuar sobre l'entorn, perquè poden frenar el canvi controlant la innovació o orientant-lo a favor seu i fent acords entre elles.

Si entorn i temps són, amb tot, restriccions que poden comportar ocasions de negoci, siguin quines siguin les regions, cal considerar els altres tres actors de la piràmide emprenedora per explicar les diferències segons els territoris i les èpoques. D'una part, cal parlar del paper dels emprenedors i de la seva organització, sobretot en la creació de coneixements nous. De l'altra, cal delimitar l'entorn pròxim, o sigui el medi, format per un gran nombre d'altres actors socioeconòmics, amb els quals cooperen emprenedors i empreses. Els actors del medi són a l'origen de la circulació i desenvolupament de la informació nova, que acaba sent també transformada per les empreses arrelades i imbricades amb els altres actors, o encara encaixades en el medi, com recorda Granovetter (1985). Això crea una relació circular teixida amb relacions humanes múltiples i complexes, sostingudes per la tecnologia, i que caracteritzen finalment el dinamisme de l'economia territorial.

Els tres actors són complementaris: 1) l'emprenedor és el punt de sortida o la clau de la creació de l'empresa i la seva transformació per la innovació, encara que la idea original pugui preexistir; 2) l'organització completa l'emprenedor, especialment pel que fa a la recerca i adaptació de la informació, i explica la producció que genera els ingressos (beneficis i salaris) per sostenir el creixement; finalment 3) el medi, d'on ve sovint l'emprenedor, proporciona els recursos per assegurar l'èxit de l'empresa. A la nostra metàfora, això es pot comparar amb les activitats criminals de la droga, que requereixen una multitud de petits venedors als bars, una organització per sostenir les seves operacions i un sistema de mercat negre per assegurar la circulació monetària, com descriu Sherlock Holmes en investigar els barris criminals de Londres. Els actors no són independents, cosa que prova que l'emprenedoria és un fenomen eminentment social. Però que la societat hi jugui un paper no treu llibertat a l'emprenedor, que té sempre l'ultima paraula en totes les decisions que afecten la seva empresa. Ens trobem en una terra de ningú entre l'acció, que permet i facilita l'emprenedoria, i l'estructura que la limita, com explica Giddens (1984).

Entre els tres actors, el més crucial és el medi. En efecte, si a tot arreu es troben emprenedors i empreses (organitzacions), el medi és, com hem dit, el que té la capacitat de transformar els emprenedors potencials i reactius en proactius o de fort creixement. En altres paraules, si l'emprenedor i l'organització són actors essencials, sobretot els de les firmes proactives, no són suficients. El vigor del medi és el complement indispensable (necessari) que explica el desenvolupament a base de coneixements nous.

Així, continuar veient l'emprenedor com un fet aïllat, els comportaments del qual depenen sobretot d'ell mateix, i com l'element clau, si no únic, de l'emprenedoria regional, és no entendre l'emprenedoria i les raons del seu èxit a certes regions i a certes èpoques més que en altres. És com provar d'entendre les bandes criminals de les grans ciutats americanes considerant només els comportaments desviats d'una minoria de ciutadans. O com provar de tallar les epidèmies o les pandèmies considerant nomes els malalts a tractar, encara que el seu comportament individual no sigui aliè a l'extensió de la malaltia[2]. És cert, de totes maneres, i la majoria dels treballs sobre el tema ho recorden, que l'emprenedor és l'actor més visible, de manera que començarem aquesta part presentant el seu paper, per parlar als capítols següents de l'organització i del medi.

2 Pensem en la tuberculosi els anys 1950-60: mentre només es considerava la malaltia pacient per pacient, no s'aconseguia vèncer-la. Quan finalment es va entendre que calia interessar-se en l'individu social, especialment en el seu medi i juntament amb ell, amenaçant amb multes els que escopien pel carrer i aïllant les persones contaminades, per exemple, la malaltia va començar a remetre. Passarà el mateix en el cas de la sida, si s'acaba acceptant que el tractament d'aquesta terrible malaltia és un tema d'interès col·lectiu, que ha de prevaler sobre l'interès individual, tot respectant tant com es pugui els drets de les persones.

3

els emprenedors

Creiem que un home que no té les qualitats d'un general a trenta anys no les tindrà mai; que el que no té el cop d'ull que fa veure en un moment un terreny complex en totes les situacions diferents, la presència d'esperit que fa que, en una victòria, aprofiti tots els avantatges, i en un fracàs, tots els recursos, no adquirirà mai aquests talents.

MONTESQUIEU, *XLVIIIe carta persa*

Els emprenedors, i també molts criminals, són éssers paradoxals. Cerquen la independència, esperant així dominar el seu propi destí davant la societat, però necessiten sistemàticament el medi en què actuen per treure'n idees per engegar, recursos per al desenvolupament de la seva organització i informació nova per prosseguir el seu projecte. És cert que es troben diverses figures d'emprenedor que segueixen processos diferents, no només per crear una empresa, sinó per fer-la créixer. Distingir totes les formes que poden prendre els empresaris és difícil, i les anàlisis que se'n fan són contradictòries, tant més que els treballs científics semblen sovint confondre els emprenedors i les seves noves empreses, les PiME.

En aquest capítol començarem per parlar de l'origen social dels emprenedors, per marcar les diferències amb la seva empresa. Després examinarem les raons que els empenyen a fer-se emprenedors, raons que provenen en gran part de la família, d'origen o actual, i sobretot del medi, com acabem de veure. El medi serà tant més dinàmic si protegeix els emprenedors visionaris i proactius, cosa que ens portarà a distingir els diferents tipus d'emprenedors. A continuació parlarem de les etapes que marquen el procés de creació que segueixen la majoria d'emprenedors. Finalment, veurem com el seu itinerari els porta normalment a experimentar cada cop més aversió pels riscos, i parlarem de què els permet conservar l'esperit emprenedor, condicions que provenen en bona part de la seva organització i del medi. En resum, per entendre les diferents figures de l'emprenedor no podem fer abstracció ni de la seva història, ni de l'organització que ha muntat, ni del seu entorn.

3.1 L'innat, l'adquirit i el construït

Igual com no es neix criminal, tampoc no es neix emprenedor, un se'n fa, parafraseja Sophie Boutillier (2003), i ho recorda Maigret. Com tota acció humana, esdevenir emprenedor, crear una empresa o efectuar-hi canvis és una activitat «encaixada en la història global del subjecte que l'acompleix» (Bourdieu, 1987), però també en l'entorn que la permet i sosté. La seva història dóna a l'emprenedor les grans directrius i afavoreix a continuació el seu dinamisme més o menys gran; però el seu èxit depèn del suport del medi que l'envolta i sobretot dels altres emprenedors que són al seu voltant. L'emprenedor està sovint *encaixat* en un territori i aprofita aquest arrelament, de manera que la seva història no és efecte de la casualitat, ni prové de la racionalitat reductora de la teoria econòmica clàssica basada en l'egoisme de cadascun i l'exclusiva recerca del benefici. S'inscriu en els orígens i trajectòria de l'individu, sol o en grup, que finalment decideix llançar-se a muntar un negoci. I això és cert tant per a l'emprenedor que crea la seva empresa, o el treballador autònom que decideix reduir la seva organització al mínim estricte, com per al que reprèn una empresa ja creada, o transforma regularment la seva.

Cada cop, aquesta aventura presenta característiques innates i construïdes de l'individu que l'emprèn, però també de la formació social d'algunes disposicions[1] dels seus primers anys de vida, allò que els psicòlegs infantils anomenen "*compartir elements d'humanitat*" (Pinçon i Pinçon-Charlot, 1999). És el període d'adquisició de la confiança en si mateix, més o menys gran, d'autonomia en comptes de dubte, de sentit d'iniciativa més que de culpabilitat, i d'identitat més que de confusió dels papers (Erikson, 1959). Així, encara que nens de tres, set o dotze anys prenguin naturalment la direcció dels jocs amb els seus amics o els seus camarades de classe i dirigeixin un equip en associacions de joventut, per exemple, res no indica llavors si aquest lideratge es mantindrà i es manifestarà més tard en una forma específica de responsabilitat, com la direcció d'una empresa.

Les disposicions de sortida, que afecten també la salut, necessària més tard per sostenir activitats que reclamen molta energia[2], són també fortament influïdes pel medi on es viu, o sigui per la família, l'espai de socialització, la participació de convencions o referències comunes, costums i comportaments. La família és un lloc privilegiat de transmissió dels diferents valors i maneres de veure el món. És el període on s'adquireixen els hàbits primaris, els més duradors, encara que no sempre siguin conscients (Bourdieu, 1980b), incloent l'heterodòxia, que, una cop canalitzada, pot afavorir la innovació a l'empresa. La família desenvolupa així en el futur emprenedor les capacitats d'interiorització dels elements socioculturals del medi, i el construït per recombinació de l'innat, el construït i l'adquirit (Berger i Luchman, 1986).

Un jove empresari recordava que la seva joventut havia estat poblada de males amistats que l'havien portat a fer robatoris de cotxes i altres petits delictes; fins al moment que l'havia agafat de la mà un amic del seu pare, antic cap de policia d'una gran ciutat, i l'havia ajudat a canalitzar la seva energia en activitats més respectuoses amb la llei. Als 21 anys, després que li robessin el cotxe, va muntar amb uns socis un negoci per utilitzar els telèfons mòbils com a antirobatori per a seguretat dels cotxes. Finalment, se separa dels seus associats per crear la seva pròpia empresa, que en endavant prospera.

1 I no dels trets, com veurem més endavant.

2 En general, el nou emprenedor dedica més de cinquanta hores per setmana a la seva empresa, els primers anys de la seva creació.

En l'adquirit i el construït intervenen l'escola, els amics i gradualment el món del treball, tots portadors d'aprenentatges complementaris i de llocs de memòria. L'escola i les experiències de treball afecten els comportaments i preparen per a certes activitats més que per a altres, però sense una trajectòria obligada. En els anys de post adolescència, les experiències es multipliquen; en efecte, cada cop és més rar avui dia que els joves segueixin una via lineal com la dels seus pares i sobretot dels seus avis. Passen sovint d'una disciplina a l'altra, deixen els estudis per posar-se a treballar, tornen a l'escola, adquireixen tota mena d'experiències que després els serviran més o menys (Dubar, 2000). Totes aquestes experiències influeixen sobre el jove i li permeten discernir gradualment els models als quals es referirà per emancipar-se de la família. Poden ser models de negoci parlats al voltant de la taula o en trobades amb els seus oncles, ties o avis, amb els seus amics, o apresos al treball durant les vacances escolars (Cooper, Woo and Dunkelberg, 1989). Si el jove vol esdevenir emprenedor, les diferents maneres de fer podran donar-li les claus per iniciar la seva empresa i gestionar-la[3]. Finalment, indiquen al jove empresari en potència on i com establir els contactes per entrar a continuació a les xarxes de negocis, una entrada molt valuosa per construir-se una reputació.

Però, sigui quin sigui el paper jugat per l'innat, l'adquirit i el construït, les coses no es veuen mai per endavant, i res no permet distingir els nens que més tard esdevindran emprenedors. Si no fos així, per exemple, tots els fills d'una família d'empresaris també ho serien, cosa que és més aviat rara. N'és una prova també la gran heterogeneïtat d'emprenedors i de les seves empreses, heterogeneïtat augmentada per la multiplicació ràpida de tota mena de serveis en l'economia del coneixement. Però les variables d'origen fan que l'individu pugui o no desenvolupar les capacitats o actituds que l'ajudaran a afrontar la incertesa en qualsevol feina i, si és el cas, a engegar una empresa si les circumstàncies, concretes o anticipades, s'hi presten.

L'emprenedor potencial pateix doncs tres tipus d'influències, que poden ser tant positives com negatives[4], com podem veure al quadre 3.1: les *afectives* vénen principalment de la família; les *simbòliques*, del trasllat de models, i les *sociològiques*, del compromís gradual amb un medi, o sigui de l'arrelament o *l'encaix* en aquest últim. Aquestes influències, molt diferents, fan de l'emprenedor un ésser plural i col·lectiu, com ja hem dit, que es construeix gradualment, sense tenir per força una vocació especial. Les influències determinen les raons que portaran l'individu, més o menys preparat, a esdevenir emprenedor. No diu Maigret «que un home sense passat no és ben bé un home[5]»?

---

3 Per exemple, Basu (1998) explica que, al Regne Unit, els lligams forts amb la família extensa dels emprenedors ètnics provinents d'Àsia juguen un paper important en la recerca d'informacions sobre les fonts financeres informal poc costoses i altres informacions sobre el mercat, però també influeixen sobre el tipus d'estratègia utilitzat per desenvolupar l'empresa. Greene (1997) afegeix que aquests lligams proporcionen també aprenentatge, consell, suport moral i altres elements de capital social, incloent el capital financer pacient.

4 Encara que aquestes poden ser superades, o de vegades fins i tot afavorir l'engegada d'una empresa: pensem especialment en la poca acceptació social dels immigrants acabats d'arribar, o la desqualificació social amb què els més pròxims poden castigar un individu, que es veurà llavors portat a crear la seva empresa, precisament per demostrar-los que s'equivocaven.

Influències	Origen	Efectes	Positius	Negatius
Afectives	Família, amics, etc.	Enllaços forts per donar seguretat	Encoratjament	Dissuasió
Simbòliques	Educació, treball	Normes, creences, models	Seguretat	Conservadorisme
Sociològiques	Treball, experiència, xarxes	Arrelament o encaix en un medi	Recursos disponibles	Obstacles potencials

| Quadre 3.1 |
Tipus d'influències socials sobre l'emprenedor potencial o efectiu

3.2 Els detonadors o raons personals i socials d'emprendre

Com ja hem dit, el projecte internacional GEM limita a dues les raons de llançar una empresa: la voluntat d'aprofitar l'oportunitat que es presenta i la necessitat de crear ocupació per a si mateix o per als seus. La realitat és molt més complexa, ja que a diversos països industrialitzats, per exemple, la necessitat generada per l'acomiadament es pot superar gràcies a l'assegurança d'atur. Quan un acomiadament porta efectivament a la creació d'una empresa, sovint la idea ja germinava feia temps a la ment de l'individu, i l'esdeveniment no ha fet més que reforçar-la i accelerar la seva plasmació. D'altra banda, l'emprenedoria per oportunitat és sovint afavorida o estimulada per un o més esdeveniments sobtats, allò que Shapero (1975) anomena un *desplaçament*. Moltes anàlisis sobre l'emprenedoria obliden el temps, el segon factor extern de la piràmide, sovint determinant perquè el projecte s'organitzi, s'acceleri i arribi finalment a madurar, si no mor pel camí. Així, ordenaríem les raons generals en tres grups: les motivacions, les habilitats adquirides gradualment i les oportunitats copsades.

Les motivacions. Les motivacions no són sempre clares i precises. Si l'individu busca més llibertat creant la seva empresa o comprant-ne una, és el desig d'afirmar-se, d'identificar-se amb una obra, de distingir-se (Filion, 1997). Alguns investigadors concedeixen molta importància al desig d'independència o d'autonomia (Gibb i Scott, 1986), o al de ser els propis amos, si no al d'ambició o de recerca de poder (McClelland, 1971), mentre que altres els posen en qüestió (Durand, 1975; Gasse, 1978). Alguns emprenedors volen superar el repte de reeixir en un negoci nou, fins i tot de viure l'aventura de crear una nova empresa o transformar-ne una. A més, raons socials es poden afegir a les necessitats personals o familiars, com la necessitat de crear ocupació a la comunitat o mantenir-la. Les raons socials poden ser també polítiques, en el sentit ampli de la paraula: es pot voler provar alguna cosa als veïns. Finalment, altres creuen que la creació de l'empresa els permetrà fer diners, beneficis. Anotem que aquesta última raó és sovint la menys important, almenys a la sortida, contràriament a allò que pensa la teoria econòmica neoclàssica[6], tot i que és una de les mesures importants d'èxit i una condició per poder continuar (Le Cornu i al., 1996). Siguin quines siguin, totes aquestes raons no són mai úniques ni fixades en el temps, sinó objecte d'interaccions complexes entre de-

5 I continua dient: "En el curs d'algunes recerques, m'ha passat que he dedicat més temps a la família i a l'entorn d'un sospitós que a ell mateix, i així he descobert sovint la clau d'allò que hauria pogut quedar com un misteri". *A Les memòries de Maigret*, vol. 2.

sitjos, interessos, voluntats i diverses oportunitats complementàries, si no oposades (Koenig, 1990). No només es desenvolupen gradualment, sinó que s'encavalquen, evolucionen, i la seva importància relativa canvia segons l'evolució mateixa de l'individu i les influències que rep. L'experiència dels estudis i del treball juga un paper particularment important en l'aparició d'aquestes motivacions i la seva maduració.

La filial quebequesa d'un grup americà, dirigida com una empresa independent, ha estat considerada la més dinàmica del grup, un dinamisme que s'explica en part per la voluntat de la direcció de demostrar als llunyans patrons americans que els «petits quebequesos» poden guanyar a les altres filials americanes.

Les habilitats. Estudi i treball permeten a l'emprenedor potencial adquirir algunes habilitats que l'ajudaran a escollir quin tipus d'empresa vol crear o comprar i a continuació assegurar-ne la viabilitat i l'èxit. Aquests habilitats poden venir tant d'una afició personal, de la participació en una organització que exigeix responsabilitats i imaginació com d'altres experiències durant els estudis i després. Són igualment encoratjades per converses amb la família o amb amics. Finalment, a través de l'experiència, l'individu fa fructificar la seva disposició a dirigir i a organitzar, habilitats que millorarà sobre la marxa, i sobretot la facultat d'arxivar algunes idees per reutilitzar-les més tard.

Les oportunitats. Es pot considerar les oportunitats segons el seu origen o la seva evolució. En el primer cas, es distingeix les oportunitats *creades* de les *captades*, tot i que alguns només consideren aquestes, encara que sovint les indicis vénen del mercat però es transformen gradualment segons les necessitats (Baron, 2006; Buenstorf, 2007). En el segon cas, algunes es desenvolupen i apliquen ràpidament[7], en tant que altres oportunitats evolucionen lentament dins el cap abans de veure la llum (Gartner, Carter i Hills, 2003; Julien i Vaghely, 2008). Fins i tot si la decisió de llançar una empresa sembla més o menys sobtada o clara (Vankataraman, 1997), exigeix atenció o vigilància i associació d'idees (Kaish i Gilab, 1991; Busenitz, 2007), o una recombinació d'elements coneguts amb informació complementària. Molt sovint ha de madurar (Krueger, 2007). Vesper parla així de la idea *que fa el seu camí* (1980) i dóna l'exemple de K.C. Gillette, que va inventar la seva maquineta d'un sol ús, d'una banda, perquè trobava el seu propi afaitat complicat i la maquineta insignificant i, d'altra banda, perquè havia conegut l'inventor del tap d'un sol ús per a ampolles de begudes.

6 Mark Casson al final només presenta aquest motiu per crear o reprendre una empresa, o sigui l'interès personal de treure'n una plusvàlua. És veritat que ell veu l'emprenedor amb l'esperit de Cantillon, i el considera sobretot com un *delegat* del capitalista que avança els diners. El capitalista només seria un calculador que, per decidir la seva tria, compararia els interessos d'un dipòsit a termini amb els retorns de la inversió en una empresa. O si més no, per Casson, no correspon als economistes introduir o tenir en compte les raons psicològiques i socials de l'emprenedor. En aquest sentit, si bé la seva anàlisi és interessant, ja que resumeix la teoria neoclàssica aplicada al problema de l'emprenedoria, passa sovint del tot a banda de la realitat. És veritat que les referències sobre les quals Casson es basa per a la seva anàlisi es limiten a recerques fetes a empreses, i no sobre l'emprenedor, i que sobretot es refereixen de forma gairebé exclusiva a grans empreses.

7 *Tot fent camí* ("Enacted, walking the walk"), diuen els investigadors.

Jameson (1961) explica que Thomas Cook, a qui agradava viatjar, havia comprovat que la majoria de la gent tenia moltes dificultats per organitzar els seus viatges. Als 33 anys, va aprofitar l'ocasió d'un congrés de la lliga per la temperància a Loughboro, als Midlands anglesos, per acordar amb l'empresa de ferrocarrils una tarifa preferencial per als congressistes; després va repetir l'experiència a l'Exposició Universal de Londres de 1851: el sistema d'agència de viatges havia nascut. Georges Pullman tenia els mateixos problemes pel que fa a la qualitat dels vagons de tren quan viatjava, cosa que el portà primer a concebre un vagó més luxós, tant per dormir com per menjar, i a continuació, l'any 1867, a llançar a Chicago la Pullman Palace Co. amb un amic, cosa que va revolucionar els viatges amb tren per a rics.

Es pot trobar també gent especialment observadora, com els creadors de moda capaços de discernir en la multitud els que Marris (1971) anomena *pioners*, que estan buscant contínuament distingir-se, sense preocupar-se de què diran d'ells[8]. Així, els anys 1970, els *hippies* que vivien en comunes i volien vendre productes de la granja a la ciutat per poder-se comprar llibres i discos feien servir una camioneta vella.Per tapar el rovell, la van recobrir amb pintures de flors o de paisatges, motius que finalment van ser recuperats per les empreses d'automòbils per respondre a les necessitats dels fills i filles de bona família. Les idees poden també sorgir de lectures, de trobades interpersonals, de xarxes socials més o menys organitzades, o per casualitat. Són recollides per negociants que les desenvolupen per respondre a les necessitats descobertes en un nou mercat lligat més o menys a la seva producció[9].

Un fabricant de barres de torsió per a vehicles patia sovint retards de lliurament perquè havia de recórrer a un petit subcontractat per introduir a pressió les juntes tòriques de cautxú de la peça. Va trobar la solució a la televisió, en una emissió sobre els vins de Bordeus on es mostrava com s'introdueixen els taps de suro. Va tenir la idea de construir un aparell semblant per inserir les juntes després de les operacions d'acabat de les barres.

El dirigent d'una petita empresa de fundició i mecanitzat de peces d'alumini explicava que després d'haver buscat, sense trobar-lo, el motlle que necessitava per a un contracte important, començà a esbossar-ne un tot escoltant un vespre música clàssica, esbós que va enviar al seu constructor de motlles, demanant-li que el treballés, que ell el corregiria a continuació, per reexpedir-l'hi altre cop, fins trobar la forma ideal: «com un puzzle complicat, al qual cada dia afegeixes tres o quatre peces, per treure'n una l'endemà o passar dos o tres dies sense fer res... fins a poder dir: és això» (Vaghely, 2005).

8 Rogers (1995, pàg. 324) reprèn una mica aquesta idea de l'origen de la moda entre els pioners o els que se n'aparten, que inventen contínuament noves pràctiques per a la forma de vestir.

9 Es diu sovint que la majoria de gent de negocis tenen una o més idees a la butxaca esquerra dels pantalons, sense temps per explotar-les!

Però sovint la idea que permet millorar, fer d'una altra manera o fer una altra cosa es construeix gradualment, en un vaivé complex entre allò conegut i la novetat (Hills i al., 1997). És el cas, per exemple, de l'empleat obstinat que, havent trobat una idea, la sotmet a la direcció de l'empresa per a la qual treballa, que la refusa; llavors ell decideix desenvolupar-la pel seu compte, esperant explotar-la més tard. En resulta finalment un efecte rusc, que de vegades pot ser encoratjat, però que sovint representa una ruptura amb la feina anterior. Afegim que, sovint, la idea es continua consolidant durant el mateix procés de creació de l'empresa i de posada al mercat; fins i tot pot canviar considerablement durant aquestes etapes.

Un dels casos analitzats a l'estudi internacional sobre les *gaseles* és justament el de dos executius que criticaven la manera com l'empresari tractava els seus empleats. Van acabar no només fent la seva pròpia empresa, sinó que van portar el seu antic empresari a la fallida, aconseguint finalment un gran èxit amb la seva firma (Julien i al., 2003a).

Tot i que unes o altres poden ser decisives segons les circumstàncies[10], considerem que les motivacions, habilitats i oportunitats estan íntimament lligades (veure la figura 3.1), diguin el que vulguin els sociopsicòlegs de l'emprenedoria i els seus enfocaments basats en el comportament planificat (Krueger i al., 2007; McMillen, Plummer i Acs, 2007), no gaire allunyats d'altra banda de l'escola dels trets dels behavioristes ni del positivisme econòmic.

En cas d'un desenvolupament gradual, la creació pot ser deliberada, tant si la idea pren forma lentament com si prové d'una investigació més o menys organitzada. Alguns futurs emprenedors creuen que així poden «canviar el món». Resulta que les seves idees no són excepcionals, ja que apareixen a llocs allunyats durant el mateix període. Com ja precisava Alfred Marshall al seu treball de 1920, les idees noves acaben per estar «en l'aire» i la seva captació la fa sovint el més ràpid, capaç d'afegir-hi els elements necessaris perquè el mercat les accepti[11].

A l'època que Thomas Edison buscava fabricar una bombeta que fes llum i pogués suportar el desgast, centenars d'altres investigadors i industrials feien el mateix. La combinació d'un gran nombre d'ingredients obtinguts aquí o allà li va permetre avançar els seus competidors i crear la seva empresa per guanyar la partida. Així mateix, l'autèntic inventor del telèfon seria un enginyer italià, Antonio Meucci, que ja havia descobert que la veu humana podia ser transmesa per l'electricitat el 1849, quan Graham Bell només tenia dos anys.

10 A la seva enquesta sobre les fonts que hi ha a la base de la creació d'empreses, Gartner, Carter i Hills (2003) van trobar que les motivacions van en primer lloc en un 45,5% dels casos, seguides pel coneixement d'una oportunitat, amb un 35,3%; les dues causes al mateix temps (motivacions i oportunitats) segueixen finalment amb un 20,1%. Les habilitats no es van tenir en compte a l'estudi.

11 Marshall explicava que "els secrets de la indústria acaben per deixar de ser secrets; estaven, per dir-ho així, a l'aire, i els nens inconscientment en reconeixien molts d'ells. El treball ben fet era immediatament reconegut i de seguida es discutien els mèrits dels invents i de les millores aportades a les màquines, als processos, a l'organització general de la indústria; si algú trobava una idea nova, altres hi afegien suggeriments que la completaven [...]".

L'any 1850, immigrat als Estats Units, on esperava desenvolupar el seu descobriment i comercialitzar-lo, Meucci connectava els tallers amb la casa amb el nou sistema de comunicació electromagnètica. Després de diverses millores, l'any 1871 dipositava una demanda de patent pel conjunt dels seus invents, patent que va deixar expirar l'any 1874, per falta de mitjans financers. Fins al cap de dos anys, el 1876, Graham Bell no va dipositar la seva patent. Font: Conferència de Basilio Batania, ex-director general dels Laboratoris del centre d'investigació en telecomunicacions d'Itàlia a la Universitat Concordia de Montréal, el 18 d'abril de 2003.

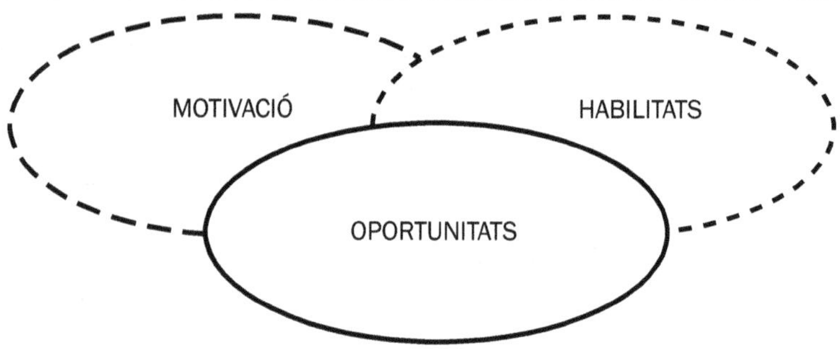

| Figura 3.1 |
Fonts complementàries de la creació o represa d'una empresa

L'emprenedor schumpeterià es troba entre els inventors que creen un gran valor nou. Spinosa, Flores i Dreyfus (1997) el defineixen com el que crea de forma absoluta, que tendeix «a revelar la realitat, a crear un nou espai transformant una o l'altre», aprofitant fins i tot *disharmonies*, proposant articulacions entre diversos elements o reconfiguracions per apropiacions creuades. Landa (1993) explica que aquests emprenedors *omplen buits*. No només aprofiten l'oportunitat que ve *d'una idea en l'aire*, sinó que la transformen a través d'un conjunt d'idees complementàries per fer-ne alguna cosa, un valor, que un mercat més o menys estès compra, pagant per ell (Vankataraman, 1997), segons una dialèctica o més aviat una dialògica entre mercat potencial i emprenedor i segons una barreja d'algorítmica i heurística (Vaghely i Julien, 2008).

Els dos joves emprenedors que van fundar el Cirque du Soleil[12] fa trenta anys a Québec, quan els quebequesos no tenien cap tradició en el camp del circ, controlat per russos, francesos i americans, es poden considerar emprenedors schumpeterians per excel·lència. Superant les escoles tradicionals que presentaven un seguit de quadres d'animals i trapezistes entretallats per números de pallassos, van imaginar i posar a punt un espectacle integral, format per trapezistes, contorsionistes i ballarins, sense animals i amb música antològica adaptada (per exemple, la dels Beatles), i van construir així tot un altre mercat. Passa el mateix, per exemple, amb cantants que renoven el gènere, com, a l'Occident, els Beatles, Dylan, Leclerc, Brel, Brassens, Serrat, etc., o, en Angola, Bonga, i al Sénégal, Ismaël Lo, etc., que han creat no només una nova música, sinó gradualment un públic que ha fet bola de neu fins a esdevenir internacional. Ningú no hauria apostat d'inici per les possibilitats d'èxit d'una música per definició nova, i per tant desconeguda i sense públic. Sense oblidar els nous sectors com la biotecnologia, on noves configuracions de molècules acaben per crear un nou mercat, com en el cas d'alguns analgèsics (Mangematin, 2003).

3.3 Els tipus d'emprenedors

Cal anar més lluny i distingir els tipus d'emprenedors. Aquests fan més que crear un valor nou més o menys important, ells mateixos canvien amb la creació, ja que la interioritzen i es deixen transformar per ella. És allò que Giddens (1984) anomena reflexibilitat o aprenentatge en i per l'acció, o fins i tot en la *coacció* o *coevolució*, o sigui l'acció que transforma al mateix temps l'actor, que fa evolucionar la seva personalitat (Guth, Kumaraswamy i McErlean, 1991). Per entendre-ho, Spinosa, Flores i Dreyfus (1997, pàg. 50) donen l'exemple del dissenyador de moda, de qui hem parlat abans i que tornarem a esmentar, que no només ha de pensar l'estètica, sinó també ser estètica ell mateix, vestint a l'última moda, per poder ser acceptat no només pel seu medi, sinó pels seus clients.

Una dona jove emprenedora que treballava per una gran companyia de gestió de recursos humans ens explicava que havia pensat diverses vegades llançar la seva pròpia firma, però que no s'havia decidit per por del desconegut. La idea havia tanmateix continuat present, fent-li tenir malsons cada nit. Però l'endemà mateix d'engegar l'empresa els malsons van desaparèixer de cop i completament; havia esdevingut una altra, preocupada només per reeixir en la seva aventura.

El canvi en l'individu pot ser més o menys important i continu, igual com la creació de valor pot ser més o menys forta i afectar més o menys el mercat. A la figura 3.2, il·lustrem aquests dos pols als eixos vertical i horitzontal, als quals hem afegit un tercer eix, en profunditat, per tenir en compte el tipus d'entorn o mercat en el qual evoluciona l'empresa i que accepta més alguns tipus d'emprenedors que altres (Bruyat i Julien, 2001).

Al quadrant sud-oest de la figura trobem l'empresari *de reproducció*, que canvia poc i crea encara menys valor. Es limita a reproduir allò que ha vist en un altre lloc o que feia a l'empresa on treballava abans, assu-

12 El Cirque du Soleil, de totes maneres, estava també *en l'aire*, com recorda l'especialista francès de la història del circ Pascal Jacob, en una entrevista al *Devoir* del 5 de maig del 2003. Per ell, les primeres experiències que intentaven "donar un sentit nou a la proesa, deixant de posar l'accent en el repte a la mort [...] i posant l'element humà al centre de la representació", van tenir lloc els anys 1970 per part dels russos. Guy Caron, un dels pilars del Cirque du Soleil, es va formar a Budapest, llavors a l'òrbita soviètica. Després els francesos van aportar altres innovacions, i tot plegat va donar finalment el circ "reinventat" dels quebequesos, que després es va transformar en una gran empresa, amb una facturació de més de 200 milions de dòlars i amb tres "troupes" de més de 200 persones cadascuna que circulen per tot el món, o presenten espectacles permanents, com a Las Vegas.

mint algunes noves responsabilitats. La seva gestió és tradicional i els seus empleats són sovint poc nombrosos. Les seves responsabilitats i l'evolució de l'entorn poden forçar-lo a canviar; però l'evolució és gairebé sempre reactiva. Per exemple, el xef d'un restaurant es pot posar pel seu compte fent servir les receptes que ha preparat abans. Després d'haver treballat deu o quinze anys al mateix taller mecànic, un bon tècnic en productes metàl·lics pot voler volar amb les seves pròpies ales comprant alguns equips de segona mà, comptant que un o dos clients insatisfets o que prefereixin la seva localització més pròxima li faran confiança i li permetran sobreviure els primers anys.

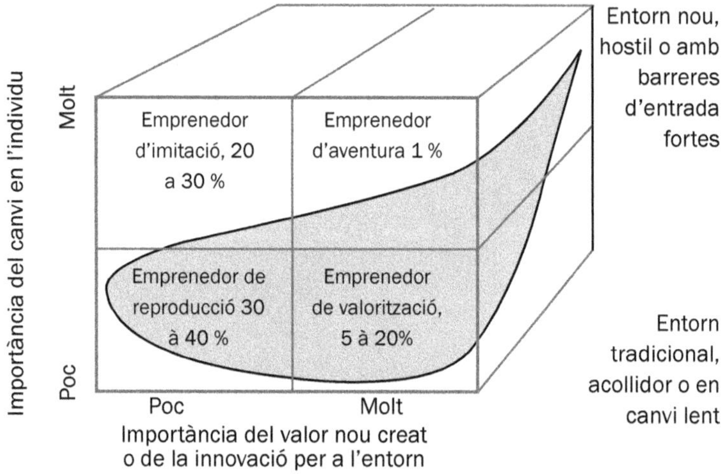

| Figura 3.2 | Els quatre grans tipus d'empresaris

Adaptat de C. Bruyat i P.-A. Julien (2001), «Defining the field of research in entrepreneurship», *Journal of Business Venturing*, vol. 16, no 2, pàg. 17-27.

Al quadrant nord-oest hi ha l'empresari *d'imitació*, que no crea gaire valor nou, però que és fortament influït per la creació, com l'emprenedora que hem presentat a l'últim requadre. Tot i que el seu nou treball s'inscrivia en la continuïtat del que feia abans, va canviar psicològicament el dia en què va dominar la seva por al desconegut per prendre la responsabilitat del seu destí i llançar la seva pròpia empresa, cosa que la va portar a construir-se xarxes, a fer evolucionar el seu saber i la seva estratègia, i així millorar gradualment el valor d'allò que oferia.

Progressivament, aquesta emprenedora ha pogut passar al quadrant sud-est, el de *valorització*, desenvolupant rutines de gestió i assegurant-se la fidelitat dels seus clients, però sobretot procedint a canvis cada cop més importants en la prestació dels serveis que oferia i adoptant una estratègia més activa. Però aquest canvi de quadrant no ha tingut efecte sobre ella. Es pot considerar emprenedor de valorització l'enginyer que, limitat en la creació de nous productes o de maneres de fer allà on treballa, decideix llançar-se als negocis per fer valer les innovacions de productes i processos, i s'emporta amb ell els contactes que li permetran engegar la seva empresa en bones condicions.

L'últim quadrant, el nord-est, representa els casos més escassos, tot i que són els més citats. Són els emprenedors *d'aventura*, que funden l'empresa sobre una innovació important però sovint molt arriscada. El valor així creat pot esdevenir crucial, fins al punt de formar un nou sector industrial; és allò que podrien fer, per exemple, el domini de l'hidrogen i els seus costos al sector del transport, o les nanotecnologies per a nous tipus de materials. Segons Bygrave (1989), aquests emprenedors esdevenen creadors de *caos*. En retorn, l'efecte sobre ells és generalment més gran. Per tant no és sorprenent que els diaris s'hi interessin, sobretot quan els enormes beneficis que obtenen en fan personatges que s'imposen al públic, tant pel seu èxit com per l'efecte del seu descobriment sobre la societat.

Només hi ha cinc o sis d'aquests emprenedors *aventurers* per decenni en un país, encara que es poden multiplicar artificialment en cas d'un boom industrial. Això va passar amb l'eufòria de les tecnologies de la informació i de les comunicacions al final del segle passat, fins que la realitat, sota la forma de la desfeta borsària del 2000, va atrapar tots aquests aventurers i va arruïnar el funcionament purament especulatiu dels inversors. Els emprenedors *de valorització* són una mica més freqüents, potser del 5 al 20% segons les regions. Alguns constitueixen les PiME de fort creixement, les *gaseles*, que sovint dinamitzen la regió. Els emprenedors *de reproducció*, per la seva banda, poden representar fins al 30% a les regions dinàmiques. Són tant el carnisser o el peixater que amplien regularment la seva gamma de productes, fins a oferir productes especials o esdevenir distribuïdors al seu barri, com el taller de mecanització capaç de respondre a problemes majors d'avaries als equips de les fàbriques de la regió, associat, per exemple, a una petita firma d'informàtics. Finalment, els emprenedors *d'imitació* són almenys el 50% i no fan més que reproduir allò que es fa en altres llocs sense gaire imaginació, limitant-se a seguir, sovint amb retard, els canvis que els seus competidors els imposen.

L'OCDE (2003) també considera que existeixen molt pocs emprenedors aventurers. Així, tenint en compte el risc assumit i la incertesa, i repartint els diferents tipus d'emprenedors en tota la població, indica que un 0,25% d'aquesta població total serien emprenedors que anomena *heroics*, un 12,5% buscaria sobretot el creixement, un 37,5% consideraria que la seva tasca es estimular el canvi continu, i no menys del 25% serien emprenedors naixents o relativament nous; el 25% restant serien molt tradicionals. Tot plegat no gaire lluny de les nostres dades sobre la repartició segons les quadrants.

Evidentment, alguns sectors no admeten emprenedors *de reproducció*, ni menys *d'imitació*, perquè són nous i requereixen molta innovació; d'altres són més o menys tancats per barreres d'entrada. Per exemple, la biotecnologia o les ciències de l'entorn, tenint en compte la joventut d'aquests sectors i els capgiraments que es donen en els seus fonaments científics, no poden admetre aquests dos tipus d'empresaris. Així mateix, és extremadament difícil penetrar a la indústria de l'automòbil, si no és oferint un producte revolucionari i una capacitat emprenedora excepcional per poder superar l'obstacle de la distribució i el manteniment[13]. En canvi, indústries com les serradores al sector manufacturer o l'expertesa comptable als serveis accepten fàcilment emprenedors *d'imitació* i *de reproducció*, capaços de construir-se un petit nínxol o de trobar una escletxa especial; a condició que s'assegurin, en el primer

13 Fins i tot les grans empreses franceses i italianes de l'automòbil, malgrat diverses temptatives, no han aconseguit mai superar aquest obstacle a Amèrica del Nord.

cas, un aprovisionament regular de fusta i, en el segon cas, que trobin un mínim de clients de sortida, al seu cercle d'amics i coneguts. És allò que mostrem a la tercera dimensió de la figura 3.2, on les indústries en constant transformació, representades a la part posterior del quadrant nord-est, exigeixen emprenedors *de valorització*, si no *aventurers*.

Aquesta tipologia s'assembla a la que proposa Kirchhoff per a les PiME i la seva direcció (1994), també amb quatre grans tipus. Hi ha d'entrada les PiME centrades en un ofici específic, de creixement lent i innovació escassa, o sigui els nostres emprenedors *de reproducció*. Hi ha a continuació les firmes coartades per recursos dèbils o per les capacitats limitades de l'emprenedor, que sovint no fan més que *imitar* els altres. Aquests dos tipus representen allò que Marchesnay (1993) ha anomenat les PIC, per designar les empreses que busquen d'entrada la perennitat (P), la independència (I) o el control en detriment del creixement (C). Hi ha el tercer tipus, el dels emprenedors més ambiciosos, amb recursos i capacitats més amplis i que poden generar creixement i suscitar innovació regularment. Finalment, els emprenedors i firmes brillants o fascinants (*glamorosos*), de creixement cada cop més ràpid, algunes de les quals són *gaseles*, a base d'innovació constant. Són les CAP de Marchesnay, que privilegien el creixement (C) fins i tot al preu d'una pèrdua de control o d'autonomia (A) i d'un augment del risc que pot afectar la perennitat (P). Algunes d'aquestes firmes estan dirigides per emprenedors que busquen l'aventura prenent riscos de tota mena, que creen valor nou regularment i que es transformen ells mateixos contínuament. Són sovint els que Cotta (1980) anomenava *jugadors*, per a qui el joc pot esdevenir més important que el resultat, de vegades al límit de la legalitat o depassant-lo, en l'eufòria que tot els pot ser permès, ja que són capaços d'inventar contínuament, fins i tot les pròpies regles o normes[14].

No cal perdre de vista que la tipologia de Kirchhoff, com la nostra, recull arquetips. Si es col·loca un emprenedor en un quadrant, cal saber que aquell evoluciona i que bé pot canviar de quadrant perquè l'empresa que ha creat continua emmotllant-lo i transformant-lo, de la mateixa manera que també ell influeix en la trajectòria i les finalitats de l'empresa.

L'enllaç entre creació de valor i canvi de l'individu mostra el poc pes que s'ha de donar a l'escola dels trets. Per Kets de Vries (1977), Gartner (1989) o Stevenson i Sahlman (1989), per exemple, els trets són massa nombrosos, vagues i fins i tot contradictoris, al punt que es poden aplicar a qualsevol i a ningú[15]. Encara que fossin vàlids i sobretot si s'estigués d'acord sobre ells (que no és el cas en absolut, com recorda Chell, 2001), són de tota manera transformats precisament per la creació de valor. Hi ha sempre en tot individu disposicions que provenen del construït i de l'adquirit, com hem dit, però res més. Afegim que aquestes disposicions evolucionen, també, a mesura que el mercat reacciona i la innovació

14 Com en el cas de Bernard Tapie a França o de Conrad Black al Canadà, de qui ja hem parlat abans.

15 Per exemple, què signifiquen per al tipus d'emprenedors que són el nou botiguer de la cantonada, el del garatge, l'amo d'un taller mecànic o d'una impremta local les expressions següents: un dirigent convincent, compromès, decidit a resoldre els problemes, que busca un estatus social i el poder, íntegre i fiable... (*drive, commitment, problem solving, goal orientation, need for status and power, integrity, reliability...*")?

es desenvolupa o es fa complexa per realitzar els canvis que el mercat exigeix i que, a continuació, transformen l'empresari i la seva organització. Dylan, Leclerc, Brassens, els Beatles, Serrat, Bonga, han anat canviant a mesura que la seva música ha estat acceptada i orientada pel públic que es multiplicava[16]. Sense oblidar que els músics, els il·luminadors, els enregistradors de so han anat aprenent sobre la marxa i han participat en l'evolució, influïts i transformats pel contacte amb el públic.

La crítica de l'escola dels trets es basa almenys en set elements. 1) Els defensors d'aquesta teoria esperen trobar «*l'element místic* que genera la renda de l'emprenedor», sigui la que sigui, com recorden Alvarez i Barney (2000). S'investiga per tant l'emprenedor mitjà, el que té més possibilitats de reeixir, segons Hill (1952); quan se sap ara que fins i tot el consumidor *mitjà* no existeix, com reconeixen els especialistes en màrqueting. Es pot assignar els mateixos trets al barber i a Richard Branson, creador de la cadena de discos Virgin i de la companyia d'aviació del mateix nom? A més, són els mateixos els trets per a homes i dones, per a un empresari la família del qual juga un paper important i per a un altre de solter, per a un immigrant aïllat, o per a totes les cultures[17]? 2) Els trets es defineixen com a *instantanis*, mentre que les característiques o qualitats de l'individu evolucionen amb l'edat o l'estadi de desenvolupament de la seva empresa, al punt que alguns són cada cop menys emprenedors i més gestors. 3) Són una llista de qualitats que no diu si l'emprenedor les ha de tenir totes, ni què fer si n'hi falta alguna; i que no té en compte ni les contrapartides ni els defectes; a més, alguns d'aquests trets existeixen en molts ciutadans no emprenedors (Schultz, 1980)[18]. 4) Els trets especials no poden valer per a qualsevol entorn, per exemple, o per a qualsevol sector[19]. 5) La teoria es desmunta per si mateixa quan descriu trets que, en principi, haurien d'assegurar l'èxit als que en són portadors, en tant que un gran nombre d'emprenedors tanquen la seva empresa al llarg dels deu primers anys d'existència. És veritat que alguns tornen a començar després de la mala experiència, però en aquest cas els trets segur que han evolucionat amb l'experiència. 6) A més, què passa amb el segon tipus d'empresaris del projecte GEM, els anomenats «obligats»? Han adquirit de cop aquesta característica perquè han estat acomiadats o perquè no trobaven feina com a immigrats? Finalment, 7) com acabem de dir i com veurem al llarg del llibre, l'enfocament pels trets considera l'emprenedor el personatge clau de l'emprenedoria i sobretot un ésser a part, mentre que l'emprenedoria és un fenomen col·lectiu en què les qualitats de l'empresari no són més que un dels elements, molt important és cert, per explicar l'èxit o el fracàs de l'empresa i la multiplicació d'empreses a l'economia regional.

16 Algunes tonades han estat menys ben rebudes i d'altres han comportat la creació de noves tonades.

17 Per exemple, Chell (2001, pàg. 149) explica que el fracàs és molt mal vist entre els malais de Singapur. Els emprenedors allà, per tant, prenen menys riscos que en altres llocs i gestionen la seva empresa de forma més conservadora, però de totes formes eficaç.

18 Pensem per exemple en Leonardo da Vinci, que contractava desenes de persones per realitzar les seves obres, o, més a prop nostre, Bernard Kouchner, un dels fundadors de Metges sense Fronteres.

19 Per exemple, finalment s'ha entès que, a part els emprenedors aventurers, els altres no tenen un gust pel risc superior al del ciutadà mitjà. Així, no es pot considerar que els emprenedors que aprofiten un efecte de rusc i que continuen tenint la seva antiga empresa com a client únic tinguin el mateix gust pel risc que el que entra en negocis per aprofitar una innovació important.

Germain Maurice, pioner de l'ecologia al Quebec i exemple molt valuós per als joves, ha muntat, amb l'ajuda d'altres ensenyants entusiastes, una xarxa de Centres de producció i recuperació (CEFER) en escoles secundàries, amb dos objectius: primer disposar de futurs iniciadors d'empresa, allistant-los en projectes d'empresa on es distribueixen les responsabilitats, i després recuperar rebuigs (papers, cartrons, palets, etc.) per fer-ne productes amb demanda (paper reciclat, taules de picnic, fusta per a barbacoa, etc.). Els projectes s'han engegat amb l'ajuda d'industrials i gràcies a la cooperació dels ensenyants. Actualment són divuit, la majoria rendibles i amb una taxa de «recuperació» dels joves molt elevada (Audet i Julien, 2006).

No obstant això, l'escola dels trets perdura i es continua investigant un model universal, les claus per preveure o entendre quins seran els emprenedors amb més èxit, sobretot els aventurers, per invertir en ells, com fan els prestadors de fons, si no és per especular com a la Borsa. Aquestes claus han estat *reclamades* pels inversors i financers de tota mena per discernir els emprenedors amb seguretat i apostar per ells, o pels funcionaris que voldrien ajudar els que tenen més possibilitats de tenir èxit i desenvolupar-se per sostenir el creixement de la regió o país. L'enfocament, però, és tautològic: diu que un individu és emprenedor perquè té uns trets específics d'emprenedor, en tant que els ha adquirit gradualment. Com hem dit, l'esperit emprenedor només pot que canviar, com els processos cognitius. A més, igual com difereix segons les cultures i els processos de creació i desenvolupament, pot transformar-se segons l'estadi de l'empresa i la qualitat de l'entorn, o també afeblir-se amb el temps.

3.4 El procés de creació

La creació i fins i tot algunes reestructuracions que comporten una nova orientació de l'empresa passen per almenys cinc estadis: la iniciació, la maduració, el compromís, la finalització, o engegada efectiva, i la velocitat de creuer.

La *iniciació* pot ser més o menys llarga. Es pot haver forjat en o per la família. Després es construeix més o menys ràpidament a continuació, segons les representacions (valors, formacions i experiències diverses, amb diferents filtres o biaixos, etc.) que l'emprenedor adquireix. S'enriqueix per la informació disponible en el medi (Bird, 1988).

La *maduració* es desenvolupa de forma més o menys conscient, al mateix temps que les aspiracions i objectius de l'emprenedor potencial. Els objectius evolucionen a mesura que el projecte es concreta o que l'empresa es construeix virtualment *dins del cap*. La maduració és estimulada per la captació de les necessitats del mercat o la insatisfacció en el treball, o per diverses ruptures: atur, emigració, etc. La completen les capacitats de transformació adquirides durant la trajectòria, verificada successivament per les xarxes inicials i l'entorn (sobretot dels clients potencials), o orientada pel medi, sobretot si és especialment actiu al si de xarxes riques, a les quals el futur emprenedor pot acudir per obtenir la informació que necessita. Pot descansar sobre un pla de negoci que descriu els diferents aspectes del desenvolupament de l'empresa, que ben sovint corresponen a les funcions que ella s'ha assignat, un pla sovint exigit per les autoritats tutelars o pels organismes d'ajuda a la creació. Evidentment, aquest pla de negoci és rarament aplicable quan l'empresa es posa efectivament en marxa, perquè la realitat canvia contínuament; però de totes maneres serveix per avaluar millor les desviacions i recordar al futur empresari de tenir en compte tots els aspectes quan ha de reajustar alguna de les funcions[20].

La *decisió*[21] pot ser gradual o ràpida, quan es donen certes condicions: un local disponible, un recurs humà clau o un equip disponible, una subvenció o un préstec concedit, etc. (Sammut, 2001). L'engegada efectiva pot ser també gradual, a temps parcial, al garatge o en un local temporal, o ràpida, quan les altres condicions s'han complert. Pot esdevenir irreversible si han estat compromesos molts recursos (De la Vigne, 2001). És una *terra de ningú* entre fer i no fer.

La *finalització* té lloc quan l'empresa ha començat a fer les primeres proves, a produir els primers béns o a retre els primers serveis, quan l'emprenedor fa els primers passos per dominar l'empresa. Totes les etapes poden ser més o menys complexes segons la dimensió de l'empresa creada, el sector o el mercat escollit i el suport de l'entorn. Les etapes es veuen afectades per la conjuntura, els problemes que poden sobrevenir en el dia a dia a l'empresa, a la família, etc. De totes maneres, no asseguren la supervivència, ja que algunes empreses no arriben a engegar, moren en els mesos posteriors a l'inici o es desenvolupen amb penes i treballs.

Ve finalment l'etapa anomenada de la *consolidació* i de la *velocitat de creuer*, adquirides gràcies als enllaços amb el mercat i als recursos transformats per respondre a aquest últim. La velocitat pot augmentar o disminuir segons el comportament de l'emprenedor i de la seva organització.

3.5 L'itinerari de l'empresari o les condicions de manteniment de l'esperit emprenedor

El desenvolupament de l'empresa és d'entrada funció de la capacitat de l'emprenedor, i a continuació de la d'alguns elements clau de la seva organització per encarar els atzars de la realitat durant els primers anys de consolidació, si l'empresa supera els obstacles que sorgeixen una mica per tot arreu. En general, com hem assenyalat, menys del 50% de les firmes sobreviuen més de cinc anys després de la seva creació, i un 30% més de deu anys; encara que les activitats de l'emprenedor poden continuar amb una recuperació després d'una clausura temporal, la compra d'una empresa perenne o una nova creació.

El desenvolupament continua al mateix temps que l'emprenedor canvia. Per a una bona part de les petites empreses que continuen sent una part de l'emprenedor, fins al punt que estan *personalitzades* per ell (Angles d'Auriac, 1979[22]), el desenvolupament i l'estratègia seguida

20 Sobre l'eficàcia limitada del pla de negoci, veure Zinger i LeBrasseur (2003).
21 Alguns anomenen aquesta fase o les que la precedeixen *l'encebament*.

es poden assimilar al seu itinerari, incloses les relacions amb el medi. Un itinerari que difereix per a cada emprenedor i cada empresa, segons l'estructura social en què evoluciona i per tant segons cada medi. L'itinerari facilita o no el manteniment de les disposicions i de les motivacions inicials per dirigir l'organització, millora les habilitats i permet veure noves oportunitats. Però passa sovint que allò que s'anomena *aversió al risc* acaba per triomfar sobre l'esperit emprenedor, per cansament amb relació al canvi, per la dificultat de renovar-se o simplement perquè s'han assolit els principals objectius sense encarar nous reptes (Sørensen i Stuart, 2000). Es passa llavors d'una situació emprenedora a una situació més de gestió, que consisteix a gestionar amb el mínim risc, com és el cas per a un bon nombre d'empresaris de *reproducció* o *d'imitació* i com passa massa sovint a la gran empresa, que adopta comportaments monopolístics o conclou enteses amb els seus competidors per limitar els riscos (Julien i Marchesnay, 1990).

El manteniment de l'esperit emprenedor descansa sobre set condicions: tenir olfacte, conservar la passió, haver adquirit experiència, poder comptar amb el suport constant dels més pròxims, conservar la mentalitat de lideratge, renovar el sentit d'iniciativa i finalment tenir una certa humilitat davant la sort.

1. *Tenir olfacte* o intuïció per aprofitar les ocasions de negoci permet sostenir la torxa per continuar canviant (Shackle, 1979), sobretot quan la idea nova que podia semblar sorprenent si no excèntrica té èxit. Afegim que en economia aquesta qualitat no és sempre ben entesa, sobretot pels financers. Tant més que en aquest cas l'emprenedor mateix sovint és incapaç d'explicar el perquè, els detalls i tots els aspectes possibles de la seva idea; o refusa donar-ne totes les claus, per por que li robin, segons la paradoxa de la informació[23].

Un empresari em mostrava un nou equip de 250.000$ encara embalat i explicava que l'havia comprat impulsivament a la fira de Frankfurt, sense saber ben bé què fer-ne; tenia la vaga intuïció d'un mercat potencial. Em deia que, per fiscalitat, la pèrdua possible només seria de 50.000$. Uns mesos més tard, després d'haver-hi invertit tot el seu patrimoni, em confessava orgullosament que no només el seu olfacte havia estat bo, sinó que la producció de la màquina permetia a més amortitzar-ne el cost.

2. L'emprenedor ha de *conservar una certa passió* o almenys estar convençut que el mercat acabarà per acceptar les seves novetats[24], i que ell persuadirà els propietaris dels recursos de prestar-li o vendre-li els que necessita. Sobretot quan el mercat respon més del que ell havia previst.

22 Aquest últim parla de "mega-persones" en el cas de les petites empreses i de "mega-màquines" en el cas de les grans.

23 La paradoxa de la informació explica que aquesta només té valor si és controlada per poques persones, però que el seu valor només es fa efectiu si és compartida per molts. La dificultat que té l'emprenedor per passar la informació es pot explicar també per allò que Sahlman i Stevenson anomenen la *miopia dels financers*.

24 Per continuar la crítica de l'escola dels trets, per a qui l'esperit del risc és especialment important, la forta confiança en si mateix fa que el risc no pugui tenir el mateix sentit per a l'emprenedor que per als financers o per a qualsevol altra persona exterior. Per ell, el risc apareix molt sovint com a feble, ja que creu fermament, tingui o no raó, que el mercat té necessitat de la novetat que ell considera que li ha de proposar

3. *Haver adquirit una experiència* cada cop més eficaç permet a l'emprenedor mantenir el criteri i agafar una trajectòria més i més clara per sostenir les rutines, tot i estar a l'aguait de noves oportunitats.
4. *Poder comptar amb el suport constant dels més pròxims*, sobretot de la família, dels amics o de la xarxa personal dóna a l'emprenedor la possibilitat de provar, madurar, completar, reconfigurar i consolidar les intuïcions i altres idees que encara no ha definit prou bé i d'obrir fins i tot la via a noves idees.
5. *El suport i l'estimulació del medi* a través d'idees i oportunitats o d'una cultura emprenedora, a través de la disponibilitat dels recursos essencials, del capital social i de xarxes riques, i a través de l'ajuda del govern (veure el capítol 5).
6. *Conservar la mentalitat de lideratge*, tenir sempre el plaer de dirigir que, a l'inici de l'empresa, li ha fet confiar en el seu projecte i ser capaç de maniobrar superar els obstacles imprevistos que sorgien contínuament per tot arreu, garanteix a l'emprenedor que els seus empleats li tindran confiança. Però aquest plaer s'ha d'alimentar, perquè es pot afeblir amb el temps.
7. *Renovar el sentit d'iniciativa* és important perquè, sent proactiu i perseverant, l'emprenedor reitera el seu compromís amb l'empresa.
8. *Tenir una certa humilitat davant la sort* alimenta en l'emprenedor el sentiment que res no és definitiu, i que ha d'estar sempre a punt per a qualsevol eventualitat. Hélène Vérin (1982) recorda que la *sort* (la *fortuna*[25]) forma part de la història dels empresaris que la saben agafar a temps. La sort difereix evidentment segons el tipus de projectes, l'època i la cultura emprenedora a la societat i l'eficàcia del medi per sostenir l'emprenedoria. Forma part del joc, del repte que manté l'entusiasme, sobretot en l'emprenedor aventurer. La possibilitat de sort permet entendre tota la intensitat dels emprenedors en el seu treball[26]. Però la sort es pot girar i portar al fracàs, seguit de vegades per una represa amb una intuïció més ben estructurada. Com a complement d'aquesta sort, Gilder (1985) afegeix *la humilitat i el dubte,* ja que l'èxit no prové únicament dels esforços i no està sempre disponible. Depèn de la contribució d'un gran nombre d'actors i de l'atmosfera industrial. Els emprenedors són una mica com els grans artistes que es posen nerviosos: a una estudiant que afirmava no tenir aquest handicap quan pujava a escena, la gran Sarah Bernhardt havia respost «que allò vindria amb el talent».

Un empresari dinàmic, casat amb una filla del primer successor del fundador d'una petita empresa, ha acabat perdent gradualment l'entusiasme necessari. El successor l'havia escollit en detriment dels fills reconeixent justament les seves qualitats de líder, ja que havia aconseguit en dos decennis fer passar l'empresa d'una cinquantena d'empleats a més de tres-cents i exportar a una desena de països. Però les incessants desavinences, a causa de la gelosia dels altres fills accionistes, per l'orienta-

25 La paraula llatina "fortuna" es tradueix tant per "fortuna", "riquesa", com per "sort", cosa que demostra prou bé la relació entre totes tres. Al món romà, la *Fortuna* era una deessa que representava l'atzar.

26 Com explicava Veblen (1899, cap. 11), tot recordant la importància "de la fe en la sort" per poder entrar en els negocis..

ció que donava a la direcció, després de la mort del pare que li donava suport, van acabar amb el seus ànims i es va retirar en benefici del seu segon, un cunyat; fins que el van cridar amb urgència per provar de salvar els mobles. Però ja era massa tard.
El lideratge pot ser compartit, com en el cas on l'empresa ha estat muntada per dues persones. Una pot llavors, per exemple, ocupar-se més especialment de la innovació i l'altra de la gestió de l'organització.

Però, altre cop, considerar l'itinerari o fer l'anàlisi de l'emprenedor aïllant-lo i interessant-se només per la seva història, l'origen del seu projecte o els seus objectius segons l'estadi de creació i desenvolupament de la seva empresa, és falsejar la perspectiva. L'emprenedor és un ésser social i la creació de la seva empresa prové d'actes col·lectius. El procés només pot ser circular i obert, com mostrem a la figura 3.3: la creació o represa afecta l'emprenedor, que canvia amb ella. Per tornar a la nostra metàfora, el caràcter col·lectiu s'aplica també als criminals del medi de la droga, la supervivència i el desenvolupament del qual depenen no només de la sort sinó també dels comportaments del públic que tolera més o menys la situació i els deixa posar en marxa les seves xarxes de venda.

A més, el desenvolupament i manteniment de l'esperit d'empresa passen pel dinamisme de l'organització, sobretot si aquesta participa en el canvi multiplicant les idees, amb relació amb les seves xarxes. L'organització que hi participa no deixa tot el pes del canvi a l'emprenedor; al contrari, pot sostenir l'entusiasme d'aquest i reduir al mateix temps la seva aversió al risc. Pel que fa al medi, també juga un paper clau en crear una atmosfera estimulant per implicar els emprenedors i la seva organització en el canvi que imposa la mundialització. En resum, l'emprenedor només existeix amb els altres i si l'entorn li és propici, cosa que explica una proporció més gran d'emprenedors de valorització i d'aventura en algunes regions que en altres que a l'inici eren semblants.

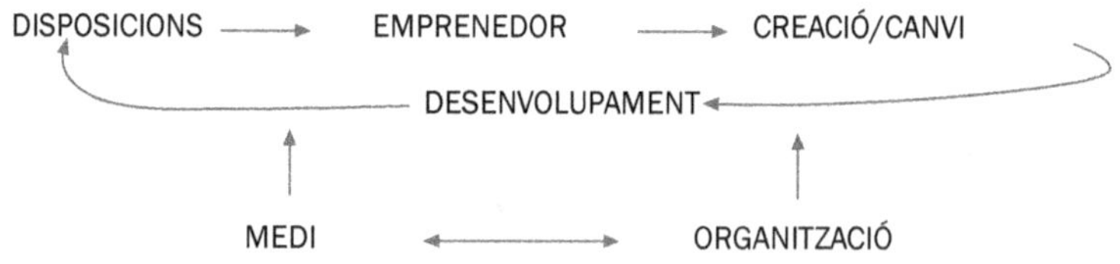

| Figura 3.3 |
Relacions circulars entre l'origen de l'empresari, la creació de la seva empresa, el medi i la seva organització

4

l'organització que aprèn

Les diferents estratègies de les PIME per recollir informació

No hi ha cap paraula que hagi rebut més significats diferents, i que hagi impactat tant les ments de tantes maneres, que la de llibertat [...] La llibertat només pot consistir a poder fer allò que es vol, i a no ser mai obligat a fer allò que no es vol.

MONTESQUIEU, *De l'Esperit de les lleis, Llibre XI, cap. II i III*

L'emprenedor necessita ajuda per obtenir i tractar la informació sobre el mercat i la tecnologia, i així evolucionar en l'economia del coneixement després de la creació de la seva empresa. L'evolució difereix, però, segons la voluntat de la direcció, el grau de turbulència de la indústria i del mercat, i també segons les capacitats del personal per entendre, adaptar-se i actuar. L'empresa, o més aviat l'organització, és doncs un lloc viu, orgànic, lliure de canviar més o menys ràpidament, segons la seva estratègia, i per tant capaç de tractar la informació canviant. És també una estructura especial, diferent de l'emprenedor, però també d'altres organitzacions, una realitat social composta de treballadors, equips i normes, sobre la base de rutines i pràctiques, per tractar amb el canvi i el caos (Morin, 1977). És un conjunt de relacions informacionals internes i externes que juguen un paper crucial en la fabricació d'un producte, bé o servei. Però és també allò sobre què descansen els avantatges o la diferenciació respecte als competidors.

Els avantatges són la flexibilitat, la proximitat i la capacitat d'aprenentatge continu. Es troben de manera assenyalada a les organitzacions que aprenen, sobretot les gaseles, que juguen un paper especial a l'emprenedoria regional, com hem vist. Els mateixos elements existeixen a les organitzacions criminals flexibles i capaces de copsar i ajustar-se al canvi a la població i als comportaments de la policia; és el que Wallender, el policia de Mankell, explica al seu petit equip situat en una regió, la Scania sueca, que només té ciutats petites, com Ystad, i pobles que, normalment, no haurien de conèixer grans crims.

Preferim parlar d'organització més aviat que d'empresa que aprèn, tot i que el terme genèric de «PIME», més conegut, reenvia a les empreses, i que són aquestes últimes que creen ocupació i són la base del desenvolupament econòmic regional. No es parla d'organització criminal? D'una part, el terme "organització" evoca el caràcter viu de l'empresa i expressa sobretot la seva capacitat fonamental d'aprenentatge en una economia del coneixement que només pot pertànyer als homes, i no a les màquines o a les estructures. De l'altra, l'origen de la paraula «empresa» (inversió de prendre–entre, agafar amb tenalles, apoderar-se d'una ciutat, d'una fortalesa; procedent de la paraula «emprise» del segle XIII, segons Vérin, 1982) remet abans que res a un emprenedor (un príncep, un *aventurer* que s'apodera d'un lloc fort, o un pirata d'una nau); o almenys destaca el seu paper; en tant que l'empresa és també cosa de gran nombre de recursos humans, des dels executius i empleats als diversos participants, com veurem més endavant. Sense comptar que les fronteres de l'empresa són difuminades, ja que el seu desenvolupament depèn també de la dinàmica d'un gran nombre d'altres actors en el medi, si no de l'economia general, i de la col·laboració amb ells, com correspon a sistemes vius i oberts.

Al quart capítol, per tant, tractarem aquests quatre punts: el paper de l'organització al costat de l'emprenedor, la font dels avantatges competitius de l'organització, els elements clau per mantenir la competitivitat o el caràcter distintiu de les empreses, i finalment l'exemple de les *gaseles* en aquest enfocament de la competitivitat.

4.1 El paper de l'organització

L'organització, és a dir un conjunt de recursos (equips i sobretot empleats) posats amb relació per produir béns o serveis, és la primera aplicació concreta de la posada en marxa efectiva de l'empresa. Al començament, sovint només és el complement de l'empresari, però després se'n diferencia de forma més o menys ràpida. Adquireix costums, però també resistències al canvi. El seu funcionament és sostingut per diferents tecnologies materials i immaterials. Treu la seva coherència d'una visió i d'estratègies almenys implícites que li donen les orientacions a mitjà i llarg termini. Comprèn diversos actors a l'interior i a l'exterior, i com a organisme viu està en relació més o menys estreta i organitzada amb l'exterior. Esdevé fonamentalment un instrument per recollir la informació que permet fer avançar l'ofici, és a dir les rutines[1] capaces de respectar les regles de producció i les necessitats del mercat, però també de canviar amb aquestes últimes.

L'organització és d'entrada el complement de l'emprenedor, l'aplicació del seu esforç de creació o d'apropiació d'un espai de mercat, i de la seva capacitat per mobilitzar els recursos humans i materials per oferir productes diferents al mercat (Kirzner, 1982). Aquest complement s'enriqueix gradualment amb l'aportació de nous recursos o la millora dels existents, per diferenciar-se gradualment, amb el temps, de l'emprenedor. En altres paraules, al començament, l'organització o l'empresa està completament integrada o depenent de l'emprenedor, que hi fa tasques tant d'execució com de direcció. És ben bé *l'home o la dona-orquestra* que toca la majoria si no tots els instruments. La línia jeràrquica, més enllà de les diferències entre l'emprenedor i el personal, és sovint inexistent o molt prima, si no absent en el treballador autònom o l'artesà[2]. L'organització interioritza les estructures del món social que han configurat l'emprenedor i, gradualment, les del seu personal clau.

1 Una rutina és un programa d'acció sistemàtica basada en regles apreses o desenvolupades gradualment a través de la pràctica. Per entendre bé la relació entre l'experiència i la pràctica, es pot considerar l'exemple del nen que aprèn a anar amb bicicleta, com recullen Torino i Tarondeau (1998): l'única manera d'aprendre'n és practicar, ja que no hi ha altra forma d'utilització que la pràctica.

A poc a poc es distingeix de l'emprenedor, desenvolupant, si es pot dir així, una personalitat pròpia, encara que continua marcada per la direcció emprenedora (Tilton-Penrose, 1959), que pot afavorir la independència i l'autonomia més aviat que el creixement (les PIC), o més aviat al contrari (les CAP). En aquest últim cas, l'emprenedor es posiciona cada cop més com un gestor i acaba fins i tot sent reemplaçat per un gestor professional, per esdevenir llavors un pur capitalista que no fa més que controlar la bona gestió de la seva cartera; és el cas de les grans empreses, sobretot quan la segona o la tercera generació en prenen la direcció. Però també passa que alguns dels emprenedors esdevinguts gestors conservin la seva visió emprenedora, com veurem en el cas de les *gaseles*.

Malgrat aquesta evolució, a no ser que la burocràcia acabi per esclerotitzar-la, l'organització roman un lloc viu, més o menys dinàmic segons conservi o no el seu esperit emprenedor. És doncs un lloc *orgànic*, format sobretot per recursos humans reunits per produir un bé o un servei i estructurat en un sistema *adhocràtic* de relacions i per tant de proximitats, de contacte permanent i d'ajust mutu, per comunicació informal i per supervisió directa. Un lloc d'estructuració social productora d'identitat, un camp de socialització més o menys integrat (Sainsaulieu, 1990). També un lloc de relacions econòmiques, sobretot pels salaris i altres avantatges pecuniaris. És doncs una combinació especial i canviant de recursos humans i econòmics, de personal permanent (directius i personal clau) i empleats, en un nombre que varia segons les necessitats, així com de recursos materials. Només la qualitat del conjunt així format pot permetre produir eficaçment. En resum, és una cartera de competències amb un arranjament especial més o menys dinàmic.

L'organització és així un *camp de forces* (Marchesnay, 2002): cada individu hi desenvolupa la seva pròpia zona d'influència, d'autonomia, de poder i d'interessos més o menys compartits per tots els membres del grup (Crozier i Friedberg, 1977) o pels de petits grups, micro-organitzacions a l'interior de l'empresa amb valors pròxims (Brunet i Savoie, 2003). Pot doncs esdevenir un lloc de resistència, de burocràcia, com algunes grans empreses amb regles rígides i omnipotents, que deixen curs lliure a manipulacions individuals que poden arribar a provocar la seva esclerosi (Kelly i Amburgey, 1991).

En absència d'una cultura integradora dinàmica, són els hàbits, les rutines, a base de competències centrals i perifèriques, és a dir de saber-fer o d'ofici, les que fan que les resistències no siguin esclerotitzants. Lligades a màquines diverses, que afavoreixen la seva permanència i el seu funcionament, les rutines poden canviar més o menys ràpidament amb l'arribada de nous equips i amb la formació contínua a l'interior i a l'exterior, amb capacitat per integrar la novetat i reaccionar en un lapse

2 Un gran nombre de petits emprenedors no volen que la seva organització creixi, perquè prefereixen conservar-ne el control total o perquè la dimensió reduïda és la base dels seus avantatges competitius, especialment a causa de l'especial proximitat als clients que aquella els procura (Rose i Halle, 1990; Pacitto i Julien, 2006). A les seves novel·les policíaques, Donald Westlake mostra diverses vegades que el principal problema del criminal és que a ell li agradaria treballar sol, però la complexitat del projecte l'obliga a tenir còmplices que, en perseguir els seus propis interessos, acaben per arrossegar-lo a catàstrofes fatals. Simenon, amb Maigret, presenta també alguns lladres que prefereixen treballar sols abans de veure's obligats a explicar com reaccionar sobre la marxa en una situació imprevista, quan la seva supervivència prové precisament de la seva especial capacitat per avaluar la nova situació i reaccionar ràpidament, capacitat desenvolupada per la seva llarga experiència.

curt de temps (per exemple, quan l'especialització individual o de grup no és massa gran[3], com a les PiME), i amb la rapidesa per compartir coneixements que permet la proximitat o la co-locació. Es pot facilitar aquesta adaptació utilitzant diverses tècniques, com l'organització cel·lular, on les unitats de producció són auto-iniciades i auto-governades o auto-coordinades (Drolet i al., 2003a), o adoptant formes de gestió holístiques i orgàniques, flexibles, més que mecanicistes (Covin i Slevin, 1988).

La cohesió general i a llarg termini de l'organització prové tanmateix de la visió de l'emprenedor (Filion, 1991), i ha de ser més o menys explícita en l'estratègia escollida. La visió i l'estratègia, si són compartides, i per tant descentralitzades, creen la *dimensió identitària* de l'organització i permeten compensar les forces centrípetes que tendeixen a neutralitzar-ne l'eficàcia. De totes maneres, la cohesió ve també de la cultura d'empresa que impera a l'organització, pel fet que els membres del personal treballen tots per assolir els objectius fixats, que han discutit junts i que han fet seus (Mintzberg, 1990; Brown i Eisenhart, 1998). Prové per tant de la qualitat de les relacions a l'organització, del clima de treball, de l'ambient que hi regna.

Una empresa havia crescut molt ràpidament, passant de menys de seixanta empleats a prop de tres-cents en quatre anys. Però, immers en els problemes associats al fort creixement i sotmès a la pressió de les comandes, l'emprenedor continuava centralitzant la gestió com abans. La insatisfacció anava creixent, fins al punt que es temia una vaga llarga i costosa. Vam aconseguir convèncer l'emprenedor de contractar un director de producció i separar les qüestions d'estratègia de la gestió corrent. No només els resultats han estat beneficiosos per als empleats, sinó que l'emprenedor ha tornat a fer allò que li agradava, o sigui buscar nous mercats i desenvolupar una estratègia clara.

La cohesió s'ha d'estendre també a l'exterior. En el desenvolupament i gestió de l'organització s'ha de tenir en compte els diversos actors que hi participen, cadascun amb els seus propis interessos (motivacions, satisfaccions múltiples i canviants; Martinet i Thiétard, 1997) i amb una influència que varia segons el moment i la societat que l'envolta (Bernoux, 1983). Així, més enllà dels interessos de la direcció i de les aspiracions dels empleats, pot haver-hi a l'exterior la família actual de l'emprenedor i fins i tot la dels orígens, sobretot si són accionistes. La família és sovint un suport important per a la posada en marxa, suport psicològic per la confiança i l'entusiasme que testifica pel projecte, però també financer directe i indirecte per la restricció de despeses de la casa o pel treball no remunerat d'alguns dels seus membres. Aquesta influència generalment positiva, però de vegades també restrictiva, pot continuar exercint-se a continuació, ja que un dels objectius de l'engegada d'empreses és justament procurar feina a l'emprenedor i més tard a altres membres de la seva família, estricta o ampliada. Hi ha fins i tot financers o firmes de capital de risc que reclamen un dret de control més o menys important

3 Així, sorgeixen tota mena de resistències més o menys intrínseques quan s'ha de canviar alguna cosa a la cadena de muntatge, que fins llavors semblava molt eficaç, unes resistències que per tant limiten els avantatges a llarg termini.

sobre l'evolució de l'empresa (i sobre els costos d'agència). Com també altres tipus de creditors, com els proveïdors, sobretot els que han facilitat la posada en marxa, que s'asseguren el cobrament de diferents maneres, o l'Estat, en el cas de subvencions condicionals. Maurice (1992) explica que, vista així, l'oposició entre *l'exterior* i *l'interior* de l'empresa acaba per esborrar-se, però marca també les diferències necessàries en la gestió de les empreses segons els països i les èpoques, com hem vist als diferents tipus d'emprenedoria segons els països i regions[4].

Els papers tant restrictius com positius dels participants en els problemes de successió són sovint crucials. Per exemple, Tidåsen (2001) dóna l'exemple del conflicte per la successió entre la mare que preferia el fill i el pare que volia la filla. Aquesta s'ha vist obligada ràpidament a recomprar les participacions dels altres membres de la família, cosa que ha debilitat per un temps l'empresa, una situació que no és rara. Així, en un altre cas, ara al Quebec, les converses directes entre dues germanes han permès conciliar els punts de vista divergents del pare i la mare en la successió. En algunes societats matriarcals de l'Àfrica Occidental, la influència de la família és tal que la successió no es fa entre el pare i el fill, sinó entre el pare i el nebot, el fill gran de la germana gran de l'emprenedor.

Hi ha a més el sindicat dels empleats[5], que té en compte interessos més amplis que les necessitats immediates dels empleats, proporcionant-los recursos quan cal, incloent el fons de vaga. Però encara que el sindicat no estigui implantat a l'empresa, pot influir sobre les condicions dels empleats, si la direcció tem la seva arribada. Altres intervinents menys visibles poden també jugar un cert paper, com les corporacions professionals en el cas d'empleats com els enginyers. Hi ha també intervinents voluntaris, com els membres d'un consell o quasi-consell d'administració, que poden contribuir a les capacitats d'evolució de l'empresa, si són dinàmics. Aquests participants poden ser restrictius, però també molt eficaços per proporcionar informacions o capital relacional, com veurem al capítol següent. De tota manera, la direcció no els pot deixar de banda; ha de ser d'alguna manera un animador més ampli i integrar-los al desenvolupament de la firma, per impedir que esdevinguin frens (Miles i al., 2000).

Així, no es pot entendre alguns comportaments d'una gran firma de serveis de transport respecte als seus proveïdors si no es coneix la seva estratègia declarada de no deixar implantar un sindicat a l'empresa. Per exemple, durant un període de caiguda de les vendes, l'empresa va decidir recuperar una part del treball confiat fins llavors a subcontractats, encara que li costés més car, perquè això li permetia assegurar la feina als seus empleats (Julien i al., 2003b). És veritat que altres empresaris que coneixem consideren més aviat els sindicats com a socis en la direcció quotidiana de la mà d'obra, però també en el reclutament, la formació i la retenció del nou personal.

4 En altres paraules, la imitació pura i simple de les maneres de fer d'un altre país porta a la ineficàcia de les empreses. Per exemple, si als països en desenvolupament l'ensenyament de la gestió es limita a transmetre les tècniques nord-americanes sense haver-les adaptades abans, això només pot portar a una *bastardització* de la gestió, que mai no podrà ser tan eficaç com al seu país d'origen.

Evidentment, un participant molt important, que constitueix al mateix temps l'objectiu operacional de l'empresa, és el mercat, o una clientela especial en el cas de les petites empreses. Els comportaments del mercat influeixen de forma sistemàtica en l'organització, que s'ha d'ajustar per seguir els canvis i fins i tot anticipar-los, si no crear-los, innovant per diferenciar-se dels competidors. Els clients poden ser poc nombrosos si no únics, com els grans compradors o les cadenes de distribució, i tenir així molt poder sobre les PiME, o almenys ser capaços d'orientar clarament no només el seu desenvolupament, sinó també les inversions que han de fer per sobreviure. És el cas dels subcontractats que formen part d'una xarxa, que han de recórrer sistemàticament a les noves tecnologies materials, com els sistemes de disseny assistit per ordinador (CAO) per poder intercanviar dissenys de peces, o immaterials, com els sistemes avançats de qualitat total (Mariotti, 2003; Julien i al., 2003b).

Un paper important de l'organització és internalitzar i coordinar, en funció dels objectius de l'empresa, els *impulsos* que vénen de diverses parts per reforçar-se i situar-se millor a l'entorn exterior, per no veure's superada ni descol·locada per ell. Com tot sistema viu i obert, l'organització només pot sobreviure canviant gràcies a la integració de la informació que ve de l'exterior, o sigui disminuint la seva entropia, de la mateixa manera que un ésser viu ha d'obtenir l'energia de l'aire, de l'aigua i de l'aliment que li arriba de fora (Georgescu-Roegen, 1971). L'organització és un *processador de coneixement* (Cohendet and Llerena, 1999) de cara a aquest canvi intern i extern. És sobre el canvi intern, provocat per un canvi extern, que l'empresa funda la seva capacitat competitiva.

4.2 La font dels avantatges competitius

El canvi voluntari segueix a la transformació, per l'organització, de la informació interna i externa en saber i saber-fer. L'empresa és per tant bàsicament un recipient de saber i de saber-fer, com explicava també Chandler (1988). La transformació engendra allò que s'anomena *l'ofici* de l'empresa, o sigui les habilitats tècniques, intel·lectuals i relacionals que permeten a l'organització respondre de manera específica a les necessitats dels seus clients, ja sigui amb un servei o un bé, i distingir-se de les altres empreses.

L'ofici és per tant el fonament mateix dels avantatges competitius de cada empresa, com hem dit al primer capítol. Aquests avantatges han de ser sistemàticament renovats i descansar sobre un sistema d'aprenentatge d'entrada concentrat a mans de l'emprenedor, al moment de la creació, però a continuació ràpidament estès a tota l'organització. Digui el que digui la teoria de Porter (Porter, 1981)[6], els avantatges competitius no descansen només sobre la capacitat de l'organització per respondre

5 A no ser que es tracti d'un sindicat d'empresa o "de botiga".

6 Amb tots els matisos que, de totes formes, s'han d'afegir a les tesis de Porter, que han evolucionat constantment als seus escrits, com recorda Marchesnay (2001). Recordem que Porter ha escrit essencialment per a les grans empreses, més especialment les multinacionals. Amb ell, estem molt lluny de la petita empresa.

al mercat adoptant la millor estratègia i optant pels recursos més adequats. Ve de la qualitat d'aquests recursos i de la coherència de les seves accions per respondre a les necessitats del mercat, les quals testifiquen una competència general superior a la suma de les parts.

L'enfocament basat en els recursos ha estat avançat primer per Wennerfelt (1984), Rumelt (1984) i Barney (1986), justament en reacció a les tesis de Porter, i ha estat represès per alguns, com Pralahad i Hamel (1990). Però, com explica Marchesnay (2002), es remunta de fet a Tilton-Penrose (1959). Explica que els avantatges especials resulten d'una combinació de recursos sobretot tecnològics (moderns, però també adaptats i no necessàriament punters), però especialment immaterials i més que res col·lectius, a base de relacions internes i externes. Els recursos són les competències, o sigui el saber i saber-fer subratllats per investigadors francesos com Arrègle (1996), Koenig (1999) o Durand (2000). Són per tant els recursos humans i materials, però també les capacitats organitzacionals lligades a la cultura i a les estructures de l'empresa, les que proporcionen sabers i saber-fer, adequació particular entre ells i connexions amb el mercat. Els recursos i competències constitueixen els actius, que serien escassos, inimitables, únics, idiosincràtics, no comercials, intangibles i no substituïbles (Barney, 1991). Això comprèn també els recursos institucionals, en el sentit que li donaven els institucionalistes com Commons o Veblen els anys 1910-1930, o sigui la forma especial, si no única, de les organitzacions que constitueix la seva capacitat per sostenir, gestionar, desenvolupar i posar al dia els recursos en funció del mercat, tenint en compte els seus competidors (Olivier, 1997). Aquesta capacitat permet també entendre el canvi, transformar la informació en sentit per sostenir l'estratègia, i finalment distingir-se per respondre a les necessitats del mercat o crear-les. Tot sostingut per una estratègia molt flexible, emergent, deia Mintzberg (1990).

> Una PiME de tintoreria tèxtil de trenta empleats continua utilitzant, al costat d'un equip informatitzat d'última generació, una gran tina de fusta del segle XIX, que també es pot veure al Museu del tèxtil de Lió, però que és molt útil per a petites produccions. L'avantatge competitiu de la firma prové d'aquesta flexibilitat, però també de la seva capacitat per trobar i estabilitzar el color exacte segons les necessitats del client.

Tywoniack (1998), entre altres, resumeix les condicions que, segons la teoria dels recursos i competències, asseguren a l'empresa el seu avantatge competitiu i una renda especial:

1. El valor: els recursos o competències han de permetre aprofitar les oportunitats perquè el valor que se'n treu és superior al dels competidors;
2. La raresa: un nombre limitat de firmes poden obtenir aquests recursos i competències;
3. La no-imitació: els recursos i competències han de ser difícilment imitables;
4. La longevitat: els recursos i competències mantenen l'avantatge a llarg termini;

5. La no-substitució: els substituts d'aquests recursos i competències són difícilment accessibles;
6. L'apropiació: l'organització ha de ser capaç de treure el màxim dels seus recursos i competències cardinals.
7. La flexibilitat: l'organització ha de poder ocupar ràpidament un nou mercat.

Però, com explica Marchesnay (2002), posar l'accent sobre recursos especials sense definir-los, sense explicar les seves qualitats i sobretot sense tenir en compte que evolucionen contínuament i que són regularment reemplaçats, fa que la teoria sigui o tautològica, o mecanicista, i sobretot que no afegeixi res de nou a les teories que posen l'accent sobre l'ofici. Estaria així «als límits d'una penosa banalitat» (pàg. 12). Tant més que els recursos no tenen valor si són mal utilitzats o utilitzades a deshora, o si no evolucionen (Tarondeau, 1998). Tot recurs acaba sent imitable, si no és que es pot comprar. Les bones i noves tàctiques que havien permès als grans generals guanyar batalles han acabat comportant la seva pèrdua per no haver-se renovat, perquè els enemics havien après de les seves derrotes successives i canviat l'estratègia, com recorda Miller (1992). La majoria de criminals es fan agafar perquè són incapaços de canviar la seva fórmula guanyadora. Així, com ja hem destacat, els recursos que han provocat l'èxit d'un bon nombre d'empreses són sovint els mateixos que comportaran la seva desaparició; com és el cas del 70% de les empreses després de deu anys.

Els avantatges competitius provenen no de recursos i competències com a tals, sinó de la seva *combinació especial*, o sigui tant de la seva especificitat[7], del seu pes sobre la producció com de la seva interacció: «La firma és essencialment concebuda com un lloc de disposició, construcció, selecció i manteniment de les competències» (Cohendet, 2003, pàg. 393). Aquesta combinació resulta d'una assignació específica que porta a l'eficàcia a mitjà termini i a la innovació, i per tant a reajustaments constants (Amesse, Avadikyan i Cohendet, 2005). Crea capacitats especials quan passa per rutines i processos que es transformen en competències fonamentals que permeten a la firma distingir-se dels seus competidors (*personalitzar* l'empresa, crear una *intel·ligència organitzacional*: Hoeckel i Nolan, 1993) per respondre millor a les necessitats dels clients. Les competències generen una sinergia en crear un valor afegit especial per al mercat (Torkkeli i Tuominen, 2002). La combinació, o cartera de competències, comprèn també els enllaços personals i de fidelitat amb els proveïdors i distribuïdors, com també amb els clients o altres empreses amunt i avall de la cadena, avantatges encara més difícils d'imitar, ja que comprenen produccions i intercanvis complexos de sabers i saber-fer (Dyer i Singh, 1998)[8]. Aquests enllaços permeten una producció i una distribució que sostenen la diferència.

7 És a dir que no són transferibles d'un procés a l'altre a causa de la seva qualitat complementària especial, sobretot en el cas dels recursos humans, sinó també per la seva interdependència amb els equipaments.

8 Rouse i Dallenbach (1999) posen l'exemple dels conductors dels camions de distribució d'una empresa que han desenvolupat relacions preferents amb els clients, i així han assegurat a la seva empresa un avantatge amb relació als seus competidors.

La combinació no és doncs òptima *en general*; no hi ha una única bona manera de ser eficaç a mitjà termini: cada empresa ha de trobar la seva millor manera de fer segons el seu mercat i el seu sector, tot manllevant les bases a altres empreses (Barth, 2003). Aquesta combinació particular fa, per exemple, que la tecnologia sigui específica per a cada firma i que creï rutines particulars (el saber-fer diferenciat, *l'ofici*)[9] que li permeten distingir-se i que evolucionen. La combinació, les rutines, treuen la seva orientació i la seva coherència de la visió i de l'estratègia de l'empresa (Filion, 1997; Eisenhardt i Martin, 2000). Però aquesta també ha de ser flexible, superar les seves rutines per innovar constantment i conservar així els comportaments emprenedors malgrat el recurs a tècniques formals de gestió i producció (Pralahad i Bettis, 1986; Messeghem, 2002; Johannisson, 2003).

Aquesta combinació emprenedora és escassa, no imitable, no substituïble, perquè sovint és massa complexa. Però només és eficaç, competitiva, si respon a les necessitats del mercat o les crea, si evoluciona amb aquestes necessitats i continua desmarcant-se dels seus competidors, o almenys si pot bloquejar el seu accés al mercat. Per ser eficaç, la combinació s'ha de posar al dia regularment. Una recombinació que permet a l'empresa seguir l'evolució de les necessitats específiques del mercat (de la clientela), si no precedir-la i fins i tot crear-la reconfigurant les regles a favor seu, o imposant-ne de noves. Ha de ser sistemàticament ampliada amb l'aportació de les parts participants i renovada, ja que es pot depreciar ràpidament. Ha de descansar sobre un sistema d'aprenentatge (formació i informació) eficaç per incorporar-se a l'economia del coneixement. En especial, els sabers i saber-fer permeten respondre a les necessitats de flexibilitat i sostenir la creativitat i la innovació que fan l'emprenedoria dinàmica.

A la secció 4.4 presentem sobretot el cas d'una *gasela* que, malgrat una xifra de negoci de menys de 20 milions de dòlars, ha esdevingut, gràcies a la seva combinació emprenedora particular, líder en el desenvolupament d'equipaments per a la indústria del moble, tot i tenir grans competidors americans (amb facturacions de més de mil milions de dòlars). El seu lideratge prové entre altres coses d'una organització especialment participant i aprenent, però també de contactes molt estrets amb alguns clients per modernitzar sistemàticament els equipaments coneguts i experimentar-ne de nous. L'organització complexa i la proximitat especial al mercat són fruit de diversos anys de treball i per tant poden ser difícilment imitades i reproduïdes. En altres paraules, encara que els competidors compressin els equipaments avançats d'aquesta firma per desmuntar-los i conèixer-ne els secrets, el coneixement de les peces no els indicaria com s'han produït, muntat i sobretot desenvolupat; i quan comencessin a descobrir els secrets, l'empresa ja hauria canviat els seus models de producció, innovació i posada al mercat.

Com veurem al capítol 7, la combinació de recursos comprèn també els recursos relacionals externs, o sigui la participació a xarxes (Dyer, 1996;

9 L'ofici és la base de la diferenciació de les empreses molt petites, com hem explicat abans (Pacitto i Julien, 2006)

Dyer i Singh, 1998), les quals permeten compensar els límits de la competitivitat. Així, en associar-se per oferir un producte, dues o tres empreses poden arribar a desmarcar-se clarament dels seus competidors pel fet de ser complementàries de cara a vendre una cosa excepcional, malgrat els límits de productivitat de cadascuna d'elles.

És per tant la *combinatòria* interna i externa allò que és diferent, específic, i per tant difícilment imitable, almenys a curt i mitjà termini; tant més que quan els competidors creuen entendre'n les astúcies ja està canviant. En el cas de les PiME, com recorda Marchesnay (2002), reprenent la idea de Mills i Schuman (1985), la combinació comprèn justament la flexibilitat que els permet adaptar-se ràpidament a les necessitats específiques de cada client, per compensar les seves debilitats en economies d'escala. Aquesta flexibilitat facilita l'adaptació al canvi, si no la innovació.

En el cas de productes alimentaris fins, la combinatòria prové sobretot de les especificitats del producte, si no de l'apel·lació o de la marca controlada. Però sovint és més complex. Així, la formatgeria de l'illa de les Grues oferia des de sempre un cheddar amb un gust especial pel fet que les vaques pasturaven els fencs dels maresmes mig salats. Per distingir-se encara més, la direcció va desenvolupar dos formatges tous més i sobretot un Savoia especialment original. Però la singularitat d'aquesta PiME va més lluny: aconsella els seus distribuïdors perquè vetllin per la conservació dels seus productes, i els cuiners per preservar el caràcter inimitable dels seus formatges.
Un altre exemple de diferenciació és el de les llibreries de barri, que aconsegueixen competir amb les grans cadenes per la informació molt especial que ofereixin als lectors indecisos. Així, en llibre infantil, un bon llibreter serà no només capaç de tenir en compte l'edat i les experiències de lectures anteriors per suggerir tal o tal llibre, sinó també del ritme d'aprenentatge del nen, cosa que les grans superfícies són incapaces de fer.

4.3. Els elements claus per mantenir la competitivitat

Per conservar i adaptar el seu caràcter competitiu, la seva competitivitat, les petites empreses han de reunir tres condicions: 1) la flexibilitat, que està lligada a 2) la proximitat i 3) l'aprenentatge continu, que permet la varietat i la innovació.

La flexibilitat és un dels primers trets qui distingeixen les PiME de les grans empreses (Kickert, 1985; Evaraere, 1997). El diccionari la defineix com «l'aptitud per canviar fàcilment i adaptar-se a les circumstàncies». És allò que permet a les petites organitzacions ajustar molt ràpidament la seva combinació de recursos als canvis del mercat. La flexibilitat descansa sobre la *proximitat* interna i la *proximitat* al mercat per obtenir informació, sobre una especialització més baixa dels factors de producció o sigui una capacitat més gran de reacció, i finalment sobre una estratègia més flexible. Hi ha dos grans tipus de flexibilitat, l'operacional i l'estratègica.

La flexibilitat operacional pot ser interna i externa. La flexibilitat operacional interna és la capacitat de l'organització per reaccionar ràpidament al canvi. A les PiME s'explica, per definició, pel fet que el menor nombre d'empleats permet a la direcció veure fàcilment què passa a l'empresa. El més sovint, el despatx de l'emprenedor se situa ben a prop de la producció, a la qual, al començament, dóna un cop de mà. La flexibilitat operacional interna ve per tant del fet que patró i empleats comparteixen el dia a dia i, bastant sovint, l'elaboració de la visió a llarg termini de l'empresa, almenys alguns empleats claus, per preparar el canvi. Si hi ha un problema a curt termini (un canvi en la qualitat de la matèria primera, per exemple), o a llarg (com la reacció negativa d'alguns empleats als rumors), es coneix ràpidament i es pot resoldre sovint abans que s'enverini.

La flexibilitat operacional externa és la capacitat de veure o sentir el canvi en curs. Passa pels contactes directes amb els clients i per les xarxes personals i de negoci mantinguts directament per l'emprenedor. En efecte, encara que l'empresa creixi, molt sovint l'emprenedor manté el contacte amb alguns clients antics o principals, amb la finalitat de conservar una comprensió personal molt sensible del mercat. O almenys, té sempre un ull posat en el mercat. A les grans empreses, la no proximitat es pot compensar amb estudis de mercat, que de totes maneres són limitats[10]. Pel que fa a les xarxes, és un mecanisme particularment eficaç de captació del canvi a l'entorn, com veurem al capítol 7. Tot això forma part de la investigació sovint molt fina i ràpida de la informació, la qual permet a l'empresa adaptar-se més especialment a les necessitats de cadascun dels seus clients. Finalment, una certa centralització de la informació permet entendre els diferents aspectes del canvi desitjat i reaccionar ràpidament, al contrari de la gran empresa, on per prendre una decisió s'ha d'informar i convèncer un gran nombre d'executius superiors i intermedis.

A la flexibilitat operacional, per tant, la informació és crucial, però pot ser molt esbiaixada. Aquest fou el cas d'una gran empresa alimentària les vendes de la qual van disminuir sobtadament. Creient que això era culpa del poc dinamisme de la secció d'expedicions, i esperant recuperar el retard les setmanes següents, els venedors a comissió es van posar d'acord per mantenir les xifres de venda precedents i preservar la seva remuneració. Com que la conjuntura no millorava, per no ser sancionats, els d'expedicions van fer un acord amb producció per canviar les xifres, amb la promesa dels venedors de regularitzar aviat la situació. A continuació calgué entendre's amb els compradors de matèries primeres. Finalment, però massa tard, la direcció s'assabentà de les manipulacions, va descobrir els estocs sense vendre que hi havia per tot arreu, i va haver de remuntar tota la cadena per entendre què havia passat. Una situació així hauria estat impossible d'amagar en una PiME, on gairebé tot se sap o es veu.

10 Però fins i tot les enquestes automàtiques, fetes a base de relacions entre les compres regulars i les diferents informacions o el perfil del comprador, subministrades al moment de la inscripció en un sistema de club de compres no diuen res sobre els canvis produïts en la situació d'aquest últim, i sobretot no proporcionen cap indicació de les insatisfaccions subtils que dóna el contacte personal.

Cal distingir la flexibilitat de reacció de la flexibilitat d'acció, si no de proacció, gràcies a l'anticipació, o sigui la capacitat d'adaptar-se ràpidament al canvi obligat o volgut dels competidors i de la tecnologia, anticipar-se a les necessitats del mercat i reorganitzar els recursos per respondre-hi. Totes dues s'expliquen per una menor especialització dels factors de producció, recursos humans i equips a la petita empresa respecte a la gran. L'especialització menor, si bé constitueix una debilitat a curt termini, esdevé una força quan s'ha de canviar. Així els empleats poden complir diverses tasques, com les requerides per efectuar el canvi desitjat, sigui en paral·lel, sigui unes a continuació de les altres. Així mateix, els equips es poden ajustar a les noves tasques i fins i tot ser modificats pels empleats per satisfer millor les necessitats. En resum, el procés de producció a les PiME és sovint molt flexible, cosa que explica que les grans empreses treballin amb elles, sobretot en subcontractació, tot i que les PiME no gaudeixin de les seves grans economies d'escala.

Un dia que visitava una petita empresa de productes metàl·lics, vaig veure sorprès uns equipaments pesants amb el mateix nom de l'empresa. Vaig preguntar si per casualitat hi havia un fabricant estranger que es digués igual. Els empleats, orgullosos, em van explicar que, com que no els trobaven al mercat, els havien fabricats ells mateixos per assegurar que tinguessin les característiques indispensables per a la producció especial que havien de fer.
En una empresa de mobles per a nens, s'ha afegit a una màquina–eina de control numèric utilitzada per treballar les peces un banc una mica casolà que permet a l'operador polir-les de forma contínua, cosa que augmenta considerablement l'eficàcia de l'equip d'última tecnologia.

Mintzberg (1990) explica els comportaments orgànics flexibles de les petites empreses per la centralització de les decisions finals i una estratègia sovint implícita que s'adapta ràpidament a les noves oportunitats. Miles i al. (2000) afirmen que aquesta estratègia prové de la visió àmplia, holística, intuïtiva i flexible que determina tant els esforços que la firma ha de fer per tenir èxit com les línies directrius del procés o de les accions que tria per aconseguir els seus objectius, i els paràmetres que li permeten mesurar a continuació el camí recorregut. Mentre que en una gran empresa, encara que la direcció vulgui actuar ràpidament, la dimensió de l'organització i el fet que hi intervinguin interessos nombrosos i divergents fan que li calgui sempre molt de temps, no només per canviar sinó per acceptar el canvi; per definició, sofreix la inèrcia inherent a les grans dimensions. A més, si vol orientar i comprometre el més gran nombre d'empleats, la gran empresa no pot adoptar una estratègia explícita i clara perquè tots estiguin sobre la mateixa longitud d'ona. Quan aquesta s'ha comprès i acceptat, és difícil canviar-la ràpidament.

El PDG de la filial d'una gran empresa ens deia fa poc que era incapaç d'implantar certs canvis de comportament i trencar amb costums forjats durant anys que responien a necessitats de legitimitat i de poder (Julien i al., 2003c).

És veritat que la gran empresa té avantatges pel que fa a *flexibilitat estratègica*. Els seus nombrosos recursos li donen un gran marge de maniobra, que li permet fer les inversions necessàries per adaptar-se a les noves necessitats detectades i a la nova tecnologia. De totes formes, si el canvi mediambiental és massa ràpid, les inversions poden arribar massa tard. Com a mínim, la flexibilitat operacional de les PiME pot compensar els enormes recursos de les grans empreses en una economia canviant.

Això fa que alguns investigadors considerin que no és oportú implantar a les PiME sense més les pràctiques de gestió desenvolupades per a les grans empreses, com s'ha pensat durant massa temps. Watson (1995) i Johannisson (2003) recorden que, tot i que la petita empresa creixi i hagi de recórrer a pràctiques formals o de gestió a mesura que es desenvolupa, no ha d'abandonar els seus comportaments emprenedors d'espontaneïtat i de flexibilitat que li permeten canviar ràpidament. La normalització de les pràctiques no s'oposa a l'esperit emprenedor, però usar massa comportaments formals, a partir d'anàlisis presentades com a purament racionals, acaba per crear un funcionament *en capella* (o *en clos tancat*) per a cada departament, com passa a moltes grans empreses, i pot comportar fins i tot esclerosi i ineficàcia a llarg termini, com ha mostrat Pitcher (1994)[11]. Les PiME han de mantenir sempre un equilibri entre informal i formal, entre el recurs a l'heurística per analitzar la situació i preparar l'estratègia, i els algoritmes per fer-ho; en resum, entre una gestió emprenedora i una gestió administrativa, com hem representat a la figura 4.1. Només així poden mantenir la seva flexibilitat per compensar les seves febles economies d'escala respecte a les grans empreses i preservar així l'element clau dels seus avantatges competitius[12].

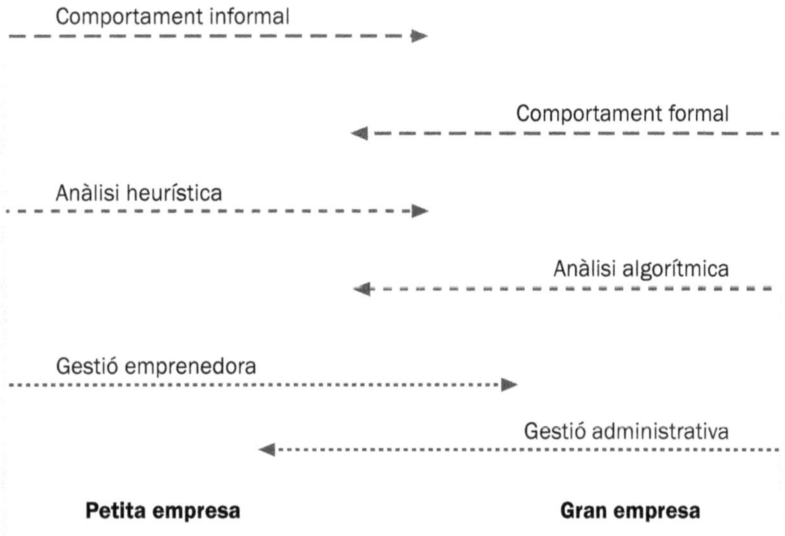

| Figura 4.1 |
El comportament òptim
de les PiME

Però la recombinació constant dels recursos i les competències només és eficaç si empeny l'empresa a innovar per distingir-se millor, com explica Senge (1990) en parlar de les organitzacions aprenents i innovadores que s'autotransformen gràcies a l'aprenentatge i a la innovació incremental però contínua; una evolució en un procés en triple sivella, il·lustrat a la figura 4.2, amb una adaptació al canvi que comporta noves capacitats d'adaptar-se i precedir el canvi per la innovació (Argyris i Schön, 1978).

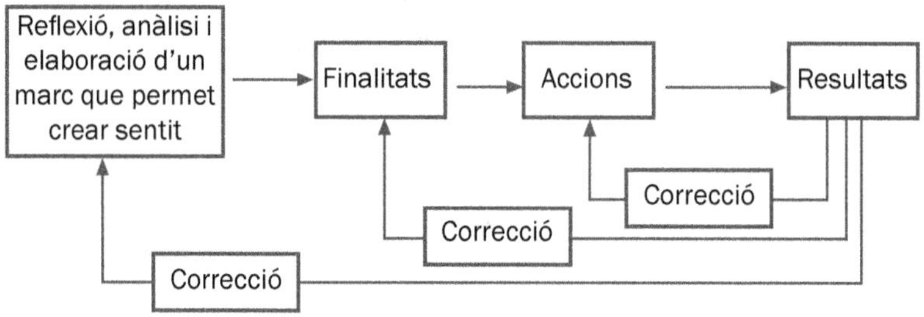

| Figura 4.2 |
Aprenentatge en triple sivella

Per continuar sent emprenedores, les organitzacions s'han de basar en la descentralització, la participació, la formació[13] i la informació, i fer que els seus empleats dominin el seu treball, que exerceixin una certa *governança* sobre les rutines i canvis menors, i finalment que participin a la innovació difusa i sistemàtica (Woodman, Sawyer i Griffin, 1993). Això permet conservar el ritme del canvi, com en el cas dels monticles de neu a l'esquí, que s'han d'anticipar demostrant agilitat.

Aquesta evolució cap a més flexibilitat pot variar evidentment segons la cultura emprenedora. Sobretot, va més enllà de les modes, ja sigui antigues, com els cercles de qualitat, o noves, com l'enginyeria simultània i la producció simplificada. Caracteritza més especialment les empreses de fort creixement, les *gaseles*, que desenvolupen una capacitat especial per tractar la informació i transformar-la en coneixements, i així juguen un paper especial a l'emprenedoria.

Diversos estudis han indicat que la taxa de fracàs de les pràctiques de moda (mesurant la proporció d'empreses satisfetes amb la seva implantació), per exemple de les tècniques d'enginyeria simultània, era de més del 70% (veure Kotter, 1995; Strebel, 1996; o Senge i al.,1999). Passava el mateix al seu moment amb els cercles de qualitat. Més recentment, hi ha la mateixa taxa de fracàs al comerç electrònic. Així, K. Islam (2002) mostra que un 70% dels projectes per a la implantació de comerç electrònic no es completen mai. Es podria aplicar a les pràctiques de moda la llei de Pareto per explicar aquest 70%?

11 Els comportaments dits racionals tenen també els seus aspectes dolents en política, com demostra Saul a la seva obra titulada *Els bastards de Voltaire* (1993).

12 És per això que els sistemes de gestió integrada electrònica (ERP), sovint vàlids per a les grans empreses, ho són molt menys per a les PiME, ja que les obliguen a uniformitzar la major part de la seva gestió i per tant limiten considerablement la seva flexibilitat.

13 La formació de tot el personal ha esdevingut la clau de l'economia del coneixement. Semblaria de totes maneres que aquesta realitat encara s'accepta malament a Amèrica, si més no això resultaria de la comparació entre les empreses nord-americanes i les europees.

4.4 L'exemple de les *gaseles* o PiME de fort creixement

Com el nostre estudi internacional ha mostrat (Julien, Mustar i Estimé, 2001), les *gaseles* obtenen la seva flexibilitat especial de quatre característiques emprenedores: 1) direcció integradora i animadora; 2) innovació sistemàtica i forta proximitat al mercat; 3) organització descentralitzada i autogestionada; i 4) relacions contínues amb l'exterior.

Primer, aquestes empreses estan dirigides per un lideratge experimentat i estratègic que orienta els esforços del seu personal, donant-li un sentit, proposant-li una cultura que encoratja el seu dinamisme i advertint-lo dels reptes que hauran de superar tots junts. Així, a les *gaseles*, l'emprenedor és en general més instruït que a la mitjana de les PiME i sobretot més experimentat, amb una mitjana de 23,6 anys d'experiència en el sector. A més, continua millorant les seves competències, en consagrar de 31 a 70 hores per any a una formació avançada[14]. Busca el benefici, però també una satisfacció personal (sentir-se bé) i el repte que representen els obstacles. Per l'emprenedor, els sis factors que expliquen millor el seu èxit són, per ordre d'importància: 1) la motivació del personal; 2) la qualitat del servei a la clientela; 3) la qualitat de la gestió general; 4) la qualitat de la gestió financera; 5) la qualitat del lideratge; i 6) la presència d'una cultura organitzacional forta.

La qualitat del lideratge passa també per una comunicació freqüent amb els executius i els empleats. Aquesta qualitat es basa en un nou enfocament de la direcció, formulat per Kotter (1990), que oposa l'antic estil de lideratge al nou (veure el quadre 4.2).

| Quadre 4.2 |
Antic i nou estils de lideratge

Adaptat de Kotter, J.Pàg. (1990), «What leaders really do», Harvard Business Review, maig-juny, citat per Chell (2001), pàg. 195.

Antic lideratge	**Nou lideratge**
A base de planificar	A base de visió i de missió
Assignar i precisar les responsabilitats	Compartir la seva visió
Controlar i proporcionar les solucions	Motivar i inspirar
Crear rutines estables	Crear el canvi i la innovació
Retenir el poder	Permetre als empleats dominar i controlar les seves tasques
Descansar sobre la conformitat	Descansar sobre el compromís
Posar l'accent sobre les obligacions contractuals	Estimular els esforços suplementaris
Mostrar la distància entre la direcció i els empleats	Del lideratge intuïtiu a l'escolta dels empleats
Reaccionar a l'entorn	Proactuar amb l'entorn

Podem veure això sota un altre angle recordant que:

1. La direcció ha de conservar un comportament flexible, emprenedor i proactiu.
2. El comportament ha de ser capaç de tant en tant de crear emoció i repte.
3. Sobretot, la direcció ha d'alimentar sempre l'empatia cap al seu personal, fins a implicar-se en els projectes claus, intervenint si cal com a membre de ple dret de l'equip.
4. Finalment, ha d'afavorir totes les possibilitats de canvi per augmentar l'eficiència.

Segon, aquestes empreses descansen la seva estratègia de diferenciació sobre la gran proximitat a la seva clientela, com subratllaven ja Siegel, Siegel i MacMillan (1993) per explicar el fort creixement. La proximitat passa per contactes directes freqüents, jornades de formació, ajuda tècnica o trobades almenys anuals a les fires industrials amb els clients estrangers, però també per un tractament ràpid i personalitzat de les queixes dels clients. La proximitat permet rebre ràpidament els senyals del mercat, tant per ajustar-s'hi com per innovar i romandre diferents en la seva combinació de recursos i competències (Sivada i Dwyer, 2000). Les *gaseles*, a més, gasten almenys quatre cops més que la mitjana de les PiME en R+D i fan sistemàticament vigília tecnològica.

Tercer, allò que més afavoreix la flexibilitat de les *gaseles* és el tipus d'organització que impulsen: amb la continuïtat del seu lideratge obert, l'organització encoratja fortament la participació de tots i cadascun dels seus membres; està enfocada de manera resolta cap al desenvolupament del coneixement i fa ús de forma regular dels recursos complementaris exteriors. L'organització és complexa, integra executius amb formacions diverses. Més del 90% d'aquestes firmes compten amb més d'un especialista amb una formació universitària diferent: enginyer, especialista en recursos humans, especialista en màrqueting, etc.; un 36% en tenen quatre o més. L'organització és també descentralitzada i responsable; funciona amb equips semi autònoms, i tant els seus executius com els seus empleats s'impliquen plenament en l'elaboració de l'estratègia, la gestió de les rutines i l'organització del canvi. Les decisions es prenen sovint per consens: els executius són responsables de 8,4 decisions importants sobre 13, i l'emprenedor només es reserva dos tipus de decisió. A més, els equips tenen poder sobre el seu entorn immediat[15]. La seva planificació és flexible, elaborada per un comitè i revisada periòdicament. La distribució de beneficis pren diferents formes: bonificació regular, prima anual i fins i tot accions. La comunicació constant amb els empleats, de manera setmanal o mensual, és central. La cooperació entre ells afavoreix el desenvolupament del coneixement i la integració dels nous a l'equip (Bakstram i Cross, 2001). La formació contínua de la mà d'obra té un pressupost del 5 al 7% de la massa salarial[16]. Anotem a més que, a les *gaseles*, les tecnologies de gestió, sobretot les referents a la informació, són una mica superiors a les de les altres empreses, però les tecnologies de producció no són més modernes; cosa que confirma que la competitivitat prové sobretot de la singularitat que li procura la combinació dels seus recursos humans i les seves competències. En resum, ens trobem davant una organització de funcionament no lineal (Darf i

14 A títol comparatiu, als Estats Units, els dirigents de les empreses de menys de cinc-cents empleats dediquen de mitjana gairebé nou hores per any a la seva formació (els de les empreses de més de cinc-cents empleats, prop de cinquanta hores, i els de les empreses de menys de deu empleats, menys de quatre hores). Font: OCDE, 2002.

15 Els equips semi autònoms, que no superen normalment els deu components, són especialment eficaços, com demostra l'estudi de Masclet (2003).

16 Descentralització, participació, distribució de la informació i formació important són la millor manera de desenvolupar les competències i de fer-hi descansar el desenvolupament. A més, els patrons europeus entenen cada cop millor les noves pràctiques i les implanten cada vegada més, especialment gràcies al concurs de l'Observatori europeu de bones pràctiques en matèria de gestió per les competències, un organisme nou compost per organitzacions patronals d'onze països. Amb relació a això veure M. B. Ruggeri (2003).

Lewin, 1990), aprenent i innovadora, i que presenta les característiques resumides al quadre 4.3.

Finalment, en *quart lloc*, les *gaseles* usen sistemàticament recursos complementaris del medi per completar els seus propis recursos i sobretot per estar al corrent de les noves pràctiques de negoci o per desenvolupar nous mercats i per innovar. Més del 80% de les *gaseles* interrogades tenen relacions regulars amb més d'una assessoria o d'un conseller governamental. A més, el 41% utilitzen un assessor científic extern. Així mateix, prop del 40% de les firmes han signat acords de col·laboració amb clients, proveïdors o fins i tot competidors.

| Quadre 4.3 | Característiques d'una empresa que aprèn i innovadora

1. Una estratègia per a l'aprenentatge sistemàtic.
2. Un elevat grau de participació dels empleats i d'alguns participants.
3. Formació contínua a tots els nivells.
4. Recurs a les tecnologies de la informació per compartir el coneixement.
5. Retroaccions per desenvolupar una bona comprensió dels efectes de les accions, cosa que permet aprendre i prendre millors decisions.
6. Relacions internes que faciliten l'ajustament dels membres i l'adaptació.
7. Un sistema de recompenses que estimula el personal a aprendre i participar.
8. Estructures organitzacionals flexibles que faciliten el canvi com a resultat de l'aprenentatge.
9. Empleats que treballen a les fronteres de l'organització per recollir informació externa, per tal de millorar els processos interns.
10. Voluntat i habilitat per aprendre d'organitzacions externes i d'assessors.
11. Una cultura que encoratja l'experimentació responsable i comparteix l'aprenentatge que ha conduït a èxits o fracassos.
12. Mecanismes i relacions que animen i suporten l'autodesenvolupament.
13. Un encoratjament sistemàtic de la innovació a tots els nivells i sobre tots els elements de la cadena de valor, sostingut pel recurs a tècniques de creativitat.
14. Una organització multidisciplinària i interdepartamental i una enginyeria simultània.

4.4.1 Per a PIME de nova mòlta

Les *gaseles*, com les altres empreses susceptibles d'estimular el dinamisme de les regions, apliquen el *principi de la varietat necessària*. En efecte, han hagut d'evolucionar ràpidament per enfrontar canvis ràpids en el seu mercat, canvis tant en nombre (augment ràpid de les comandes i sovint del nombre de clients) com en qualitat (respostes que canvien ràpidament segons les necessitats i per la innovació); els cal per tant *reconfigurar*-se sense parar, en allò que alguns anomenen *caos* controlat (Gulick, 1992), tot variant i augmentant especialment la qualitat i el nombre dels seus recursos, i acudint a l'exterior si cal. Com que els recursos interns són descentralitzats i participatius, poden satisfer diferents demandes sense que la direcció estigui obligada a seguir-ho tot, cosa que no podria fer de cap manera, tenint en compte el nombre d'ajustos a efectuar. Els recursos externs, com que no són al centre de l'acció, poden ajudar les empreses a agafar empenta per adaptar-se millor a les noves necessitats i reorientar la seva trajectòria si cal. La direcció té per tant com a mandat sobretot donar *coherència* a tot plegat i per tant protegir *l'harmonia*, sense bloquejar per això el canvi inclòs en els ritmes d'evolució. Les *gaseles* afavoreixen així una organització capaç d'absorbir ràpidament els senyals del mercat (informacions proporcionades implícitament pels compradors), *transformant-se* de manera sistemàtica per respondre-hi millor i el més ràpidament possible[17]. Finalment, són empreses on el canvi regna per tot arreu: a les rutines a curt o de mitjà termini, a la mateixa manera de tractar la informació i a l'estratègia renovada sense parar; sense això es frenen, com algunes que no van poder seguir el ritme continuat (Gardney i Hefferman, 2003).

Així, les PiME de fort creixement són organitzacions en el sentit propi de la paraula, *organismes vius, sistemes oberts* on la cultura del canvi és necessària, com recordava el físic Prigogine (Prigogine i Stengers, 1984). Són capaces d'adaptar-se amb ajustos sistemàtics a les formes successives del mercat per seguir la seva evolució, en què d'altra banda participen. És allò que s'anomena el procés de *tancament operacional*[18], o sigui la capacitat d'una organització, sostinguda per la formació i la informació sistemàtica, d'intervenir en el canvi, canviant ella mateix a mesura que intervé, segons un moviment en triple sivella o en espiral. Tenen per tant una capacitat especial per *gestionar la improvisació* que imposa el canvi sistemàtic que vol respondre a les necessitats canviants de la seva clientela. Només poden evolucionar[19] a condició que la seva estructura mateixa evolucioni contínuament, canviant de vegades de registre (passant de petita a mitjana i fins i tot gran empresa), com el jazz d'improvisació, que s'adapta contínuament a l'humor dels músics i del públic[20].

Les PiME de fort creixement juguen un paper especial al territori, no només perquè el seu dinamisme propi crea ocupació i té un efecte

17 Aquestes característiques es troben resumides en tres punts a l'estudi de la Small Business Administration (USSBA, 1988): 1) la capacitat per delimitar un mercat donat i organitzar-se per servir-lo de forma particular; 2) la possibilitat de millorar contínuament la productivitat i la innovació; i 3) la capacitat per reorganitzar-se constantment. Kanter (1984) ho diu d'una altra manera: 1) una direcció sistemàticament emprenedora, que afavoreix les idees, inverteix en la innovació i preconitza l'aprenentatge continu per desenvolupar el saber i el saber-fer; 2) una posada al mercat de les noves idees que tenen alts estàndards de rendiment; i 3) col·laboració externa, multiplicant les relacions amb diferents recursos i afavorint la cooperació.

18 Abans havíem utilitzat la paraula "autopoiesi", com fa Vagaggini (1989), però sembla que aquesta analogia treta de la biologia molecular és inexacta quan es parla de sistema organitzacional; és almenys allò que explica Verstraete (1999), tot suggerint que es faci servir més aviat la noció de tancament organitzacional, que vol que el canvi ràpid sigui controlat per la voluntat d'autoconservació del sistema.

19 El fort creixement no segueix sempre el mateix ritme en un període llarg, com hem observat al nostre estudi de les PiME de fort creixement: les firmes de la nostra mostra tenien una evolució esporàdica, acusaven canvis de ritme (Julien i al., 2003a). Baldwin (1994) va demostrar a més que si prop del 50% de PiME de fort creixement no sobreviuen al cap de deu anys, és més que res perquè els falta liquiditat, ja que inverteixen sense parar, però el retorn de la seva inversió és a mitjà termini. Una de les maneres de fer front a aquest problema és trobar un finançament extern regular.

20 Fins i tot el ritme en el jazz d'improvisació pot variar ara i passar en el decurs d'una mateixa actuació del New Orleans, per exemple, més o menys rígid en aquest punt, al bebop i fins i tot al post-bebop, cosa que li permet una flexibilitat total (Barret, 1998; Zack, 2000).

d'arrossegament molt clar, sinó també perquè recorren a recursos externs que estimulen demanant-los respondre a necessitats noves i portadores de canvi. Susciten doncs en les altres firmes la voluntat de ser a la punta de llança dels nous sabers, i així les ajuden a canviar per adaptar-se a la nova economia. No és sorprenent que s'estableixi una correspondència entre regions *guanyadores* i la presència d'algunes *gaseles*.

Però aquestes empreses no són les úniques que estimulen l'economia regional. Són necessàries altres empreses proactives, sobretot al sector terciari motor, per augmentar la varietat dels recursos i sostenir el desenvolupament. Per exemple, si les *gaseles* recorren sistemàticament als recursos externs, aquests han de desenvolupar-se i ser capaços de sostenir el dinamisme de les firmes, que no pertany només a les empreses mitjanes. Així, al capítol 8, veurem que la innovació és a la base d'aquest dinamisme, i que és possible tant a les empreses molt petites com a les més grans, suposant que sigui sostingut. Tornant a la nostra metàfora, podem dir que la innovació ha d'afectar tant el petit venedor de carrer com la cadena de distribució de la droga, incloent la gestió d'aquesta, si vol sobreviure i desenvolupar-se; si no, serà reemplaçada per una altra màfia. En altres paraules, el dinamisme només és possible si el medi segueix, accepta i participa. Si no, el mateix medi esdevé un fre que empeny les PiME de fort creixement que, tot i els problemes, han aconseguit tirar endavant, a trobar fora de la regió els recursos complementaris que necessiten, i finalment a traslladar-se a regions on l'entorn és més acollidor.

5

el medi emprenedor

La clau de la diferenciació

Un coneix molt millor les necessitats de la ciutat pròpia que les de les altres ciutats; i jutja millor la capacitat dels seus veïns que la dels seus altres compatriotes.

MONTESQUIEU, *De l'Esperit de les lleis, Llibre XI, cap. VI*

Si emprenedors i organitzacions són les condicions necessàries per sostenir el desenvolupament, un medi emprenedor i innovador constitueix la condició suficient per assegurar-lo. En efecte, el medi és el lloc i al mateix temps el mecanisme col·lectiu que pot explicar i facilitar els diferents enllaços socials, permetre així a un esperit emprenedor col·lectiu expandir-se i proporcionar els recursos de base, entre ells la informació i els mitjans de transformar-la en coneixement, amb la finalitat de superar els reptes de la nova economia. A les novel·les policíaques, el medi[1] i els valors que imperen a la comunitat constitueixen els condicionants que afavoreixen o no la criminalitat. El medi és per tant un element clau de l'emprenedoria regional, en especial als territoris allunyats dels grans centres, a condició que la regió sigui prou gran per oferir varietat de recursos. Però també pot ser portador de conformisme, d'inèrcia, i frenar l'emprenedoria. És, per tant, la font d'una cultura emprenedora que, si és feble, pot alentir la multiplicació i desenvolupament de les empreses locals o al contrari, si és forta, afavorir-les. El medi és el factor que explica millor per què la regió es retarda o declina.

El medi ha estat molt de temps menystingut com a actor del desenvolupament, llevat indirectament d'institucionalistes com Veblen i Commons a inicis del segle XX. Es considerava com un espai neutre o amorf on actuaven emprenedors i empreses. Aquesta visió limitada provenia de la teoria econòmica tradicional, en la qual l'emprenedoria era un fenomen purament individualista i voluntarista, igual com el consum aïllat. Pels economistes clàssics o neoclàssics, l'emprenedor potencial es manifesta cada cop que la demanda creix; actua de manera purament egoista, guiat només pel seu interès personal, i adopta un comportament racional i gairebé previsible que li dicta la informació donada pels preus, com repeteix Casson (1991). Sen (1977) explicava que, per ells, l'empresari és simplement un *idiota social*. Aquest enfocament simplificador afecta també l'organització, que només seria la combinació òptima dels factors, amb una forma i una estratègia que es poden calcular de manera que donin el màxim profit a l'emprenedor[2].

1 S'ha de tenir en compte que el "medi" criminal té també un sentit precís. Així, quan Maigret parla del "medi marsellès", qualsevol lector sap que indica tant els petits malfactors com l'organització criminal que controla la venda de drogues i el tràfic de blanques o la prostitució.

2 Les *isoquantes* de Carnot o la *productivitat marginal* de Wicksell.

A la seva obra *Place of Science in Modern Civilisation* (1915), Thorstein Veblen parla *d'ambient econòmic*, o sigui, de la *cultura emprenedora* que facilita la formació d'idees i comparteix informació, permetent que les bones idees *en l'aire* es multipliquin, a punt per ser captades pels emprenedors ben implantats a l'entorn (diríem ara *encaixats*). Més lluny, aquest professor mal considerat de la Universitat de Chicago (els seus col·legues el defugien a causa de les seves idees massa iconoclastes per a la teoria econòmica tradicional) parla també d'actius intangibles presents en el medi. En *Industrial Good Will* (1919), John R. Commons completa aquesta anàlisi descrivint els *actius institucionals* com les regles de joc pròpies d'un territori. Cal afegir que és possible, tanmateix, que aquests autors hagin conegut els treballs d'Alfred Marshall (1890-1920), no obstant això pare del neoclassicisme, sobre la importància de l'atmosfera industrial en una regió. Desgraciadament, els que els han seguit han oblidat completament els ensenyaments d'aquests grans economistes per lligar-se a una racionalitat fortament reductora.

Es parlava de teixit econòmic per explicar el dinamisme que afavoreix el desenvolupament econòmic, però només com a enllaços d'intercanvi gestionats per la *mà invisible*, i acceptant només intervencions que ajudessin a l'engegada que definia Rostow. Els economistes clàssics es basen en la teoria de les economies d'escala per afirmar que, com més gran és l'empresa, més es presta a ser traslladada de tant en tant per afegir durant un temps una localització òptima a les seves capacitats d'innovació, i més eficaç és. Així, el funcionament innovador disminuiria amb el grau *d'encaix* territorial, com indica a la figura 5.1 la corba de punts que baixa d'esquerra a dreta. Només les grans empreses multinacionals implantades amb càlculs purament racionals (econòmics), sense consideració al medi ni a l'entorn, serien capaces de reaccionar eficaçment a les lleis econòmiques i a l'evolució dels mercats (Martin, 1986).

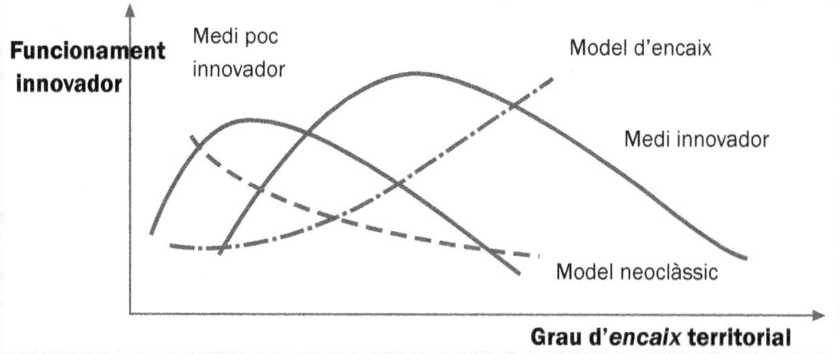

| Figura 5.1 |
Relacions entre el grau d'encaix i el funcionament innovador de les firmes en matèria d'innovació.

Adaptat de R.TÉ. Bochma, J.G. Lambooy i V. Schutjens (2002), *Embedded Enterprise and Social Capital. Internacional Perspectives*, Adelshot, Ashgate.

Això explicaria per què, a la menor disminució dels avantatges en un territori donat, les inversions externes es desplaçarien a indrets més lucratius. El desenvolupament orientat únicament a les inversions exteriors constituiria doncs un parany, a causa de la mobilitat de les grans empreses; a no ser que es basi en recursos naturals a llarg termini o en una massa crítica de coneixements repartits en desenes d'empreses i institucions d'elevat saber, coneixements difícilment traslladables.

Sabem ara que allò que pot representar la diferència entre les regions dinàmiques i d'altres en retard no és només la qualitat dels recursos territorials i la presència d'emprenedors especialment decidits i oberts al mercat exterior, sinó també tota mena d'enllaços interns i externs entre ells i amb institucions territorials que proporcionen recursos, competències, coneixements i normes o convencions, (Aldrich i Zimmer, 1986), i que ofereixen, finalment, una cultura emprenedora dinàmica. Les relacions afavoreixen l'intercanvi d'una informació rica que permet superar les restriccions de la incertesa i de l'ambigüitat per invertir cada cop més eficaçment i desenvolupar la cultura que estimula les iniciatives i la innovació (Minguzzi i Passaro, 2000).

Evidentment, quan es parla de medi emprenedor cal considerar una dimensió mínima de població i de recursos, i sobretot la presència d'una ciutat de mitjana importància. Aquesta ciutat ha d'oferir varietat d'actors i serveis de qualitat capaços de respondre a tota mena de necessitats i d'engendrar un gran nombre d'externalitats (Torre, 1998) i molta informació (Rallet, 1998) relativa al rerepaís. La ciutat ofereix quatre recursos importants per al desenvolupament territorial, tant del seu centre com de la perifèria rural, com veurem més endavant. Posa a disposició dels actors econòmics:

1. un sistema d'organitzacions públiques, com escoles i col·legis, associacions professionals i administracions públiques, amb regles i codis de funcionament;
2. un conjunt de construccions de tota mena que permeten el repòs, la restauració, però també trobades i produccions variades i complementàries, incloses les socioculturals, afavorint la diversitat i finalment la creativitat;
3. una bona reputació d'una part d'aquest construït, que pot omplir la funció de simbolització necessària per desenvolupar la cultura emprenedora i compartir la informació rica;
4. *filières* típicament urbanes combinant diferents serveis a les empreses, com cases de comerç, dissenyadors i publicitaris, empreses de valorització de la recerca, agències financeres, etc. Aquests serveis poden comptar amb enllaços amb altres ciutats i amb la metròpoli per satisfer les necessitats esporàdiques o més especialitzades (Maillat, 1996).

Per arribar a la dimensió crítica i poder oferir una bona varietat d'actors i de serveis necessaris al desenvolupament, algunes regions petites poden decidir unir-se i facilitar així la complementarietat de les petites ciutats que acullen.

Estudiar el desenvolupament interessant-se pel paper que hi juga el medi emprenedor permet també entendre per què les teories de la localització òptima que proposen els economistes regionals no tenen gaire aplicació per a la majoria d'empreses. És rar que un emprenedor llanci la seva primera empresa en una regió que no sigui la seva. En molts casos la crea prop de casa, sovint després de fer proves al seu soterrani o garatge. Aquelles teories van ser concebudes sobretot per ajudar a determinar la localització de les filials o de les sucursals de les grans firmes, per controlar millor algunes fonts d'aprovisionament, per trobar la localització òptima de franquícies o de l'empresa que ha de traslladar-se per falta d'espai. Sovint només consideren a la seva anàlisi algunes variables, sobretot materials i passives, com les infraestructures, la proximitat dels recursos naturals, o la densitat del mercat. Però el medi és més que això; representa sobretot un conjunt de factors que faciliten l'obtenció de recursos i competències diverses per sostenir la creació d'empreses, estimulen el seu desenvolupament per enllaços complexos amb els diferents actors i proporcionen actius més enllà dels materials, com va demostrar Philippe Aydalot a finals dels anys 1970 (Aydalot, 1976). Si la teoria de la localització òptima funcionés, seria gairebé impossible trobar grans o mitjanes empreses a les petites ciutats i pobles, si no és a regions amb recursos naturals importants.

En aquest capítol definirem d'entrada què és el medi. Veurem a continuació com pot crear una cultura emprenedora i així estimular l'emprenedoria o frenar-la. Finalment, mostrarem com crea capital social, capital que reclama en retorn interessos, com tots els capitals invertits.

5.1 La definició del medi

El medi és la *construcció social del mercat* que pot facilitar de manera més o menys eficaç els enllaços entre els diversos recursos i competències, d'una part, i els compradors de l'altra (Bagnasco, 1999). És un context de producció territorial mesurat pels saber-fer, la cultura tècnica i les capacitats d'aprenentatge, que valoritza la proximitat dels actors per crear sinergia (Ratti i al., 1997). Així, és l'entorn socioeconòmic pròxim a l'emprenedor i a la petita empresa qui facilita o no els enllaços de mercat i no de mercat i distingeix un territori d'un altre. L'emprenedor local és un membre d'aquest medi, en virtut dels seus enllaços familiars, d'amistat i comercials; en treu models, idees, informacions i recursos de tota mena, en part fora del mercat i per tant gratuïts, a part del temps que ha dedicat a obtenir-los, amb l'objectiu de crear i desenvolupar la seva empresa. L'emprenedor endogen i la seva organització no existeixen fora d'aquest entorn pròxim i de les xarxes que el constitueixen. En tant que agrupament d'actors encaixats al territori i que comparteixen una cultura, normes i convencions socials, el medi pot, si és prou important, facilitar els intercanvis, sobretot la informació i les oportunitats per estimular la creació i el desenvolupament de les empreses. Es troba per tant al cor del dinamisme endogen, ja que proporciona sistemàticament relacions riques portadores d'idees i de canvi (Ouellet, 1998).

El medi va així molt més enllà dels factors de localització clàssics (infraestructures, mà d'obra, etc.), afavorint entre els actors les relacions actives que fan que tal o tal localització sigui especialment profitosa, tot i que no sigui òptima des del punt de vista purament econòmic. El territori esdevé així la conseqüència d'un procés de desenvolupament, el resultat de les estratègies organitzacionals dels actors entre ells i el lloc d'aprenentatge i de formació de sabers i de saber-fer que reverteixen a continuació tant sobre els nous emprenedors com sobre les empreses ja instal·lades (Crevoisier, 2001). Agrupa així sistemes de producció més o menys homogenis (és el cas dels districtes industrials), o amb diversos sectors més o menys complementaris, una cultura tècnica (els saber-fer acumulats) i actors de tota mena *encaixats* en el seu territori.

Una firma mitjana/gran (800 empleats) de peces de plàstic per a la indústria de l'automòbil continua localitzada en una regió allunyada, tot i que es troba a més de 300 km d'un gran centre i a milers de quilòmetres dels seus principals mercats. Per ella, aquesta localització constitueix un avantatge a causa de l'entorn natural, amb llacs i rius que afavoreixen tota mena d'activitats socials i esportives. Així, el personal pot utilitzar els equips que l'empresa ha instal·lat als llacs pròxims per a la pesca, la caça i altres activitats familiars. Els executius s'hi troben de tant en tant per establir la seva estratègia i preparar operacions delicades. I el poble no en queda aïllat, amb el suport actiu de les activitats esportives i socials. Un directiu arribat d'una multinacional va anar a una conferència a la metròpoli i va explicar que volia canviar aquesta cultura per tècniques de gestió dites modernes: el dilluns següent, estava despatxat. Evidentment, l'entorn natural sol no basta per explicar la competitivitat de l'empresa. Aquesta està connectada amb l'exterior amb un sistema de vigília molt desenvolupat i els seus executius van regularment a l'estranger per mesurar els reptes de la competència internacional.

El medi té fronteres poc definides, una mica com l'amistat, que es restringeix rarament només al territori local. Aquestes fronteres presenten tanmateix una certa coherència identificable amb una cultura tècnica més o menys dinàmica, si no conservadora, i per tant amb un grau de saber-fer de la mà d'obra i amb regles i normes socials. Poden ser molt grans en una regió amb pocs recursos humans (o diverses regions agrupades), i més petites on regna una tradició industrial forta. Cultura tècnica i normes són les actituds i comportaments que sostenen la regulació del medi i el seu grau *d'encaix* (Maillat i Perrin, 1992), que pot seguir una o altra de les dues corbes en U invertida de la figura 5.1 d'abans.

Però el medi és un sistema obert que alhora ha de tenir en compte sistemàticament l'evolució de l'entorn i limitar-la, perquè no es desboqui. Com més obert és, tot conservant la seva coherència, més es connecta amb sistemes de vigília tecnològica eficaços, sobretot amb xarxes de senyals febles que estimulen la innovació, més dinàmic és, i se situa a la corba de la dreta més elevada de la figura 5.1; constitueix per tant un medi emprenedor i innovador, més que conservador (la corba de l'esquerra). Les corbes són primer creixents: massa poc *encaix* i solidaritat (*cadascun va per ell*) no és gaire eficaç. Al contrari, massa complicitat amb clausura sobre l'exterior pot ser també restrictiu, com mostra la part descendent de la corba. El medi és un *procés orgànic*, viu, que evoluciona més o menys ràpidament pels seus enllaços amb l'exterior i pels aprenentatges que es fan al seu si, que transformen els comportaments dels actors presents i generen un dinamisme que permet superar els reptes de l'economia del coneixement.

Qualsevol medi acull almenys cinc grups d'actors: 1) les institucions locals públiques o semipúbliques de governança, d'educació, de

R+D i de suport industrial; 2) l'estructura industrial més o menys diversificada i integrada, més o menys jeràrquica entre les empreses i la comunitat i que comprèn els enllaços positius o negatius entre els proveïdors, els distribuïdors, els clients, els consultors, els sindicats, els competidors. La dimensió de les empreses és un element important: com més grans empreses hi ha al territori, més perill hi ha que els recursos més interessants els siguin reservats, cosa que alenteix el desenvolupament de les petites empreses; 3) la mà d'obra més o menys formada i participativa o capaç de sostenir el desenvolupament; 4) l'organització de cooperació, o sigui «el grau de coordinació jeràrquica o horitzontal, la centralització o descentralització i les assignacions de responsabilitats i especialització de les tasques entre les firmes» (Saxenian, 1994); finalment 5) una cultura emprenedora comuna als actors socioeconòmics, és a dir una mateixa concepció de la idea d'emprendre i del funcionament dels negocis, o *regles comunes* (afavorint o frenant l'emprenedoria), com explicava ja Commons a la seva obra de 1919, i per tant convencions i pràctiques que unifiquen la comunitat i defineixen tant els comportaments de la mà d'obra com les actituds dels emprenedors pel que fa al risc, al canvi i als recursos disponibles. Presentem al quadre 5.1 els cinc grups d'actors i el seu paper respectiu en el desenvolupament.

| Quadre 5.1 |
Grups d'actors que afecten el dinamisme del medi

Actors	**Exemples**	**Persones clau**	**Principal aportació**
1. Les institucions públiques i parapúbliques	El govern local, les escoles, organitzacions d'ajuda, les normes i convencions	El comissari industrial, l'alcalde, els líders d'opinió	La formació i el suport a la innovació
2. L'estructura industrial	Les empreses de totes dimensions	Els líders de negocis	Els llocs de treball, les matèries primeres, els serveis a les empreses
3. La mà d'obra	Els enginyers i tècnics	Els líders sindicals	La participació en la diversificació
4. Les organitzacions de cooperació	Les xarxes	Els presidents dels clubs dinàmics de negocis	Els intercanvis rics de sabers i de saber-fer
5. La cultura emprenedora	Les actituds i aptituds per a la creació i la innovació	Els models de negoci coneguts	Una capacitat augmentada de plantar cara a la incertesa

Alguns medis amb una cultura emprenedora forta fan per manera que els emprenedors prenguin riscos més fàcilment, perquè estan sostinguts per l'entusiasme de l'entorn i la facilitat relativa d'obtenir recursos per crear o desenvolupar la seva empresa (Palish i Bagby, 1995). En altres paraules, la cultura emprenedora és fonamentalment l'actitud o aptitud per la qual una societat territorial reconeix i estimula en els emprenedors els valors personals i les habilitats de gestió, i els permet així aprofitar en experiències diverses el seu esperit d'iniciativa, el seu sentit del risc, com també la seva capacitat d'innovar i gestionar eficaçment les seves relacions amb l'entorn.

Fa pocs anys, els empresaris d'una petita regió s'havien posat com a norma no dir més «que les coses anaven malament», sigui en general o en el cas de situacions particulars de la seva firma. A les trobades entre ells, a partir d'aquell moment, calia afirmar o deixar entendre que tot anava bé, o que es feien accions per corregir els problemes observats. Aquesta manera de compartir una visió positiva si no favorable ha tingut un gran efecte sobre el comportament de la gent de negocis, i finalment sobre la dinàmica de la regió.

A la seva tesi de doctorat sobre l'economia de la Beauce, Mario Carrier (1992) va mostrar que existien, a l'època on va fer la seva anàlisi, diferents normes o convencions que podien explicar en part el que s'ha anomenat el miracle beauceron. Una era que cap empresari no podia contractar un empleat d'una altra empresa oferint-li millors condicions de treball. Això ha permès a les empreses de la regió emprendre el seu desenvolupament amb costos més baixos que en altres llocs, cosa que compensava l'allunyament dels mercats. Però, perquè els empleats i en alguns casos els sindicats acceptessin aquesta norma, se n'havia previst una de complementària perquè, en cas de dificultats d'un empresari, les altres empreses fessin tot els possible per contractar els empleats acomiadats, cosa que garantia a aquests últims una més gran seguretat d'ocupació.

5.2 El rol del medi

Un medi, si és prou ampli o important, té d'entrada el paper de proporcionar els recursos de base, sobretot mà d'obra i infraestructures, com edificis a baix preu o equips de segona mà (Aldricht i Zimmer, 1986). Ofereix també recursos de negoci, ja sigui cap amunt, com proveïdors i serveis de manteniment, o cap avall, de transport i distribució. Alguns d'aquests recursos provenen d'enllaços personals de proximitat i de fidelitat que minimitzen els costos de transacció i faciliten la coordinació de les activitats necessàries a la nova empresa (Eymard-Duvernay, 1989). El medi és per tant el lloc de la *instructuració*, com diu Friedberg (1993), perquè ajuda la nova empresa a *inserir-se* en una o més xarxes de negoci formades per diferents actors territorials i que poden ser-li útils per superar els primers obstacles de l'engegada i disminuir la incertesa.

Primer, el medi ofereix un recurs molt important, per no dir indispensable, que és la cultura emprenedora que sosté o no les iniciatives de negoci. Aquesta cultura es pot mesurar amb una taxa i un estoc (Minguzzi i Passaro, 2000). La taxa correspon al grau d'obertura dels actors econòmics pel que fa a la creació de noves empreses, a la importància de la innovació a les empreses existents i per tant a la seva actitud positiva cara al canvi. L'estoc cultural remet a les qualitats personals dels emprenedors futurs o actuals, i més precisament al seu grau d'educació i a la seva experiència en negocis, ja sigui directa o limitada als contactes que han tingut amb la seva família o el seu entorn, i per tant als models de negoci i als estils de gestió més o menys dinàmics que han observat i que pensen utilitzar a la seva pròpia firma. Quan aquestes dues variables, la taxa de cultura emprenedora i l'estoc, són altes, la creació i desenvolupament d'empreses per la innovació s'acceleren. Quan són febles, o hi ha molta indiferència i sobretot desconfiança cap als creadors d'empreses i la gent de negocis en general, o cara al canvi i a la innovació, els futurs emprenedors es desanimen, prefereixen emplear-se com a executius a les grans empreses o engegar el seu negoci en un altre lloc[3].

Segon, el medi pot proporcionar un altre recurs molt important, que permet sovint mesurar el nivell de cultura emprenedora: el finançament *de proximitat*[4]. Aquest finançament amistós s'afegeix als fons personals i a l'ajuda de la família i dels amics, si no dels bojos[5], per engegar l'empresa o efectuar-hi canvis importants. El finançament *amistós* prové de gent del medi relativament amb diners (professionals i empresaris jubilats, per exemple), que volen posar una part dels seus estalvis en empreses que coneixen o en mans de joves emprenedors en qui tenen confiança. Té tendència a ser més *pacient* que el capital institucional pel que fa als retorns sobre la inversió. Els prestadors amics fan una avaluació del risc molt diferent dels mètodes de càlcul més o menys racionals dels organismes de finançament oficials (Shane i Cable, 2002; St-Pierre, 2004). La seva avaluació descansa no només sobre el projecte, sinó també sobre la reputació directa o indirecta (per recomanació) del o dels que porten el negoci, i sobre les capacitats del medi per ajudar-los a superar els obstacles inherents a tota empresa, tenint en compte la incertesa i l'ambigüitat, i per tant a reeixir. I tot això només es pot avaluar coneixent la reputació o preguntant a persones amb experiències diverses els seus sentiments i opinions sobre els deutors potencials i sobre el suport amb què podrien comptar en cas de tenir problemes. Si les possibilitats de rendiment són generalment elevades, els riscos també ho són, almenys per a observadors externs que no tenen en compte la reputació ni la capacitat personal, organitzacional i reticular de triomfar que tenen els futurs emprenedors. Com podem veure a la figura 5.2, el finançament amistós aguanta molt quan es tracta de sostenir la posada en marxa d'una empresa o de donar suport a projectes arriscats però importants per a la regió. En canvi, les altres fonts de finançament són molt més porugues i per tant generalment menys generoses, perquè no poden basar-se en un coneixement fi o tan complex dels projectes i dels recursos disponibles per sostenir i dur a bon port els projectes. La figura mostra que els bancs són els més reticents i presten rarament a les noves empreses[6], seguits de la Borsa i dels inversors dits *realistes* i de capital risc, que afavoreixen més aviat les firmes tecnològiques amb

3 El medi pot estimular l'emprenedoria per a alguns grups en un territori sense, però, arribar a tothom, depenent de l'extensió de la cultura emprenedora dels grups, de la història econòmica de la regió i de la capacitat dels grups per adaptar-se, com mostra Lauretta Conklin Frederking (2004) en estudiar els comportaments emprenedors de dos grups d'immigrants procedents de l'Índia a Londres o a Xicago.

4 És allò que els anglosaxons anomenen finançament pels *àngels*, que també es pot traduir per *capital providencial*!

5 O les tres F dels anglosaxons, o sigui *Família*, *Amics (Friends)* i *Bojos (Fools)*. Els *sonats* ho poden semblar des de fora, però poden tenir informacions privilegiades que els permeten una avaluació dels risc molt millor que la dels analistes financers. És el *love money* dels anglosaxons. St-Pierre recorda que aquest finançament dóna sovint un millor rendiment que l'oficial precisament perquè és pacient i perquè els prestadors són capaços d'intervenir ràpidament per ajudar l'empresa a desenvolupar-se millor (si convé suggerint-li algunes oportunitats) o d'actuar abans que les coses no li vagin massa malament.

un potencial de guanys especialment gran. Les cooperatives de crèdit es diferencien una mica dels bancs, perquè la seva proximitat als membres de la localitat els assegura una informació més completa del prestatari i del seu medi[7].

Un industrial m'explicava que el poble veí d'on havia instal·lat la seva empresa l'havia contactat perquè comprés una firma que acabava de tancar i que tenia una activitat (i per tant uns equipaments) relacionats amb els de la seva pròpia empresa. Després de pensar-hi, la falta de capitals i l'endeutament ja important de l'empresa l'havien convençut de refusar, tot i trobar l'ocasió interessant, sobretot perquè li proporcionava l'espai que li faltava per assegurar el seu creixement. Unes setmanes més tard, a l'hora de sopar, truquen a la porta i es presenta un individu que diu ser un veí interessat a parlar de la compra, que ha conegut per diverses persones. Després de discutir breument sobre els avantatges i desavantatges del projecte, l'home, a qui a penes coneix d'haver-lo vist dos o tres cops a la botiga de queviures, li demana quant li cal per efectuar la transacció i li fa allà mateix un xec d'un milió de dòlars, l'import necessari, sense exigir garantia de cap classe. L'industrial no s'ho creia i va necessitar alguns dies per preguntar per la reputació del prestador providencial abans d'ingressar el xec i més tard tancar la transacció.

El capital de *proximitat* té l'avantatge de ser al mateix temps participant i capaç de proporcionar a l'empresari les informacions i sovint els consells que necessita per afrontar un obstacle major.

El medi pot també facilitar el finançament institucional complementari al capital de proximitat, sempre perquè té un coneixement més íntim dels projectes i dels seus portadors. Així, a la regió Baden-Wurtemberg, les cambres de comerç locals IHK juguen el paper de *facilitadors* per a la recerca del finançament complementari (Deakings i Philpott, 1995).

Arran d'una sessió de formació avançada amb gent de negocis d'una regió particularment dinàmica, vaig assistir a la constitució d'un capital de *proximitat*. Aquests empresaris volien que unes peces especials fossin fabricades a la regió per no veure's obligats a importar-les. Després d'haver-se posat d'acord sobre el projecte i haver compromès un edifici, equipaments potencials i un assessor, els calia trobar l'emprenedor que dirigís el projecte. Tan aviat com un d'ells va acceptar assumir aquest paper, pogueren, després de menys de mitja hora al telèfon amb prestadors amics locals, reunir un capital de sortida de 350.000 dòlars, o sigui els fons necessari per llançar l'empresa.

6 De totes maneres, poden ser una mica massa poc crítiques amb altres formes de finançament d'alt risc, com s'ha vist els anys 2007 i 2008 amb relació a les subprimes lligades al sobrefinançament immobiliari als Estats Units.

7 En especial perquè els gerents de les petites caixes canvien molt menys sovint que els de les sucursals bancàries, cosa que els permet conèixer millor l'entorn del prestatari. Per exemple, al Québec, el 2000, les cooperatives de crèdit aprovaven un 69,1% de les demandes de crèdit, contra l'11,6% dels bancs privats. En aquesta regió, el 47,8% de les demandes de crèdit per a empreses es van fer a les cooperatives de crèdit, contra el 2,4% a Ontario i el 20,3% de mitjana a tot el Canadà, incloent aquelles dues províncies (QEDIED, 2006).

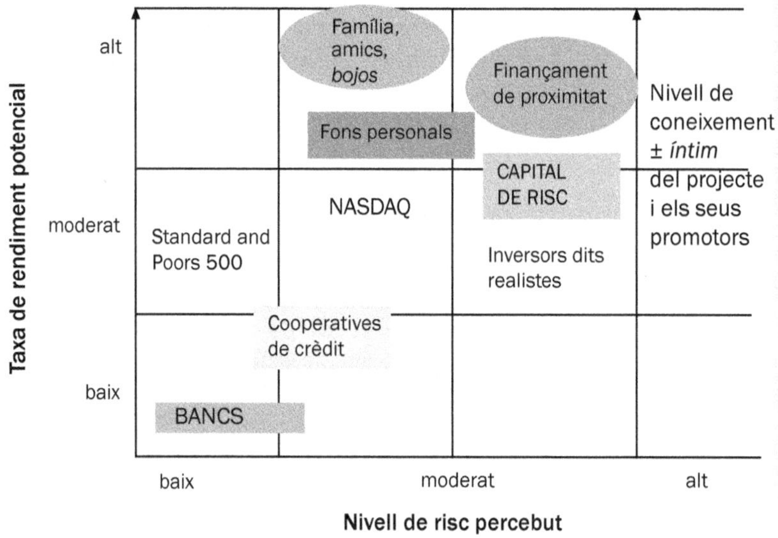

| Figura 5.2 | Tipus de finançament i capacitats d'avaluació del rendiment potencial i del risc per a les noves empreses a les regions.

Adaptat de M.C. Adam i A. Farber, *El finançament de la innovació tecnològica*, París, Presses universitaires de France, 1994.

Tercer, un medi prou ampli ofereix els recursos immaterials que representen la formació i la informació, les quals permeten desenvolupar les capacitats per entendre el canvi i vèncer els obstacles. Una part d'aquesta oferta, sobretot en el cas de la informació, funciona en un sistema no de mercat, si no es té en compte la pèrdua de guanys que comporta sostenir les interrelacions en lloc de fer activitats lucratives. El recurs no de mercat més important és la informació menys ambigua, més concreta, especialment sobre models d'emprenedors o sobre maneres de llançar i de gestionar una empresa, ja que el futur emprenedor aprèn per l'exemple de la gent que coneix i en qui té confiança[8].

El medi emprenedor és un *reductor* d'incertesa i ambigüitats per a l'empresari, perquè busca, transmet, tria i adapta la informació externa i, per la proximitat, facilita les transaccions (disminuint els seus costos de transacció) (Camagni, 1991). En l'enquesta complexa que van efectuar a França, Abdessalam, Bonnet i Le Pape (2002) van trobar que com més una empresa s'insereix en el seu medi i hi manté relacions fortes i variades, més possibilitats té de sobreviure i desenvolupar-se.

El medi és finalment un mirall social que estimula, tempera o limita els comportaments de negoci. Ha de ser considerat en la seva globalitat, perquè compta també amb elements socioculturals que permeten als actors econòmics relaxar-se o ser estimulats per tota mena d'idees o per una atmosfera general propícia a la renovació. Això mostra la importància que té per a un medi que vulgui ser dinàmic poder oferir varietat d'elements, inclòs l'entorn sociocultural que, encara que alguns l'hagin considerat no econòmic, fa que els recursos humans prefereixin treballar en una regió més que en una altra.

8 O sigui una doble confiança, la tècnica (té la reputació de saber fer) i la moral (ho farà).
9 O en alguns medis tribals, als països en desenvolupament.

El fet de tenir universitats i col·legis representa molt més per a una regió que la possibilitat de formar i informar els emprenedors i la disminució de costos per als estudiants, que no s'han de desplaçar a la gran ciutat. Aquestes institucions permeten a la regió conservar una part important de mà d'obra instruïda, o sigui portadora de sabers, que, d'altra manera, estaria més inclinada a instal·lar-se a la ciutat on hauria seguit els seus estudis superiors, teixit amistats i vist diverses possibilitats de treball, sense oblidar el paper que juguen en el suport de la recerca (Pappas, 1997). Però el seu impacte depèn tanmateix del tipus d'indústria present al territori i de les seves necessitats en coneixement i en capacitats d'innovació (Shane. 2002).

El medi ofereix finalment cinc tipus de proximitat societària: 1) La *proximitat cognitiva*, és a dir compartir coneixements de base, expertesa i referències comunes, com els oficis regionals de vegades heretats històricament, com en el cas dels districtes industrials. El medi facilita així els intercanvis d'empleats, l'absorció de les idees i de les noves tecnologies, i l'aprenentatge. 2) La *proximitat organitzacional*, o sigui una referència espacial comuna que afavoreix la intensitat i la qualitat de les relacions internes (i de les transaccions) entre les organitzacions o externes entre les xarxes. 3) La *proximitat sociocultural*, o sigui *l'encaix* en un teixit estructurat de relacions personals. L'arrelament es basa sovint sobre una història comuna i la compartició de valors, normes i convencions que permeten entendre i reforçar les relacions. És per aquesta raó que la majoria dels emprenedors d'origen estranger tenen tendència a treballar amb persones de la seva cultura, i per això la importància de les xarxes econòmiques i culturals és tan gran, almenys durant els primers anys d'existència de les firmes. 4) La *proximitat institucional*, és a dir les lleis i les normes institucionals, o sigui les regles del joc imposades pel govern. Aquesta proximitat pot comprendre també els enllaços socials i per tant les diferents maneres de fer habituals. Finalment 5) la *proximitat geogràfica*, probablement la menys important per sostenir la innovació, però que facilita les trobades no formals per obtenir altres recursos de base, sobretot les relacions cara a cara. És particularment útil per a les PiME, que no tenen els recursos de les grans empreses (Gallaud i Torre, 2001). Pot donar més pes als altres tipus de proximitat i evidentment afavorir els intercanvis tàcits (Rallet i Torre, 1999), que estimulen la innovació per la multiplicació de les idees, com l'il·lustra la corba trencada ascendent (o el model simple *d'encaix* d'Uzzi) de la figura 5.1. Generalment, la distància social del medi va lligada a la distància geogràfica: és difícil interactuar amb agents allunyats, a no ser que aquesta interacció s'hagi repetit. Al contrari, una distància geogràfica curta facilita els intercanvis socials que una distància sociocultural petita referma. Lundvall (1988) ha mostrat així que els intercanvis d'innovació poden ser més eficaços al si d'una cultura nacional.

Dit això, sigui quina sigui, la proximitat pot tanmateix esdevenir un obstacle al canvi si comporta conformisme, si no un blocatge institucional, com en certs medis burgesos[9] que intenten per tots els mitjans protegir els seus privilegis. Per exemple, la proximitat cognitiva pot ser un fre a la novetat tecnològica, com fou el cas amb les corporacions a l'Edat Mitjana[10], perquè limitava la capacitat d'absorció de tècniques noves o fins i tot reduïa el potencial de les noves tècniques. Aquesta proximitat pot fins i tot afavorir la recerca del profit a qualsevol preu i amb ella la col·lusió[11] o la corrupció, molt freqüent als països en desenvolupament o als antics països socialistes, si no és el bandidisme mafiós, com recorda Baumol (1990), i que les novel·les policíaques de Marinena descriuen en el cas de Rússia. La proximitat organitzacional, sobretot si és jeràrquica, apaga les idees noves per l'asimetria informacional i la rigidesa. La proximitat sociocultural alenteix el canvi si és massa emotiva o si s'acontenta amb la complaença, si no la mediocritat. La proximitat institucional crea un blocatge o una forta inèrcia que limita l'emprenedoria o obliga els emprenedors a usar de subterfugis per esquivar-la, com als antics països socialistes, o a qualsevol sistema on la corrupció estigui ben instal·lada. Fins i tot algunes lleis o un sistema de patents massa rígid poden bloquejar la innovació i el canvi tecnològic, com intenta fer la patent de les cèl·lules mare. Finalment, la proximitat geogràfica i una especialització massa forta tenen el risc de restringir igualment la innovació. L'especialització, com la proximitat, han de ser òptimes, no massa grans però suficients. És allò que representa la corba, primer ascendent i a continuació descendent, de la figura 5.1, que indica l'augment del funcionament innovador, i a continuació la seva disminució. Presentem al quadre 5.2 aquests cinc tipus de proximitat, els mitjans per facilitar-los, els seus efectes positius a curt i a llarg termini, així com els seus efectes negatius potencials.

| Quadre 5.2 |
Els cinc tipus de proximitat en un medi i els seus efectes positius o negatius

Proximitat	**Mitjans**	**Efectes a curt termini**	**Efectes a llarg termini**	**Efectes negatius potencials**
Cognitiva	Intercanvi d'empleats	Compartició sabers i saber-fer	Evolució tecnològica	Conformisme i col·lusió
Organitzacional	Existència de xarxes	Facilitació de les transaccions	Desenvolupament de normes i convencions	Gust del statu quo
Sociocultural	Activitats de lleure i culturals	Encaix	Compartició de valors	Autosatisfacció
Institucional	Lleis i reglaments	Reputació	Regles del joc	Corrupció
Geogràfica	Infraestructures i mitjans de comunicació	Relacions interpersonals	Coneixement dels recursos disponibles	Clausura sobre l'exterior

Per exemple, per evitar els inconvenients d'una proximitat sociocultural massa emotiva, alguns empresaris africans utilitzen executius estrangers per no haver de patir les pressions que d'altra manera s'exercirien sobre ells per forçar-los a contractar membres incompetents de la seva família ampliada.

10 I fins i tot actualment, amb els metges nord-americans respecte a altres professionals de la salut, especialment els que practiquen la medicina suau que no obstant s'utilitza de forma corrent a Europa per una bona part dels professionals de la salut.

11 Com es veu massa sovint a diverses multinacionals. Però aquesta col·lusió a base de suborns es dóna també als països industrialitzats, com per exemple entre els metges i les companyies farmacèutiques, com explicava Foucault (1994).

12 L'origen d'aquesta expressió s'hauria d'atribuir de totes maneres a Jane Jacobs, que la va utilitzar a principis dels anys 1960 al seu estudi magistral sobre la importància de les ciutats en el desenvolupament econòmic. Però alguns la remuntarien fins a Lyda Judson Hanifan, a la seva obra de 1920.

Maskell i Malmberg (1999) expliquen «que un medi local dens, si sosté comportaments innovadors i dinamisme industrial, pot també crear estats de clausura, és a dir situacions en què les estructures locals esdevenen tan estretament orientades cap a una activitat econòmica específica (un tipus de tecnologia, un mercat molt particular) que impedeix generar altres possibilitats de desenvolupament» i augmentar les possibilitats d'encarar millor algunes conjuntures que afecten considerablement el sector industrial.

Al contrari, els diversos tipus de proximitat poden reforçar-se per ser encara més eficaços per sostenir el desenvolupament territorial. Així, la distància social del medi va sovint lligada a la distància geogràfica. La proximitat cognitiva i la proximitat organitzacional són facilitades per la interacció social i la distància sociocultural feble (Akerlof, 1997), i sostingudes pel capital social. El mercat no pot deslliurar-se de les restriccions d'aquests tipus de proximitat i fins i tot les aprofita instal·lant escletxes (White, 2001), o captant clients gràcies a les xarxes de relacions que formen part del capital social (Burt, 1982).

5.3 El capital social

Un dels papers del medi és proporcionar capital social. Aquest s'afegeix als altres recursos, com el capital financer, amb la finalitat de sostenir el creixement i el dinamisme especialment forts d'algunes empreses. Alguns investigadors consideren el capital social la base de la cultura emprenedora, encara que se'n pot distingir per assimilar-lo a recursos específics, més que a l'ambient general que representa aquesta última. Fora dels recursos humans mateixos, el capital social proporciona a l'emprenedor el suport moral que necessita, d'una part oferint-li models (representacions) que permeten millorar les seves opcions a l'engegada, i d'altra part permetent-li encarar les dificultats en el moment de la consolidació de l'empresa (Adler i Kwon, 2002). En efecte, l'emprenedor (i per tant l'emprenedoria) s'alimenta amb els enllaços, relacions i interaccions que té amb el teixit industrial que el sosté.

Pierre Bourdieu fou un dels primers teòrics a parlar de capital social[12], que definia com «el conjunt de recursos lligats a la possessió d'una xarxa durable de relacions més o menys institucionalitzades, d'intercomunicacions i d'interconeixements; o en altres paraules, lligats a la pertinença a un grup, com un conjunt d'agents que no tenen propietats comunes [...], però que estan units per connexions permanents i útils» (1980, pàg. 2). El capital social es troba així a la intersecció del comportament de les empreses amb el de la societat en general. Afavoreix l'accés a diferents recursos materials i immaterials, inclosa la informació, els valors (institucionals i simbòlics) i les convencions actuals o potencials. Permet a l'emprenedor mobilitzar diversos recursos per aconseguir el seu projecte. El capital social és intrínsec a les xarxes de reconeixement mutu posades a disposició dels emprenedors (Burt, 1982). Aquestes xarxes de reconeixement social poden en efecte ser limitadores, com hem dit, però també poden ser particularment estimulants. Així el medi pot incloure o excloure.

El capital social constitueix per tant un estoc de relacions diferent per a cada individu. Pot suscitar l'entusiasme davant de l'acció a fer i reflectir ràpidament l'èxit anticipat que permet dinamitzar la cultura emprenedora, o l'atmosfera industrial especialment portadora d'emprenedoria de què parlava Marshall. Es presenta com un conjunt de recursos disponibles (Coleman, 1990), però és també el *flux* d'intercanvis socials a l'origen de la formació de les xarxes i de les seves interaccions (Cooke i Will, 1999). Pel seu aspecte estructural, pot semblar una *pega* que reforça les relacions a l'interior d'un grup social (segons Anderson i Jack, 2002), però també un *lubricant* que hi accelera les interrelacions instaurant un clima de confiança i de probitat, i també regles que ajuden el grup a multiplicar els intercanvis per bloquejar o al contrari afavorir el canvi. Quan les interrelacions procuren informació rica, explícita però sobretot implícita, als membres de xarxes amb senyals febles[13], això facilita la producció de sentit, perquè els coneixements són compartits de manera més o menys difosa. En aquest cas, el medi esdevé un mecanisme molt eficaç d'interpretació i d'aprenentatge (Vaggagini, 1991).

El capital social, si és important, permet als actors socioeconòmics *estar més al cas,* conèixer allò que no s'ha escrit enlloc, fins i tot ni a la premsa local, conèixer les convencions vigents, tenir una certa confiança, per exemple conèixer per endavant la reputació dels proveïdors i dels clients. Per a un emprenedor, la capacitat de judici que li permet distingir més ràpidament el positiu del negatiu i sospesar els riscos pot ser crucial (Yli-Renko, Autio i Sapienza, 2001). Però pot ser molt més difícil per a l'emprenedor aïllat, debutant i socialment tancat arribar a aquesta qualitat de judici (Veltz, 2002).

El capital social inicia així l'emprenedor en sabers i saber-fer subtils, que remunten a la tradició dels oficis o a esdeveniments antics, i li evita d'aquesta manera cometre els errors que faran els que no són del grup, a causa de la seva ignorància o del seu desconeixement d'obstacles no visibles. Permet negociacions més fàcils, col·laboracions i competències controlades, fundades sobre informes de confiança, però també sobre la imaginació en transaccions de mercat o no de mercat (Koka i Prescott, 2002). El capital social és per tant particularment important per a les noves firmes de tecnologia puntera, amb més risc que les altres (Liao i Welsch, 2001).

La figura 5.3 il·lustra el funcionament del capital social constituït per actius col·lectius que comprenen sobretot la confiança i les normes o convencions. Aquests actius faciliten l'accés dels emprenedors a recursos materials i immaterials. El capital social genera beneficis, a un preu generalment més baix que el del mercat lliure per a diversos recursos i ajudes, però també l'estatus social, relacions d'autoritat o de subordinació i la reputació, sense comptar el clima de confiança, si no d'entusiasme, que crea la mobilització de les forces vives de la regió, sobretot quan aquesta última és especialment dinàmica.

La figura 5.3 mostra a més que els actius són desiguals segons les regions. Aquesta capitalització social desigual explica per què algunes d'elles mostren un dinamisme molt més gran que d'altres. Les regions massa petites han d'ajuntar-se per tant a d'altres per constituir la massa crítica que els permetrà augmentar aquests actius per poder a con-

13 Veure el capítol següent.

tinuació respondre a les necessitats de diversos emprenedors i firmes actuals o futurs.

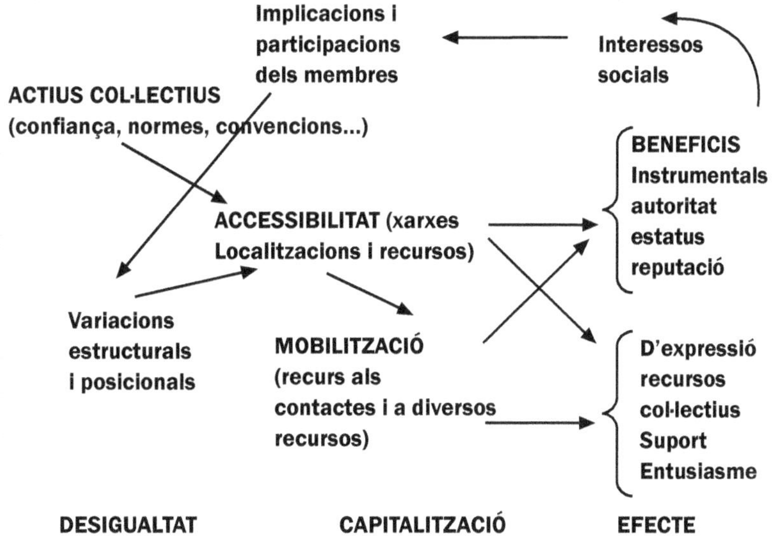

| Figura 5.3 |
El funcionament del capital social

Adaptat de Lli (1999), «Building a network theory of social capital», *Connexions*, vol. 22, no 1, pàg. 28-51.

Com tot capital invertit, el capital social demana un retorn sobre la inversió, una mena *d'interès social*. L'emprenedor i l'empresa que aprofiten l'aportació fora de mercat del medi n'han de retornar una part de manera responsable al territori, és a dir, establir relacions de reciprocitat entre el medi i ells. En altres paraules, l'emprenedor ha de retornar fins a cert punt i gradualment els recursos obtinguts fora del sistema de mercat o a baix preu, com fa amb el capital financer.

Per això mateix, contràriament a la gran empresa rarament encaixada en el seu medi i que, si ha respectat els seus compromisos legals i obtingut tots els beneficis previstos pot tancar la porta en qualsevol moment, el petit empresari ha de tenir en compte la seva reputació a la municipalitat. Així, conserva un empleat mandrós o amb problemes d'alcohol perquè és l'únic suport d'una família coneguda a la localitat i que té aquest problema, perquè el seu fill o la seva filla són amics d'un dels seus fills, o perquè la seva dona forma part del mateix grup esportiu.

És per això que les fortes crítiques cap al neoliberalisme i la mundialització que consideren els seus efectes negatius sobre les poblacions han de distingir les petites empreses de les grans[14], tot i que algunes PiME actuen desgraciadament com les multinacionals, oblidant la solidaritat amb el seu medi. El nom que donen sovint els alemanys a les PiME, *mittelstand*, o sigui literalment *classe mitjana*[15],

14 Es pot veure un exemple, entre centenars d'altres de comportament de les grans empreses, en la recent construcció d'una fàbrica d'Enron i de General Electric a l'Índia, una construcció que ha desplaçat deu mil persones contra la seva voluntat, deixant de banda qualsevol ètica social (*Le Devoir*, 4 d'abril del2004, pàg. G6), cosa que cap PiME implantada en el medi no hauria pogut fer. Un altre exemple,la guerra que destrossa el Sudan des de fa més de vint anys s'explica sobretot per la presència de petroli, del qual s'aprofiten les grans companyies occidentals, especialment la firma canadenca Talisman Oil, i que sostenen directament o indirecta la política del govern.

15 A Bèlgica, una de les més antigues associacions de petits empresaris s'anomena també *L'associació de les classes mitjanes.*

tradueix aquesta idea dels enllaços entre les PiME i el seu entorn immediat. Els petits empresaris constitueixen la classe de ciutadans intermèdia entre el proletariat i la gran burgesia, prou rica per ser independent dels grans propietaris i no prou per aïllar-se del seu medi i dels seus treballadors. Només cal pensar una mica en el seu perruquer, el seu carnisser, el seu mecànic o el seu impressor local per entendre que no tenen res a veure amb la gran empresa deslocalitzada, impersonal i freda; i això és també cert per als executius superiors de les filials regionals, que han d'esquivar enormes barreres per satisfer les necessitats del medi. Recordem finalment que diversos politòlegs, un dels quals Raymond Aron (1964), consideraven que la presència important d'una classe mitjana a les societats és una condició necessària al desenvolupament de la democràcia. El gran economista François Perroux ho explicava al seu petit llibre titulat *Alienació i societat industrial* (1970).

Es pot entendre aquests comportaments de reciprocitat entre el capital social i l'empresa que sosté amb l'exemple següent. Una fàbrica d'acabat de productes metàl·lics, l'única en una petita municipalitat de menys d'un miler d'habitants, havia estat comprada per un grup de la metròpoli dos decennis abans, i llavors el grup desitjava tancar-la per agrupar la seva producció. Amenaçats de perdre la feina, les treballadors van convèncer el director de la fàbrica de comprar-la sota una forma semi-cooperativa que comprenia la participació financera de cadascun dels empleats i l'aportació més substancial del director, la casa del qual servia de moment de garantia del préstec que s'havia hagut de contreure. Desgraciadament, unes setmanes més tard, un incendi destruïa la fàbrica, i el contracte d'assegurança encara no era signat. El desànim era total, fins que el cunyat del director, fill del poble, va oferir prestar diners per reconstruir-la. La fàbrica té ara més de tres-cents empleats i ha de tornat a ampliar per tercera vegada des de la seva reconstrucció.
Recordem també el sistema de les tontines[16] a diversos països africans, que permet no només recollir microfinançament per llançar petites empreses, sinó també desenvolupar xarxes per compartir informació i solidaritat que afavoreixen l'èxit d'aquestes creacions.

Les empreses ben inserides en el seu medi consideren que, si bé aquestes pràctiques tenen algun cost, faciliten tota mena d'altres aportacions fora de mercat per a l'empresa i disminucions de preus per a suports de mercat i altres recursos per part de la comunitat. En retorn, el conjunt beneficia la comunitat pel fet que l'empresa local crea llocs de treball i sosté el teixit industrial de la regió. Mentre que en el cas de la multinacional només compta el càlcul fred, massa sovint a curt termini, que s'explica per les cotitzacions subjectives de la Borsa.

16 La paraula tontina ve del nom de Lorenzo Tonti (1635-1690?), banquer napolità emigrat a França, que va inventar una forma d'assegurança de vida basada en l'estalvi regular d'un grup de persones, el supervivents del qual es repartien el muntant acumulat i invertit al moment del venciment. Es va utilitzar als països en desenvolupament per designar l'import d'estalvis regulars prestats a un membre de l'associació que tenia una bona idea de negoci, després a un altre, etc., evidentment amb l'obligació moral de retornar el préstec per deixar-lo a continuació a altres futurs emprenedors.

Els enllaços preferents amb la mà d'obra de la regió són generalment escassos a les multinacionals. Així, després d'una disminució marcada de les vendes anuals, una gran empresa d'una petita municipalitat va prescindir de més d'una desena d'executius intermedis anunciant-los sobtadament la nova el matí mateix del seu acomiadament. Però el pitjor, com si temés que s'emportessin secrets que no obstant tenien al cap, va ser que els va negar el dret de passar pel despatx per retirar-ne els seus afers, que ja havien estat posats en caixes. A un dels executius li va caldre molta insistència perquè se l'autoritzés finalment a reunir-se amb els seus subalterns i agrair-los la seva col·laboració.
Tanmateix, la història pot ser diferent. Així, una empresa nascuda també del rescat de l'única empresa d'un poble gràcies al suport de la seva comunitat ha esdevingut una multinacional. No obstant això ha sabut guardar la mentalitat de participació en cada fàbrica, i això constitueix avui la seva reputació. El patró explicava per exemple que no podia deixar de prestar el seu cotxe personal de luxe a cada matrimoni que es feia al poble, tant si ell el necessitava com si no en aquell moment. Era una manera de tornar a la comunitat el suport constant i actiu que aquesta li havia testimoniat durant els anys difícils.

El capital social és per tant crucial per a l'èxit dels futurs emprenedors: obre portes, a continuació disminueix els costos d'informació i dels recursos, i ofereix formes d'assegurança en cas de problemes (Tsai i Ghosthal, 1998). Constitueix així el *sucre lent* de la competitivitat del territori, aportant-hi el complement en recursos de tota mena necessaris per a la seva engegada i desenvolupament (Suire, 2002). És el catalitzador que permet crear sinergia i estimular els intercanvis (Cohen i Fields, 1999). Esdevé un *reductor* d'eufòria que impedeix l'entusiasme exagerat que porta a perdre l'alè ràpidament, a l'espera de resultats que sempre triguen a arribar. És un dipòsit de sabers, tant per oferir oportunitats de crear empreses com per produir de manera competitiva. És doncs un *operador col·lectiu* i el lloc de la invenció col·lectiva que neix de la circulació d'idees i intercanvis de tota mena. En resum, el capital social és l'element de base del teixit industrial local viu (una matèria orgànica territorial), que, per la *intercomunicació*, activa i transforma els interlocutors, com explica Habermas (1976), i que finalment sosté la cultura emprenedora.

Com més capital social hi ha en un medi, secundat per una cultura emprenedora que fa d'enllaç entre ell i les necessitats, més el medi és dinàmic en comptes de conformista, més capaç d'ajudar la regió a distingir-se per la innovació, i més la regió o l'agrupament de regions seran dinàmiques. Així, al costat de l'astúcia de l'emprenedor i de les capacitats de l'organització, el medi permet diferenciar les regions. L'emprenedor pot aconseguir meravelles sovint amb pocs recursos; però la seva perseverança i la seva capacitat d'adaptar-se ràpidament s'hauran de sostenir amb el capital social i una cultura emprenedora eficaç. L'organització només podrà desplegar tots els seus esforços si rep sistemàticament informació per adaptar-se tant al mercat local com a l'internacional, tot i que no exporti. Finalment, com l'il·lustra la figura 5.4, emprenedor, organització i medi emprenedor només podran plantar cara a la competència internacional combinant els diversos tipus de proximitat, la flexibilitat operacional i estratègica i l'aprenentatge col·lectiu, per proporcionar sistemàticament la varietat de recursos i d'informació que els permeten justament distingir-se per la innovació contínua.

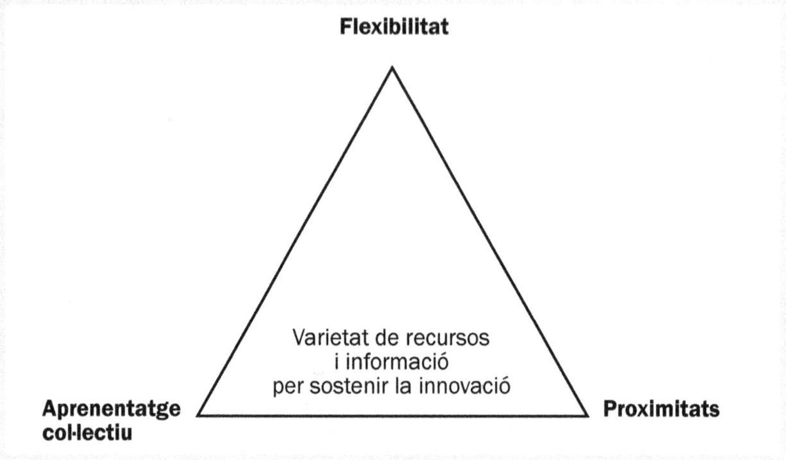

| Figura 5.4 | Relacions entra flexibilitat, proximitat i aprenentatge col·lectiu per sostenir la cultura emprenedora i la varietat de recursos i d'informació que faciliten la innovació i per tant la diferenciació.

Part 3. Informació,
xarxes i innovació

Les condicions necessàries i suficients de l'emprenedoria

Als capítols precedents, en parlar dels actors del desenvolupament, hem presentat diverses paradoxes que cal superar per poder avançar en l'estudi de la dinàmica de l'emprenedoria endògena a l'economia del coneixement. Una primera paradoxa mostra que els emprenedors busquen la independència, en tant que les seves necessitats de coneixement complex són d'entrada i abans de res satisfetes per les relacions que teixeixen amb altres actors. Segona paradoxa, aquestes relacions es desenvolupen d'entrada en el seu medi i són estimulades pel capital social, o sigui el conjunt de mecanismes col·lectius que juguen un paper central en la multiplicació de les empreses, tot i que d'entrada l'emprenedoria sembla ser l'afer de persones sovint soles i que es poden identificar. Pel que fa a la tercer paradoxa, hem mostrat al capítol 5, sobre el medi, que el model capitalista que descriuen sobretot les anàlisis anglosaxones, des de la d'Adam Smith fins a les actuals dels defensors de l'equilibri general, només és un cas particular (Antonelli, 1939; Wallerstein, 1990; Braudel, 1976), ja que la creació d'una empresa és deutora del dinamisme d'aquest medi, que evoluciona al si d'una cultura emprenedora particular, diferent segons els països i les regions. Lligada a les diferències culturals, la quarta paradoxa mostra que, en detriment de la mundialització, la gran majoria d'empreses són d'entrada nacionals, si no locals (Grosjean, 2002); fins i tot les firmes multinacionals són gestionades i orientades segons mètodes heretats dels seus fundadors o de la seva direcció nacional[1]; però encara més, les PiME estan encaixades en el seu medi local, tant si exporten com no, a menys de ser comprades per empresaris o per grups estrangers[2].

Aquests paradoxes s'observen també al medi criminal, per reprendre la nostra metàfora de les novel·les policíaques. En efecte, els criminals també s'aparten del grup de forma individual, i apareixen més o menys sobtadament amb motiu d'un crim passional o en pertànyer a una banda criminal. S'alcen així contra les normes socials, però només ho poden aconseguir a condició de no ser ràpidament neutralitzats, o si tenen el suport del medi en el seu crim. En aquest últim cas, les bandes criminals multipliquen els recursos col·lectius per dirigir i facilitar aquesta desviació individual, i de vegades imbuir tant la societat que acaba per ser-ne impregnada. Malgrat la mundialització del crim, les bandes criminals romanen nacionals o ètniques (italianes, xineses, russes, etc.), cosa que els permet lligar i mantenir complicitats molt fortes, de vegades familiars. La criminalitat es desenvolupa en particular en societats amb moltes desigualtats, on els valors socials són molt febles. Així, si només

1 Un exemple entre altres d'aquests comportaments nacionals és l'enviament per Renault d'un directiu francès per redreçar Nissan, de qui acabava d'adquirir una part de les accions.

2 Compradors que acaben sovint per buidar la nova filial d'algunes de les particularitats que explicaven la seva competitivitat o el seu dinamisme específic, si no per reorientar els mercats només en benefici de la seu social. És el que hem constatat diverses vegades a firmes on hem intervingut, sense comptar la transferència per altres filials d'errors de fabricació a la nova filial.

s'estudien els criminals d'un en un, no es pot entendre què passa ni lluitar eficaçment contra la criminalitat. Sobretot, no es pot entendre l'evolució constant de les formes de criminalitat, que es modifiquen a mesura que la societat canvia[3].

Diversos sociòlegs han descrit aquests comportaments fortament col·lectius, com els comportaments molt conservadors dels grans industrials, que són membres dels mateixos clubs, viuen al mateix tipus de barri molt protegit, freqüenten els mateixos comerços i restaurants, es vesteixen de la mateixa manera, etc. (Portar, 1966; Newman, 1981), uns comportaments que Ouchi (1980) fins i tot ha qualificat de comportaments de colla o de clan. És també una part de la tesi de Chandler (1962), que explica que els grans gestors només canvien la seva posició i els seus comportaments de poder sota pressions molt fortes, si no és al moment de crisis greus.

Les paradoxes de l'emprenedoria es resolen doncs per la resposta cultural, per la transformació de la informació a través de xarxes particulars, transformació que aporta més o menys innovació, la qual és a la base del caràcter distintiu[4] de les empreses i de les regions i per tant del seu dinamisme diferent. Cosa que ens porta ara a parlar dels tres factors clau de l'emprenedoria.

El primer factor és la informació, que serveix per disminuir la incertesa i que ha de ser apropiada per transformar-la en innovació. Aquesta informació prové en part de l'organització, de la seva experiència en sabers i de la seva trajectòria en saber-fer. Però és alimentada i transformada sobretot per l'exterior de l'empresa, ja que depèn de les creences o de la manera de veure el món dels socis, que la intercanvien i l'adapten en xarxes complexes. Desenvolupada per les xarxes exteriors, com també per l'organització que la rep, la informació permet la innovació que és al cor de la competitivitat de qualsevol economia; com va ben mostrar Schumpeter al començament de l'últim segle i com és encara més el cas en l'economia del coneixement, de la qual és finalment la principal aplicació. L'informe francès sobre l'economia del saber (Viginier, 2002) confirma a més que: «els canvis estructurals observats des de fa una vintena d'anys han conduït a la multiplicació d'anàlisis que destaquen el paper de la innovació i del coneixement en la competitivitat de les empreses i de les nacions», i per tant en la seva distinció. Tot i que és molt rarament espectacular, la innovació ha de ser constant per mantenir el caràcter distintiu; cosa que suposa per tant molta informació rica que, per permetre una innovació, ha de ser transformada per l'organització, ajudada en

---

3 Per exemple, és evident que la guerra gairebé només repressiva contra la droga està perduda des de fa temps. Com més s'aconsegueix fer aprehensions importants de droga (que amb tot només representen en total menys del 2% del tràfic) i més venedors es detenen, més augmenta el preu i més venedors nous arriben al mercat, atrets pels enormes guanys (Morel i Rychen, 1994; Grimal, 2000). La solució es troba probablement en una barreja de liberalització i control per fer caure els preus, com fan als Països Baixos des de fa uns anys i com han començat a fer a Suïssa. Però encara que s'assequi aquesta important font de beneficis per a les bandes criminals, això no voldrà dir que aquestes desapareguin; trobaran altres fonts. De totes maneres, el problema (com el del terrorisme, d'altra banda) és més que res social, i en tant que no s'entengui això es continuarà anant de fracàs en fracàs.

4 Michel Marchesnay (2003) distingeix amb raó la *diferenciació* (il·lustrada per la voluntat de la marca i de la publicitat de mostrar les diferències d'un producte i d'assegurar-se així un mercat en detriment dels seus competidors), de la *distinció*, que reposa en la innovació global i la recerca d'una escletxa que permeti *distanciar-se* dels competidors.

això per diferents recursos externs que pertanyen a xarxes més o menys denses. Això tanca el llaç entre els tres factors què són la informació, les xarxes i la innovació, constituint els dos primers les condicions necessàries i l'últim, la condició suficient d'una emprenedoria dinàmica.

En aquesta part, tractarem d'aquests tres factors clau, que orienten l'actuació dels tres actors de la piràmide emprenedora sobre la qual la regió pot intervenir: l'emprenedor, l'organització i el medi. La informació rica actua com a font d'energia per fer funcionar i estimular els actors, i afavorir o no l'emprenedoria a la regió. Les xarxes porten i transformen la informació per sostenir l'aprenentatge i enriquir les estratègies i les activitats de les empreses. Finalment, la innovació més o menys important distingeix les empreses i les regions guanyadores de les altres, sostenint el seu caràcter particular i així la seva competitivitat.

6

la informació

Una primera condició necessària per reduir la incertesa i l'ambigüitat

En el cas de gent taciturna, n'hi ha de molt més singulars, i que tenen un talent extraordinari. Són els que saben parlar sense dir res, i que animen una conversa durant dues hores, sense que sigui possible descobrir-los, ni copiar-los, ni retenir una paraula del que han dit.

MONTESQUIEU, *LXXXIIena carta persa*

La informació és a l'economia allò que són el petroli i ara l'electricitat al transport. És a l'origen de qualsevol aspecte voluntari de l'estratègia i de la diferenciació. És el meta recurs que permet coordinar i orientar els recursos de tota organització, normal i legal o criminal, i que explica el manteniment dels avantatges competitius de les empreses (Teece i al., 1997; Nonaka i al., 1995). De manera global, permet compensar la tendència a l'entropia que amenaça tot sistema viu, sigui individual o social, com recordava Georgescu-Roegen (1971) ara fa prop de quaranta anys. I això és encara més cert a l'economia del coneixement, que només es pot alimentar sistemàticament d'informació, i a les economies industrialitzades, que només poden competir amb els països amb salaris baixos per la innovació sistemàtica.

No obstant això, si l'economia actual multiplica la informació, sobretot amb l'ajuda de les tecnologies de la informació i de les comunicacions (TIC), que n'acceleren la producció i l'intercanvi, el resultat pateix massa sovint cacofonia. Fins al punt que el coneixement no penetra a tot arreu, perquè els ciutadans s'aïllen dels mitjans de comunicació i es refugien en el silenci, abans de patir el soroll incessant i massa sovint poc interessant de la sobreinformació, si no de la desinformació. Així multiplicada, la informació, que hauria de disminuir la incertesa, l'augmenta al contrari pel seu excés, i sobretot crea sistemàticament ambigüitat. La informació només val si el seu tractament la fa passar de les dades més o menys brutes a informes que importen realment al receptor, i per tant al coneixement i finalment al saber-fer, és a dir, si ha estat transformada per i en benefici de qui la rep[1].

La informació bona transformada, reapropiada, és la base del funcionament de tot individu o de tota organització, allò que li permet escollir i així optar per un comportament específic o una estratègia cara al futur incert. En el desenvolupament de l'emprenedoria, ¿com es pot obtenir i interpretar aquesta informació *bona*, trobar les claus per interpretar-la, si és possible abans que els altres, per ajustar-s'hi millor o precedir-los a través de la innovació?

1 Ja el 1939 Georges Stigler explicava que la transferència d'informació no és intercanvi d'informació. La transferència té a veure amb el continent, en tant que l'intercanvi es refereix més aviat al contingut.

Crucial a l'economia del coneixement per sostenir la distinció, la recerca de la bona informació és fonamentalment un problema de contingut, i per tant de qualitat, i no de continent o de quantitat. Per entendre això, definirem primer el paper de la informació a l'emprenedoria, i a continuació distingirem els diferents tipus d'informació. Després discutirem sobre els elements o factors que expliquen la transmissió i transformació de la informació més enllà de les TIC. Finalment, parlarem dels mecanismes que faciliten el desenvolupament de la informació rica a les organitzacions i les regions.

Ben marcat per la caiguda brutal dels valors borsaris de finals del 2000, el fracàs de les tecnologies de la informació, que produïen abans que res el continent, esperant que el contingut seguiria automàticament, és un bon exemple d'error de perspectiva; és també una bona aplicació de la paradoxa de la productivitat, en la qual les tecnologies materials (els continents) són molt sovint anul·lats per un massa feble desenvolupament de les tecnologies immaterials, aquí la quantitat d'informació amb relació a la seva utilitat (Foray i Mairesse, 1999). Els consumidors que havien de llançar-se a la compra de les TIC per a tota mena d'aplicacions domèstiques, com el tractament dels menús diaris, les compres de queviures a distància o la gestió de la temperatura de la casa, fos quin fos el temps a l'exterior, no s'han deixat convèncer; no més en tot cas que la gent de negocis pel comerç electrònic generalitzat. Per exemple, l'èxit amb tot limitat d'Amazon.com (que no ha començat a tenir beneficis fins fa poc) s'explica, d'una part, perquè simplement ha reemplaçat els clubs de compres de discos i de llibres per correspondència i, de l'altra, perquè va ser la primera a llançar-se en aquesta aventura

6.1 El paper de la informació a l'emprenedoria

La informació és un bé molt particular, com recordava Arrow (1962) fa alguns decennis. Per exemple, és difícilment controlable i *apropiable*[2], i per tant no exclusiva. Qui la utilitza no pot impedir que els altres també ho facin, i acaba sempre difonent-se, tot i que al començament el seu sentit pugui ser confús. És un bé *no rival*, ja que la difusió no la deteriora, sigui quin sigui el nombre d'usuaris. Tanmateix, contràriament a allò que deia Solow, constitueix un bé *híbrid* (Cohendet, 2003); perquè si, en tant que bé públic demanda comunicació, o sigui la interacció de diverses persones, té a veure també amb el sector privat i pot estar controlada momentàniament per alguns-unes. És *subjectiva*, ja que una informació pot ser bona per a algú i no necessàriament per a altres. El seu valor o mesura prové del fet que és *acumulativa*, que pren tot el seu sentit quan s'afegeix a altres informacions i coneixements. Per treure'n tot el seu valor, els que la reben han de tenir una certa formació i experiència, cosa que requereix en l'organització capacitats d'absorció, una trajectòria informacional i rutines que permetin entre altres coses *contextualitzar* la informació rebuda. L'acumulació va lligada a la *complexitat*, ja que

2 Se li diu llefiscosa, lliscant (en americà sticky), i per tant difícil d'agafar.

una bona informació comprèn múltiples aspectes, tants com fragments obtinguts aquí i allà. La mesura passa també per la confiança directa o indirecta (per recomanació) cap a l'informador i per fonts d'informació complementàries, algunes de les quals han estat suggerides per aquest últim. La informació sovint només val si és compartida; en aquest cas, no perd els seus avantatges: es pot compartir indefinidament.

La *bona* informació[3], diguin el que diguin els economistes neoclàssics, és sempre difícil d'obtenir. Per esdevenir útil, ha de ser objecte d'una certa atenció o recerca, d'una tria, d'una avaluació i d'una compartició en l'organització (té per tant un cost), ja que la informació és la major part del temps banal i per tant inútil, si no vaga i sovint redundant. Demana temps i energia. Però, fins i tot quan sembla vàlida, és limitada i sovint esbiaixada: és normal que els competidors provin d'enganyar l'altre; alguns fins i tot tenen l'estratègia d'emetre senyals falsos per enganyar-lo[4]. Tot i això, acaba ben sovint per ser coneguda, després de moltes voltes i transformacions en el mercat.

La ciència econòmica té moltes dificultats per entendre-ho. D'una part, el valor de la informació és subjectiva i no prové d'una teoria de l'intercanvi. Va més enllà de les corbes d'indiferència de la teoria microeconòmica, ja que depèn de les capacitats d'absorció i d'acumulació, és a dir finalment de l'experiència adquirida per la formació inicial i l'aprenentatge o l'acció. D'altra part, no és una qüestió de mercat, ja que per obtenir informació cal saber sovint donar-ne a canvi, en una relació dialògica, en una autèntica *comunicació*. Finalment, és un procés iteratiu entre el coneixement implícit i el coneixement explícit (codificat), procés que va més enllà de la idea que el coneixement és un estoc, ja que hi ha transformació i possibilitat de salt qualitatiu.

El paper central de la informació per a l'emprenedoria ha estat tret a la llum especialment per Kirzner (1979), que va explicar que l'emprenedor tindria sovint un gran coneixement, més o menys intuïtiu, de les imperfeccions del mercat. Aquest coneixement l'aprofita per llançar la seva empresa, desenvolupar-la i innovar en detriment dels competidors més *ignorants*. Casson (1991) afegeix que el judici superior (del punt de vista econòmic) li permetria superar els altres agents i així organitzar millor els recursos per fer beneficis. L'emprenedor transforma justament el coneixement en un producte o una manera de produir particular. Però aquí es tracta més d'emprenedors de valorització i d'aventura que d'emprenedors d'imitació i de reproducció[5].

Així, la paradoxa de la informació en la incertesa és justament la possibilitat de superar aquesta transformant la primera en nova informació o en innovació que esdevé pública, almenys en part. La informació és per tant un cert poder sobre la incertesa i sobre els competidors, si no sobre altres participants, com els compradors, un poder que permet disminuir l'asimetria entre la gran i les petites empreses (Julien i col., 2003c).

3 És a dir, útil per a actuar.

4 La tendència d'intentar esbiaixar la informació no posa en qüestió el principi de Marshall que diu que les idees estan en l'aire. Efectivament, una gran part de la informació general està disponible per a tothom. Però calen esforços especials per fer-la operacional per a diversos tipus de productes trets de diferents sistemes de producció.

5 Tant més que la capacitat especial tant es pot desenvolupar com apagar-se amb el temps. Veure sobre això Krueger (2007) o Nandram, Born i Sansom (2007).

L'emprenedor és fonamentalment un transformador de la informació en oportunitat (Lang i al., 1997; Julien i Vaghely, 2008), o encara un creador de nova informació per la innovació (Schumpeter, 1949), però no tota informació ni no importa com. L'economia del coneixement no és fàcilment accessible, i el coneixement no és el mateix per a tothom.

6.2 Els tipus d'informació

Existeixen diversos tipus d'informació, dels quals només una petita part és vàlida, almenys per a emprendre. Aquesta s'ha anomenat *informació estructurant*, per oposició a la *informació corrent* que va i ve, ràpidament oblidada o retinguda per consideracions que no són econòmiques. La informació corrent no té interès per a l'empresari o la seva organització, sigui perquè és massa vaga, trossejada o incoherent, sigui perquè no estan preparats per captar-la o no tenen temps de retenir-la i entendre-la, o encara perquè sospiten que és falsa o manipulada. Però fins i tot una bona part de la informació estructurant acaba per quedar oblidada, superada o posada de banda, perquè ja no és oportuna o ha estat reemplaçada per una informació més recent i que respon millor als criteris que permeten escollir l'estratègia i precisar-la després d'actuar (Davenport, De Llarg i Beers, 1998). En aquesta informació estructurant, Leska i Leska (1995) distingeixen la informació de funcionament (o sigui la informació tècnica, per sostenir la coordinació) de la informació d'influència (a la base de la motivació per actuar) i de la informació d'anticipació (que permet veure abans que els altres una oportunitat o veure des de més lluny i diferentment la necessitat d'innovar).

La informació pot ser *pública* o *privada*. Com el seu nom indica, la informació pública és accessible a tots i per tant es pot conèixer si es busca. Es troba als manuals tècnics, als articles científics, als butlletins de les associacions, als prospectes explicatius dels equips, als registres de patents, etc., o s'ha difós pels mitjans de comunicació i els congressos o col·loquis. La informació privada es troba especialment als centres de recerca públics o privats, i així com als primers acaba sent àmpliament difosa, als segons sovint és retinguda, almenys per un cert temps, fins que apareix als productes o procediments posats al mercat, o si no en patents, o fins que surt a les converses entre especialistes. Pot també circular a les filials o provenir d'intercanvis particulars en organitzacions de gent de negocis o de científics.

La informació pública és necessàriament *explícita* i per tant *codificada*, per tal de ser compresa per la majoria, o almenys pels especialistes. Aquesta informació és especialment eficaç, perquè qualsevol que l'agafi la pot trinxar i millorar (Strang i Meyer, 1993). Tanmateix, com que necessita un cert temps per aparèixer i ser entesa per la majoria, o sigui per difondre's una mica per tot arreu[6], és ja relativament antiga quan hi arriba. La informació pot ser també *tàcita*, *implícita*, i requerir mecanismes de transformació per ser explicitada i coneguda, així com una atenció especial per ser entesa. Sovint l'informador no sap fins i tot que coneix

6 Passa sovint que els acords entre empreses i centres de recerca públics o universitaris prevegin clàusules d'exclusivitat, si més no per un cert període.

algunes coses; o almenys no les difon espontàniament[7], a no ser que un interlocutor hàbil o diverses circumstàncies, com una conferència o un curs que dóna, no l'incitin a fer-ho. Així mateix, l'interlocutor no sap necessàriament que l'altre sap alguna cosa en especial. L'expressió tàcita de la informació prové doncs del tempteig i de la casualitat, o exigeix almenys un entorn propici. No obstant això, tot i que és parcial i s'expressa no només pel llenguatge verbal sinó també per tota mena d'altres signes, la informació tàcita pot ser particularment nova i rica, i té sempre lloc a la intercomunicació, sigui a la comunicació interpersonal o al cara a cara.

La informació més rica, pel que fa a la capacitat de canviar la comprensió de la realitat al moment degut, a orientar l'estratègia, a actuar i sobretot a innovar i per tant a distingir-se, és generalment la informació estructurant, privada, anticipadora o precompetitiva i tàcita (Darf i Lengel, 1986; Baumard, 1996). Per exemple, el personal, a tots els nivells d'una organització, posseeix una sèrie d'informacions tàcites de les quals no pot facilitar l'expressió si no és per una organització participant. Com els operadors que poden dir moltes coses per millorar les seves màquines, per trobar-los una localització més òptima a la fàbrica o per disminuir les avaries, a condició que allò que diguin sigui reconegut i valorat. O també els venedors que, pel seu contacte amb els clients, són els primers informats de les seves noves necessitats i de les seves crítiques, informacions que poden revelar-se extremadament riques per a les empreses quan arriba el moment d'oferir novetats i distingir-se així dels seus competidors. Així mateix, els contactes interpersonals, ja siguin de negoci, socials o científics, proporcionen informació fora de mercat, una part de la qual pot ser molt interessant (Morvan, 1991).

Les botigues independents poden distingir-se de les grans superfícies justament per la proximitat als seus clients, oferint a cadascun d'ells empatia i un coneixement immediat (sense intermediari) i particular dels seus gustos i necessitats. Una de les grans qualitats d'aquestes botigues, a més de la mercaderia, és la sensibilitat psicològica del personal cap als clients. Per exemple, l'any 1986, en una enquesta sobre l'impacte de les noves tecnologies informàtiques sobre diferents professions, vam mostrar que, més enllà de les tecnologies, la qualitat que millor distingia els barmans o barmaids i els cambrers i cambreres dels cafès era justament la seva empatia i la seva memòria (allò que el client havia dit a la seva última visita!) (Julien i Thibodeau, 1991). Al contrari, les grans superfícies o les cadenes tenen tendència a estandarditzar el seu tracte amb els clients, tant si els diuen de tu com de vostè, si els saluden atentament o amb una certa reserva, sense consideració per l'edat, la classe social, l'estil de comportament, cosa que molesta nombrosos clients. A més, la centralització de la seva gestió fa que els productes i serveis siguin sovint els mateixos per tot arreu, com les racions massa grans de carn de les grans cadenes de queviures, preparades pels carnissers a barris on viuen no obstant això un gran nombre de persones soles.

7 D'on l'adjectiu "tàcita", que ve del llatí tacere, callar. La importància de la informació tàcita es va treure a la llum per l'economista hongarès Michel Polanyi (1944), però el seu origen es deu al filòsof Sèneca (de l'any 4 aC al 65 dC), i més tard a Maurice Merlo-Ponti (1964). Per exemple, Sèneca, a la seva sisena carta a Lucilius, explica que "aprenem més del contacte amb els savis que de la lectura dels seus llibres".

Podem afegir una altra distinció que ens servirà particularment al capítol 9: la diferència entre la informació *efectiva* i la informació *potencial* (Julien, 1996b). La informació efectiva és la que serveix per a la decisió. No és mai completa, ja que la incertesa persisteix sempre, de forma que el temps juga un paper important en la decisió. L'emprenedor sap que si espera massa per estar més segur, un dels seus competidors el precedirà. Qualsevol emprenedor actua sabent que no pot estar segur de com reaccionaran els seus competidors, ni com estan gestionant el canvi tecnològic, ni a quin ritme evolucionen els gustos o els comportaments dels clients. Actua de totes maneres, perquè pot tenir accés a informació *potencial* capaç d'ajudar-lo quan sorgeixi l'imprevist. Així, si les seves noves inversions triguen més temps a ser rendibles a causa d'obstacles fortuïts durant el període de rodatge, com un empleat clau que es posa malalt o que és contractat per un competidor, o potser un competidor que acaba de comprar una nova tecnologia apareguda entretant, les seves informacions potencials li haurien de permetre trobar finançament complementari, manllevar momentàniament un empleat del mateix tipus a una firma amiga, obtenir informacions d'un centre de recerca amb què treballa per adaptar el millor possible la tecnologia en curs, etc. A la figura 6.1 il·lustrem aquesta tipologia de la informació que porta gradualment a la decisió.

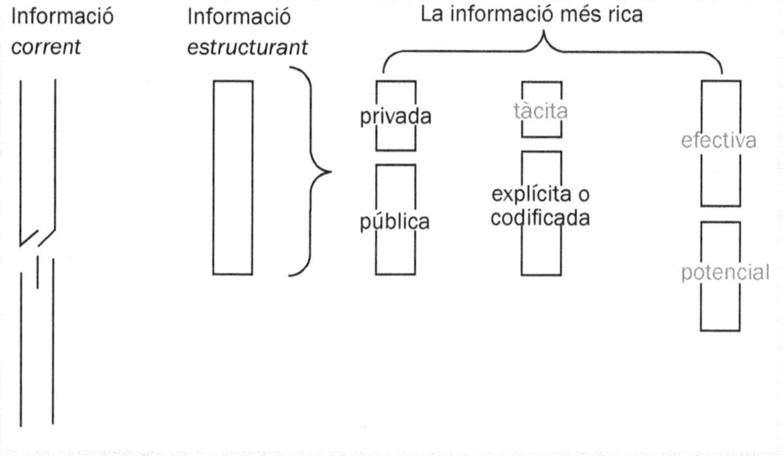

| Figura 6.1 |
Tipologia de la informació corrent o general a la informació rica

Per tal d'obtenir peces menys pesants en alumini en comptes d'acer, una PiME havia estat empesa per un gran client a comprar un equip de tall amb plasma, en tant que l'empresa estava més aviat especialitzada en el tall amb làser. Va parlar doncs amb el seu proveïdor japonès habitual, que li envià un equip d'última generació en la matèria. Al cap d'una setmana, l'equip nou es va espatllar. El constructor va enviar dos tècnics a costa seva, que es van quedar dues setmanes per resoldre el problema. Un mes després, els problemes s'acumulaven. Els tècnics van tornar, sense èxit. Finalment, després de sis mesos de proves, s'abandonà la innovació per un procediment més tradicional, assumint una part dels costos directes i del temps passat a discutir amb el client i el proveïdor. L'empresari em deia que ell no hauria pogut actuar així si diversos recursos externs,

pertanyents a la seva xarxa de negoci, no li haguessin donat suport per trobar una solució temporal, finançament complementari i formació especial per al seu personal.
Per augmentar el valor afegit de la seva producció, una granja familiar molt gran que produïa en gran quantitat diversos cereals per als criadors regionals va decidir transformar-los primer per al consum animal i finalment per al consum humà, sobretot els flocs d'ordi. Desgraciadament, les primeres produccions van ser un fracàs, a causa de dificultats en els mètodes de deshumidificació, malgrat una tecnologia suposadament experimentada. Van trigar uns quants mesos a trobar solucions a tot, sobretot gràcies a investigadors universitaris i a un constructor d'equips. Això només va ser possible gràcies a la paciència dels clients, als fons suplementaris proporcionats per l'Estat, al treball incessant dels empleats, més enllà dels salaris previstos, a l'ajuda d'investigadors universitaris, etc., i sobretot a la perseverança dels dirigents, que estaven convençuts que se'n sortirien.

6.3 Els elements que afavoreixen l'apropiació de la informació rica

Per ser apropiat a qualsevol organització privada o pública, un sistema informacional requereix almenys cinc elements: 1) una vetlla tecnològica, comercial i de l'entorn; 2) una capacitat d'absorció i d'acumulació o arxiu; 3) una capacitat de transformar el sentit de la informació per passar a l'acció i a l'estratègia; 4) una proximitat interna que es basi en la compartició d'un llenguatge comú; i 5) enllaços forts i febles amb fonts informacionals externes.

Comencem pel segon punt. Cohen i Levinthal (1991) han estat dels primers a mostrar que la informació rica suposa una capacitat especial dels individus i de l'organització per buscar, entendre i analitzar la informació interna i externa. També han sostingut que la presència d'un personal instruït i experimentat (tècnics, enginyers, etc.) era la condició primera per poder seguir les necessitats canviants del mercat i l'evolució de la competència i diferenciar-se per la innovació. Només un personal preparat i una organització sinèrgica que ofereixi models d'interpretació (Gioia, 1986) pot entendre a temps el canvi i actuar, o almenys limitar les reticències, i sobretot participar a la recerca de noves oportunitats, siguin importants o no. Van der Bosch i al. (2002), o també Matusik i Heeley (2005) afegeixen la capacitat d'aprenentatge de la xarxa d'empreses associades, sobretot pel mecanisme d'aprenentatge per iguals, del qual parlarem al capítol següent. Aquesta doble capacitat només pot ser evolutiva, cosa que reclama la formació regular no només de la direcció, sinó també dels empleats, sigui quina sigui la dimensió de l'empresa.

La capacitat ha de ser alimentada per la vetlla tecnològica, però també comercial i de l'entorn. La vetlla consisteix a estar atents al canvi, suscitant i utilitzant les observacions dels clients, informant-se pels proveïdors i fabricants d'equips d'allò que arriba i anant buscar totes les informacions necessàries als mitjans de comunicació, revistes especialitzades, fires industrials, associacions de negoci dinàmiques i si és possible als centres de recerca. El quadre 6.2 mostra les fonts més sovint utilitzades o considerades com a més importants per a aquesta vetlla pels dirigents de les PiME manufactureres, com els clients, les revistes especialitzades, els proveïdors i els venedors, sense oblidar evidentment les fonts indirectes provenint del personal de l'empresa. A anotar també que les fonts informals i orals, en cara a cara, són molt més utilitzades que les fonts formals i impersonals, i tenen una mitjana de 8 persones, com es veurà al capítol següent, en parlar de les xarxes personals.

| Quadre 6.1. |
Característiques de les fonts d'informació a les PiME (de mitjana)
1: poc important, a 5: molt important
Fonts: Julien, (1995: 468).

Importància relativa (rang)			
Clients 4.01 Revistes especialitzes 3.58 Empleats producció 3.48 Executius 3.39 Proveïdors 3.34 Venedors 3.34 Catàlegs 3.31 Fires industrials 3.12 Fires comercials 3.03	Revistes de negoci 2.98 Agents representants 2.80 Compradors 2.73 Periòdics 2.62 Competidors 2.50 Subcontractants 2.33 Dades internes 2.30 Institucions públiques 2.24 Consultors 2.21	Llibres especialitzats 2.14 Associacions negocis 2.11 Altres empleats 2.11 Centres d'investigació 2.07 Publicacions govern. 2.06 Consell administració 2.01 Institucions financeres 1.93 Universitats i col·legis 1.85	
Freqüència de recurs			
Fonts personals			Fonts impersonals
Fonts informals	Fonts formals	Fonts escrites	Fonts orals
Clients 3.58 Empleats producció 3.43 Executius 3.31 Venedors 3.16 Universitats i col·legis 1.54 Agents i representants 2.59 Subcontractants 2.07 Competidors 1.96 Consell administració 1.89 Altres empleats 1.88	Consultors 2.01 Institu. Govern. 1.96 Centres de recerca. 1.83 Institu. Financeres 1.61 Dades internes 2.20	Revistes especialitzes 3.39 Catàlegs 3.18 Revistes negoci 2.95 Periòdics 2.63 Llibres especialitzats 2.00 Publicacions govern. 1.94	Fires industrials 3.00 Fires comercials. 2.77 Associacions negoci 1.87 Proveïdors 3.14
Nombre de fonts personals utilitzades			Nombre de fonts impersonals utilitzades
Informals 8.62 Formals 3.74 Total 12.38			Escrites 5.90 Orals 2.48 Total 8.40
Freqüència d'utilització de les fonts personals			**Freqüència d'utilització de les fonts impersonals**
Informals 2.70 Formals 1.81			Escrites 2.65 Orals 2.56

| Quadre 6.1. |
Característiques de les fonts d'informació a les PiME (de mitjana)
1: poc important, a 5: molt important
Fonts: Julien, (1995: 468).

Hem mostrat que hi ha diversos nivells de vetlla més o menys eficaços, segons la turbulència del sector industrial (com indica la tercera dimensió de la figura 3.2) i el tipus d'estratègia adoptada: com més un sector és hostil o evoluciona ràpidament, tant en la seva tecnologia com en les estructures dels mercats, i com més una firma vol ser cap de fila, més ha de tenir una vetlla ben organitzada i variada per veure venir el canvi i sobretot precedir-lo (Julien i al., 1999; Raymond i al., 2001). Porter i Millar (1985) recorden que, si bé alguns sectors creen poca informació a la cadena de valor (com la petroquímica, els mètodes de gestió i de producció de la qual són ben coneguts) i tenen a canvi menys necessitat d'una informació contínuament renovada, d'altres creen sistemàticament informació pura, com la indústria dels multimèdia i dels llibres o de les firmes financeres (veure la figura 6.2). Foray i Hargeaves (2002), per la seva part, consideren que alguns sectors aprofiten ràpidament la informació tecnològica que prové en especial de la informació codificada o explícita, sobretot els sectors manufacturers anomenats d'enginyeria (productes d'equipament, de transport, electrònics, etc.), mentre que altres funcionen d'un mode més *humanista*, de transformació lenta, que reposa sobre una informació abans de res tàcita, transmesa per contactes interpersonals, l'aprenentatge de la qual es fa per l'acció, com molts serveis tals com l'ensenyament, l'assessoria o altres disciplines que tenen més de relacions que de serveis específics, o d'art més que de ciència[8]. Vaghely (2005) ha estimat que diverses PiME manufactureres i algunes PiME de serveis a les empreses havien de produir innovació tant a la cadena de valor com en el seu producte, i per tant s'havien d'assegurar mantenir una vetlla adequada i utilitzar un bon procés de transformació de la informació en coneixement.

Els estudis sobre la vetlla indiquen tanmateix que no n'hi ha prou d'obtenir un gran nombre d'informacions per fer front a la incertesa. La vetlla depèn de la bona tria de la informació i d'una bona difusió en l'organització, amb la finalitat de sostenir l'anàlisi del canvi i suscitar reaccions utilitzables per millorar l'estratègia. Això permet superar l'ambigüitat causada per un excés d'informació i transformar aquesta última en sentit per a l'acció, és a dir, passar del coneixement a l'estratègia orientada cap a ell i al saber-fer, per distingir-se de la competència (Weick, 1979). Choo (1998) mostra com és important, però també difícil, transformar la informació de manera que orienti la recerca de la informació complementària que permetrà sostenir, i si convé canviar, la trajectòria tecnològica de l'empresa.

Heus aquí un exemple d'aplicació d'una vetlla anticipadora sovint intuïtiva: el desenvolupament accelerat de petites fàbriques d'alimentació fina, una bona part de la qual es ven directament als consumidors (com les cerveses artesanals o també els formatges de granja[9]). Aquests productes responen a la crítica creixent del consum dit clàssic (com els camemberts industrials o els plats cuinats de les grans marques nacionals) per una franja cada cop més important de la població (entra el 15 i el 25%, segons l'IRI-França), que ara s'anomenen alter consumidors. L'impacte és d'altra banda important: a França, per exemple, el consum clàssic ha disminuït en volum prop de l'1% per any els últims anys, mentre que fins llavors augmentava regularment del 3 a al 4%.

8 Com la medicina, que per desgràcia cada cop hi ha més metges que creuen que depèn d'anàlisis purament tècniques, però que són incapaços de proporcionar informació subtil sobre la malaltia, una informació sovint tàcita i difícil d'obtenir durant els pocs minuts de contacte amb el pacient. Sense comptar l'enorme influència de la indústria farmacèutica sobre la medicina, com ja hem dit. Així mateix, el funcionament en xarxa, tant per a alguns diagnòstics com per intercanviar coneixements explícits però sobretot tàcits, o informació sobre les millors pràctiques, continua sent escàs, en tant que és la clau per entendre i estimular l'intercanvi entre els metges, com en altres sectors.

La informació nova, i per tant la més rica, es recull gràcies a diversos tipus de proximitat que van més enllà de les TIC, com s'acaba de veure amb la importància de la informació personal cara a cara. En efecte, la informació que obre noves oportunitats és sovint tàcita i parcial; requereix per tant intercanvis en persona[10], segons un procés de preguntes/respostes, i s'ha de completar amb informacions provenint de fonts informacionals complementàries. La proximitat ve a cobrir la necessitat d'una mesura immediata de bona part de la informació, sobretot la informació tècnica, ja que no hi ha temps per estudiar amb detall cada informació, si no és que falten els mitjans per fer-ho[11]. La primera mesura de la informació és la confiança cap a l'informador, confiança que només es pot desenvolupar justament per la proximitat i el temps; i aquesta confiança augmenta amb l'intercanvi gradual: «Tu em dónes algunes informacions i jo te'n proporciono d'altres». Es desenvolupa gràcies a diverses connivències que van més enllà de les situacions competitives i dels comportaments oportunistes. La proximitat fa així que s'arribi a parlar el mateix llenguatge, sigui verbal o no, que s'entengui el sentit dels alçaments d'espatlles, els grunyits, les indecisions o les reaccions d'entusiasme, etc. de l'interlocutor, difícilment visibles i transmissibles per les TIC.

A la xarxa de subcontractació de Bombardier Productes recreatius, hem assistit a trobades d'enginyers que consideraven que, en alguns casos de posada a punt de peces, els intercanvis en directe pels sistemes de disseny assistit per ordinador (CAO), tot i ser potents i perfectament compatibles, com KATIA, esdevenien insuficients per sortir d'un cul-de-sac o per anar més enllà del que ja se sabia. Calia doncs reunir-se en persona per obtenir tota la informació tàcita, o sigui subtil, que necessita intercomunicació personal.
Saxonian (1994) ha mostrat que a Silicon Valley el desenvolupament d'una bona part del coneixement començava en trobades fortuïtes dels enginyers i científics als cafès i altres llocs de diversió, encara que treballessin per firmes competidores.

La vetlla eficaç suposa enllaços externs amb informadors en xarxes diverses. Aquestes xarxes permeten ampliar els recursos o adaptar ràpidament o automàtica la informació a les necessitats dels interlocutors, tant per transmetre-la com per rebre-la. Aquesta ampliació dóna una massa critica més important que comporta efectes de sinergia propicis a la innovació.

9 Remarquem que les produccions artesanals han existit sempre, com la de la cervesa en un bon nombre de cafès belgues regionals. Allò que ha canviat és que, després d'haver disminuït de manera contínua, retroben una nova empenta i sobretot es dirigeixen a categories professionals superiors, amb un alt poder de compra, que busquen un poder nou sobre el seu consum.

10 En una experiència amb grups d'estudiants de les universitats de Montréal i Toronto, Aubert i Kesley (2000) van demostrar que la confiança i l'eficàcia sinèrgica de les relacions cara a cara eren superiors a les dels intercanvis virtuals.

11 En efecte, no hi ha cap necessitat de desmuntar un equip complex per conèixer-ne les capacitats i les limitacions. Sovint, n'hi ha prou amb la confiança amb el representant del fabricant de l'equip, encara que es puguin fer comprovacions complementàries amb empreses no competidores que ja l'utilitzen, o discutir-lo a la fira industrial. De la mateixa manera, no hi ha cap necessitat de ser un expert informàtic per comprar un ordinador; sovint ens refiem d'un amic relativament especialista que entén les nostres necessitats.

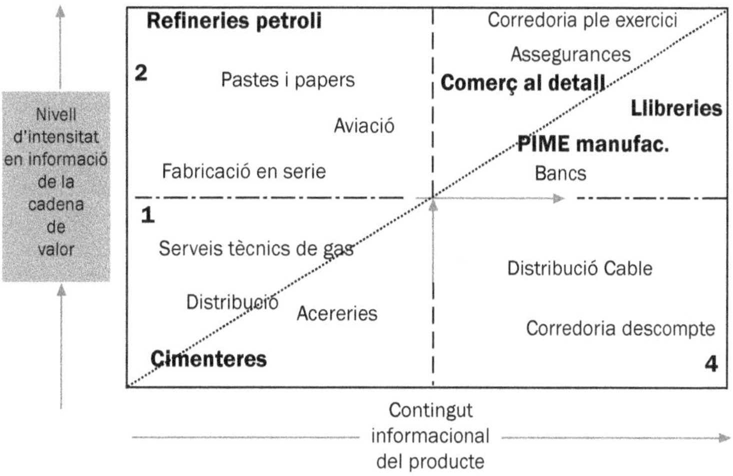

| Figura 6.2. |
Matriu de contingut informacional segons algunes indústries

6.4 Els mecanismes del pas de la informació al coneixement i al saber-fer

La difusió d'una informació rica entre els actors és el factor clau per estimular la innovació a les empreses i la regió. Depèn dels enllaços que els actors mantenen els uns amb els altres i amb les fonts informacionals externes, enllaços qui han d'afavorir l'adaptació, la transmissió i la bona recepció de la informació rica.

Yona Friedman (1974) ja havia posat de manifest que la millor manera d'introduir idees de desenvolupament noves i complexes però encara mal estructurades, aplicables de forma diferent segons les cultures, és formar petits grups de treball. Als grups grans, el soroll s'amplifica molt ràpidament, cosa que obliga l'empresa a adoptar diversos protocols, sovint incapaços de tenir en compte la informació complexa, subtil i tàcita (Voge, 1978)[12]. Es tracta simplement d'aplicar el *principi de menor dificultat* treballant en grups petits, més que deixar que la burocràcia augmenti la distància per la jerarquia i limiti considerablement la riquesa de la informació. Watts (1999) ha reprès aquestes idees en el seu enfocament *dels petits mons*.

El principi de menor dificultat prové del *teorema d'Ulam*, que mostra que la dificultat de gestionar com compartir una informació fina i per tant d'administrar una organització augmenta segons el quadrat del nombre de membres, o sigui N^2. La dificultat total D es pot calcular per la fórmula següent:

$$D = N_1 N_i \, 3 \, 2 + (1/2) \, P$$

on N_1 és el nombre de grups amb N_i individus en l'organització i P el nombre de graons jeràrquics (Tolosa i Bok, 1978).

12 Voge (1978) mostra que la necessitat d'informació evoluciona de forma quadràtica a mesura que l'organització creix, fins a un màxim més enllà del qual qualsevol informació nova es rebutja. Només les organitzacions realment descentralitzades poden superar aquest límit.

Friedman (1978) va calcular que el nombre òptim de membres d'un grup per a un màxim d'informació transferida (segons una corba en forma de campana) era aproximadament de quinze persones; o almenys va mostrar que les afinitats màximes en els grans grups es limitaven a aquesta xifra, obligant així a formar subgrups per minimitzar el soroll informacional i ser eficaços.
Un dels exemples de l'aplicació d'aquest principi és la guerra del Vietnam, que va permetre a un exèrcit de guerrilles vèncer l'exèrcit més poderós del món. Les guerrilles estaven formades de mitjana per quinze combatents, capaços de portar armes prou poderoses prop de l'enemic, atacar-lo sobtadament i retirar-se de seguida per no ser aniquilats. Altres estudis han demostrat que a les recerques en salut, sobretot del càncer, els equips petits d'aproximadament quinze investigadors tenien gairebé sempre més èxits que els grans. Podem també trobar aquest nombre entre els grups més eficaços de recerca en PiME.

| Figura 6.3 |
Tipus de xarxes que representen diferents formes de relació per a les organitzacions

Adaptat de D. Watts (1999), *Small Worlds: The Dynamics of Networks between Order and Randomness*, Princeton, Princeton University Press.

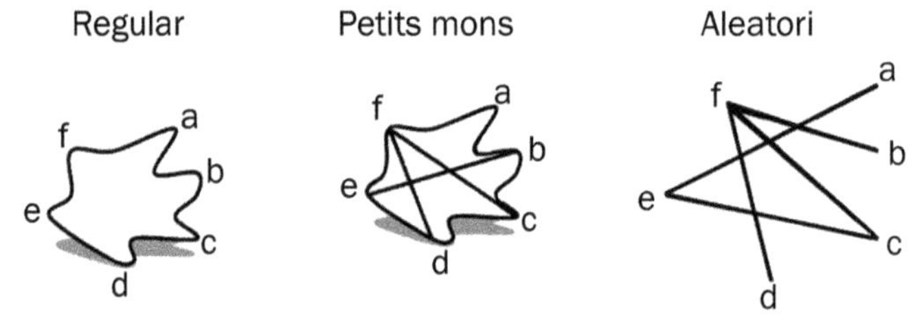

Per aquests investigadors, el recurs de l'organització a una xarxa regular, on cadascun està en contacte amb col·legues o amics pròxims (culturalment o geogràficament parlant), i que també estan en relació amb altres, com il·lustra esquemàticament la forma de l'esquerra de la figura 6.3, fa que la circulació de la informació sigui més lenta i molt menys rica que en altres formes de contactes organitzacionals, però més assegurada i per tant molt eficaç a llarg termini. Al contrari, els contactes de forma aleatòria, on els enllaços es desenvolupen més aviat amb col·legues allunyats (a la dreta de la figura) procuren una informació més rica, però menys cohesió social. En altres paraules, una empresa o una regió on els empleats o els habitants estan pròxims i funcionen bé entre ells es desenvolupen d'una manera especialment coherent, però els manca informació nova que faciliti la innovació. L'empresa hauria doncs d'escollir entre la coherència i la qualitat d'un costat, i de l'altre la varietat de la informació.

Watts afirma que constituir una xarxa de forma intermèdia, la dels petits mons, que combina els contactes pròxims i llunyans, il·lustrada al centre de la figura 6.3, seria la millor solució. Al capítol següent tornarem sobre aquests enllaços, oposant les xarxes de senyals forts a les de senyals febles. De moment només precisarem que, si bé les últimes aporten idees noves que poden conduir a la innovació, també són menys ben compreses i assimilades, ja que una part de la informació rica es pot haver perdut per la falta de proximitat que hauria permès obtenir la informació complementària necessària.

La informació per simples dades xifrades esbiaixa i deforma sovint el procés de formació estratègica de qui s'hi limita (Mintzberg, 1994). Per ser ben transmesa i completa, la informació ha de superar altres obstacles: la falta de suport adequat, l'obstrucció voluntària per raons tàctiques o de lluita de poder, o també diverses consideracions personals o burocràtiques, com expliquen les lleis de Parkinson (1983) sobre les desgràcies de la burocràcia a les grans empreses i als governs.

Per entendre la noció del soroll o de la deformació de la informació a les organitzacions, n'hi ha prou de pensar *en el joc del telèfon*, on els nens murmuren cadascun a l'orella del seu veí de la dreta la frase que el de l'esquerra acaba de dir-li, fins que l'últim del grup ha de dir la frase en veu alta, una frase que sovint resulta completament deformada respecte a l'original. La multiplicació del nombre d'interlocutors i de nivells jeràrquics amplifica generalment el soroll; per assegurar-se que la informació no es deformarà i limitar els errors d'interpretació, l'empresa ha d'utilitzar recursos especials i sistemes de control costosos, com els periòdics d'empresa, que permeten, per exemple, a les grans organitzacions tallar alguns rumors particularment desmobilitzadors.

Entre les barreres, hi ha les normes col·lectives, que impedeixen sovint que la gent vegi les coses d'altra manera que com les ha conegudes. Així, al començament dels anys 1970, diverses investigacions americanes havien mostrat que calia reduir considerablement el pes i la potència dels cotxes americans, després d'haver comprovat la demanda creixent de cotxes alemanys i japonesos com a segon cotxe, i gradualment com a primer cotxe familiar. No obstant això, els enginyers dels grans constructors refusaven qualsevol canvi, adduint que els consumidors no acceptarien mai canviar els seus costums. Les dues crisis de l'energia de 1973 i de 1975 van donar aviat la raó als investigadors i van accelerar considerablement el canvi. De totes maneres, aquesta evidència sembla que no s'hagi entès bé, malgrat la nova crisi de l'energia, si es tenen en compte els enormes dèficits de les firmes americanes. El resultat és que Toyota ven ara més de cotxes als Estats Units que General Motors. Aquest exemple confirma que el més gran obstacle al canvi es troba sovint al cap de la gent, en aquest cas precís, al cap dels enginyers d'aquestes firmes.

L'empresa pot tanmateix anar més enllà dels límits dels *petits mons,* tot millorant la qualitat i la varietat de la informació que recull. Per això, li cal augmentar la capacitat de recerca i d'absorció de la seva organització, i organitzar o posar en marxa sistemes de traducció i d'adaptació de la informació. Limitar-se a multiplicar la informació per la vetlla o d'una altra manera no és prou. Cal també ser capaç de triar-la, analitzar-la i finalment utilitzar-la bé. És allò que veurem ara.

6.4.1 Millorar la capacitat d'obtenció i d'absorció de la informació

Una firma és un fabricant de coneixements, a condició que tingui els recursos per aprendre, és a dir per extreure i convertir els sabers explícits i tàcits a través de cicles d'externalització, de combinació, d'internalització i de socialització (Nonaka, 1994). El coneixement resulta en efecte de l'aprenentatge interactiu que dóna les bases de saber, diferents segons l'experiència i la capacitat d'aprendre dels actors en una firma. Això suposa almenys vuit actituds o aptituds cara a la informació:

1. Una capacitat de recerca d'informació més o menys dirigida, sobretot per la vetlla;
2. La posada en marxa i l'actualització regular de les capacitats d'absorció interna i externa per la contractació de personal qualificat, la formació contínua i enllaços amb recursos externs de transformació de la informació, com algunes assessories especialment intel·ligents[13] o consellers científics;
3. La capacitat de convertir la informació en coneixement i de fer circular el coneixement en l'organització;
4. Algunes capacitats de persuasió en l'organització, segons les aptituds a aprendre, les actituds a canviar i les pràctiques a fomentar, més aviat que jocs de poder que tenen tendència a retenir la informació, si no a esbiaixar-la;

> Husted i Michaïlova (2002) expliquen que els comportaments culturals dels executius russos, com el fet de no admetre els seus errors per preservar el seu rang en la jerarquia, bloquegen considerablement l'intercanvi d'informació i poden causar greus problemes quan treballen en filials pertanyents del tot o en part a societats occidentals.

5. El desenvolupament de flux informacional per les xarxes (col·laboracions de mitjà o llarg termini i de tota mena amb els clients més importants, els proveïdors i fabricants d'equips associats, laboratoris de valorització o d'investigació, etc., o sigui amb actors diferents que procuren així una informació diversificada i multidisciplinària), per intercanvis sistemàtics d'informacions tàcites i codificades, intercanvis que reposen sobre la confiança reciproca i on no intervé cap joc de poder;
6. L'acceptació de possibles efectes de dissonància o de discontinuïtat, que poden conduir a noves possibilitats d'innovació;
7. La capacitat d'assenyalar les seves competències a l'exterior (utilitzant la patent per assegurar la seva reputació o instal·lant-se en un parc tecnològic) per formar part d'un club de noves idees, d'una xarxa avançada d'intercanvi informacional[14];
8. Finalment, la construcció de trajectòries fortes recorrent a combinacions noves[15].

13 És a dir, firmes capaces d'aportar noves informacions, com noves pràctiques adaptades a cada context i que vagin més enllà de les eines corrents, del gènere dels Kaisen, sovint implantats sense transformació, per crear noves distincions per a la firma.

14 És un dels motius que han donat alguns dels membres per explicar la seva participació a la xarxa de la càtedra Bombardier (Julien i al., 2003b), i com és el cas per als parcs tecnològics (Storey i Strange, 1990).

15 Contràriament a posicions de tancament que fan que algunes trajectòries tecnològiques siguin especialment ineficaces però que perdurin per inèrcia, fins i tot quan els motius que explicaven el seu desenvolupament ja han desaparegut (David, 1944).

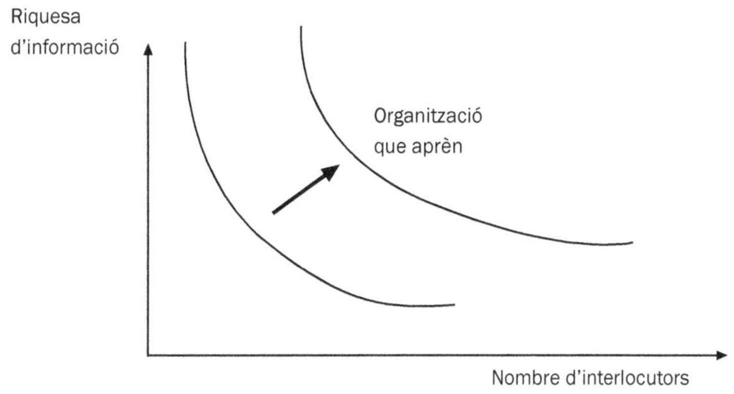

| Figura 6.4 |
La transformació de la informació en coneixement i el principi de menor dificultat

En resum, aquestes actituds o aptituds permeten superar les restriccions informacionals causades per l'amplificació del soroll a les organitzacions i les capacitats limitades d'aprenentatge (Sørensen i Stuart, 2000), en desplaçar, per mitjà d'una xarxa rica, la corba que limita la riquesa de la informació a mesura que el nombre d'interlocutors augmenta, com es pot veure a la figura 6.4 i com es discutirà al capítol següent.

6.4.2 Organitzar la traducció de la informació fent enllaços i desenvolupant sinestèsies

Però no es tracta només de multiplicar la informació rica. Cal ser capaç de connectar-la, de donar-li sentit i de transformar-la en estratègia i en acció. Bettis i Pralahad (1995) recorden que les empreses obtenen cada cop més informació, però són sovint incapaces de utilitzar-la a causa del seu sistema de transformació i d'apropiació, mal organitzat. Una primera transformació passa per les passarel·les informacionals i pels líders de cada organització. Les primeres són els empleats que estan en connexió amb l'exterior, com els venedors i els tècnics o els enginyers que conversen amb els proveïdors i els fabricants d'equips. Venedors pendents de les observacions dels clients poden aportar molts elements que poden servir d'incentiu per a innovacions de totes menes. Els executius o els empleats en connexió amb venedors de nous materials o de nous equips poden preparar el canvi, o bé ajudar a adaptar els equips actuals a noves possibilitats. Els segons, els líders, han de convèncer l'organització dels avantatges del canvi i disminuir les reticències o resistències que es presentin.

Després d'haver obtingut i difós aquesta informació, l'organització ha necessitat allò que hem anomenat *catalitzadors d'informació* (Julien, Vaghely i Carrier, 2004), i que Krogh, Nonaka i Ichijo (1997) anomenen *activistes del coneixement*, o sigui persones que faciliten la connexió, la tria i sobretot la síntesi de la informació que circula dins i fora de l'organització. Aquests catalitzadors es troben tant en un entorn d'informació algorítmica (a base de fórmules, models i altres sistemes de resolució de problemes deguts a la incertesa), com en un entorn heurístic de creació de sentit, de discussió i d'interpretacions pròpies del tractament de l'ambigüitat (Vaghely i Julien, 2008). Són sovint executius subalterns que tenen per missió obtenir de les passarel·les informacionals i dels altres empleats tota mena d'informacions tàcites o explícites que poden servir per a la presa de decisions, per donar-los un sentit, compartir-les, fer-ne una síntesi, i transmetre-les finalment a la direcció, perquè decideixi el camí a seguir. Es pot tractar, per exemple, d'empleats que resolen tota mena de problemes, que no tenen tasques específiques però que poden donar un cop de mà a un empleat o a un equip per a qüestions especials. O són empleats antics, molt experimentats, que coneixen tots els mecanismes de l'organització i que així poden ajudar a orientar-la. De vegades són catalitzadors més oficials, a qui l'empresa ha encarregat preparar les ofertes i que són capaços de millorar les fórmules habituals per satisfer algunes demandes especials a millor cost, qualitat o termini que els competidors.

Aquests catalitzadors són els multiplicadors dels llocs sovint virtuals d'intercanvi d'informació i de saber-fer. Rogers (1995, pàg. 337) descriu així les seves principals qualitats: ajuden a desenvolupar les necessitats d'intercanvis i a establir les relacions amb el mercat; poden diagnosticar en l'empresa els problemes que, provenint o no del mercat, podrien incitar el client a anar a un altre lloc, i són capaços de fer que ella reaccioni i passi a l'acció; estabilitzen l'adopció del canvi i prevenen les ruptures de continuïtat; finalment, consoliden els enllaços reticulars per assegurar-ne la permanència. Aquests catalitzadors són una de les eines de transformació de la informació en coneixement; afavoreixen l'eficàcia de les xarxes i permeten quan convé augmentar el seu nombre i de reduir així la incertesa i l'ambigüitat.

6.4.3 Sobretot, anar més enllà de les anàlisis lineals o de la lògica dominant

Pralahad i Bettis (1995) recorden que les empreses obtenen cada cop més informació, però són sovint incapaces d'utilitzar-la, perquè el seu sistema de transformació, o sigui d'apropiació, està mal organitzat, o a causa d'hàbits, o potser prejudicis, que els impedeixen intentar superar la lògica dominant. Com hem dit, aquestes empreses es limiten a utilitzar fórmules preparades per analitzar la informació, i obliden superar-les amb una visió heurística que faci lloc a la intuïció. Només confrontades a crisis greus accepten finalment trencar les seves rutines i fins i tot posar-les en qüestió, però sovint és massa tard.

No obstant això, un millor control de la informació és el fonament d'una bona estratègia, sobretot de l'estratègia proactiva, allò que permet alimentar l'esperit d'empresa, com hem vist a la figura 4.1. És per tant sobre aquest control que es fonamenta la flexibilitat de les empreses i, al final, el seu caràcter distintiu, així com el de les regions. Aquest control passa per les xarxes que, escollides amb criteri i mantingudes de forma intel·ligent, permeten a l'empresa superar la informació factual obtinguda per discernir-hi els petits indicis portadors de futur, gràcies als quals podrà anar més lluny, o més ràpidament que els seus competidors.

A la nostra metàfora, les preguntes que fa Guillaume de Baskerville es resumeixen finalment en aquest millor control informacional, que explica la importància de la gran biblioteca en el monestir. És per això que qualsevol bona organització criminal, per sobreviure i desenvolupar-se, ha de posar en marxa un sistema de corrupció directa i indirecta, justament per obtenir sistemàticament informació sobre les estratègies de les forces de l'ordre i sobre l'evolució de les necessitats de la seva clientela actual o futura, per tal d'estar informada ràpidament de qualsevol canvi i poder copsar les noves oportunitats.

7

les xarxes

Una segona condició *necessària*: compartir la informació que porta a la innovació

El cafè és molt en ús a París: hi ha un gran nombre de cases públiques on es distribueix. En algunes d'aquestes cases, s'expliquen coses; en altres, es juga a escacs. N'hi ha una, on preparen el cafè de tal manera que dóna ànims als que en prenen: si més no, de tots els que en surten, no hi ha ningú que no cregui que en té quatre cops més que quan ha entrat.

MONTESQUIEU, *XXXVIena carta persa*

Les xarxes territorials i extraterritorials, tant si funcionen als cafès, com recordava Montesquieu fa més de 280 anys, com per les associacions professionals o d'una altra mena, són un dels fonaments del funcionament del medi dinàmic i per tant dels enllaços entre els actors. Són el mitjà privilegiat per compartir la informació a l'interior d'un territori i de cercar, triar i acumular la informació que arriba de l'exterior del territori. Són per tant fonamentalment difusors i *amplificadors* d'informació per a les empreses.

En efecte, vistes les característiques de la informació, els actors, sobretot els empresaris, prefereixen gairebé sempre obtenir-la per intercanvis cara a cara amb gent coneguda o recomanada que per mitjans institucionalitzats o a distància, com s'acaba de recordar unes pàgines més amunt. Aquestes trobades constitueixen el suport necessari al desenvolupament del coneixement i l'instrument clau per sostenir l'aprenentatge i finalment crear sinergia a la regió.

Però per què entrar en una xarxa, si un dels objectius importants de la creació d'una empresa és la independència? Això forma part d'una de les paradoxes de què hem parlat al començament d'aquesta tercera part. Però respon també a les necessitats de proximitat de qualsevol individu amb gent que l'entén i que poden sostenir els seus esforços i fins i tot alimentar el seu entusiasme. Si les empreses són lliures de fer xarxa amb qui vulguin, no perceben les xarxes que han constituït elles mateixes com una barrera a la independència.

Els emprenedors i els membres de la seva petita organització són éssers socials; formen part d'una família i d'una comunitat, i per tant estan tots més o menys connectats a xarxes almenys socials, si no econòmiques, a base d'intercanvi recíproc i de confiança. Qualsevol emprenedor té almenys la seva família i els seus amics per obtenir i intercanviar informació i alguns associats que li venguin els seus inputs en millors condicions i l'ajudin a distribuir els seus outputs. Al moment de la creació, uns i altres són sovint crucials per aconseguir engegar i arribar a la velocitat de creuer.

A les regions hi ha diversos llocs d'intercanvi informacional més o menys informals, com els cafès, els restaurants, els clubs i les associacions diverses, que permeten als emprenedors obtenir tota mena d'informacions i l'ajuden a avaluar-les. I els empleats no queden pas de banda, amb enllaços amb els seus amics a l'interior i a l'exterior de l'empresa o amb els seus companys de professió, com a membres d'un club esportiu o cultural o d'una associació benèfica, etc.

Un estudi del Battelle Institute de Ginebra va mostrar a inicis dels 70 que els cafès europeus eren el principal lloc on la gent de negocis compartien la informació referida al desenvolupament de la seva empresa. Passa una mica el mateix als restaurants i bars nord-americans, cosa que recorda també que la distensió afavoreix l'intercanvi d'informació.

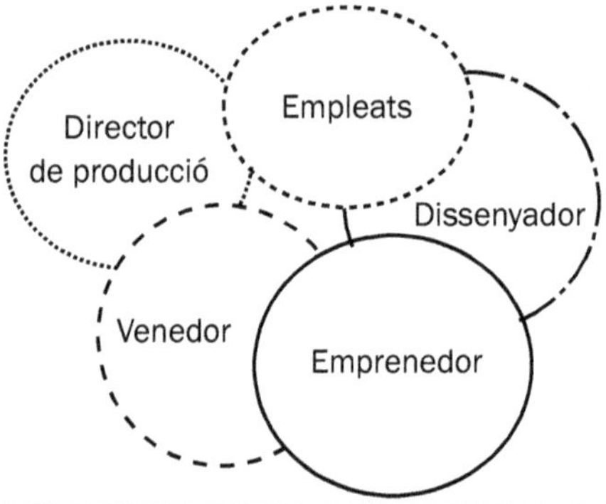

| Figura 7.1 |
Interrelacions entre les xarxes del personal d'una firma

Les xarxes han existit sempre, tot i que els investigadors no les han descobert fins fa una trentena d'anys. Aquesta ignorància prové de la vella teoria econòmica segons la qual les empreses estaven aïllades, i només funcionaven amb un sistema de competència més o menys ferotge. En tota organització, al contrari, es troben diverses xarxes més o menys entrellaçades, segons el nombre d'executius i d'empleats. Per exemple, moltes PiME utilitzen les xarxes dels seus empleats per contractar personal nou o entendre millor el canvi en el seu medi (Dess i Shaw, 2001), o també les xarxes dels seus executius per donar suport a demandes de subvenció a l'Estat (Johannisson, 1995; Julien i Lachance, 1999). Com il·lustra la figura 7.1, les diverses xarxes s'encavalquen més o menys, segons la utilització que en fa la direcció (Allen, 1997), i evolucionen més o menys ràpidament, al ritme de l'arribada de nous membres i de l'establiment d'objectius nous[1].

Les xarxes constitueixen l'estructura de comunicació i d'aprenentatge que la regió ofereix als actors, sota la forma de llocs tant físics com virtuals d'intercanvi informacional. Són també l'expressió del col·lectiu i de les

1 Qualsevol emprenedor pot estar enllaçat, directament a o través dels seus empleats, amb unes quantes desenes de persones, que també estan enllaçades amb altres. Els lligams possibles, per exemple, entre cent persones, són 4.950, d'acord amb la fórmula (N/(N-1))/2 (Rogers, 1995, pàg. 308). Evidentment, no s'arriba mai a aquest valor potencial, que d'altra banda no és necessari per obtenir la bona informació, ja perquè algunes xarxes són redundants o perquè els emprenedors no tenen prou temps per multiplicar el nombre de xarxes útils.

convencions establertes en tota societat, i il·lustren el funcionament mateix del medi. Són la base sobre la qual es desenvolupa el capital social, perquè afavoreixen o no el desenvolupament d'una cultura emprenedora dinàmica oberta a la innovació, segons si proporcionen informació nova, variada i de qualitat en estar connectades a l'exterior, o si encoratgen al contrari el conformisme, limitant-se a la regió o oposant-se al canvi. Constitueixen un mitjà privilegiat per difondre i compartir la informació, i per tant per aprendre junts, de manera d'arribar a una comprensió mútua del canvi en un sistema de producció i de consum (Maillat, Quévit i Senn, 1993). Poden estar basades en contractes més o menys formals i més o menys a llarg termini, o simplement sobre la confiança i la lleialtat i sobre la reciprocitat entre els socis (Ferrary, 2002). Poden permetre a les empreses desenvolupar actius compartits, col·laterals, complementaris, cosa que facilita la invenció col·lectiva, i per conseqüent distingir-se i créixer (Allen, 1983).

Xarxa de la dirigent de l'empresa E176

Fins i tot les empreses molt petites desenvolupen la seva xarxa, com la xarxa d'una dirigent d'E176, una empresa manufacturera exportadora de quatre empleats, fundada l'any 1990 i situada en una petita municipalitat allunyada.

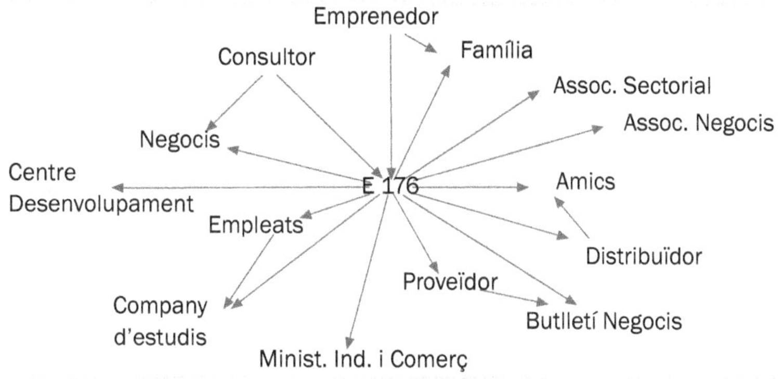

La figura il·lustra els diversos enllaços d'aquesta dirigent, que ens ha dit: 1) que és membre de dues associacions, o sigui l'Agrupació de les dones de negoci del Quebec (ASSOC. NEGOCIOS) i una associació del seu sector industrial (ASSOC. SECTOR); 2) que treballa amb dues persones –recursos exteriors a la seva empresa– que l'ajuden en la gestió dels afers quotidians, i que són un proveïdor de matèries primeres que ha trobat al Butlletí de negocis (PROVEÏDOR/ BUTLLETÍ DE NEGOCIS) i una representant que li ha presentat un amic (AMICS/ DISTRIBUÏDOR); 3) a més a més, els dos últims anys, dues institucions li han proporcionat suport quan ha tingut un problema: el Centre local per al desenvolupament de l'empresa (CLDF) i el ministeri d'Indústria i Comerç per incentivar activitats d'exportació (MIC); 4) finalment, els sis últims mesos ha conversat del desenvolupament de la seva empresa amb tres persones importants: un consultor de la gran ciutat (finances i R+D) que l'ha contactada per negocis i a qui només coneixia des de feia uns mesos (la relació ara s'ha trencat) (CONSULTOR/

NEGOCIS), un empleat que va conèixer a la universitat (fa deu anys) i amb qui parla tots els dies (EMPLEAT/ COMPANY D'ESTUDIS), i finalment el seu germà, que resideix en una altra ciutat i que és copropietari d'una altra empresa, amb qui parla una desena de cops cada mes (FAMÍLIA/ EMPRESARI). Font: Julien, Lachance i Morin (2004)

Així, quan són dinàmiques, les xarxes constitueixen un mitjà privilegiat per afavorir la circulació sistemàtica d'informació rica en un territori, és a dir per cercar-la i adaptar-la a les necessitats dels emprenedors, per tal d'accelerar el seu aprenentatge del canvi (Zajac i Olsen, 1993). Responen també a una necessitat crucial, la de disminuir la incertesa i l'ambigüitat davant les decisions a prendre. Aporten informació no buscada i proporcionen així diverses indicacions, d'una part, sobre les oportunitats i possibilitats d'innovar amb la finalitat de distingir-se millor dels seus competidors i, d'altra part, sobre recursos disponibles per aprofitar millor les oportunitats, cosa que permet la varietat a les empreses. Constitueixen una mena de *xarxa fina parada*[2] per agafar al pas la informació estructurant, amb la finalitat de veure millor les oportunitats i tractar-les, ja que la dimensió de la malla permet filtrar la informació per només retenir els elements desitjats. Juguen per tant un paper molt important en l'emprenedoria; tant més que la informació proporcionada per les xarxes té l'avantatge, d'entrada, d'haver estat triada pel fet que els membres es coneixen i coneixen les necessitats mútues; a continuació, d'haver estat analitzada i mesurada de diverses maneres per observadors atents i fins a cert punt experts en el seu camp específic, i finalment d'adaptar-se a les necessitats particulars o potencials de qui la rep, que té tendència a retenir la informació de la seva disciplina o en funció dels seus interessos i de la seva trajectòria, anterior i projectada, tot estant obert a les necessitats dels seus amics o socis, sovint escollits segons els mateixos criteris: «Qui s'assembla s'acobla!». Per tornar a la nostra metàfora, Maigret, com s'ha vist, explica que per entendre la situació i els enllaços entre ella i l'assassí, és molt important conèixer la família i les xarxes de la víctima.

A més, com ja hem mencionat, la participació a xarxes genera informació potencial que facilita la decisió, oferint si cal els recursos complementaris, si no portes de sortida. Birley (1985) diu amb raó que la informació potencial que prové de les xarxes és una *assegurança* per sostenir la decisió i l'acció. La informació efectiva i la informació potencial adaptades a les necessitats dels emprenedors disminueixen per conseqüent la seva incertesa i ambigüitat, i sobretot els convencen de ser encara més actius. A no ser que les xarxes siguin conservadores i més aviat frenin el dinamisme.

En aquest capítol parlarem d'entrada del funcionament de les xarxes, per presentar a continuació els diferents tipus segons el tipus d'empresa i de medi. Acabarem recordant que l'existència de xarxes en un territori no vol dir que la regió estigui treballant en xarxa, ni que els intercanvis siguin els òptims per afavorir la innovació; això ens portarà al capítol següent sobre la innovació.

2 La paraula "réseau" (xarxa) ve precisament de l'antic *rets* francès, petita xarxa de pesca. Ha conservat el sentit en altres llengües, com l'espanyol *red* o l'italià *rete*. Oi que en anglès es diu una xarxa que treballa, *network*?

7.1. El funcionament de les xarxes

Les xarxes provenen sobretot d'enllaços interpersonals lligats de múltiples maneres (Johannisson, 2000). Poden anar més enllà de l'intercanvi d'informació i estendre's a la col·laboració i a la concertació, per finalment esdevenir cooperació.

La primera forma de cooperació, la col·laboració, pot ser més o menys espontània. Per exemple, passa sovint que diversos comerços competidors, com les botigues de mobles o de sabates, col·laborin implícitament situant-se en el mateix sector o sobre el mateix carrer per aprofitar una clientela més gran. Aquest comportament és molt antic; en són testimoni els souks de totes les medines nord-africanes o, a les velles ciutats europees, el nom dels carrers, que evoquen l'ofici dels que s'hi reunien fa uns centenars d'anys. La segona forma, la concertació, és més voluntària, com en el cas dels antics[3] adobadors de pell o dels tintorers, que necessitaven molta aigua per al seu ofici; parteix de compartir alguns serveis per disminuir-ne el cost, tant si es tracta d'una via de tren com d'un port. S'observa als parcs industrials o més recentment als parcs tecnològics i a les incubadores que agrupen serveis comuns. La concertació permet també posar-se d'acord per organitzar, per exemple, una festa de barri per tal d'atreure la clientela, o per compartir alguns comportaments, com en el cas dels districtes industrials. La tercera forma afecta sobretot les xarxes denses, allò que Lorenzoni (1990) anomena també constel·lacions d'empreses connectades entre elles en produccions complexes, i les aliances de vegades puntuals que descansen sobre una col·laboració enfocada a objectius a llarg termini, més difícilment accessibles a les empreses aïllades[4].

Les xarxes informacionals poden diferir en la seva estructura, el tipus d'enllaços que les caracteritza, la posició dels seus membres, el seu tipus de proximitat, la seva dimensió, la seva densitat, la seva diversitat o la seva qualitat. Els enllaços poden ser primaris, és a dir fer-se directament entre els membres, o secundaris i per tant indirectes, i passar llavors per membres intermedis de la xarxa. Gràcies a aquests enllaços indirectes, l'individu pot confiar en la informació secundària que rep d'un interlocutor de fet desconegut, però que li ha estat presentat per un membre de la xarxa en qui té confiança. A més, aquest últim li haurà fet també algunes recomanacions sobre la manera d'abordar aquell tercer per treure'n tota la informació desitjada. En un bon nombre de xarxes informacionals, es funciona sovint de pròxim a pròxim per obtenir la informació més precisa possible, per tal de tenir una resposta completa. Els enllaços secundaris són els que fan la riquesa d'una estructura reticular, perquè permeten reduir considerablement el temps dedicat a buscar la solució a un obstacle que impedeix innovar eficaçment, en tant que es tenen tots els altres elements i informacions per fer-ho.

3 Antics als països industrialitzats, ja que aquesta concertació existeix encara, per exemple, a les tintoreries de la medina de Fes, al Marroc.

4 Les distincions entre les diferents formes de cooperació vénen d'una discussió que vam tenir amb Bernard Billadout durant un viatge al Marroc el 2003 per donar un curs a la Universitat americana d'Alakhawayn.

Una bona xarxa informacional primària no cal que sigui gaire gran[5], ja que el seu primer paper és proporcionar informació personalitzada, més difícil d'assegurar quan hi ha massa interlocutors (Athreye i Keeble, 2002), mentre que el segon és poder connectar els seus membres a altres xarxes. Segons el *principi de menor dificultat*, una xarxa massa gran engendra cada cop més soroll, és a dir incomprensions per falta de coneixement mutu. La *valència*[6], o capacitat d'una xarxa per obtenir, absorbir i transmetre informació precisa i apropiada, ve limitada pel nombre dels seus membres i l'atracció o repulsió que senten els uns pels altres: massa de membres fa els enllaços cada cop més fràgils i la qualitat de la informació feble, perquè els membres es coneixen poc i no adapten bé la informació als altres; massa poc membres limita la varietat de la informació transmesa i per tant la sinergia en els intercanvis. Com hem vist, el nombre màxim seria més o menys 15[7]; o, si més no, les afinitats eficaces es limiten a aquest nombre, i suposen sovint la creació de subxarxes per limitar el soroll en grups més grans.

El nombre pot variar segons la proximitat i la densitat. Si els enllaços són febles o poc recíprocs, caldrà un nombre més gran de membres per trobar-ne algun que respongui les preguntes. Però si la densitat és forta, el nombre es pot reduir. La densitat té a veure no només amb el nombre de participants, sinó també amb els seus enllaços recíprocs, amb la posició de cadascun d'ells en la xarxa i a la proximitat entre ells. La posició pot ser central o perifèrica, sent la primera la que proporciona el màxim d'informació[8]. La posició *de node* a la xarxa (veure la figura 7.2), si és dinàmica, facilita els intercanvis i augmenta la proximitat, que reposa també sobre la confiança entre els membres i la reciprocitat dels seus intercanvis sense intermediari (Bidault, Gomez i Marion, 1995). La densitat es mesura per la relació entre el nombre d'enllaços que existeixen efectivament entre els membres agafats de dos en dos i el nombre d'enllaços possibles (Niemeijer, 1973). Així, a la figura 7.2, la xarxa A és menys densa que la xarxa B. Però en tots dos casos el membre representat pel cercle blanc ocupa una posició relativament central per obtenir el màxim d'informació, la posició de node, en tant que el membre *n* és perifèric i a causa d'això només rep poca informació.

| Figura 7.2 |
Els diferents enllaços possibles entre els membres segons el tipus de xarxa

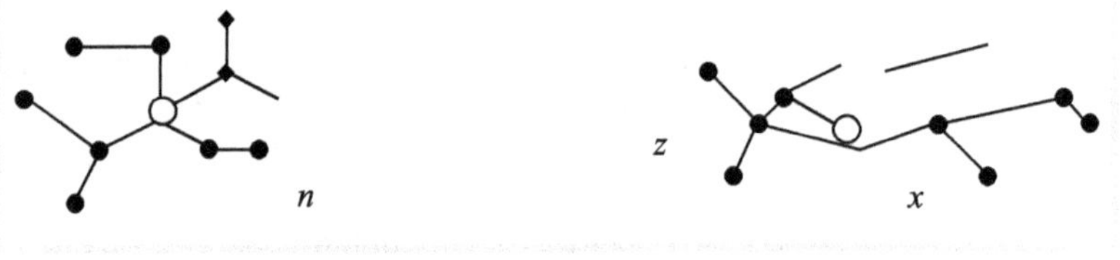

5 Si més no des de l'òptica del que busca informació. Així, un emprenedor pot establir lligams amb només un o dos investigadors d'una gran universitat, cosa que constitueix una petita xarxa primària, inclosa de totes maneres en una xarxa general evidentment molt més àmplia.

6 La valència en química és el nombre possible d'àtoms que es poden combinar entre si. En psicologia, és la mesura de l'atracció (*valència positiva*) o de la repulsió (*valència negativa*) que un subjecte experimenta respecte als altres. El nombre quinze agrupa les anàlisis recorrent al principi de menor dificultat que hem vist abans.

7 Hem trobat aquest nombre òptim a nombroses empreses quebequeses de tecnologia punta amb qui hem treballat.

8 És el cas en associacions de negoci quan l'empresari forma part de la seva direcció, com vam constatar en un estudi sobre les xarxes i la innovació à Brazzaville (Julien, et coll., 2009).

Els enllaços són diversos, i la seva qualitat depèn de la connectivitat, de la intensitat i de la durabilitat de les relacions. La connectivitat és el nombre d'enllaços entre els membres, la seva accessibilitat, la seva reciprocitat i la seva reactivitat, així com la seva durabilitat. Com més nombrosos, recíprocs i de fa temps són els enllaços, cosa que crea un clima de bona familiaritat, més les preguntes susciten reaccions i més els intercanvis són intensos i poden per tant ser adaptats i rics (Johannisson i al., 1994; Julien i Lachance, 1999).

Però el nombre no és suficient: cal també la diversitat. Una xarxa composta de membres semblants o que tenen relativament les mateixes idees no és gaire rica, ja que genera habitualment poques idees noves o complexes i no fa més que repetir sempre les mateixes. Tanmateix, una certa redundància no és necessàriament dolenta, sobretot per a emprenedors distrets. És allò que Burt (1992) va voler il·lustrar en proposar la seva teoria dels forats estructurals, per parlar dels enllaços que falten entre interlocutors potencials. Avança que, contràriament a allò que es podria creure, com més forats hi ha, menys la informació és redundant, i més nova i rica. Així, a la figura 7.3, les fonts B i C del cas 2 són redundants i per tant menys útils a A, que pot recórrer a la una o l'altra per obtenir la mateixa informació que ve de D o d'E. Al contrari, en el cas 1, C és necessàriament útil a A, que pot acudir directament a B, a C o a D, ja que no hi ha cap forat estructural entre aquests últims, per obtenir la informació sense passar per un intermediari, cosa que és més curta i evita qualsevol problema de soroll.

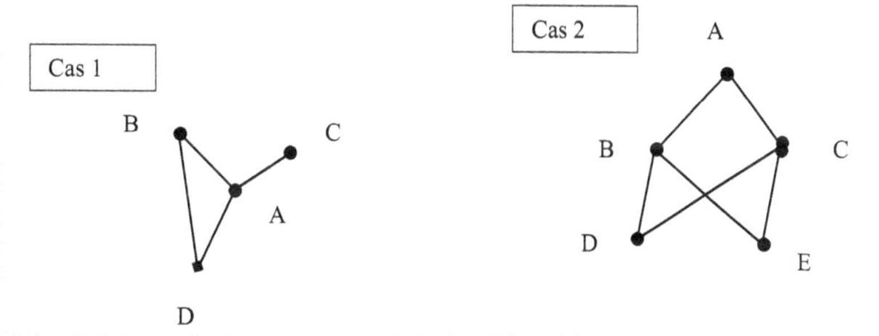

| Figura 7.3 |
Enllaços directes i indirectes entre els membres d'una xarxa i forats estructurals

De totes maneres, una bona xarxa ha d'integrar membres heterogenis, que aportin idees diferents. Tanmateix, l'heterogeneïtat sense profunditat, és a dir sense intercanvis prou freqüents, impedeix als membres conèixer-se millor, i comporta per això mateix una mala adaptació de les respostes als interlocutors (Degenne i Fossé, 1994; Human i Provan, 1997).

> Bona part dels acords signats els anys 1980-1990 a les regions quebequeses per dissenyar plans comuns de desenvolupament han deixat de funcionar ràpidament, bé perquè agrupaven gent que tenien relativament les mateixes idees o les mateixes solucions, o bé, si comptaven amb participants diferenciats, perquè no es reunien prou sovint, cosa que els impedia treure tota la riquesa de l'heterogeneïtat.

Així, el tipus d'enllaços, la dimensió, la densitat i la diversitat juguen un paper molt important per obtenir una xarxa de qualitat. La qualitat es mesura per la capacitat dels membres d'una xarxa per proporcionar informació rica, és a dir oportuna o nova, descodificada i adaptada, com hem vist al capítol precedent. Com més elevada és la diversitat (Aldrich i Zimmer, 1986), perquè la xarxa inclou més experts (coneixedors) en la matèria que semblants (Ruef, 2002) i la informació hi arriba per canals diversos, més l'equip emprenedor és capaç d'absorbir la informació i més augmenta la qualitat de la xarxa.

Però, quin és el pes de les diverses variables? Sembla que només la dimensió (més gran) aconsegueix el consens dels investigadors (Singh i al., 1999); encara que una dimensió massa gran sigui portadora de burocràcia i soroll, com hem dit. La intensitat i les altres característiques de les xarxes impedirien treure'n plenament profit, inclosa la rapidesa de circulació de la informació per copsar les oportunitats abans que els altres. Aquesta absència d'unanimitat és tanmateix normal davant d'una heterogeneïtat de xarxes i de capacitat emprenedora d'absorció tan gran com la de les PiME. Tant més que només algunes xarxes de l'empresa (o de l'emprenedor) es tenen en compte en els estudis actuals, i que la naturalesa, la qualitat dels enllaços, la seva influència a curt i a llarg termini i, per tant, el tipus de la xarxa al qual s'està connectat i la seva evolució queden encara per mesurar (Julien, 2006).

7.2. Els tipus de xarxa

Existeixen diversos tipus de xarxes socioeconòmiques de compartició d'informació. Algunes empreses han muntat una xarxa mínima estricta, altres formen part d'un sistema de xarxes que van ben més enllà dels enllaços que es pot dir naturals (personals i de negoci), a base de xarxes voluntàries i estratègiques (xarxes de col·laboració diversa durant períodes limitats). Sense comptar les xarxes de poder (polítiques) per obtenir un monopoli, per aprofitar ajudes especials de l'Estat o «per enganyar millor el públic», com deia Adam Smith ja el 1776, tot i que les xarxes socioeconòmiques no estan exemptes d'aquest defecte.

Les xarxes poden ser naturals, per essència o espontànies, com les xarxes de parentesc i d'amistat, les del treball, les de clubs socials, etc. Aquestes xarxes són dites socials o d'encaix en una comunitat i permeten entendre les convencions locals i conèixer altres xarxes econòmiques (Proulx, 1989). Poden ser *ad hoc* i més específiques, i venir, per exemple, d'una proximitat geogràfica, com quan algunes empreses estan de costat en un parc industrial. Es poden haver desenvolupat per raons de curt termini, amb ocasió d'una fira industrial o d'un congrés científic, per aprofitar-los millor. Però també poden ser voluntàries o construïdes gradualment per respondre a necessitats d'informació cada cop més complexes. Sovint estratègiques, aquestes últimes xarxes s'han constituït per sostenir el dinamisme de l'empresa dins una àrea industrial d'empreses interdependents (districtes industrials, parcs tecnològics, etc.) o per afavorir la formació i la informació complexa. El quadre 7.1 il·lustra les diferents formes que distingeixen les xarxes socials de les xarxes de negoci, les quals poden ser estratègiques i especialment dinàmiques per afavorir la innovació i la formació.

| Quadre 7.1 |
Diferents tipus de xarxes
Adaptat de Dumoulin, 1996, citat per Dussuc, 2000.

	Forma genèrica	**Forma específica**
Existència per essència	Xarxes socials d'encaix	Xarxes d'afers
Construcció d'innovació voluntària	Xarxes estratègiques	Xarxes dinàmiques i de formació

Hi ha d'una banda les xarxes de negoci, que es divideixen en xarxes personals i en xarxes de negoci pròpiament dites o de transaccions, i de l'altra les xarxes informacionals, que poden ser socials, i oferir llavors una informació més general (les xarxes socials o simbòliques, segons Johannisson, 2000), o estratègiques, quan enfoquen una innovació més especial.

Generalment, les xarxes personals compten amb alguns membres del personal, executius o empleats clau, sobretot els més antics, membres de la família pròxima o ampliada, amics o companys d'estudis, alguns clients importants, un membre especial de l'associació de l'emprenedor, etc.; en resum, gent amb qui l'emprenedor té una relació emotiva intensa i en qui té prou confiança per conversar regularment del desenvolupament de la seva empresa. En general, aquestes xarxes tenen vuit o nou membres, almenys als països nòrdics, o fins a catorze membres als països del sud (Birley i coll., 1991; Julien, 1995; Drakopoulos-Dodd i Patra, 2002), cosa que remarca altre cop la importància de l'impacte de la cultura sobre l'emprenedoria, sobretot a les empreses informals dels països en desenvolupament (Sverrison, 1997). La xarxa personal es pot organitzar com un consell d'administració o un quasi-consell, o potser servir només quan fa falta, sobretot per valorar noves idees o per demanar l'opinió, o almenys els pressentiments, dels seus membres sobre l'evolució de l'entorn de la firma[9].

Pel que fa a les xarxes de negoci pròpiament dites o de transaccions, estan formades per participants econòmics cap amunt i cap avall. Cap amunt es troben els proveïdors de matèries primeres, de peces o de productes acabats o semiacabats, els fabricants d'equips, les firmes financeres, etc. Si estan ben connectats, poden proporcionar no només informació corrent, sinó també informació prospectiva: els proveïdors de matèries primeres i els d'equips poden així aconsellar a l'empresari emmagatzemar abans que els preus no pugin o esperar que baixin, o encara fer durar tal equip fins que surti al cap de poc la

9 Una enquesta recent mostra de totes maneres que els consells d'administració de les empreses no són sempre eficaços per generar idees noves. Per exemple, al Québec, només el 6% dels membres contribuirien fortament al desenvolupament de l'empresa (el 14% a Suècia i el 7% a Holanda). A més, només el 33% dels membres del consell d'administració (el mateix percentatge que a Suècia i Holanda) col·locarien "sempre els interessos de l'empresa en primer lloc". Aquests resultats no són sorprenents: els dirigents consideren que només un 17% dels membres (el 30% a Suècia) arriben ben preparats a les reunions (Laurendeau i col., 2003). Però és probable que l'enquesta s'hagi fet sobretot a les grans empreses, cosa que l'article no precisa.

nova tecnologia que ha de millorar considerablement els resultats. Cap avall es troben els transportistes i les diferents firmes associades a la distribució (comerciants a l'engròs, publicitaris, etc.), que poden ser valuosos, no només perquè ajuden a posar millor els productes al mercat, sinó també perquè proporcionen tota mena d'informació que permet a l'empresari desenvolupar millor el mercat. Així, si els camioners estan atents per descobrir el canvi en les empreses on lliuren, poden ajudar a ampliar els mercats, a avisar de l'arribada d'un competidor, a millorar els retards de distribució per competir millor amb ell, etc. Consells com aquests beneficien tant el productor com el transportista.

Finalment, les xarxes informacionals representen les altres fonts d'informació nova. Comprenen les assessories, els organismes de formació, les firmes financeres en el seu aspecte assessor, els centres de recerca, els organismes governamentals d'ajuda diversa, etc. Poden limitar-se a proporcionar serveis generals com els d'auditoria comptable o de certificació del sistema de qualitat[10], o ser molt més actius i estimular el canvi a les empreses, proporcionant-los una informació avançada que els permetrà innovar, distingir-se i així augmentar la seva competitivitat. La figura 7.4 il·lustra la configuració que poden prendre les diferents xarxes dels emprenedors.

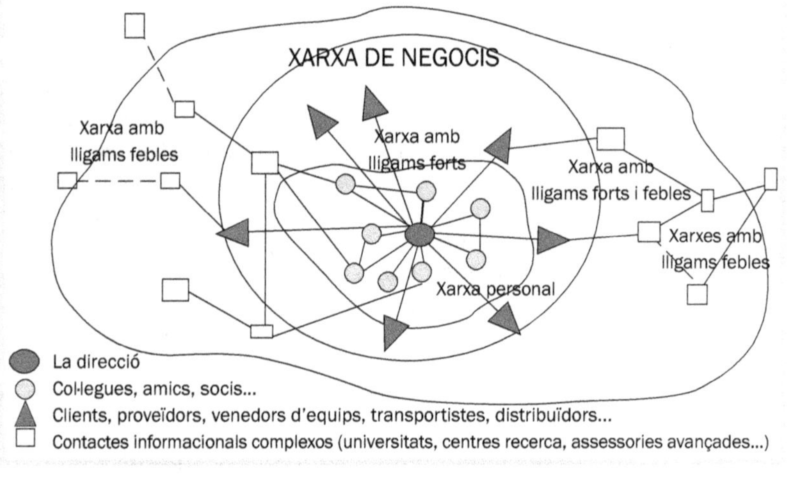

| Figura 7.4 |
Esquema de les principals xarxes dels emprenedors
Adaptat de B. Johannisson i T. Johnsson (1988), «New ventures networks strategies», Quadern d'investigació, nº 18, Universitat de Växjö.

Evidentment, alguns membres de les xarxes de negoci o de les xarxes informacionals poden formar part de la xarxa personal després d'un cert temps, si la informació que procuren és de prou de qualitat per donar confiança a l'emprenedor i incitar-lo a consultar-les més sistemàticament. D'altra banda, el recurs als membres d'aquestes xarxes pot ser regular o esporàdica, segons la qualitat i la importància de les informacions intercanviades (Johnson i Kuen, 1987; Julien, 1995; Johannisson i Kantis, 2000).

10 Els nostres estudis d'auditoria en profunditat en un gran nombre d'empreses revelen que sovint la certificació de qualitat segons la norma ISO 2000 no supera el mínim requerit, o que serveix de paravent, per utilitzar a continuació els estocs com a tampons, en tant que la qualitat ha de ser molt més que això.

Alguns sociòlegs (Granovetter, 1973, 1982; Krackhardt, 1992) han distingit les xarxes d'enllaços forts de les xarxes d'enllaços febles. Els primers resulten de relacions freqüents i ofereixen per tant un clima de gran confiança recíproca, mentre que els segons, que descansen sobre una o més trobades esporàdiques, demanen molt més esforç a l'empresari que, per comprendre la informació que li proporcionen, ben sovint ha de fer-se-la confirmar per altres fonts.

Es pot suposar que, generalment, les empreses tenen relacions de negoci a l'interior del seu propi sector industrial. No obstant això, aquests enllaços rarament s'hi limiten. Analitzant els enllaços clients-proveïdors entre 22 empreses manufactureres d'una petita regió del Quebec, la Mauricie, classificades en tres subsectors diferents (transport terrestre, aeronàutic i nàutic), Drolet i al. (2003a) han observat que aquestes empreses mantenien enllaços entre elles sense importar gaire la seva classificació en un subsector donat.

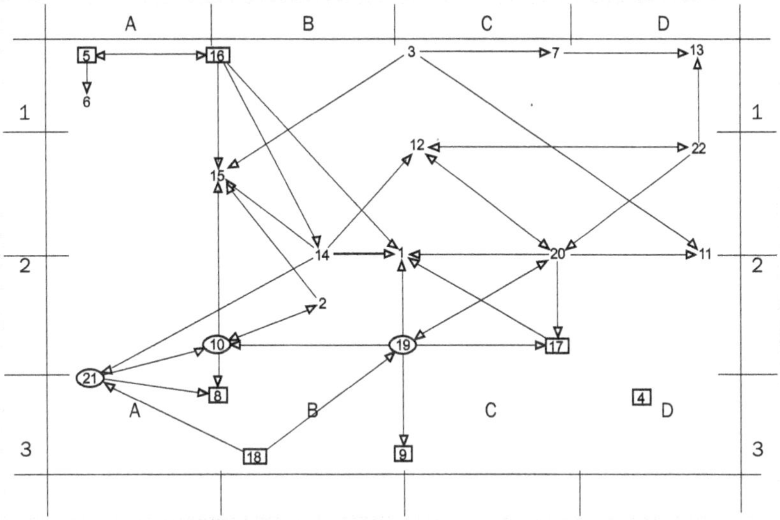

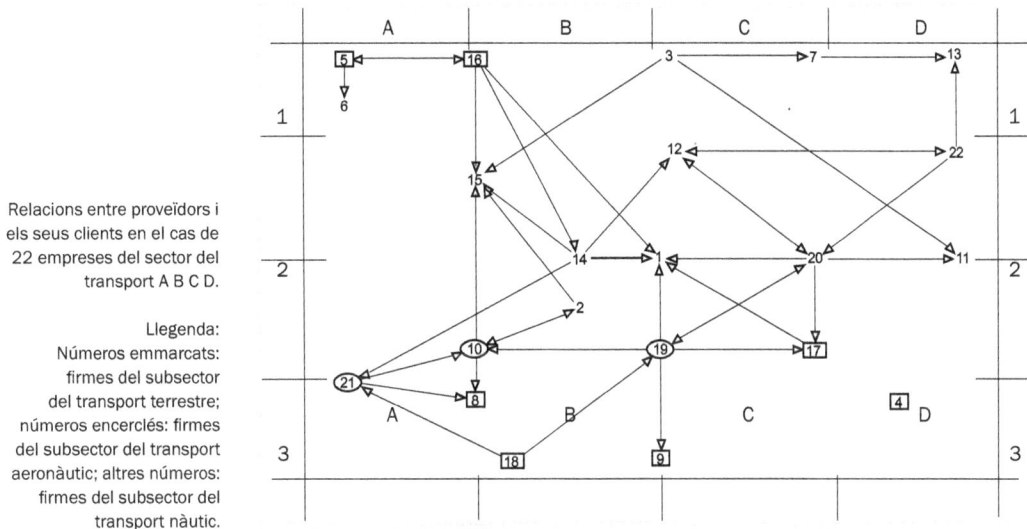

Relacions entre proveïdors i els seus clients en el cas de 22 empreses del sector del transport A B C D.

Llegenda: Números emmarcats: firmes del subsector del transport terrestre; números encerclés: firmes del subsector del transport aeronàutic; altres números: firmes del subsector del transport nàutic.

Així, en aquesta figura, s'observa 1) que empreses del sector del transport terrestre són també proveïdores d'empreses del sector aeronàutic i del sector nàutic; 2) que empreses del sector aeronàutic són proveïdores d'empreses del sector terrestre i del sector nàutic; i 3) que empreses del sector nàutic són proveïdores d'empreses del sector aeronàutic. El quadre següent enumera aquests enllaços intersectorials clients-proveïdors. En aquest quadre, la menció 21. 8 indica que l'empresa 21, que pertany al sector de l'aeronàutica, és un proveïdor de l'empresa 8, pertanyent al sector del transport terrestre; o també que 18. 21 i 19 indica que l'empresa 18, del sector transport terrestre, és un proveïdor de les empreses 21 i 19, classificades en el sector aeronàutic.

Per Granovetter, els enllaços forts suposen sovint una accentuació de les relacions entre els interlocutors, ja que els intermediaris entre enllaços forts afavoreixen l'aproximació, la transitivitat entre les fonts per crear cada cop més redundància i per tant menys informació nova. Així, els enllaços forts tenen tendència a crear zones tancades, a reproduir les mateixes representacions mentals, a proporcionar informació que es repeteix, mentre que els enllaços febles constitueixen ponts que poden donar accés a altres xarxes per a informacions més específiques i puntuals (Rothwell, 1989; Sundbo, 1998). Alguns estudis semblen per tant demostrar que són els enllaços febles els que susciten el canvi, a condició, és clar, que es tinguin en compte, i que els enllaços forts donin consistència al grup; però no fins al punt que aquest últim no accepti els que pensen diferent. En altres paraules, els amics i els coneixements pròxims se'ns assemblen i la seva freqüentació aporta rarament grans novetats, mentre que la trobada amb gent diversa provoca sigui reaccions de rebuig, sigui una certa posada en qüestió que ajuda a evolucionar. Això coincideix d'altra banda amb Robert Marris (1971), que explicava que els que pensen diferent són *pioners* que fan evolucionar els petits grups de consumidors.

Relacions intersectorials client/proveïdor

	Terrestre	**Aeronàutic**	**Nàutic**
Terrestre		18. 21 i 19	5. 6
Aeronàutica	21. 8 10.8 19. 9 i 17		10. 15 i 2 19. 1 i 20
Nàutic	Cap	14. 21 2. 10 20. 19	

Per exemple, una empresa del sector del transport terrestre que fabrica remolcs pot modificar-los per vendre'ls a una empresa del sector nàutic. Aquests enllaços de negoci permeten a les empreses anar més enllà del seu sector respectiu i diversificar la seva producció.

Des del punt de vista econòmic i en el sentit informacional discutit abans, és preferible parlar de xarxes de senyals forts o febles que de xarxes amb enllaços forts o febles. En efecte, la major part del temps, les xarxes amb enllaços forts aporten una informació fàcilment compresa, i es pot dir que són de senyals forts, mentre que les xarxes amb enllaços febles procuren una informació menys ben compresa, a causa de la inatenció i de la manca de confiança, cosa que en fa xarxes de senyals febles. Per Caron-Fasan (2001), la noció de senyal feble va estretament lligada al temps, perquè aquest senyal només té una durada limitada i només es pot captar puntualment; cal doncs ser allà al moment adequat, tant més que aquest senyal és ofegat i escampat per una multitud d'altres informacions i de soroll (Leska i Blanco, 2002).

Les xarxes de senyals febles corresponen sovint a organismes que no formen part dels camps tradicionals de la gent de negocis, com els centres de recerca i les universitats (Friedkin, 1980; Woodward, 1988; Julien, 1993a); tot i que també es pugui trobar senyals febles a la informació tàcita recollida al costat dels operaris de màquines o dels agents comercials utilitzats. Per arribar a aquestes xarxes de senyals febles, cal generalment passar per intermediaris membres de les xarxes de senyals forts, com hem vist més amunt a la figura 7.4.

A les xarxes riques que recullen senyals forts, provinents d'un cert costum de treballar junts, i senyals febles, sorgits de diferències en els sabers i els saber-fer dels associats, es troben les aliances amb altres firmes innovadores, per exemple per sostenir la recerca i el desenvolupament (Gulati, 1991). Així, les empreses de sectors punters com la biotecnologia o les noves formes d'energia aconsegueixen molt d'avantatge, per conèixer els últims desenvolupaments en la matèria, aliant-se o cooperant a mitjà termini amb els centres de recerca especialitzats de les universitats, que també estan en contacte amb altres centres d'universitats estrangeres. Una altra forma de xarxa molt eficaç és la participació en una empresa-xarxa, on generalment hi ha un gran contractista i els seus diversos subcontractats (Aliouat, 1996). Aquesta xarxa densa afavoreix la sinergia, instaura un sistema d'aprenentatge col·lectiu i sistemàtic i procura a les empreses que en formen part una capacitat de producció que els permet distingir-se cada cop més dels seus competidors per relacions complexes molt difícilment reproductibles; és sobretot el cas de la xarxa de la Càtedra Bombardier (Julien i col., 2003b)[11]. Si aquesta xarxa ofereix un mecanisme d'aprenentatge accelerat, és perquè no només pot comptar amb la presència de membres amb formació, experiència i manera d'enfocar els problemes molt variades, i amb fonts informacionals ampliades, ja que cada participant de la xarxa té els seus contactes particulars, sinó també perquè tots els exemples reals d'aquests membres tenen un efecte multiplicador i esdevenen models que permeten a l'emprenedor trobar la millor solució al seu problema[12]. Els districtes industrials, en els quals es troba un molt gran nombre de petites empreses compartint els diferents elements d'una cadena de producció, constitueixen també xarxes denses especialment eficaces per dominar un mercat internacional (Beccatini, 1989; Conti i Julien, 1991).

Les regions tenen interès a encoratjar les firmes a unir-se a xarxes més riques o també a ajudar les xarxes locals a connectar-se a fonts d'informació internacional, per exemple a través de centres de recerca d'universitats i col·legis connectats a xarxes internacionals. El dinamisme territorial, fins i tot a les grans ciutats, decau sovint perquè les xarxes no es renoven o els costa multiplicar els contactes internacionals portadors de noves idees (Cabust i Vanhaverbeke, 2006). Qualsevol sistema de xarxes ha d'evolucionar, renovar-se regularment, reemplaçant alguns membres o afegint-ne d'altres i creant sense parar enllaços amb noves xarxes (Johannisson, 1995; Monstedt, 1995). Així mateix, qualsevol xarxa ha d'inscriure's en xarxes més complexes (veure la figura 7.5), entre elles les xarxes internacionals que, encara que siguin generalment de senyals febles, no permeten pas menys anticipar el canvi i descobrir oportunitats noves.

---

11 El principal resultat d'aquesta xarxa és haver portat les organitzacions industrials membres a apropiar-se del canvi tant tecnològic com organitzacional, de manera que aquest prepari el canvi següent; sent així que, ara fa deu anys, a l'inici de la xarxa, qualsevol canvi major suscitava immediatament resistències i esdevenia sovint una muntanya a escalar.

12 Aquests models de solució adaptada disminueixen també les resistències i transcendeixen els hàbits: "si aquella empresa ha aconseguit resoldre tal problema en un entorn que coneixem bé, per què no nosaltres?" Així mateix, les xarxes denses multipliquen les possibilitats de trobar noves solucions a través de la confrontació d'experiències i informació nova per a molts.

Fa poc hem fet una enquesta en una antiga regió en declivi que volia promoure un rellançament. Hem remarcat que el 70% dels empresaris manufacturers havien acudit a diversos contactes nous durant l'any, contactes el nombre dels quals representava del 10 al 50% del nombre dels membres de la xarxa. Prop del 29% d'aquests empresaris havien conservat a continuació una bona part dels contactes nous, mentre que els altres només els havien utilitzat una sola vegada. És força probable que, en el primer cas, els contactes hagin transformat i enriquit les xarxes, mentre que en el segon només han servit per respondre a preguntes explícites o tàcites en el moment que es plantejaven. Pot ser tanmateix que aquests contactes es tornin a utilitzar més endavant si cal. D'altra banda, com més grans eren les PiME, més evolucionaven en mercats tecnològics o innovadors, més les seves xarxes eren complexes i de senyals febles i es transformaven regularment (Julien, Lachance i Morin, 2004).

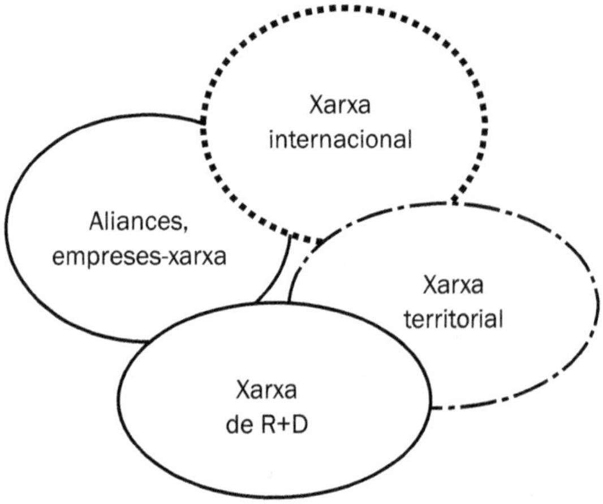

| Figura 7.5 |
Imbricació de xarxes complexes

En resum, la col·laboració reticular pot aportar diversos avantatges: 1) una millor percepció del canvi o la seva anticipació, sobretot en el mercat (gustos o possibilitats); 2) la localització o l'addició de recursos complementaris; 3) la compartició i combinació de coneixements actuals o nous; i finalment 4) l'enllaç amb noves fonts informacionals per a nous avenços tècnics o noves percepcions dels problemes (Ahuja, 2000).

És gràcies a la complexitat de la seva direcció que una empresa especialitzada en mobiliari industrial, sobretot per a ferreteries, ha pogut triplicar el nombre dels seus empleats en menys de deu anys. La direcció està formada per joves executius amb una col·laboració tal en el treball que poden, si cal, realitzar les funcions els uns dels altres. Per exemple, el director de vendes va a parlar d'una comanda especial directament amb el personal de producció, el director de producció participa a les transaccions amb un client quan les necessitats d'aquest són noves i demanen una reordenació de la producció. A més, el PDG encoratja els seus executius a anar regularment a les fires industrials, a teixir la seva pròpia xarxa informacional, i a continuació a posar en comú els seus sabers i saber-fer, cosa que dóna a l'empresa una flexibilitat i una capacitat d'adaptació i d'innovació particularment eficaces per guanyar parts de mercat importants a Amèrica del Nord (Julien i al., 2003a).

7.3 Informació, xarxes i innovació

Si, en una regió, les relacions dels empresaris es limiten a poc més que a la seva xarxa personal i a una o algunes xarxes de negocis, és que l'accés a xarxes informacionals més subtils, fonts d'innovació i per tant de competitivitat, no és generalitzat. Els empresaris que volen millorar la seva competitivitat han d'organitzar millor les seves xarxes i inserir-se en xarxes més *intel·ligents*, capaces de sostenir sistemàticament el seu aprenentatge, és a dir, d'ajudar-los a desenvolupar el seu saber i de proporcionar-los regularment informació rica, portadora d'innovació i d'oportunitats noves (Allen, 1983). Formar part de diverses xarxes proporcionades pel medi no vol pas dir ser sostingut en els esforços de distinció. Hi ha empresaris que prefereixen estar a xarxes que ofereixen el mínim de novetat, per por de ser discutits. La participació a xarxes actives si no proactives no és per força natural, cosa que podria explicar per què no hi ha necessàriament una relació de causa a efecte entre l'enxarxat de les empreses i el seu èxit (Johannisson, 1995; Witt, 2004). Tant més que pot molt ben ser que les xarxes d'una regió siguin més aviat portadores de conformisme i constitueixin frens a l'expressió de noves idees.

Shan, Walker i Kogut (1994) han mostrat que hi ha una relació positiva entre el nombre de vincles de col·laboració, la posició a les xarxes i la innovació. Però, com hem dit, els resultats d'aquests estudis no són prou clars i susciten moltes preguntes, sobretot a causa de la complementarietat dels tipus de xarxes i perquè la informació prové d'una capacitat d'absorció important i per tant d'un procés acumulatiu difícil d'avaluar.

Evidentment, la tria de les xarxes depèn del sector al qual l'empresa pertany i de l'estratègia que ha escollit. En una indústria madura de canvi lent, com la indústria tèxtil o la indústria de la fusta, les xarxes no tenen necessitat de ser tan dinàmiques com en indústries de la moda o de tecnologia puntera, com la roba d'esport o la biotecnologia. En aquests últims casos, trigar alguns mesos massa a entendre que una informació és crucial pot representar la diferència entre la supervivència i el desenvolupament. Passa el mateix amb l'estratègia d'una empresa reconeguda com a líder en el seu domini, cosa que li suposa destinar recursos importants a la vetlla en xarxes avançades, sovint internacionals. D'altra banda, la xarxa pot desenvolupar-se a mesura que l'organització evoluciona i l'entorn canvia, poden aparèixer nous enllaços que n'arrosseguen d'altres, etc. (Dodd, Anderson i Jack, 2004; Julien, Lachance i Morin, 2005).

Sempre és possible i beneficiós millorar la qualitat de les xarxes naturals, com la xarxa personal i les xarxes de negocis. A la xarxa personal, els empresaris tenen l'avantatge de poder afegir un o dos membres poc crítics o no tradicionals (que no vinguin ni del sector ni del medi dels negocis, com un científic), amb la finalitat de confrontar les seves idees i trobar-ne de noves, ni que sigui en respondre a les preguntes que el nou membre no deixarà de posar per clarificar les idees que li semblin confuses, encara que siguin evidents per a tots els altres. A les xarxes de negocis és necessari no només treballar amb proveïdors i fabricants d'equips dinàmics, sinó escollir bé els seus representants, i si cal entrar en contacte amb els executius o amb el departament de disseny per obtenir una informació més precisa.

> Un petit fabricant de matalassos m'explicava que els enllaços amb el seu proveïdor de teixit, una empresa quaranta o cinquanta vegades més gran que la seva, li havien permès conèixer la directora del centre de recerca i establir amistat amb ella, fins al punt que efectuava gratuïtament investigacions per respondre a les qüestions complexes que li posava, qüestions que ella apreciava molt per la seva ment innovadora, que contrastava amb el caràcter sovint massa conservador de les dels membres de la seva empresa.

Amb les empreses cap avall, la col·laboració pot ser molt beneficiosa, per exemple amb el transportista que té tota mena d'informació per millorar la distribució i resistir millor la competència. Dit sigui de passada, els europeus utilitzen molt millor els seus transportistes que els nord-americans, que són desgraciadament massa passius.

Els estudis recents revelen també que és preferible, per l'empresari que vol innovar, freqüentar xarxes de senyals febles, que són les més grans portadores de noves idees (Ansoff, 1975; Ruef, 2002). Per contra, si vol ser acompanyat en el seu itinerari i les seves decisions, i rebre el complement d'informació necessària per mantenir la seva estratègia a curt i a llarg termini, l'empresari haurà de pensar més a recórrer a les xarxes de senyals forts.

Això tornar a mostrar que les xarxes de senyals forts són lluny de ser inútils. De fet, les dues formes no s'oposen, sinó que són complementàries, ja que les noves idees que vénen de xarxes de senyals febles s'han de completar amb altres informacions provenint de xarxes de senyals forts: els primers són sovint la condició necessària, determinant, i els segons, la condició suficient per conduir a la innovació més sistemàtica (Freel, 2000; Julien, Ramangalahy i Andriambeloson, 2004). Els secrets de la indústria no estan per tot arreu «en l'aire», sinó que circulen a través de xarxes o d'estructures d'interaccions en què prevalen sovint relacions de confiança (Cohendet i al., 1998). En definitiva, com menys enllaços febles tingui una empresa o menys acudeixi a xarxes de senyals febles, menys innovadora serà. I inversament, com més d'enllaços febles tingui i més formi part de xarxes de densitat feble o amb forats estructurals, més innovadora (Granovetter, 1973; Seibert, Kraimer i Liden, 2001).

De fet, cal arribar a una combinació òptima de rutines, idees experimentades i idees noves provinents de xarxes de senyals febles, on les primeres permeten utilitzar l'experiència per aplicar millor a continuació les idees noves. Això ens porta a la teoria basada en els recursos i les competències, segons la qual la combinació especial de recursos i competències de la firma canvia gràcies a l'aportació sistemàtica d'idees noves pels individus membres de la xarxa, una aportació que agita tot allò conegut per transformar-lo, en un procés desordenat que Cohendet (2003) anomena efecte de *percolació*[13].

Evocant el cafè, els grans mòlts del qual es desagreguen, xoquen, es barregen i es recomponen en una cafetera per retirar-ne tot l'aroma, la metàfora de la percolació aplicada a les xarxes il·lustra el fenomen de contagi desordenat de les idees individuals que impulsa el conjunt de membres a modificar qualitativament la seva comprensió d'una pregunta quan la barreja i l'acumulació d'aquestes últimes han arribat a un cert llindar.

En altres paraules, per a les PiME i l'emprenedoria, les xarxes creen entre els diferents actors de la regió i de més enllà d'aquesta una proximitat que afavoreix l'intercanvi d'informacions subtils que actuen sobre el saber i transformen el saber-fer per sostenir la innovació, que al seu torn sosté la flexibilitat en l'organització i la interorganització (a les xarxes), per respondre de manera especial a cada client i compensar així economies d'escala subordinades. Com que les PiME, per definició, no tenen els recursos de les grans empreses, han de disposar d'una reserva de recursos externs per completar els seus, en particular recursos nous per captar els oportunitats. Amb l'enxarxat del saber i la distribució de tasques entre les firmes (concentrant-se en les seves competències i treballant en xarxa amb subcontractats), les empreses responen a la varietat que reclamen la nova economia del coneixement i les necessitats de la nova divisió del treball en aquest coneixement. La figura 7.6 il·lustra *l'efecte de percolació* entre la proximitat, la flexibilitat i la varietat, efecte que genera noves idees i noves capacitats per distingir-se millor.

Com veurem a la quarta part, la regió ha de jugar un paper important en el desenvolupament de l'enxarxat, facilitant si no és creant aliances i intercanvi informacional entre firmes de serveis avançades, centres d'investigació i valorització i PiME manufactureres. Per tornar a la nostra metàfora, una bona manera de limitar el desenvolupament de les bandes criminals en un territori és limitar si no bloquejar les comunicacions entre elles, com fa la policia de Montréal amb els diferents grups de Hell's Angels[14].

L'enxarxat destaca la importància del sector dels serveis per a la producció manufacturera, ja que el dinamisme d'uns i altres afavoreix el desenvolupament general. Cosa que explica que sigui tan difícil parlar de la productivitat dels serveis, que, a primera vista, sembla evolucionar molt més lentament que la del sector manufacturer. Ara bé, la productivitat manufacturera és cada cop més dependent de la productivitat dels nous serveis oferts, per exemple, a la indústria del transport, de les finances i de la distribució (Gadrey, 1996). El seu dinamisme requereix l'aportació dels

13 La metàfora de la percolació s'utilitza en matemàtiques i en física per explicar com alguns elements s'aglomeren en subconjunts per formar grups de clústers que apareixen finalment en forma de quadrícula. Per exemple, serveix per saber com un incendi forestal s'estén de punt a punt i no de manera contínua. Referent a això, veure Stauffer i Aharony, 1992.

14 Amb relació a això veure les novel·les de Kathy Reich, sobretot *Déjà Dead*, 2003.

serveis motors treballant en interacció[15] (institucions de formació, assessories informàtiques, firmes de formació i desenvolupament de mercats, firmes d'enginyeria per a la R+D i la implantació de noves tecnologies, centres d'investigació, etc.), i afavorint el desenvolupament del coneixement (Julien i Thibodeau, 1991; Gallouj, 1994). Hem mostrat també que les gaseles recorren sistemàticament a l'expertesa externa en tota mena de serveis complementaris, cosa que explica els seus resultats, malgrat les limitacions dels seus recursos interns (Julien i al., 2003a).

Com més l'estructura regional es limita a xarxes de senyals forts tradicionals i poc obertes a l'exterior, més limita una certa desviació tecnològica al seu territori i afavoreix així la inèrcia. Com més els empresaris estan encaixats en xarxes conservadores, més aquestes xarxes són «teixides atapeïdes», més tendència tenen a promoure la facilitat i la redundància en comptes de la innovació (Uzzi, 1997).

Però, altra vegada, les xarxes no constitueixen l'enxarxat que dinamitzarà un territori. Massa empreses regionals s'acontenten amb una xarxa personal tradicional o poc utilitzada i amb xarxes de negocis que proporcionen els recursos mínims: 1) perquè els falta temps; 2) perquè no tenen ganes de créixer; 3) perquè fer d'una altra manera capgiraria el costum d'actuar sol i els mètodes apresos sobre la marxa per gestionar una PiME (Curran i al., 1993), sobretot a les més petites (Chell i Baines, 2000); i 4) perquè tenen molt poques ganes d'innovar o de distingir-se i creuen encara que una localització particular bastarà per protegir-les. No obstant això, a la nova economia del coneixement, la innovació és al cor de la singularització i per tant de la competitivitat, tant per a les empreses com per a les regions. És la condició suficient que s'afegeix a les dues condicions necessàries de què acabem de parlar. Anem per tant a examinar-la de més a prop al capítol següent.

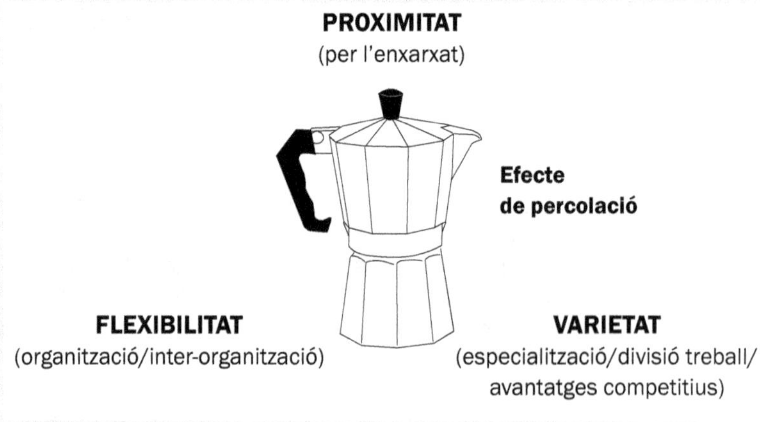

| Figura 7.6 |
Relacions entre la proximitat, la varietat i la flexibilitat estimulades per l'efecte de percolació desenvolupat a les xarxes

15 Els serveis provenen sovint de relacions per a les quals les parts es poden estimular per innovar instantàniament, en tant que coproductors i coinnovadors.

8

la innovació

La condició suficient

Una dona que abandona París per anar a passar sis mesos al camp en torna tan passada de moda com si s'hi hagués estat des de feia trenta anys. [...]
De vegades, els pentinats pugen insensiblement, i una revolució els fa baixar de cop.
[...] Qui s'ho podia pensar? [...]
Amb els hàbits i la manera de viure passa com les modes: els francesos canvien de costums segons l'edat del seu rei.

MONTESQUIEU, *XCIXena carta persa*

Fins i tot, si la relació entre innovació i emprenedoria no ha mai estat plenament resolta, continua estant al nucli del procés emprenedor, com explicava Schumpeter des de 1911 (Krueger, 2007), i és el factor clau que permet distingir les firmes, com hem vist al capítol 4. Això s'explica en part per la dificultat d'imaginar que la innovació pugui ser perpètua. Per exemple, la teoria de l'estat estacionari, desenvolupada per teòrics com John-Stuart Mills al segle XIX o Simon Kuznets al XX, afirma que hi hauria un límit al canvi perpetu i per tant a la innovació. No obstant això, Montesquieu subratllava ja amb el seu exemple de la moda que canvia contínuament que les possibilitats de combinacions són infinites, a causa de la contínua necessitat de canvi dels homes. La innovació per les firmes és d'altra banda al centre de l'enfocament estratègic basat en els recursos i les competències, i així de la competitivitat regional i mundial. En la nova economia, per tant, és crucial per a les PiME i les regions. Per reprendre la nostra metàfora de les novel·les policíaques, la innovació en el crim és una de les condicions més importants per no deixar-se agafar, perquè els policies coneixen la majoria si no totes les fórmules ja utilitzades i poden fàcilment remuntar la pista fins als autors que les empren.

Per Schumpeter (1934), la *combinació renovada* d'idees o d'elements existents permet a l'organització que la realitza distingir-se en el mercat, tot creant noves rutines que tornaran a ser transformades si la innovació es renova. La definició d'una recombinació d'idees, que genera evidentment una nova realitat i afecta un o més productes i el procés de producció, va en el sentit que hem sostingut en el cas de l'economia del coneixement. És també represa per Choo (1998), que fa de la innovació una nova creació de saber per la conversió d'informacions en noves informacions[1]. Tarondeau (2002) ha comprovat més d'un cop que la gent de negocis consideren la innovació com el resultat del treball de control i reorganització que l'organització efectua sobre els sabers i les competències, per captar una oportunitat de mercat o obrir un nou domini d'activitat.

Alexandre Dumas, l'autor dels *Tres mosqueters*, explica en el seu *Gran diccionari de cuina* del 1850 que el gastrònom titular de Napoleó, el senyor marquès de Cussy, havia caigut en desgràcia després de la derrota de Waterloo. Però quan Louis XVIII va saber que havia estat el primer a trobar «la barreja de maduixa, nata i xampany», s'apressà a concedir-li el perdó. La recombinació complexa feta pels grans cuiners és tanmateix criticada pel xef francès, Hervé This, físic i químic de formació, que pretén que aquesta recomposició és sovint mínima i només obeeix algunes regles sobre els contrastos entre dos dels sis elements, que són l'amarg, el dolç, el sec, l'oliós, l'ensucrat i el salat[2]. D'una banda, es pot utilitzar més de dos elements, fins a sis, cosa que dóna 720 recomposicions possibles (segons el factorial del nombre 6). D'altra banda, This oblida que cadascun d'aquests elements pot amagar matisos innombrables, o sigui una mica més o menys dolç, ensucrat, amarg, etc., fet que crea un nombre gairebé infinit de recombinacions de gust molt subtil[3]. Sense comptar el color dels diferents plats, que permeten als ulls participar a la festa dels sentits. Les combinacions possibles són per dir-ho així infinites, i per tant accessibles a qualsevol empresa astuta i ben connectada a la informació nova, sigui quin sigui el seu sector d'activitat.

La innovació es manifesta abans de tot per l'aprenentatge, o sigui per l'apropiació i la transformació per l'emprenedor o l'organització d'una o diverses idees que vénen sobretot de l'exterior, però també de la firma. Li permet distingir-se dels seus competidors i així desenvolupar-se. Finalment, la multiplicació de la innovació a les empreses del territori permet a aquest últim desenvolupar-se ràpidament.

La innovació es distingeix de la invenció, més escassa i que sorgeix més o menys per casualitat[4], i de la creativitat. La invenció descansa sobre teories, principis, i prové sovint dels laboratoris. Implica una novetat, a diferència de la innovació, que acostuma anar combinada amb alguna cosa coneguda. La creativitat, per la seva banda, és la recerca de noves idees que han de ser verificades i desenvolupades a continuació[5]. La innovació és nova *en tant que resultat*, tant en el seu ús com en la seva aplicació. Així és la cuina dels grans xefs, com s'ha vist a l'emmarcat precedent, i es basa generalment en una recomposició més o menys regular d'elements nutritius de tota mena i de preparacions per impressionar la vista, i sobretot el palau. És, sota una forma o altra, una transgressió dels

1 Per Van de Ven (1986), la innovació prové d'una idea nova que tant pot ser una recombinació d'idees antigues com una recombinació que modifiqui l'ordre actual, o un enfocament percebut com a nou pels compradors.

2 Font: entrevista al Devoir, 30 de desembre del 2002.

3 Fins i tot a la humil patata hi ha més d'un centenar de varietats, algunes de les quals lliguen de manera més específica amb algunes carns per crear gustos especials, com alguns vins amb alguns formatges. Així mateix, els italians han inventat més d'un centenar de pastes, la major part gustoses i molt allunyades de les pastes sovint insípides del restaurant de barri que d'italià només té el nom, pastes fines que poden servir per diferenciar qualsevol bon restaurant. Recordem que aquesta metàfora del menjar per entendre el fenomen continu de la innovació és utilitzada també per Noteboom (2000, 40).

4 Allò que s'anomena serendipitat. Fins i tot en aquest cas cal un medi propici, ja que la casualitat no es dóna mai, sinó que ha de ser captada i acceptada.

5 De Branbandere (1998) explica que la creativitat és l'espurna que engega la reflexió, en tant que la innovació és la barreja gasosa que permetrà resoldre un problema químic. La primera es fa en un instant, en tant que la segona necessita temps per realitzar-se.

costums establerts, de l'ordre, de les normes, sense que cada element ho sigui. És per tant local o particular per a cada organització, tot i que ve de l'exterior, com en el cas de la compra d'un equip nou ja utilitzat en altres empreses, que obliga el seu comprador a refer la disposició dels altres equips i a repensar l'organització per millorar la productivitat o el producte.

L'any 1996, a l'Internacional Council of Small Business que es feia a Estocolm, em vaig trobar cara a cara amb la senyora Tilton Penrose, un dels investigadors que ha influït més en les meves primeres reflexions sobre la importància de les PiME en l'economia. Amb el seu concepte d'intersticis ha explicat l'existència, al costat dels grans mercats, de petits mercats reservats a una clientela limitada i per tant oberts a les petites empreses, ja siguin culturals, geogràfiques o tecnològiques. Em va explicar, d'una part, que el seu llibre sobre les causes del creixement de les empreses venia de la demanda d'un ministeri britànic que el seu director li havia passat perquè pogués guanyar alguna cosa mentre treballava a la seva tesi sobre un tema ben diferent i, d'altra part, que la idea dels intersticis li havia vingut de les discussions amb alguns empresaris. Durant la seva al·locució com a conferenciant convidada, va assenyalar que mai no havia considerat haver creat un dels conceptes essencials per comprendre les PiME i que, finalment, el contingut del seu llibre procedia d'una sèrie de casualitats sobrevingudes gairebé sense adonar-se'n.

La innovació està molt rarament aïllada, tant a l'empresa com a l'economia, ja que es dóna en una multitud de situacions més o menys estables. A l'empresa sovint és l'efecte d'un seguit de petits canvis, alguns molt senzills, que provenen d'una resposta plena d'astúcies a un problema de producció o a una pregunta d'un client; uns canvis més o menys controlats i que afecten diferents elements de la cadena de valor: de la recepció de les matèries primeres i la seva evolució fins al mode de distribució. I això és encara més cert als serveis, on el producte es confon sovint amb el procés i on la innovació travessa generalment tots els elements de la cadena, de la compra a la transformació, a la posada al mercat, a la venda i al lliurament (Gallouj, 1994).

La innovació resulta del *procés d'aprenentatge interactiu* basat en una certa forma de tensió entre les individus i l'organització, suscitat per idees que provenen una mica per tot arreu; una tensió sorgida finalment d'un *pensament lateral* que porta el personal a veure les coses d'una altra manera[6]. Aquest procés a les PiME és sovint més o menys organitzat, ja que un petit canvi obliga sovint a fer altres canvis, que n'arrosseguen d'altres, i així a continuació. És per tant turbulent (Callon, 1995) o funciona en espiral, afectant d'entrada, per exemple, les matèries primeres, a continuació la producció i l'organització, després la distribució, i finalment el producte, el qual engega un nou cicle de canvis (veure la figura 8.1). Prové d'una certa compar-

6 La importància del pensament lateral per a innovar és molt antiga, com es pot llegir a Pella i Forgas el 1892 (pàg. 15: la innovació és "pensar como de lado, porque las más de las ideas nuevas u originales las hallamos por digresión...", referint-se a més a una obra encara més antiga de Soriano (1882), que dóna tota la importància a la imaginació en la invenció i la innovació.

tició i de la transformació col·lectiva de la informació, a l'interior de la firma, gràcies a la intervenció directa o indirecta de diversos empleats, un treball que es fa sempre en relació amb l'exterior per captar les idees *en l'aire* a l'entorn. La mateixa innovació apareix més o menys al mateix temps a nombroses empreses i indústries de diferents països (Von Hippel, 1988).

Heus aquí un bon exemple del funcionament turbulent de la innovació. La fundició Feursmétal (amb una facturació de 43 milions d'euros i aproximadament 500 empleats l'any 2000), a Feurs, França, corria el perill d'haver de tancar a causa de la importància dels seus rebuigs. Per resoldre aquest problema crucial, va decidir no només transformar els seus processos relatius a l'ús dels materials que produïen els principals rebuigs, sinó també canviar els comportaments dels seus empleats i les rutines de producció. En cinc anys, els seus rebuigs van passar de 26.641 tones a 300 tones (MIFE, 2001), i els seus costos generals van disminuir un 15%.

En un altre exemple, una PiME d'una regió allunyada s'havia especialitzat en el tractament de l'esfagne, d'on treia diversos elements que li permetien fabricar adobs específics per a diferents tipus de plantes i flors. Això la va portar a ampliar les seves activitats a la filtració d'aigua, on la turba és especialment eficaç. A continuació, gradualment, va posar a punt altres mitjans físics i químics de filtrar l'aigua. D'altra banda, la seva pràctica d'ensacar turba la va decidir a fabricar equips per a altres tipus d'ensacat. I així a continuació, de manera que aquesta petita empresa, creada fa trenta anys, ocupa ara més de 2000 persones a diversos països.

El cas del Cirque du Soleil, del qual hem parlat al capítol 3, mostra també que una innovació central es pot facilitar amb altres innovacions. Per exemple, els primers anys, quan el Circ amb prou feines cobria despeses i havia de desplaçar-se contínuament, el muntatge de la gran vela va portar a la utilització de matèries compostes per a la fabricació dels puntals que, com que eren molt més lleugers, es podien alçar amb el personal de l'espectacle mateix, per minimitzar els costos.

La innovació és sovint poc espectacular. Està feta de petites diferències en el producte i els materials utilitzats, en l'ofici i la manera de produir, en la distribució, i per tant en la manera de fer i d'oferir els béns i serveis o en el servei postvenda. El Servei francès d'estadístiques industrials (SESSI, 1999b) distingeix d'altra banda la innovació a les PiME de la de les grans empreses, explicant que la primera es basa sovint més sobre la difusió i l'adaptació que sobre la innovació en sentit estricte. En molts serveis, s'observa principalment en la manera de crear la relació entre els venedors i els compradors durant una venda.

Més del 60% de les empreses innoven una mica, bastant o molt, en el producte o en el procés, però sovint en tots dos[7]. La proporció és més o menys la mateixa a les empreses molt petites (de menys de deu empleats), com han mostrat Médus i Pacitto (1994). La major part del temps, la innovació es presenta d'entrada com un canvi vingut de l'exterior, un equip nou o una eina nova, una matèria primera una mica diferent o, en el cas dels serveis, un producte que no forma part de la gamma oferta. Pot suposar una lleugera redistribució dels equips de la fàbrica, petits ajustaments en la seva disposició, o potser canvis als expositors del local de venda. Aquesta innovació poc espectacular però *global* o *difusa* (perquè acaba afectant un bon nombre dels elements de la cadena de valor, tant a l'interior com a l'exterior, incloent fins i tot alguns proveïdors o subcontractats, per exemple) és una bona manera de competir amb les altres firmes que tenen dificultats per entendre tots els elements sobre els quals descansa el caràcter distintiu. Al contrari, una innovació important pot no només atreure ràpidament l'atenció dels competidors, sinó encara incitar-los a reaccionar el més ràpidament possible amb una innovació pròxima (sobretot si una patent dóna una part de la fórmula) per no deixar-se avançar massa. D'altra banda, la innovació espectacular ha de fer front a nombrosos obstacles abans d'arribar al mercat i presenta per tant uns riscos que no tots es poden permetre córrer.

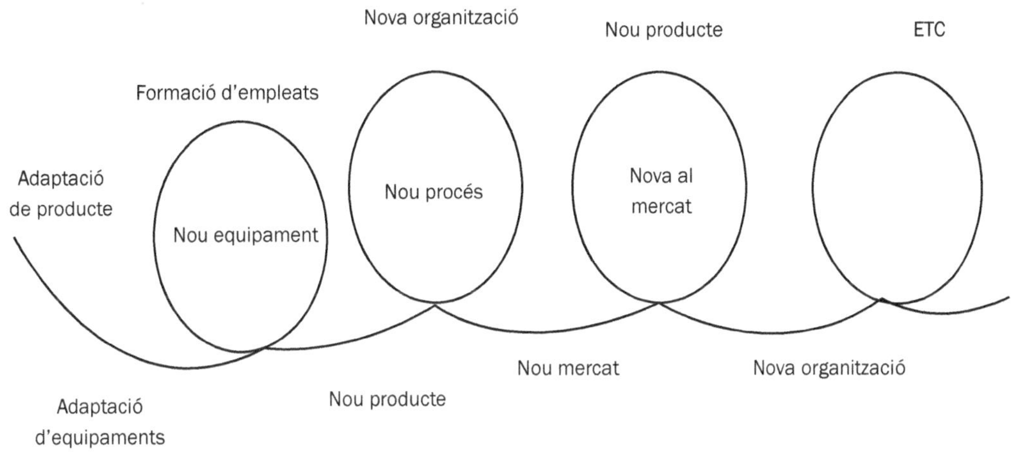

| Figura 8.1 | Funcionament en espiral i turbulent de la innovació en un bon nombre de PiME

En aquest capítol parlarem d'entrada dels diferents tipus d'innovació, i a continuació de la lògica subjacent a aquest procés. A continuació veurem la manera, les regles a seguir per aconseguir que el procés funcioni millor. Acabarem demostrant l'enllaç entre la innovació individual de les firmes i la innovació regional, per tornar al paper de les xarxes capaces de multiplicar la innovació.

7 Aquest percentatge por arribar al 80% si s'hi inclouen els ajustaments menors dels equipaments o de l'organització del treball, o també els canvis d'ordre estrictament estètic en els productes. El *Manual d'Oslo*, de totes maneres, no inclou aquests petits canvis a la seva definició de la innovació tecnològica. Aquest *Manual*, redactat sota els auspicis de l'OCDE, defineix la innovació de producte com "la posada a punt i la comercialització d'un producte amb millors prestacions, amb la finalitat de proporcional al consumidor serveis objectivament nous o millorats. Per innovació tecnològica de procés s'entén la posada a punt/adopció de mètodes de producció o de distribució nous o millorats. La innovació pot fer intervenir canvis que afectin -de forma aïllada o simultània- els materials, els recursos humans o els mètodes de treball" (OCDE, 1997, n. 9)

8.1 Els diferents tipus d'innovació

Schumpeter distingia ja l'any 1934 la innovació de producte de la innovació de procés, sobretot la innovació en els equips, tot parlant de la innovació en la posada al mercat o la distribució i fins i tot de la innovació organitzacional, que afecta sobretot el desplegament del personal. Encara que aquestes distincions es donen en el pla científic, a la majoria de les empreses no és així, ja que sovint una no va sense l'altra: una innovació de producte reclama canvis en els processos, els quals exigeixen al seu torn una adaptació de l'organització del treball i canvis a la posada al mercat per rendibilitzar el producte. I els canvis en els processos permeten adaptar encara més el producte que, un cop al mercat, suscita reaccions de la clientela que ocasionen nous canvis en el producte i en els processos, etc. Als serveis, encara que en el sector manufacturer[8] es pugui recórrer a tecnologies desenvolupades, la majoria de les innovacions no són de naturalesa tècnica, sinó que afecten més aviat els mètodes d'enfocament i de persuasió dels clients i per tant la venda. És per això que es parla de *procés* d'innovació o d'un moviment continu, *turbulent*, com s'ha dit més amunt, del qual no se sap quan engega ni quan acaba, tot i que es pot discernir pauses i acceleracions segons la multiplicació i la difusió de les idees que afecten els diferents elements de la cadena de valor. Per tant, es demana a un innovador que arriba amb una bona idea de producte, que la retreballi cent cops per trobar les nombroses idees complementàries sobre la manera de produir-lo i sobretot de distribuir-lo, idees que permetran que la primera idea pugui arribar al mercat i ser rendible.

Per esquivar la dificultat que hi ha de vegades a distingir aquests dos tipus d'innovació, Barreyre (1975) parla més aviat de dominància. Hi hauria doncs innovació:

...de dominància tecnològica (p. ex., fibra òptica, velcro, lentilla còrnia, caixa negra per al control dels desplaçaments dels camions);

...de dominància comercial (p. ex., nou embalatge regal, nou mode de distribució, com la venda per Internet, nova forma de promoció amb prova gratuïta, nova presentació dels productes);

...de dominància organitzacional (p. ex., franquícies, estructura matricial de l'organització, equips semi autònoms, anàlisis organitzades de les observacions dels clients);

...de dominància institucional (p. ex., taxa sobre el valor afegit, normes anticontaminació, retorn dels tramvies a les ciutats, després del seu abandó els anys 1950-1960).

Però, repetim-ho, a moltes empreses és rar que la innovació no acabi per afectar un gran nombre d'elements de la cadena de valor. I això és encara més cert a la majoria de les PiME, ja que funcionen de manera sistèmica i no estan dividides en departaments. És preferible parlar d'innovació *difusa*, com hem dit, que és més fidel a l'enfocament basat en els recursos i les competències. Les competències generen aplicacions

8 A títol d'exemple, pensem en els nous sistemes de refrigeració per als taulells de les botigues de queviures o les carnisseries, o en els GPS que utilitzen les empreses de transports per seguir millor els itineraris dels seus camions.

especials múltiples a tota l'empresa i, per tant, una nova combinació per sostenir el seu caràcter distintiu. Tot això fonamenta així els avantatges competitius, perquè la combinatòria és difícilment reproductible per les altres empreses a curt termini. En altres paraules, encara que els competidors desmuntin i analitzin atentament el nou producte, i n'estudiïn la posada al mercat, això no els dirà com s'han desenvolupat, produït, muntat i distribuït els elements; i un cop hagin aconseguit penetrar el misteri serà massa tard, perquè l'empresa innovadora ja haurà passat a innovacions més avançades.

Una PiME que produeix peces molt complexes per a la indústria dels productes de transport ha orientat la major part de la seva innovació en el desenvolupament d'eines amb un gran rendiment, disminuint així els seus costos de producció fins al punt que és difícil per la competència entendre com s'ho fan. Per això mateix, la competència de països com la Xina no l'afecta.
En aquest últim cas, cal afegir als febles costos salarials els costos elevats de vigilància de qualitat, si no de descomptes, sobretot per a productes que canvien sovint, i els de transports (sobretot amb l'alça dels preus del carburant), sense comptar alguns suborns, cosa que fa que sigui finalment preferible produir a les PiME occidentals.

Els pauses o les acceleracions comporten una altra distinció entre allò que s'anomena la innovació gradual o *incremental* (segons la traducció literal de l'anglès), que genera canvis menors, però que afecten més del 95% de les innovacions (Mansfield, 1968), i la innovació radical, que provoca un o més canvis majors. És radical no només per aquesta raó, sinó també perquè té efectes sovint importants en diversos sectors de l'economia, contràriament a la majoria de les innovacions graduals. La informàtica és un bon exemple d'innovació radical que s'ha difós en tots o si més no la majoria dels sectors econòmics.

La innovació radical representa tanmateix menys del 5% del conjunt de les innovacions en una economia. Alguns investigadors (sobretot, Abernathy i Utterback, 1978) consideren fins i tot que la majoria, si no totes les innovacions radicals resulten simplement d'un seguit d'innovacions graduals, l'última de les quals fa un salt més gran que les precedents. La història d'innovacions com la bombeta elèctrica o el telèfon, que no són més que la reunió o una nova combinació d'elements coneguts (sobretot ara que se sap que un gran nombre d'investigadors hi treballaven en països diferents des de feia anys), confirma aquesta manera de veure la innovació. Afegim que la innovació radical no és únicament material: Jean-Jacques Salomon, antic director del comitè de la Ciència i de la indústria a l'OCDE, considerava que la innovació més important del segle XX és el lliure servei, que ha transformat tot el sistema comercial dels països industrialitzats (Salomon, 1992).

La innovació pot respondre a una demanda del mercat o venir d'idees d'investigadors, de productors o d'usuaris[9] capaços de combi-

9 Així, von Hippel (1998) va calcular que un 77% de les innovacions en els instruments científics provenien dels usuaris, sovint científics que adapten els seus equips per respondre a les seves pròpies necessitats de recerca i desenvolupament.

nar elements nous per crear d'alguna manera un mercat nou. En aquest últim cas, Hamel i Pralahad (1994) precisen que les innovacions d'aquests *trencadors de convencions* poden fer-se sobre el producte com a tal (els rellotges Swatch), sobre la seva comercialització (Ikea, en mobles, Benetton, en roba) o sobre les regles del mercat (Coca Cola[10] o Microsoft i els seus comportaments monopolístics). Quan poden, les altres empreses acaben per adoptar les innovacions dels precursors tal qual o modificant-les lleugerament. Afegim que les innovacions són sovint fetes per pioners o precursors individuals, i a continuació copsades per emprenedors observadors que, finalment, les adapten per proposar-les al gran públic.

La difusió de la innovació pot ser ràpida o lenta, tot depèn de les capacitats per convèncer el mercat i dels mètodes utilitzats per fer-ho. L'element comercial és sempre determinant per rendibilitzar la innovació; però, negligit massa sovint per molts innovadors, esdevé llavors la font de nombrosos fracassos.

Rogers (1995) dóna cinc condicions complementàries perquè la penetració i la difusió d'una innovació siguin relativament ràpides:

- Els avantatges relatius de la innovació, amb relació a l'antic producte, han de ser importants, ja sigui reals o si més no percebuts així pels compradors potencials.
- La novetat ha de respectar els valors i les normes dels usuaris -o ser complementària a les altres tecnologies i equips connexos a l'empresa o a la llar.
- Si es dirigeix al gran públic, la innovació ha de tenir, tant com sigui possible, un caràcter amical i no ha de requerir un aprenentatge llarg. Si es dirigeix a les empreses, la innovació serà adoptada més ràpidament si és compatible amb el nivell de formació del personal i amb els altres equipaments. A més, si demana menys esforç i afegeix fins i tot elements de diversió, la seva difusió serà més fàcil.
- El client ha de poder experimentar la innovació abans de comprar-la.
- La innovació ha de poder ser observada en alguns pioners satisfets. Una persona o una empresa contenta constitueix el millor instrument de venda.

L'any 1997, Theratechnologies i la Societat General de Finançament van crear Andromed, una empresa el primer mandat de la qual era dissenyar un estetoscopi electrònic. La idea d'aquest nou producte havia nascut en la ment d'André de Villers, especialista en urgències mèdiques i propietari d'una policlínica (primer PDG d'Andromed), que estava cansat dels estetoscopis clàssics i que n'havia dibuixat un esbós en un tros de paper, un vespre que estava de vacances amb la seva companya a la muntanya. Convençut dels avantatges enormes de la seva innovació, estava segur que la seva difusió es faria gairebé tota sola. No obstant això, les vendes progressaven massa lentament. La firma s'associà llavors amb Hewlett-Packard i Philips, l'última comercialitzant el producte sota el seu propi nom. Malgrat això, l'estetoscopi acústic clàssic continua representant un 99% del mercat mundial. Havien oblidat, Andromed i els seus socis, que el món dels metges està organitzat en corporacions molt conservadores

10 Recordem que la història de la Coca-Cola va començar primer amb l'exclusivitat obtinguda per proveir l'exèrcit americà, i després gradualment les poblacions alliberades durant la darrera gran guerra, una exclusivitat que venia a continuació de les entrades polítiques particulars del seu president.

i amb membres particularment gelosos dels seus poders, com havia testificat, quinze anys abans, l'aventura de la creació del sistema de diagnòstic informatitzat (que permet limitar el nombre de possibilitats a partir d'una sèrie de símptomes; Julien i Thibodeau, 1991), un sistema que amb prou feines comença a penetrar en aquest món, malgrat els seus grans avantatges. Les decepcions de l'estetoscopi electrònic, com abans les del sistema de diagnòstic informatitzat, il·lustren altre cop que una innovació, sigui quin sigui el seu valor, ha d'anar acompanyada d'altres innovacions si vol vèncer les resistències i acabar per difondre's.

A un innovador que tenia una nova idea molt interessant, per evacuar, en cas d'un gran incendi, els ocupants dels immobles de més de vint plantes, li hem aconsellat fa poc que concentri els esforços sobre les possibilitats de canviar les normes de la construcció, encara que ell creia que el gran valor de la seva idea forçaria els canvis per si sola. Però canviar aquestes normes sempre és difícil, perquè això toca una burocràcia que afecta desenes de grups d'interessos tant privats com públics.

El factor temps varia també el ritme de producció de la innovació. La majoria de les empreses que no estan amenaçades a curt termini pels seus competidors innoven generalment de manera esporàdica, quan la necessitat o la pressió es fan sentir sobre el seu mercat, o quan els processos esdevenen cada cop més inadequats o responen malament a nous materials més o menys imposats pels proveïdors. Però una minoria d'elles, sobretot les firmes amb molta competència, com les *gaseles* o les empreses exportadores, ho fan d'una manera sistemàtica, organitzada, on cada innovació en prepara una altra (Julien i al., 1997). Aquestes empreses basen justament el seu caràcter distintiu sobre la capacitat d'innovar i esdevenen així allò que Miles i al. (2000) anomenen caps de fila de certs tipus de productes, per oposició a les altres firmes, que les segueixen amb més o menys retard. Algunes empreses juguen fins i tot a fet amagar, o porten una petita guerra utilitzant innovació autèntica i falsa, engany i desinformació compresos; algunes enregistren les seves patents a trossets per evitar assenyalar un camí previsible, o fins i tot dipositen falses patents per enganyar els seus competidors (Eisenhart, 1990).

Afegim en aquest últim cas que la protecció amb patent és rarament una solució definitiva: d'una part, proporciona sovint detalls amb elements que poden ser captats pels competidors o que podrien almenys orientar les seves recerques[11]; d'altra part, suposa prou capacitat financera per perseguir eventualment els imitadors, capacitat que les PiME tenen rarament, sobretot si el plagiador és una gran empresa. La millor defensa és sovint el secret, almenys per un temps, i sobretot la complexitat del producte i de la seva fabricació[12], que augmenta la dificultat d'imitació. A més, la renovació regular de la innovació hi afegeix dificultat, però depèn també del sector.

11 Algunes patents són especialment complexes, amb més de 1000 pàgines, o dividides en múltiples patents, en part precisament per aixecar barreres defensives o per retardar qualsevol imitació, com explica Laperche (2003).

12 Prop del 82% de les patents concedides per la United States Patent and Trade són obtingudes per institucions, o sigui els centres públics de recerca i les universitats, cosa que dóna fe d'una altra estratègia de les empreses. Font: *L'observador de les ciències i les tecnologies del Québec*, vol. 3, núm. 3, 2001.

En resum, la innovació es fa la majoria del temps de manera esporàdica i reactiva, quan no és simplement l'adopció d'una innovació d'una altra empresa o d'un centre de recerca. La majoria dels innovadors són imitadors o adaptadors d'innovacions desenvolupades en un altre lloc. Menys del 20% d'ells són iniciadors, llevat de sectors nous que exigeixen la innovació gairebé per definició, i encara un 20% refusen innovar o canviar i prefereixen concentrar els seus esforços en la gestió d'allò que coneixen des de fa temps.

Si en aquest últim cas no es pot parlar d'emprenedors i es deixa de banda els iniciadors, el 60% d'innovadors que queden són els que s'ha convingut anomenar innovadors reactius o retardats, perquè no fan més que introduir gairebé sense canvis allò que ha estat llargament experimentat en un altre lloc. També anomenats emprenedors *d'imitació* i de *reproducció*, han de ser considerats com a innovadors, ja que introduir una innovació que arriba de l'exterior els obliga a revisar la combinació dels equips i del funcionament de la seva producció o de les rutines de la seva empresa, combinació encara aquí relativament nova i que els distingeix dels altres, encara que ha pogut ser coneguda i imitada sense gaire esforç. Qualsevol renovació del caràcter distintiu, inclosa una reinvenció o una reapropiació d'allò que s'ha fet en un altre lloc, és una innovació que sosté la competitivitat de l'empresa i li permet sobreviure fins que una altra empresa més innovadora o més imitadora satisfaci millor el mercat, com recorda la definició del *Manual d'Oslo*.

Rogers (1995) reprèn les distincions entre els diferents innovadors posant en un costat els innovadors *inicials*, que són per tant els precursors de la novetat, i a l'altre els que adopten la innovació a continuació més o menys ràpidament, afegint-li alguns elements complementaris perquè funcioni bé. Després, gradualment, diverses empreses segueixen el mateix camí, i formen allò que ell anomena *la majoria precoç*, que incita a continuació un més gran nombre d'empreses a fer el mateix. Finalment, els *retardats* o els *innovadors passius* acaben per afegir-se amb més o menys dificultat al moviment, deixant a la cua del paquet les empreses que refusen sempre adoptar la innovació, protegides per alguns avantatges absoluts com la distància geogràfica o normes culturals o religioses. Excepció feta dels que refusen sempre la novetat[13], Rogers ha separat grosso modo els *iniciadors* (que anomena també *aventurers*), que són aproximadament un 2,5%; els *seguidors precoços* (més integrats en el medi, millor vistos pels seus semblants que els iniciadors), i que representen el 13,5%; la *majoria precoç* (la més voluntarista): un 34%); la majoria més àmplia (els escèptics), també un 34%, i els *retardats* (els tradicionals), un 16%. Mostra també que els *iniciadors* i els *primers a adoptar* han necessitat molt pocs canals de comunicació per comprometre's en la innovació, perquè els primers transformen ràpidament la informació rebuda i van més enllà d'aquesta, i els segons són fàcils de convèncer. Pel que fa als *seguidors precoços* o *retardats*, han necessitat rebre molta informació, haver estat influïts i convençuts per embarcar. Precisem que adoptar l'estratègia del

13 Rogers dóna l'exemple dels amish de Pennsilvània, que van emigrar de Suïssa a finals del segle XVIII, a conseqüència de persecucions religioses, i que refusen gairebé tots els descobriments moderns, com l'electricitat, els tractors de motor, els automòbils o els cigarrets.

seguidor no és necessàriament dolent per a una empresa; en efecte, pot ser preferible deixar a altres les sorpreses dolentes, per a continuació treure profit dels seus errors. Però això no pot ser cert ni per a una regió ni per a les empreses que busquen un fort creixement, ni tampoc per als sectors nous.

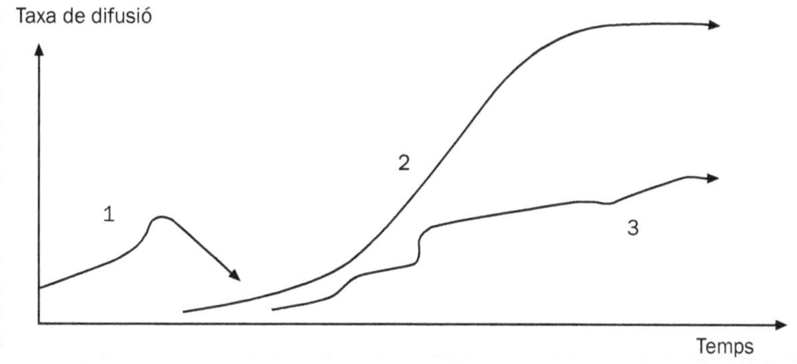

| Figura 8.2 |
Tres casos de difusió d'una innovació

La innovació comença per tant en algunes empreses o centres de recerca, per difondre's lentament en l'economia i el territori. A continuació ve una nova innovació, que torna a empènyer el canvi. Així, sovint, s'arriba a una evolució segons una corba dita en S. A la figura 8.2 només en presentem tres casos, però pot haver-hi diversos altres casos intermedis. El primer cas il·lustrat mostra una innovació que no ha tirat endavant, que s'ha limitat a *l'iniciador* i a alguns *seguidors*, per a continuació desaparèixer perquè no s'ha adaptat a les particularitats d'un mercat més gran, ha estat objecte d'una comercialització dolenta o ha aparegut una altra innovació més eficaç. El segon cas il·lustra una difusió o una penetració d'entrada lenta, que a continuació s'accelera i després torna a alentir-se, un cop cobert tot el potencial de mercat possible; és el procés més conegut de les innovacions guanyadores. Finalment, el tercer cas presenta una innovació lenta i irregular, amb una difusió que alenteix i accelera seguint les adaptacions a fer per respondre a les especificitats de mercats petits.

8.2 La lògica de la innovació

Per entendre la innovació, un no es pot per tant limitar a un raonament unívoc, com a la teoria econòmica clàssica. L'economista canadenc Richard Lipsey (1996) afirmava a més que la ciència econòmica és incapaç d'entendre la innovació i fins i tot el canvi tecnològic[14], ja que la innovació prové de mecanismes cognitius (mentals) individuals i organitzacionals que escapen al positivisme d'aquesta ciència. Allò que impedeix la comprensió és, d'entrada i sobretot, que aquesta teoria la considera un procés racional dels individus, en lloc de copsar-la com un

14 "Jo mateix, quan era estudiant, no entenia res del canvi tecnològic. La major part dels economistes que conec saben molt poc de tecnologia, i no els sembla que això sigui un problema, cosa encara més escandalosa. Però el canvi tecnològic és una de les forces econòmiques més importants que afecten el nostre nivell de vida [...]" (Lipsey, 1996, pàg. 48)

procés col·lectiu i iteratiu que supera, per exemple, «la recerca de la millor solució per a una empresa» (Nooteboom, 2000, pàg. 117 i següents). Dit d'una altra manera, la innovació obeeix a altres consideracions que la racionalitat lligada a l'eficàcia del mercat i de la mà invisible. Sovint dóna resultats no programables i per tant incerts.

La *fletxa del temps* del canvi, com diuen els filòsofs, que pot aportar tants beneficis com errors, si no desgràcies[15], s'explica justament perquè la innovació està feta de casualitats i d'intuïció, i no de la simple captació d'oportunitats. La innovació és una *aposta sobre el futur*. Prové dels emprenedors i no dels investigadors, i de la seva capacitat de pensar lateralment, com s'ha dit abans. L'ofici d'innovador n'existeix, és una qüestió de creença que procedeix justament de la incertesa i que té uns contorns flonjos (Alter, 2003). La innovació no és racional en tant que tal, no existeix una lògica de la innovació fins que no s'ha posat en marxa. Els càlculs per justificar una innovació sovint només es fan de cara a la galeria, per seguir codis lògics en els quals no es creu, però que han estat exigits sobretot pels financers; cosa que explica que les relacions entre els innovadors i les firmes de capital risc siguin tan difícils. La innovació és fruit d'una relació privilegiada (gairebé íntima en certs casos) amb el mercat, relació que permet a l'innovador *sentir*[16] aquest últim (Akrich, Callon i Latour, 1988) o fins i tot percebre les seves necessitats abans que no s'expressin. Com a combinació nova, trenca amb les regles per reinventar-les, reconfigurar-les en benefici propi o imposar-ne de noves fundades sobre determinants interns.

Rogers (1995) il·lustra aquesta no racionalitat amb l'exemple del sistema d'escriptura QWERTY. Desenvolupat al començament del segle XIX per alentir els dactilògrafs, que escrivien massa ràpidament, de manera que enganxaven les palanques de les lletres i bloquejaven la màquina, el sistema ha continuat en vigor als ordinadors anglosaxons, que evidentment ja no tenen suports mecànics. S'ha preferit doncs conservar un sistema molt ineficaç, més que adoptar-ne un de clarament superior, entre els posats a punt a continuació. Passa el mateix amb el sistema la televisió americà respecte al francès, o amb el sistema de vídeo VTR, que ha dominat sobre el sistema Beta japonès, malgrat la seva menor eficàcia; o també amb el sistema Microsoft, molt inferior al d'Apple i sobretot al de Linus, tots dos d'una lògica i d'una eficàcia molt superiors.

En innovació, res no es pot donar mai per solucionat, tant en la complexitat com en els costos i després en els beneficis esperats. La innovació és un procés arriscat del qual no es coneix la sortida, que escapa a la realitat i als procediments. Per definició, la innovació encara la *incertesa* i així la *sort*, tant en els resultats esperats com en el temps a dedicar per arribar a alguna cosa que agradarà al mercat. Així, no es pot forçar un dirigent d'empresa a ser innovador ni a adoptar ràpidament una tecnologia, fins i tot si se li proporciona informació i subvencions, com no es pot forçar

15 Com totes les armes cada cop més mortíferes, com les mines antipersones, o els medicaments mal provats a llarg termini, com la talidomida.

16 Tornarem més endavant sobre aquesta idea de *sentir* tot fent servir altre cop la metàfora de les novel·les policíaques.

una empresa a créixer, siguin quines siguin les oportunitats del mercat. La innovació és per tant un acte eminentment emprenedor; és el que fonamenta la mateixa idea d'emprenedoria (Gagnon i Tolosa, 1993; Hoffman i al., 1998).

> En un estudi sobre les raons que expliquen la difusió i per tant l'adopció del canvi tecnològic a catorze PiME de la mateixa dimensió i de mercat semblant, de sis sectors diferents[17], vam començar l'entrevista amb els empresaris demanant-los que comentessin fotos d'equips punters desenvolupats per a la seva indústria. Ara bé, des de la primera pregunta, la seva avaluació diferia molt segons les seves percepcions de la incertesa: si alguns veien tots els problemes que podria portar l'adopció dels nous equips, els altres eren capaços de discutir sobre els seus avantatges i límits. La continuació de l'entrevista acabava de confirmar aquesta primera percepció, cosa que mostra altre cop que la innovació és d'entrada *en el cap* abans de ser una qüestió d'anàlisi (Julien i al., 1994a).

La lògica de la innovació permet entendre per què les PiME, tant a les grans ciutats com a la regió, poden ser especialment innovadores. Cosa que contradiu la idea del Schumpeter del període americà, per qui la innovació era sobretot qüestió de les grans empreses, amb recursos immensos. No obstant això, havia vist, quan treballava a Àustria, que les petites empreses estaven molt més ben situades per innovar, gràcies al seu caràcter emprenedor, i per tant molt menys burocràtic que el de les grans. Scherer (1984) explica que un dels grans avantatges de les PiME sobre les grans empreses, pel que fa a la innovació, és justament el seu comportament sistèmic (interdepartamental[18]), que afavoreix alhora la implicació subtil dels membres del seu personal en el seu medi (o en la seva proximitat), la qual permet intercanvis complexos, l'establiment de relacions directes i informals amb el mercat per captar-ne les idees, i un sistema de comunicació ràpida a base d'informació tàcita particularment propícia, sistema que els procura una gran flexibilitat que incentiva la iniciativa i la creativitat, com confirmen les anàlisis de Rothwell (1989). Al contrari, les grans empreses xoquen amb barreres burocràtiques que bloquegen les iniciatives o creen sistemàticament una inèrcia que impedeix generar la innovació global (Cérisier i Lubot, 1992). És cert que algunes PiME pateixen, en contrapartida, manca de recursos de qualitat i una cartera massa pobra en innovacions, factors que els permetrien disminuir el risc quan les seves despeses en R+D fossin importants en sectors que requereixen innovació regular.

Des de fa molt de temps, hi ha investigadors que han intentat comparar els resultats de les grans empreses i els de les petites amb relació a la innovació. Per exemple, Peeks (1962) s'ha interessat per les invencions majors a la indústria de l'alumini entre 1946 i 1957, i ha considerat que només disset sobre cent quaranta-nou corresponien als

17 O sigui sectors amb tècnica elevada (productes de cautxú i plàstics, productes elèctrics i electrònics i productes químics), amb tècnica mitjana (sectors manufacturers diversos) i sectors de tècnica baixa (com el sector de la fusta i el del moble).

18 Així, hi ha PiME que practiquen des de fa molt de temps diverses formes *d'enginyeria simultània*, fent intervenir ràpidament els diferents departaments en el procés d'innovació. Uns departaments que són pràcticament inexistents a les empreses més petites.

centres de recerca de les grans empreses. Per la seva banda, Hamberg (1966) només ha atribuït a les grans empreses set dels vint-i-set descobriments que ha analitzat, precisant de totes maneres que aquestes últimes havien intervingut en un nombre d'innovacions més gran al moment de fer-ne el desenvolupament. Així mateix, Jewkes i al. (1969) han estudiat seixanta-quatre invencions importants i han mostrat que quaranta d'elles procedien d'inventors individuals o de petites empreses, i vint-i-quatre, de centres de recerca de grans empreses. Els anys 1970, la Science Policy Research Unit (SPRU), de la Universitat de Sussex, va analitzar no menys de 4378 innovacions que havien tingut lloc en un període de vuit anys, per arribar a la conclusió que el seu nombre havia estat inversament proporcional al nombre d'empleats (Pavitt, Robson i Townsend, 1987). Per la seva part, Cremer i Sirbu (1978) han mostrat que el nombre d'innovacions disminuïa primer amb el creixement del nombre d'empleats, per tornar a augmentar a continuació segons una corba en U. Finalment, després d'haver analitzat 8000 innovacions introduïdes comercialment als Estats Units entre 1988 i 1990, Acs i Audretsch (1990) van calcular que les PiME (menys de 500 empleats) n'havien produït 2,8 vegades més per empleat que les empreses més grans. És també força possible que les innovacions realitzades en sectors controlats per les grans empreses, com la química pesada, la distribució elèctrica o la indústria automòbil, hagin vist la llum a les PiME. Però als sectors on hi ha sobretot PiME, la innovació prové definitivament d'aquestes últimes. Afegim que la importància de les PiME a la innovació ha estat confirmada a Itàlia per Santarelli i Sterlacchini (1990), Rolfo i Calabrese (1995) o Epifanio (1995), a Holanda per Kleinknecht, Poot i Reijnnen (1991) i més recentment al Canadà per Baldwin i Gellatly (2003). Nooteboom (1994) dedueix d'aquestes comparacions que, si bé les PiME participen menys a les recerques i desenvolupament formals que les grans empreses, els seus treballs hi són més intensos i productius, tant si són formals com informals; a més, implanten les innovacions més ràpidament i més fàcilment al mercat que les grans empreses.

Tant per a les PiME com per a les grans empreses, les taxes d'èxit són tanmateix sempre febles: menys del 5% de les idees llançades es concreten, i la seva adopció, en gran part dels casos, és gradual (Dewar i Dutton, 1986). Lachman (1996) recorda que un 80% dels projectes d'innovació s'abandonen abans d'acabar, i que un 10% fracassen al llançament. En el cas de sectors amb fonaments científics encara no estabilitzats, les taxes d'èxit són encara més baixes (Mangematin, 2003). Després d'haver fet la síntesi d'un gran nombre d'estudis, Pras i El Nagard-Assayag afirmen que el fracàs supera el 30 o 40% en el llançament de nous productes ja acabats, i fins i tot, en alguns casos, el 80% per a innovacions d'imitació. En resum, que res no és fàcil en innovació.

8.3 L'organització de la innovació

Com que la innovació és un procés col·lectiu, iteratiu, turbulent, intern i extern, és realment difícil organitzar-lo. De totes maneres, es pot fer que l'empresa sigui propícia a captar o a multiplicar la informació i les noves idees que porten al canvi, igual com es pot fer una regió més innovadora multiplicant les xarxes *intel·ligents*, sobretot ajudant les firmes a connectar-se a xarxes de senyals febles i a altres recursos que afavoreixen l'aplicació de les noves idees.

En el cas de les PiME, cal d'entrada mobilitzar les competències del més gran nombre d'empleats i connectar-les entre elles i, si possible, amb recursos externes, com consellers tecnològics, per crear sinergia i desenvolupar així allò que s'anomenen les competències relacionals. Cal a continuació millorar les competències per la formació i la informació, per crear formes de distingir-se per la barreja original de rutines i d'idees noves (Kiestler i Sproull, 1982). Aquestes competències permeten multiplicar les idees complementàries (West, 1997; Latour, 2003), amb la finalitat de maximitzar, tant a l'interior com a l'exterior, la possibilitat que té la innovació projectada de veure's concretada, sobretot quan, com ja hem dit, menys del 5% de les idees arriben finalment al mercat.

Per fer això, es pot recórrer a tècniques d'invèntica (de sinèctica)[19], algunes de les quals són especialment eficaces segons el tipus de productes i de sectors (Kaufman i al., 1971; Carrier, 1997). Aquestes tècniques faciliten la transformació dels sistemes mentals per trencar les rutines. A continuació, cal desenvolupar tècniques especials per poder escollir entre multitud d'idees, tècniques basades en els coneixements i l'experiència (De La Vigne, 2001).

Per multiplicar les idees, alguns fan que els seus clients o els usuaris eventuals facin una part del treball de tria de la innovació proposada, estimulant la seva capacitat crítica i interpretant a continuació per diversos mecanismes de proximitat les idees sotmeses (Coleman, Kartz i Menzel, 1966). És el cas sobretot quan s'ajuda les xarxes a transformar-se en mecanisme de recerca i de transformació de la informació rica (Hedström, Sandell i Stern, 2000), o també quan s'apel·la a la competència de les organitzacions locals i regionals de recerca i valorització (Strang i Meyer, 1993; Trépanier i al., 2003). La capacitat d'anàlisi esdevé encara més important perquè la recerca es fa més o menys simultàniament amb el desenvolupament i la posada al mercat del producte, en un procés d'enginyeria simultània informal.

Per a l'anàlisi, cal multiplicar la informació complementària que prové de dins de la firma, organitzant a l'interior o a l'exterior els assaigs, la fabricació de prototipus, els tests de mercat, etc., tot limitant els rutines, sempre esclerotitzants. Desenvolupat fa alguns decennis per gestionar la innovació, el model seqüencial o lineal[20] és cada cop menys vàlid avui dia, perquè la innovació eficaç passa sovint d'una etapa a l'altra, amb retorns enrere i salts, i segueix un moviment de vaivé amb l'exterior (Klinc i Rosenberg, 1986; Mustar, 1997). Sovint és millor integrar les fases de manera més o menys paral·lela o fer per tal que les etapes s'encavalquin.

19 Tècniques fàcils en innovació de productes requereixen, per exemple, analitzar un producte estudiant el recurs a altres materials (la fusta es podria reemplaçar per metall o plàstic, etc.), o també qüestionant les funcions (afegir-hi estètica, possibilitats de col·locació o de transport, una utilització mixta, etc.)

20 El model seqüencial presenta la innovació com un seguit lògic que comença amb 1) la percepció de la necessitat, per passar a continuació a 2) la recerca, 3) el desenvolupament, 4) la comercialització, 5) l'adopció o la difusió i 6) l'anàlisi dels resultats o les conseqüències. Però la realitat no és gairebé mai lineal, i procedir d'aquesta manera pot senzillament matar la innovació.

Lenfle i Midler (2003) donen quatre regles per millorar l'anàlisi o la tria de les idees:

1. Reformular les qüestions subjacents *tot fent camí* per corregir-ne les asprors;
2. Crear una dialèctica coneixement/acció, ja que l'experiència no és sempre útil, si no és adquirida en l'acció;
3. Assegurar una bona gestió del coneixement per reforçar la iteració; i
4. Precisar els límits de temps que la fase de l'exploració haurà de respectar.

Senge (1990) enumera alguns característiques de les organitzacions dites aprenents i innovadores, i nosaltres hi afegim alguns elements:

* Una dimensió petita, segons el principi de menor dificultat21. En una empresa més gran, cal per tant crear petits grups responsables, per minimitzar la burocràcia, la cacofonia, la incomprensió i les discussions interminables. La innovació no lliga amb la burocràcia i la jerarquia.
* Una diversitat i una riquesa de personalitats, de disciplines i d'orígens, sense oblidar el saber dels proveïdors i dels subcontractats. Aquests sabers poden fins i tot multiplicar-se per la seva organització en xarxes denses, els beneficis de les quals són patents (Julien i al., 2003; Pras i El Nagard-Assayad, 2003).
* Membres *innovadors* del personal, és a dir oberts, no convencionals: *líders*, els que pensen diferent, empleats crítics, intuïtius i alguns franctiradors que saben aprendre dels seus errors22 i trobar noves vies per esquivar els obstacles. Cosa que inclou per tant elements racionals i no racionals.
* La reducció de les resistències al canvi, declarades o no, per la participació més àmplia possible dels empleats, almenys en allò que fa referència a la difusió de la informació (Nonaka, 1994). Adler (2003) es basa en Schumpeter per distingir tres tipus de resistències: les resistències objectives (falta d'estabilitat o d'experiència), les resistències subjectives (imaginar situacions sense referència) i les resistències socials (amb associats rutinaris).
* La multiplicació de les idees, algunes de les quals s'aprofitaran. En general, sobre cent idees presentades com a noves, noranta no ho són o són massa imprecises per ser vàlides. De les deu que queden, només una o dues són prou interessants per concretar-se i acabar arribant al mercat23.
* La utilització d'un llenguatge comú a tots els participants, que descansa sobre la confiança i supera el de la seva disciplina, si no el de la seva cultura.
* La presa en consideració real de les oposicions, amb el recurs a un o més conciliadors i amb la recollida ràpida de totes les informacions complementàries, connectant l'equip a bancs de dades, a centres de recerca o a investigadors associats, per exemple.

21 Cf. La secció 6.4 del capítol 6.

22 Latour (2003) parla de la "no paranoia de l'innovador de partida".

23 La taxa pot augmentar amb una organització innovadora, de què parlarem a la secció següent. Així coneixerem empreses on fins al 4% de les idees considerades es concreten.

En col·laboració amb l'Institut Politècnic de Nancy, hem instituït a la Universitat del Québec à Trois-Rivières les Jornades de 48 hores, en el curs de les quals equips d'una desena d'estudiants, procedents de l'Enginyeria i de les Ciències de la gestió, han d'arribar a concebre les innovacions més precises possible partint d'idees sotmeses pels empresaris participants (un nou material, una restricció de producció, un mercat potencial, etc.). Els estudiants estan *tancats* en locals, però connectats per ordinador amb bancs de dades i amb una llista d'experts als quals poden recórrer. Les seves proposicions són a continuació avaluades per empresaris i professors, i algunes seran fins i tot finalment adoptades.

* Una rotació: els equips que treballen massa temps junts acaben fent cercles, creant rutines esclerotitzants o trigant massa temps a arribar a resultats.
* Un cert marc del procés (no excessiu, si no això bloqueja les idees motrius) per assegurar que es toquen els diferents aspectes i que no es va més enllà. Això suposa sobretot haver definit objectius operacionals (per exemple, un límit de costos) que tenen en compte l'estratègia global, el mercat enfocat i les restriccions de recursos i temps. Els objectius s'han de precisar des de l'inici, sobretot si intervenen persones exteriors a la firma, o si no el procés pot començar ràpidament a caminar en cercles, com va ser el cas al començament de l'experiència del desenvolupament d'una motoneu per a nens (Corriveau, 1997).
* La capacitat d'avançar o almenys no quedar bloquejats gaire temps, capacitat lligada a l'estratègia que la firma ha adoptat per assegurar la seva cohesió.
* Algunes instal·lacions materials, com la localització en un mateix despatx dels principals membres del personal assignats al projecte, l'existència d'una gran taula al voltant de la qual poden seure a conversar quan un d'ells es bloqueja en un punt o vol proposar una idea, i enllaços forts amb l'exterior per obtenir la informació complementària, sobretot al si de xarxes de senyals generalment febles.
* Per tant, una barreja, si no és un cert equilibri entre coneixement, habilitats, saber-fer i casualitat. Com hem dit, aquest procés és turbulent, funciona a les palpentes i es procura marges de llibertat, encara que sigui orientat.

Nonaka i Takeuchi (1995) resumeixen amb quatre paraules els elements indispensables al suport sistemàtic de la innovació: la socialització, l'exteriorització, la combinació i la interiorització.

Però el procés només pot ser específic per a cada empresa, perquè depèn de les seves aptituds i capacitats, de la seva estratègia i del tipus de mercat que enfoca. Es manifesta especialment a l'engegada i supera per tant la simple gestió. Ha de permetre situar-se més enllà del fet quotidià, deixar també lloc a la casualitat i per tant a la sort. Millora amb el temps, o sigui amb l'experiència de la innovació, incloent els fracassos que, si s'analitzen bé, permeten fer-ho millor la vegada següent. En procedir a l'organització d'una innovació, l'empresa finalment només pot modificar la trajectòria que la idea prendrà o la corba que seguirà el seu aprenentatge i les reaccions que provocarà, esperant tenir un *joc guanyador* i que la sort estigui de *part seva*.

Per exemple, en el cas de les empreses de serveis, la innovació és rarament organitzada. Però, a l'altra banda, fins i tot el manufacturer no està segur que el model industrial clàssic d'innovació, amb un departament de R+D ben muntat, i per tant sense retroacció a tota la firma, sigui el més eficaç. Aquest seria més aviat el model neoindustrial (lògica de flexibilitat i d'interaccions, amb actors múltiples i canviants) que més afavoriria la innovació (Gallouj, 2003, pàg. 126).

Una de les condicions necessàries (però no suficient) per aconseguir una innovació és l'existència d'una certa flexibilitat financera, no només a la fase de recerca, que amaga sempre algunes sorpreses, sinó encara més a la fase de l'aplicació, en el decurs de la qual cal adaptar els equips i formar el personal, si no comprar nous equips i contractar personal suplementari per fabricar un nou producte (Santarelli i Stellachini, 1990; St-Pierre, 2004). Però, altra vegada, el més important en la innovació són l'empresari i la seva organització interna i externa, ja que sempre es pot trobar finançament per a una bona innovació que arribarà realment al mercat (Nooteboom, 2006).

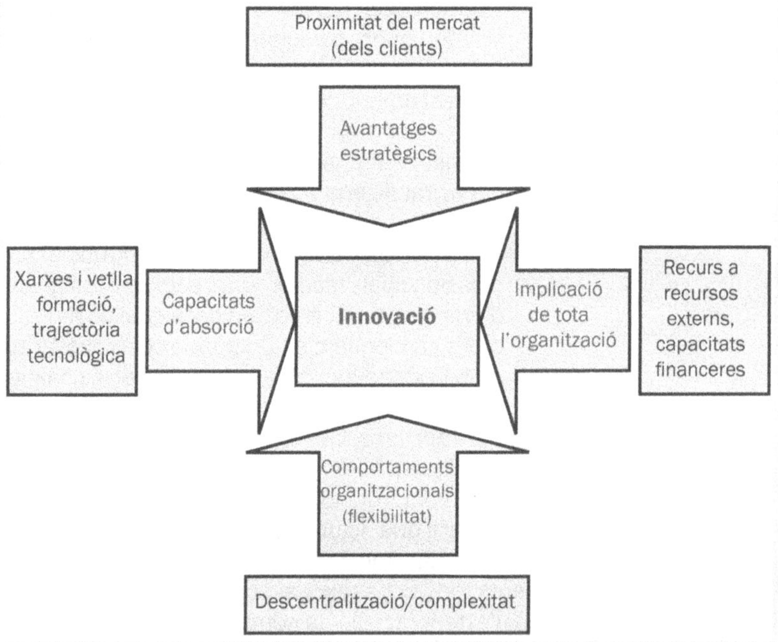

| Figura 8.3 |
Variables que expliquen l'èxit de la innovació

A la figura 8.3 presentem succintament les diferents variables d'èxit de la innovació des de quatre angles. El primer es refereix a la capacitat de *copsar* el mercat o les necessitats reals o potencials dels clients; el segon, a la capacitat d'absorbir la informació complexa i rica, sobretot gràcies a les xarxes i a una vetlla eficaç; el tercer, a la flexibilitat i a la capacitat d'aprenentatge: i el quart, als enllaços mantinguts amb recursos externes com els centres recerca i les assessories en tecnologia i en formació (Julien i al., 1994a). Pras i El Nagard-Assayag (2003) afegeixen tres elements d'èxit referents a la posada al mercat d'un nou producte: 1) la presa en consideració de les necessitats dels clients des de la fase d'adaptació; 2) la unicitat o el caràcter superior del producte amb un preu competitiu o atractiu; i 3) una estratègia proactiva per posar-lo al mercat.

Però res no és fàcil. Sempre és complicat *gestionar* l'atzar en una part de l'organització, tot treballant amb altres serveis i amb firmes o institucions exteriors. Tota innovació en curs de desenvolupament suscita per definició desacords. Per exemple, obrir-se a l'exterior pot multiplicar els desacords, però no obrir-s'hi és privar-se d'informacions i d'idees noves o complementàries. La multiplicació de les discrepàncies, si és ben gestionada, és justament font d'una innovació encara més gran.

Per explicar per què una gran firma de productes de transport i els seus subcontractats van patir un semi fracàs amb el sistema d'innovació en xarxa densa que havien desenvolupat durant una desena d'anys, hem acudit a l'anàlisi de Giddens (1984) per a qui qualsevol compromís és d'entrada individual i a continuació col·lectiu. El compromís individual descansa sobre tres tipus de coneixement: el *coneixement conscient* (o sigui, en el cas present, les capacitats de cada enginyer membre del despatx de disseny de la firma per desenvolupar noves peces), el *coneixement pràctic* (és a dir el reconeixement que les noves peces permetran efectivament millorar els resultats del producte), i el *coneixement inconscient* (que fa que les habilitats acumulades permetin anar més enllà d'allò que es coneix fàcilment en el desenvolupament de les peces). El compromís col·lectiu reenvia, pel seu compte, a la compartició i al reforçament dels coneixements pel grup, on cada individu actua per adaptar-se a les estructures de l'empresa i més precisament a les regles de conducta i de participació, sovint difícils d'esquivar.
Aquestes regles orienten les accions que, en conjunt, semblen *sensates, legítimes* i *detentores de poder*. El sentiment que això és sensat ve d'esquemes d'interpretació inclosos en els tres tipus de coneixements adquirits individualment i col·lectivament. Però si la manera de fer tradicional permet fabricar productes eficaços i així distingir-se dels competidors, per què canviar? La legitimitat és necessàriament col·lectiva i reposa sobre regles comunes o convencions establertes al llarg dels anys, que donen seguretat i que per tant són difícils de transgredir. Així, quan hi ha un fracàs, aquest té molta menys importància si s'han seguit totes les regles que si s'han contravingut, cas en què les sancions vindran a recordar als responsables la importància de respectar-les, i això reforça molt més el poder dels costums i convencions.
Aplicant aquesta graella d'anàlisi al cas presentat abans, podem afirmar: Primer, el departament de disseny de la gran firma ha considerat que la seva forma de treballar, implicant poc els subcontractats, perfectament *sensata* i fins i tot *demostrada*, cosa que no ha incitat els enginyers a voler fer d'una altra manera. Com que ja és prou difícil treballar uns quants en un projecte, tenint en compte la dificultat *d'organitzar* una innovació que, per naturalesa, suscita desacords pel fet de la seva novetat, va semblar poc interessant ampliar el nombre de participants de l'exterior i augmentar així les possibilitats de discrepàncies. Segon, aquesta manera era *legítima*, ja que era conforme a les regles en vigor

i responia més especialment a la pressió constant exercida sobre els caps de projecte perquè disminuïssin els costos, pressió que els va portar a preferir solucions amb pocs riscos. Tercer, era també una bona manera de conservar *el poder* sobre el servei intern (sense que hi hagués pertorbacions venint de l'exterior) i sobretot sobre les subcontractats. En resum, aquesta estructura de raonament, de regles i de poders va ser prou forta per contrarestar la voluntat declarada de la direcció de treballar realment en col·laboració amb les subcontractats a l'interior d'una xarxa densa (Julien i al., 2003c).

En resum, la innovació és una combinació que es fa a continuació d'intercanvis repetits a l'interior i a l'exterior, informació sobretot tàcita, més econòmica i informal que tecnològica, i completada per informació codificada. Suposa una capacitat d'absorció i d'imaginació regularment posada al dia. Resulta de la participació i de la connexió dels participants a l'interior i a l'exterior, de la interacció dels processos d'aprenentatge posats en marxa per les firmes, de la intensitat de les retroaccions positives i finalment de la qualitat de la xarxa. Participació i enxarxat permeten a l'innovador superar el seu cansament compartint les seves idees i els riscos que representen, cosa que manté en l'empresa la tensió necessària al procés de *fer tot treballant*.

Aquesta combinació permet *l'organització de la improvisació*, tot i que això pot semblar paradoxal (Camoche i Pina e Cunha, 2001). Una bona organització d'aquest tipus afavoreix la velocitat (flexibilitat i rapidesa) en la innovació global, la qual descansa sobre un conjunt de petits canvis aportats una mica per tot arreu a l'empresa per superar si no enganyar els competidors i així desanimar-los o neutralitzar-los. La clau de tot plegat és ser capaç de *sentir* fortament el mercat: per no anar a parar fora del que és possible, cal tenir en compte moltes coses que són incontrolables (Martinet, 2003). És d'altra banda la principal estratègia que adopten les *gaseles* per desenvolupar-se ràpidament: per exemple, van a buscar el saber i l'estimulació que necessiten en una xarxa o aliances al si de la regió i més enllà d'aquesta.

8.4 De la innovació individual a la innovació col.lectiva

La innovació a les empreses serà tant més eficaç si descansa sobre l'organització d'un col·lectiu que agrupi un bon nombre d'empleats al seu interior (Owusu, 1999), però que compti també amb bones relacions amb l'exterior. El resultat és un procés interactiu complex (intern i extern) que no es redueix al simple descobriment d'una nova idea, sinó que suposa: primer, l'elaboració de diverses idees (Amar, 2001), com hem vist per a la creació d'una empresa (Long i MacMillan, 1984); segon, el desenvolupament de les idees (Gartner, Carter and Hills, 2003; Buenstorf, 2007); i finalment, tercer, després d'una bona avaluació, la seva integració en tots els serveis de l'empresa per assegurar el bon funcionament de totes les etapes del procés, des del desenvolupament fins a la posada al mercat (Hills, Shrader i Lumpkin, 1999; Dutta i Crossan, 2005). Però el paper del col·lectiu va més enllà de l'aspecte més tècnic, d'entrada té per objecte alimentar la creença que es pot tenir èxit, que és possible. Ja que, repetim-ho, la innovació és un acte emprenedor que, en tant que tal, depèn del tipus de cultura emprenedora dominant a la regió, tant si es tracta de la mentalitat conservadora, que augmenta el pes de les restriccions quan no crea complicacions que limiten els recursos materials necessaris, o, al contrari, de la mentalitat dinàmica que encoratja les noves idees i facilita concretament la seva aplicació.

Això ens allunya tant dels enfocaments clàssics de la teoria econòmica com dels basats en teories evolucionistes encara massa lineals (com la de Nelson i Winter, 1982), i supera també el Schumpeter del període austríac, que limita massa la innovació a un emprenedor individual, sense donar d'importància als enllaços d'aquest últim amb el mercat i el medi. Com recorda Dosi (1988), la innovació és al contrari un procés dinàmic necessàriament obert, obertura en la qual es troben el medi i les xarxes, i per tant els enllaços de l'emprenedor amb un entorn local dinàmic.

A la seva tesi de doctorat, Danielle Capt (1994) mostra que el dinamisme que s'observa avui en certs pobles de muntanya pirinencs ha seguit un procés en espiral. Si bé ha començat amb les produccions ja existents, com el formatge de granja i les botifarres de muntanya, ha calgut a continuació que integrés gradualment múltiples actors, com els cuiners dels restaurants rurals amb menús regionals, els propietaris d'albergs per a transeünts muntats amb criteris de qualitat comuns, els guies de muntanya per a la collida de bolets o l'observació d'ocells, si no de les ruïnes romanes o medievals, els transportistes i algunes agències de viatge exteriors, i que sostingués tot plegat amb una recerca de la qualitat que va fins a l'apel·lació controlada. Aquest sistema d'enxarxat intraregional i extraregional il·lustra molt bé que l'èxit només pot descansar sobre la complementarietat o les complicitats múltiples.

Michel Marchesnay (2001) fet el mateix amb el pebrot d'Espenette del país basc francès. Mostra que, més enllà d'una llarga història, que es remunta a la conquesta d'Amèrica i deixant de banda el clima particular, calia una real voluntat col·lectiva i una mentalitat d'empresa forta per aconseguir, d'entrada, que el pebrot es distingís, a continuació, que fos reconegut i, finalment, que la seva qualitat i el seu desenvolupament fossin protegits per una *apel·lació controlada*.

Així, si els festivals tenen dificultats per crear a la seva regió un efecte d'arrossegament que superi els límits de la seva activitat, és perquè s'acontenten massa sovint amb els pocs dies i activitats lligades a la festa. Per augmentar el seu impacte, els caldria al contrari oferir tota mena de produccions associades, com fan alguns esdeveniments o espectacles els ingressos dels quals sovint provenen més de productes indirectes[24]. Passa el mateix amb els llocs turístics, que només poden mantenir-se, malgrat algunes activitats fortes, si multipliquen els seus llocs d'interès[25].

També l'aprenentatge del saber que fonamenta tota innovació és un procés col·lectiu (Avenier, 2001). Per convèncer-se'n, només cal pensar en els establiments financers que, lluny de limitar-se a decidir si prestaran o no, han de superar el seu conservadorisme tradicional per buscar més aviat orientar els innovadors cap a les fonts informacionals i els recursos complementaris que els permetran superar les restriccions inherents a tota novetat.

L'enxarxat i el capital social juguen per tant un paper central que afecta les actituds davant la innovació, o sigui davant el risc, en desenvolupar sobretot líders i oferir diferents recursos per estimular els innovadors, com han mostrat Saxenian (1994) i Dakhli i De Clercq (2004), i com hem recordat al quadre 5.2. En aquest capital social, les institucions de saber i els seus enllaços múltiples amb altres universitats o col·legis poden, si són proactives, jugar un paper motor, a condició que superin les barreres culturals que s'aixequen entre elles i les empreses (Julien, 1993a), cosa que poden fer en un entorn *innovador*. Aquest entorn ha de permetre a la regió generar mecanismes de *pol·linització* de la innovació entre les diverses empreses, ben segur, però també entre aquestes últimes i els altres actors socioeconòmics. La pol·linització, al seu torn, ha de permetre multiplicar la informació nova, font primera de la innovació, i fer per manera que finalment tota la cultura emprenedora encoratgi a innovar, a canviar. Per tornar a la nostra metàfora, Michael Connelly explica en una de les seves novel·les que la dificultat d'entendre el gangsterisme califòrnia prové del fet que les bandes tenen diverses branques i clubs afiliats que treballen sobre mercats diferents, i s'intercanvien informació amb la finalitat de reaccionar ràpidament i així innovar cara a les noves situacions creades per un entorn canviant. És sobre això que ens aturarem a la quarta part, tornant primer al concepte d'enxarxat i al seu paper clau a l'emprenedoria regional, per explicar després els mecanismes del contagi emprenedor.

24 És el cas de grans festivals com el Carnaval d'Hivern de Québec, el Festival de Jazz de Montréal, el Festival de Teatre d'Avinyò, però també per a petits festivals com els de Saint Tite o d'Inverness, que sobreviuen gràcies a produccions locals que funcionen tot l'any, com les botes de cowboy o les escultures de bronze.

25 És el que sembla que ha entès bé la gent de les Illes de la Madeleine, tot i ser a l'altra punta del món, que han afegit a la bellesa de les seves illes i a la qualitat dels serveis nombrosos esdeveniments culturals de tota mena que s'esglaonen durant tota la temporada, sense comptar la importància de l'orgull dels habitants. Això feia dir al cronista de viatges Normand Cazelais que "poques regions poden pretendre un dinamisme artístic com aquest". (*Le Devoir*, 15 de juny del 2003).

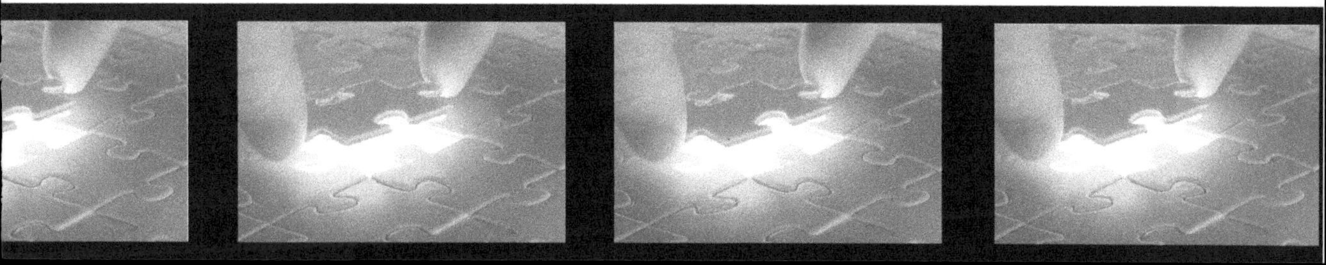

Part 4. Els mecanismes del desenvolupament endògen

Multiplicar el dinamisme per contagi

L'emprenedoria endògena no és la creació d'una o més empreses, sinó la seva multiplicació pels emprenedors regionals i la transformació de les empreses existents en firmes de fort creixement, si no proactives, completades per l'arribada d'altres emprenedors exteriors, atrets pel dinamisme territorial. Aquesta creació i transformació són sostingudes activament per la informació cada cop més rica generada pel medi o obtinguda per contactes repetits amb l'exterior a través de les xarxes. Però el dinamisme no és automàtic ni es manifesta a tot arreu ni contínuament. Cal emprenedors decidits, organitzacions aprenents i innovadores, un teixit industrial variat, institucions públiques actives en l'intercanvi de la informació rica, capital social que afavoreixi xarxes eficaces per sostenir la innovació, però també una cultura emprenedora basada en convencions o creences per estimular l'acció dels actors, de manera que el territori, més o menys extens, tenint en compte les seves necessitats complexes (i podent agrupar per tant diverses regions poc denses), pugui distingir-se i desenvolupar-se ràpidament. En altres paraules, l'èxit de les empreses, sobretot de les més dinàmiques, com les gaseles, és funció de les múltiples sinergies que es desenvolupen al territori per produir un entorn estimulant que acceleri l'emprenedoria.

Passa el mateix amb el crim. Si era un cas aïllat, com semblava d'entrada al monestir de Melk, denotava comportaments sociopsicològics irregulars de desviació i, en aquest cas, el prior no tenia per què reclamar la vinguda de Guillaume de Baskerville de la llunyana Anglaterra per resoldre el problema. Però quan els crims es van generalitzar, amb una mort per dia, aquella vinguda esdevenia indispensable, tot i que els dominicans del monestir no tenien el costum de fer-se amb els franciscans, com era Guillaume. Generalitzant en el cas de bandes criminals, aquestes han de ser capaces no només de reunir petits i grans delinqüents i organitzar-los segons convencions estrictes i un sistema d'incentius pecuniaris, sinó també d'aprofitar d'una certa permissivitat o tolerància de la societat[1]: quan hi ha criminals que s'aprofiten del crim, hi ha sempre participants, si no víctimes consentidores, que accepten pagar, com en el cas de la prostitució o de la droga[2]. En el cas d'El Nom de la Rosa, el conflicte

1 Per exemple, el policia Wallander recorda que els crims en un antic estat totalitari com Letònia abans de la caiguda de la Unió soviètica només es poden entendre si es veuen "dins la categoria de *no-crim* que impregnava tot la societat" i que va costar molt de temps de reduir en un estat de dret (Mankell, *Els gossos de Riga*).

2 Sempre és possible disminuir la influència de les bandes criminals, a condició però de cercar una solució tant social com individual. Així, algunes comunitats s'han pogut alçar contra la presència oberta dels Hell's Angels prop dels seus domicilis, fins obligar-los a traslladar-se. A la regió de Filadèlfia, els anys 1970, era impossible lluitar obertament contra les bandes de barri (les *tert* o *territories*), que exercien una tal pressió pecuniària sobre els comerciants que aquests es veien obligats a plegar. S'ha transferit per tant el control dels comerços a les bandes, cosa que les ha obligades gradualment a aprendre a gestionar l'economia *en blanc*. A més s'ha facilitat l'intercanvi de joves estudiants encara no sotmesos a la llei dels *tert* amb les escoles del barri, precisament per trencar les fronteres artificials dels territoris. Amb relació a això veure la part 3, sobre la desviació, de F. Dumont, S. Langlois i Y. Martin (dir.), Traité de problèmes sociaux, Québec, Institut quebequès de recerca sobre la cultura (1994), especialment el capítol 12 d'Alvaro Pires titulat "La criminologia: apostes epistemològiques, teòriques i ètiques".

obert entre l'emperador i el papa havia disparat les disputes i finalment afavorit les desviacions que expliquen els comportaments criminals, fins i tot en un indret santificat com un monestir.

Així, per entendre l'emprenedoria, no ens podem limitar al simple estudi de l'emprenedor i de les empreses, cosa que ens limitaria al primer nivell d'anàlisi, a la manera de Colombo. Per arribar al segon nivell, hem de considerar també els interdependències entre les firmes, com feia Maigret estudiant les relacions entre el criminal, la seva família i el seu medi i, finalment, la seva víctima. Però és important anar encara més lluny i tenir en compte la cultura emprenedora, les múltiples maneres de sostenir l'emprenedoria i per tant els comportaments col·lectius del medi. Quan aquest és especialment dinàmic, el funcionament col·lectiu estimula la creació i el desenvolupament de les empreses i en convida el més gran nombre a participar-hi a títols diversos, i a fer la promoció d'altres interessos, com el respecte de l'entorn i una certa distribució de la riquesa. Contràriament a les massa fortes disparitats dels països en desenvolupament i a l'explotació de la pobresa, que frenen sistemàticament l'emprenedoria i exclouen una bona part de les forces del medi, que llavors romanen passives.

L'explotació de la mà d'obra pot ser per un temps un element de competitivitat internacional per a països en desenvolupament, com és el cas actualment a diverses parts de la Xina. Però això no pot ser vàlid a llarg termini, perquè l'explotació acaba sempre per generar nombrosos costos, com defectes de fabricació, i sordes resistències al canvi, com hem vist amb el taylorisme, per exemple, a la indústria automòbil els anys 1950-1960. Comporta tota mena d'ineficàcies a la cadena de valor extern, tant cap amunt, amb els proveïdors o els diversos serveis a les empreses, com cap avall, sobretot amb els transportistes i els distribuïdors[3]. Adam Smith criticava ja l'any 1776 l'explotació dels treballadors i recordava la ineficiència d'aquest mètode: «La tasca feta per homes lliures acaba donant millor resultat que la feta per esclaus. Això es pot comprovar tant a Boston com a Nova York i Filadèlfia, on el salari del treball és tan elevat[4].»

Per entendre l'emprenedoria territorial hem d'anar no només més enllà dels emprenedors, dels altres participants, de les organitzacions amb els seus recursos i la seva forma de funcionar, i de l'obertura cap a l'exterior, sinó també mirar més lluny que els recursos materials i humans locals i regionals. Ens hem d'interessar en els comportaments col·lectius del medi, en les seves creences i convencions i en la seva capacitat per desenvolupar el capital social, i així tenir en compte l'atmosfera industrial, que integra les diverses necessitats de la societat en matèria de llocs de treball i d'entorn sociocultural; en resum, el benestar general.

3 Es pot trobar aquesta ineficàcia al sector de la confecció, on hi ha botigues que fan refer sistemàticament les costures dels abrics rebuts de la Xina per satisfer la clientela. En efecte, aquesta última no acceptaria pagar un preu elevat per productes amb costures de tan mala qualitat. Però aquesta manera de fer no resol el problema del tall a contrafil del teixit ni la qualitat d'aquest, cosa que fa que, després d'una o dues rentades, el vestit tibi per tot arreu o que la llana faci *boletes* molt fàcilment.

4 *Recerques sobre la natura i les causes de la riquesa de les nacions*, Londres i París, traducció francesa de Pierre J. Duplain, 1788, volum primer, pàg. 87. Remarcar que l'observació de Smith reforça la nostra crítica, especialment al capítol 1, d'una competència basada únicament en costos salarials baixos, com en el cas de la Xina i l'Índia.

En obrir-nos així al col·lectiu global, passem al tercer nivell de reflexió, que ens porta a examinar, com Guillaume de Baskerville, les creences o l'esperit emprenedor de la societat local, o sigui la política en el seu sentit més noble (és a dir la gestió general de la politikos, la ciutat, el lloc on es viu). En efecte, aquesta política esdevé un element actiu, una condició suficient per explicar el dinamisme d'algunes regions més que d'altres. Per Guillaume de Baskerville, les autèntiques causes, darrere dels odis individuals i fins i tot darrere de la guerra larvada entre el papa i l'emperador, són el control de les creences, i per tant els frens a la recerca de la veritat i finalment a la llibertat, la qual és a l'origen de la creativitat i de la innovació.

Anant més enllà de creacions disperses i d'una modernització que es limita en moltes regions a algunes empreses, ens interessem en aquesta anàlisi en la creació generalitzada i l'estimulació sistemàtica d'idees noves. Les creacions passen generalment per set grans fases a les regions amb un passat industrial en declivi, sobretot aquelles on el desenvolupament provenia de l'explotació dels recursos naturals. Heus aquí aquestes set grans fases:

1. L'aturada de la creació de nous llocs de treball, si no la multiplicació dels acomiadaments per part de les grans empreses.
2. La convicció que aquesta aturada o declivi serà de curta durada i que nous inversors sostinguts per l'Estat rellançaran el desenvolupament i així la creació de treball.
3. El desànim i l'èxode vers regions més dinàmiques o cap a la metròpoli, a la recerca de treball.
4. La presa de consciència, entre els que s'han quedat i els que han tornat, i que no troben treball, que ells tenen, almenys en part, les claus del desenvolupament de la seva regió. Aquesta fase pot ser particularment llarga. Comença a accelerar-se quan les elits socioeconòmiques locals accepten no esperar més la salvació des de l'exterior, canviar o passar el torn a una nova elit.
5. La posada en marxa de les primeres forces locals, més enllà de les indústries insignificants. Això és capaç de crear capital social o altres facilitats per a les PiME noves o que es desenvolupen, motivar l'entrada d'alguns emprenedors, seguits per altres, en noves activitats portadores d'innovació i així, gradualment, en la distinció de la regió per fer-li un lloc al mercat nacional, o fins i tot internacional.
6. La fase d'acceleració, on els empresaris acaben per entendre que no estan sols i que qualsevol desenvolupament resulta de la posada en xarxa dels múltiples recursos materials i immaterials que permeten accelerar la modernització de les empreses per crear un cert contagi que en multiplica el nombre.
7. Finalment, una setena fase s'afegeix lentament a la sisena per consolidar les convencions, sostenir l'èxit, multiplicar les idees noves i els recursos complementaris, i generar així un capital social especialment dinàmic.

Per a les regions que no han aprofitat l'aportació de capitals exteriors, el desenvolupament només passa per les quatre últimes fases, que es poden encavalcar i, evidentment, ser més complexes que el que acabem de dir. Però la més difícil i sovint la més llarga és la fase de la presa de consciència que el desenvolupament passa per la voluntat de tots, per una nova mentalitat que va guanyant gradualment totes les elits socioeconòmiques i així per la multiplicació dels recursos i idees provinents del medi i del teixit industrial en formació. La nova atmosfera ha de comportar finalment la multiplicació de les xarxes internes i externes de desenvolupament i permetre augmentar el nombre de noves empreses.

Situades a banda i banda del riu, les dues regions quebequeses del Centre-del-Quebec i de la Mauricie, que antigament formaven una sola regió, il·lustren com les condicions de sortida poden determinar la forma que prendrà la represa d'un territori. Així, després de la Segona Guerra mundial, l'economia del Centre-del-Quebec, a les ciutats de Victoriaville i Drummondville i els seus voltants, s'havia especialitzat en el tèxtil, la roba i el moble, amb diverses grans empreses els capitals de les quals venien de l'exterior i que oferien febles condicions salarials; això no va impedir que un bon nombre de PiME de tota mena prosperessin en paral·lel, sobretot per abastir el mercat de la metròpoli. Quan va arribar el declivi de les grans empreses, els anys 1970, l'experiència de les PiME i les xarxes existents van permetre la multiplicació d'unes altres PiME, cosa que ha generat una economia cada cop més vigorosa i dinàmica, amb una proporció de PiME de fort creixement d'aproximadament el 10% des de 1996. Per la seva banda, la Mauricie (Trois-Rivières, Shawinigan i Grand-Mère) de postguerra, al contrari, havia edificat la seva economia, molt pròspera, essencialment sobre les grans inversions estrangeres en química pesada i en la transformació de matèries primeres com l'alumini i les pastes i paper, traient així partit de la presència d'energia a bon preu a les grans centrals hidroelèctriques del riu Sant-Maurice. Quan, els anys 1960, la química pesada fou progressivament abandonada en benefici de la química a base de petroli, que exigeix un port amb aigua profunda que el gran riu amb múltiples rescloses no podia oferir, i les fàbriques d'alumini i de pastes de paper van començar a modernitzar-se i a disminuir considerablement els llocs de treball, s'assistí al ràpid declivi de la regió. Com que cap PiME potent no s'hi havia pogut instal·lar, incapaç sobretot de competir amb les molt bones condicions salarials ofertes per les grans empreses, hi havia massa poc per iniciar la reconversió. Això explica per què cap municipalitat regional de comtat situada al llarg del Sant-Maurice no tenia una proporció de gaseles de més del 5,1% abans de 1996 (veure el quadre 2.6). Només a la segona meitat de l'últim decenni, després de superar les fases d'espera, de desànim, de presa de consciència i de decisió de posar-s'hi, la regió ha vist que les coses començaven a canviar i l'economia endògena s'accelerava i arribava a la taxa del 20% per a l'Haut-Sant-Maurice[5] (La Tuque), de l'11,1% per al Centre-de-la-Mauricie (Shawinigan i Grand-Mère) i de prop del 9% per a la MRC de Francheville (Trois-Rivières).

Les fases poden ser més o menys llargues. Quan les grans empreses no concentren tots els recursos, com als sectors de capitalització feble o que ofereixen condicions no gaire superiors a les de les PiME[6], la represa descansa sobre l'experiència d'aquestes últimes i és molt més ràpida. En aquest cas, les PiME formen ja una base important per a la creació de noves empreses, perquè ofereixen models i recursos diversos, com serveis de transport i d'assessoria. I el conjunt s'accelera quan surten algunes gaseles d'aquestes empreses i exigeixen serveis i xarxes especialment dinàmiques, que al seu torn estimulen altres empreses noves o antigues, suportades per un capital social renovat, per finalment transformar l'atmosfera industrial.

Però aquestes fases poden no tenir lloc si l'emigració dels joves més actius i de la mà d'obra qualificada s'accelera durant la fase de desànim, cosa que disminueix els recursos disponibles, provoca la degradació del medi i comporta una disminució gradual de la població i fins i tot de les institucions públiques. S'entra llavors en un cercle viciós en el qual la població envelleix ràpidament, les firmes tanquen o emigren i les xarxes s'empobreixen.

L'enxarxat que ofereix informació rica és per tant una de les peces mestres, perquè permet posar en comú els recursos, transformar les mentalitats i crear així una cultura emprenedora, en multiplicar el capital social dinàmic, incentivar sistemàticament els emprenedors locals a emprendre malgrat la incertesa inherent a l'economia, suscitar la creació de gaseles, fins i tot una o dues empreses mitjanes, i finalment fer créixer els llocs de treball i la població. A l'esquema següent, il·lustrem com un enxarxat ric permet al desenvolupament seguir un cercle virtuós que passa d'entrada per tres fases considerades com a reactives (les fases 1, 2 i 3), a continuació per dues altres més voluntàries (les fases 4 i 5) i finalment per dues fases proactives (les fases 6 i 7).

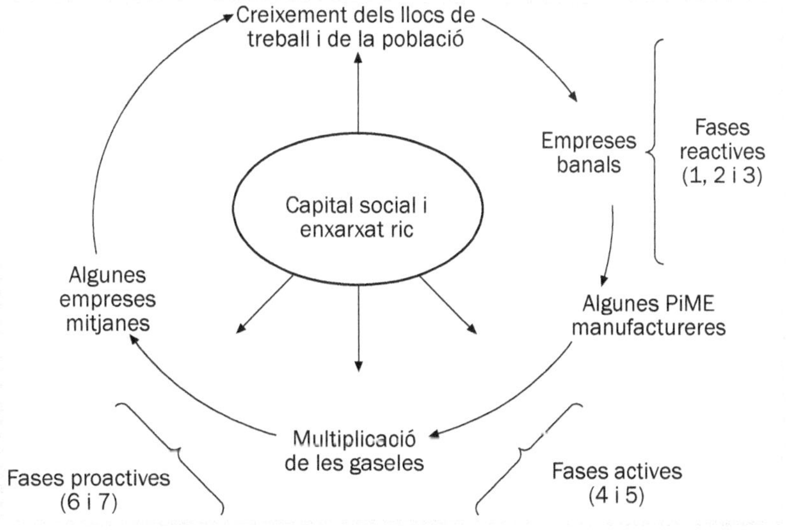

5 Aquesta MRC no figura al quadre 2.6, perquè el 2001 tenia menys de 25 PiME de més de deu empleats.

6 O quan l'Estat ha mantingut en paral·lel o ha permès sota certes condicions el desenvolupament de múltiples PME obertes a l'exportació al costat dels enormes conglomerats públics, com a Polònia o a Txecoslovàquia durant el període comunista, (en contrast amb Rússia, on només existien les molt petites empreses que treballaven en negre, com mostra l'estudi de Rehn i Talass, 2004), PiME que han servit de base per a la multiplicació d'altres PiME quan el règim ha caigut.

A l'última part del nostre treball posarem una atenció especial en els elements que sostenen el pas a les fases proactives. Més precisament, ens interessarem d'entrada pel mecanisme de l'enxarxat al capítol 9, a continuació pel fenomen de contagi o d'acceleració de la creació d'empreses i pel de la transformació de les mentalitats, i per tant de la cultura emprenedora, al capítol 10, cosa que ens permetrà tancar l'anella del funcionament de l'emprenedoria endògena a l'economia del coneixement.

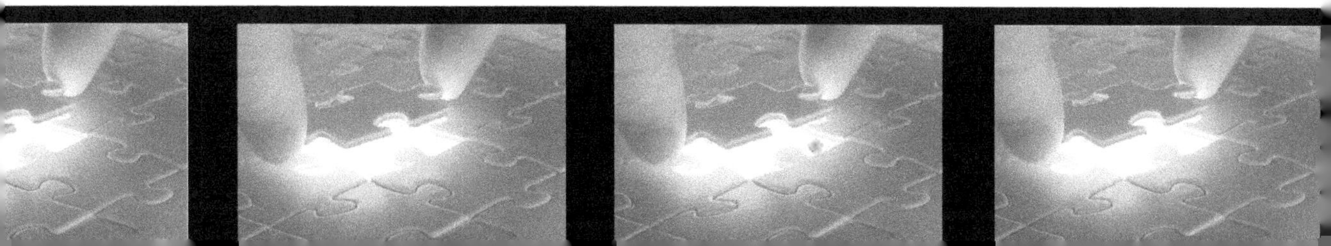

9

l'enxarxat de la intel·ligència

El desenvolupament d'un teixit regional dinàmic

L'Espècie es multiplica en un país on l'abundància alimenta els nens, sense disminuir gens la subsistència dels pares. La igualtat mateixa dels ciutadans, que produeix ordinàriament la igualtat de les fortunes,porta l'abundància i la vida a totes les parts del cos polític i la difon per tot arreu.

MONTESQUIEU, *CXXIIena carta persa*

Com hem indicat al capítol 6, les empreses i els empresaris han funcionat sempre en xarxes personals i de negocis. Si l'existència de les xarxes personals prové de la necessitat que té tothom de compartir les seves idees amb altres, el primer fonament de les xarxes de negocis es pot remuntar a la vella teoria de la divisió del treball, si no a la dels avantatges comparatius que li és associada. En el primer cas, Adam Smith deia ja el segle XVIII que no és avantatjós per a cap productor provar de fer-ho tot, sinó que és preferible que treballi amb altres productors situats cap amunt i cap avall per concentrar-se en allò que fa millor. En el segon, la teoria dels avantatges comparatius de Ricardo afegia que és beneficiós restringir fins i tot algunes activitats en les quals es pot ser eficaç per concentrar-se en les que generen un valor o un benefici encara més gran. És la mateixa idea sobre la qual descansa la teoria del retorn sobre l'ofici o de les competències centrals, és a dir allà on es pot treure el màxim de valor de les competències pròpies, deixant a altres firmes la cura de produir el que en reporta menys. És l'aplicació perfecta del sistema de districtes industrials, en els quals les empreses es concentren cadascuna sobre un element de la cadena de valor per finalment oferir juntes un producte que pot competir amb béns provenint d'altres empreses concentrades però sostingudes per una burocràcia costosa. És també la tendència dels recents decennis a l'externalització d'una part de les produccions, com al sector de l'automòbil, per crear un sistema de subcontractació en cascada (Lamming, 1995). En el cas de les indústries madures amb productes complexos i canviants, no és gaire avantatjós provar de fer-ho tot un mateix, encara que se sigui molt productiu. En especialitzar-se, es disminueix el pes de la inèrcia de la gran dimensió i s'augmenta la flexibilitat necessària en una economia cada cop més global que s'expressa, per exemple, per un ritme elevat d'innovació compartida.

Però aquestes dues teories complementàries no són prou per explicar per què s'hauria de treballar amb xarxes d'informació avançada, sobretot xarxes de senyals febles. El tercer fonament prové de l'economia del coneixement i de l'enfocament basat en els recursos i les competències. Com hem dit, en aquesta teoria els avantatges competitius de la firma no descansen sobre recursos escassos i inimitables, sinó sobre una combinació dinàmica i per tant difícilment imitable de competències a la base dels sabers i de saber-fer, recursos i competències que es poden estendre als socis de la firma (Foss, 1999), i que li permeten respondre de manera específica a cada client i distingir-se així dels seus competidors. Aquests sabers i saber-fer guanyen molt quan són sistemàticament enriquits i transformats en xarxes informacionals d'intel·ligència[1] per multiplicar les oportunitats i la innovació.

En aquest capítol, tornarem sobre la necessitat de treballar en xarxes, per parlar a continuació de la manera de millorar l'enxarxat a la regió. Després descriurem els mecanismes que permeten filtrar millor la informació proporcionada per la xarxa per treure'n tot el sabor, com evocava abans la metàfora de la percolació del cafè[2].

9.1 L'eficàcia del desenvolupament amb els parells en xarxes

La miopia dels investigadors que s'han acontentat durant massa temps veient l'empresa aïlladament, més aviat que en xarxa, s'explica en particular per l'enfocament neoclàssic que considerava i considera encara l'empresa com un actor aïllat cara als seus competidors, igual com el consumidor es troba sol cara al mercat. És l'individualisme de l'ètica protestant portat al paroxisme. Ara bé, ni el consumidor ni l'emprenedor o l'empresa no actuen sols, com ja havia recordat John Maurice Clark l'any 1926[3], reprenent alguns elements de la primera obra d'Adam Smith apareguda l'any 1759 i que enunciava una *teoria dels sentiments morals*. D'altra banda, l'enxarxat és la millor manera de fer cara a la incertesa i a l'ambigüitat gràcies a les convencions comunes. Per exemple, proposant tota mena d'informacions i filtrant-les com una malla estesa, les xarxes informacionals proporcionen indicacions per tranquil·litzar l'emprenedor i sostenir així la seva acció. Per la seva part, les xarxes de negoci li procuren una certa assegurança que serà sostingut en l'èxit dels seus negocis, ja que tots els socis hi guanyaran[4]. En els seus *Principles of Economics*, Marshall afegeix que la xarxa de negoci permet absorbir millor els xocs exteriors, en repartir una part més o menys important del seu impacte sobre tots els seus membres. Però, sobretot, l'enxarxat és un mecanisme d'aprenentatge col·lectiu especialment eficaç per afrontar la incertesa futura.

1 "Intel·ligència" en els dos sentits del terme, tant en el sentit anglosaxó per obtenir informació, encara que sigui practicant l'espionatge industrial, com també *intel·ligent*, en permetre un millor accés i una millor apropiació de la informació, com el defineix d'altra banda el Comissariat general francès del Pla: "La intel·ligència econòmica [...és] el conjunt d'accions coordinades de recerca, tractament i distribució, de cara a la seva explotació, de la informació útil als agents econòmics. Les diverses accions es fan legalment amb totes les garanties de protecció necessàries per a la preservació del patrimoni de l'empresa, en les millors condicions de qualitat, temps i cost". (Martre, 1994).

2 És interessant remarcar que en llatí la paraula "sabor" (*sabor*) té el mateix origen que "saber" (*saber*), en tant que es considerava que les persones capaces de discernir els gustos complexos dels aliments es consideraven "sàvies" (i probablement riques, ja que tenien prou temps per instruir-se però també per consumir aliments variats, en comparació amb els pobres, que s'havien d'acontentar gairebé sempre amb els mateixos aliments).

3 A la seva obra Social Control of Business, citat per Pirou (1946).

4 Que no és sempre el cas. Fa poc, un industrial m'explicava que, amb l'arribada massiva de la Xina al mercat de les matèries primeres i l'alça de preus que la va seguir, el seu principal proveïdor li havia dit que ja no li podia garantir res, de manera que era lliure d'anar on volgués, sense que això l'hagués de preocupar. Però com que se sap que la situació és momentània, a l'espera que la producció pròpia d'aquestes matèries es desenvolupi a la Xina, l'industrial li va assegurar que se'n recordaria!

L'enxarxat estimula en particular cinc palanques d'aprenentatge (Jacob i al., 1997).

1. Accelera la circulació de la informació entre els membres, tant més que la confiança mútua és gran, i els permet així guanyar sistemàticament temps per a l'anàlisi.
2. Multiplica les fonts complementàries o nous enllaços informacionals per completar la informació coneguda a mesura que les necessitats es desenvolupen.
3. Empeny les organitzacions a comparar-se: les dissonàncies cognitives creades per les percepcions diferents d'una persona a l'altra tendeixen a estimular les firmes i les forcen a demostrar contínuament la seva capacitat competitiva, per augmentar la seva competitivitat individual al si del grup; la retroacció entre les firmes i el seu entorn les porta a augmentar el seu grau de competitivitat i a sostenir l'aprenentatge continu, per superar sense parar els límits de la seva capacitat en la matèria.
4. Ofereix informació no rutinària i nova, i en facilita la multiplicació i l'intercanvi al si i fora del grup, seguint una estructura que comporta poca o gens d'ambigüitat; l'observació dels altres, sovint semblants, i la condensació de les informacions que vénen de múltiples fonts afavoreixen la cerca activa de noves informacions (sobretot informacions tàcites, completades per la informació explícita posada en comú) i multipliquen les idees noves pròpies de la innovació.
5. Finalment, cada cop que és útil, transforma les relacions de competència entre les firmes membres de la xarxa en relacions de col·laboració, sense negar però les pressions dels competidors.

Des de fa molt de temps, són els *fidels* més que els *sacerdots* els que afavoreixen les *noves conversions* (Kartz i Lazarfeld, 1955), com el canvi i la difusió de les noves tecnologies i de la innovació segueixen sobretot l'exemple dels parells (per comportaments dits *homophilis*, pels parells). Per convèncer un empresari a innovar o a organitzar-se millor per innovar (augmentant les seves capacitats d'absorció de la informació, per exemple), és sempre més eficaç passar per altres empresaris o actors pròxims. La comunicació amb els parells redueix la distància cultural i augmenta molt les capacitats d'absorció o d'acceptació que permeten superar els esquemes previs, els biaixos dels interlocutors o la resistència al canvi amb noves maneres de pensar (Nooteboom, 2000, pàg. 155-56). L'emprenedor i el seu personal acceptaran tant més fàcilment els canvis necessaris quan els seus parells els posin en contacte amb diferents recursos a través de les xarxes. En recórrer així a persones que li han estat recomanades, l'emprenedor tindrà més fàcilment accés a les informacions complementàries que necessita, sobretot a la informació tàcita, i les podrà entendre millor. La confiança no es limita a les relacions entre els actors econòmics, sinó que s'inscriu en una dimensió social territorial evident (Michelsons, 1990) que impregna alhora els comportaments dels membres i les convencions sobre les quals es basen. Prové també del fet que els emprenedors comparteixen sovint les mateixes experiències i coneixen la història i la reputació mútues, que no és el cas de l'emprenedor que acaba d'arribar o que refusa integrar-se, com fan massa sovint les grans empreses.

Rogers (1995) explica que la difusió pels parells és particularment eficaç perquè permet a la informació prendre múltiples camins a les xarxes de comunicació, segons el grau d'atenció de l'auditor, passar per moments d'aturada, de reactivació, a continuació d'acceleració, per proporcionar exemples d'aplicació o d'usuari i reenviar si cal a fonts informacionals complementàries, etc. Això permet també preguntes i respostes i refer les preguntes. Aquests camins són tant més eficaços quan un o alguns parells han estat reconeguts i acceptats com a líders, i esdevenen d'alguna mena exemples a seguir per accelerar el canvi. És el que ha observat Bass estudiant la difusió, els anys 1930, del blat de moro híbrid entre els agricultors. La seva anàlisi mostra que les relacions interpersonals, cara a cara, van permetre una penetració d'aquesta innovació molt més ràpida i sobretot més generalitzada que la que els mitjans de comunicació haurien suscitat. Així, encara que la influència que aquests últims puguin tenir sobre l'adopció d'una innovació sigui d'entrada favorable, es dilueix ràpidament perquè és impersonal; mentre que la dels parells és no només molt més forta, sinó que dura almenys dos cops més de temps (veure la figura 9.1).

| Figura 9.1 |
Difusió de la innovació per les relacions interpersonals o pels mitjans de comunicació

Adaptat d'E.V. Rogers (1995), Difusió d'Innovacions, Nova York, The Free Press, pàg. 80.

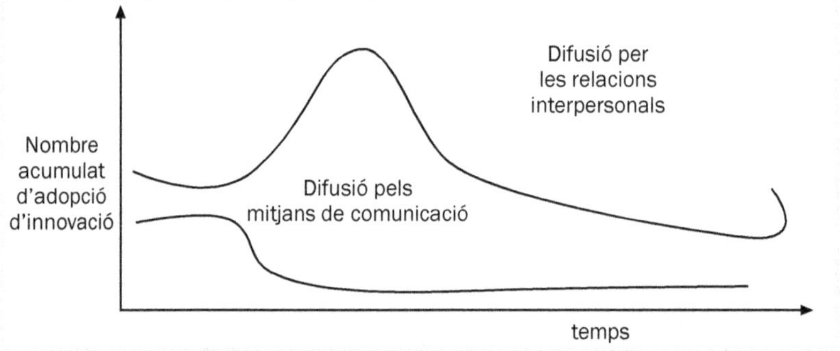

Però l'eficàcia de l'enxarxat prové també d'un mecanisme que Habermas (1981) ha descrit, o sigui actuar de forma intercomunicacional, mecanisme pel qual la informació canvia la representació mental de qui la rep i prepara sovint l'acció. Aquest filòsof explica que la intercomunicació no només transmet dades, sinó que posa en marxa ja l'acció que ha de provocar, tant en l'informador com en l'informat, en ajudar-los a veure per endavant la seva possible aplicació. En altres paraules, l'acció ja està iniciada a la idea intercanviada i es precisa a les explicacions complementàries.

Hem seguit al dia algunes firmes manufactureres durant prop de cinc mesos per ajudar-les a posar en marxa un pla de millora contínua que els permetés arribar a un nivell de funcionament *de classe mundial* (amb el suport de diverses eines d'auditoria per *caracteritzar* tant el seu sistema de producció com la seva organització i el seu funcionament). Quan hem discutit els resultats de la nostra anàlisi amb el personal clau de la firma, hem comprovat que aproximadament un 40% de les recomanacions que anàvem a fer-los estaven ja en curs d'aplicació. Això mostra que aquestes recomanacions eren ja en germen a les preguntes que fèiem sobre els problemes d'organització i de producció, i que prenien forma a mesura que l'enquesta progressava (Julien i al., 2003b).

La informació proporcionada per gent que es coneix i en qui es té confiança accelera el canvi i per tant la innovació d'adaptació, que actua sobre les ments: «Si tal és capaç d'adoptar aquesta nova tecnologia, per què jo no!» Compartir informació pot fins i tot anar més lluny i suscitar l'entusiasme en qui la rep, com, per exemple, llançar-se a l'exportació malgrat les dificultats que pot representar, tant més quan la informació *potencial* que proporcionen les xarxes redueix la incertesa de cara a una tal operació. En efecte, les xarxes difonen no només la informació *efectiva* que permet actuar, sinó també la informació *potencial,* quan l'operació reclama més informació per obtenir recursos complementaris. Això no vol dir que només l'enxarxat permet la innovació, ja que aquesta última prové de la intuïció dels individus, sinó que és un complement necessari que sosté i estimula els mecanismes cognitius complexos i així encoratja l'emprenedor a llançar-se a una innovació més important que si hagués estat sol.

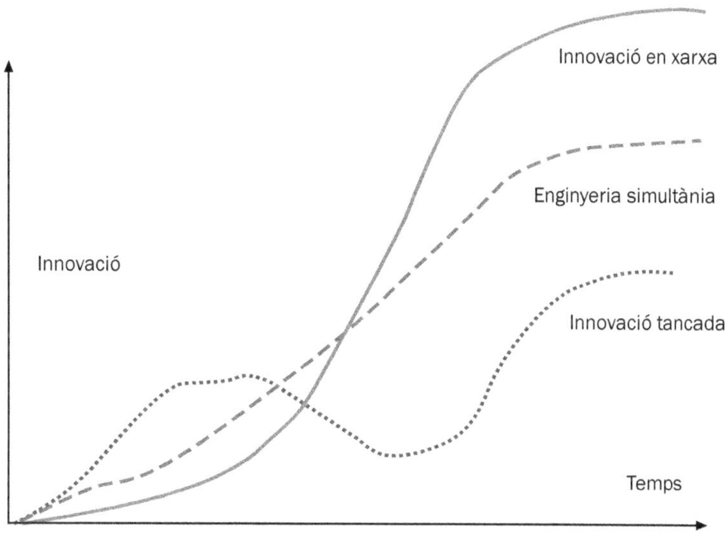

| Figura 9.2 |
Efectes de la integració de socis externs o de l'enginyeria simultània en el procés d'innovació

A la figura 9.2 il·lustrem com el fet d'integrar socis externs en el procés d'innovació o de connectar-se a més d'un soci extern alhora en el mateix procés pot afavorir aquest últim. La corba de punts mostra que si bé la innovació tancada, engegada per un equip experimentat, és d'entrada més ràpida, es troba aviat amb tota mena de problemes que els membres del projecte no havien previst a causa del seu desconeixement, per exemple, de les capacitats del mercat per absorbir la innovació o de les restriccions lligades a una producció mal preparada. D'on la caiguda de la corba. Només després d'haver resolt aquests problemes el procés d'innovació es pot reprendre, però arribarà ràpidament a un altiplà, a causa de les capacitats d'aprenentatge limitades de l'equip (Sørensen i Stuart, 2000). Al contrari, la corba de guions mostra que, com que des del començament del projecte integra membres dels serveis de màrqueting i de producció i fins i tot d'altres departaments, com el de recursos humans, l'enginyeria simultània permet avaluar el més ràpidament possible els problemes que podrien sobrevenir. Encara que el procés d'innovació hi sigui d'entrada més lent, perquè obliga els membres del personal, menys habituats a reflexionar sobre la innovació potencial, a entendre's amb un llenguatge i objectius comuns a tot l'equip per crear una sinergia eficaç, resulta que, d'una banda, no es pot tirar enrere per resoldre els problemes imprevistos i, de l'altra, l'equip ampliat aporta idees noves i troba, si cal, millors solucions a les que es presenten. Cosa que es tradueix, a la figura, per una pujada, al final del recorregut, de la corba de guions per sobre de la corba de punts. Finalment, la tercera corba, contínua, il·lustra el procés d'innovació difusa, que integra a l'equip de recerca membres exteriors, com subcontractats de les peces o equips que formaran part del nou producte o procés. Aquí, l'ajustament dels objectius i dels llenguatges alenteix encara més el començament del procés, però la multiplicació de les experiències i de les idees l'accelera a continuació, fins al punt que sovint supera de molt els altres dos (Bala i Goyal, 1998).

Però l'enxarxat més o menys dens fa més que proporcionar informació nova: suscita sobretot a les noves firmes un sentiment que les empeny a actuar. Com recorda Velts (2002, pàg. 88): «Formar part d'una xarxa, d'un teixit dinàmic, permet estar al cas, saber allò que no està escrit enlloc, fins i tot ni a la premsa especialitzada, conèixer les reputacions dels proveïdors i dels clients. Per un cap d'empresa, la capacitat de judici, de separació del positiu i del negatiu, de pes qualitatiu dels riscos, és fonamental. Ara bé, aquest judici és infinitament més difícil per a l'emprenedor aïllat, novell, socialment tancat, que per a l'emprenedor ben inserit en un medi.» Més particularment, com el grup social fa pels individus, la xarxa tranquil·litza els iniciadors i innovadors precoços, procurant-los el sentiment de no ser els únics que *tempten la sort* (Miles i Snow, 1995).

La posada en relació d'empreses competidores a l'interior d'una xarxa presenta sovint problemes. No obstant això, els resultats de l'anàlisi que segueix mostren que empreses competidores poden participar i fins i tot aprofitar la mediació d'altres empreses disposades a negociar amb elles. Així, en un qüestionari passat als membres de la Càtedra Bombardier (Julien i Lachance, 1999), demanàvem als dirigents amb quines altres empreses desitjaven transmetre, obtenir i/o intercanviar informació sobre diversos temes (pàg. ex., estratègia, R+D, producció, GRH). Els enquestats podien també indicar amb quines empreses no volien negociar. La figura següent il·lustra els enllaços, i també que algunes empreses (a dalt, a la dreta) no tenen enllaços entre elles.

En resum, com més ric és l'enxarxat en un territori i més per tant estan les empreses connectades a fonts innovadores (enxarxat de la intel·ligència), més tendència tenen a créixer ràpidament (Baudry i Breschi, 2000).

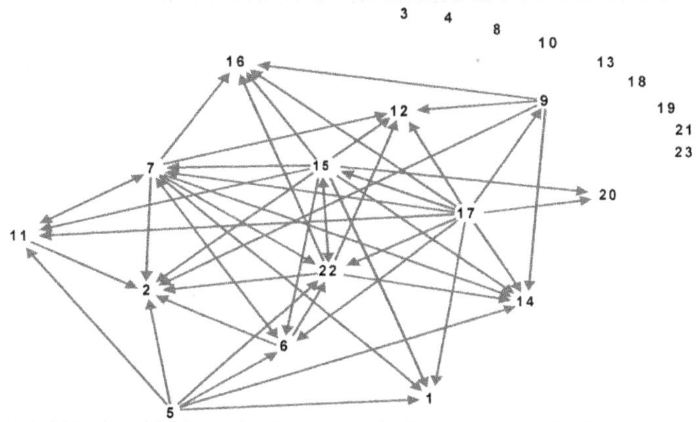

Empreses que volen transmetre, obtenir i/o intercanviar entre elles informació relativa a l'estratègia

En el cas de les informacions sobre *estratègia*, dues empreses (amb els números 2 i 17) s'havien *rebutjat* mútuament. No obstant això, en procedir a una anàlisi tipològica jeràrquica de l'abast màxim dels enllaços (desplegament progressiu de la xarxa, en el quadre més avall), vam comprovar que, encara que haguessin expressat el seu desig de no tractar directament entre elles, es reservaven la possibilitat d'aprofitar contactes indirectes, gràcies als enllaços d'obertura que havien establert amb altres empreses.

Veiem així que a l'últim nivell de l'anàlisi (nivell 6), les dues últimes empreses que queden en contacte són les empreses 2 i 17, que són competidores directes que havien indicat clarament que no volien tractar entre si. La figura de més avall mostra que, no obstant això, estan connectades per intermedi de l'empresa 22, amb la qual l'empresa 17 havia manifestat el desig de tractar, però que volia fer-ho amb l'empresa 2.

Anàlisi tipològic jeràrquic

```
                1 1 1 1 2   1 2       1   1 1 1   1 2 2
          3 4 8 0 3 8 9 1 9 5 0 1 5 6 1 7 2 4 6 2 7 2 3
-----     - - - - - - - - - - - - - - - - - - - - - - -
    6     . . . . . . . . . . . . . . . . . . . XXX . .
    5     . . . . . . . . . . . . . . . . XXXXXXXXX . .
    4     . . . . . . . . . . . . . . . XXXXXXXXXXXXX .
    3     . . . . . . . . . . . XXXXXXXXXXXXXXXXXXXXX .
    2     . . . . . . . . . XXXXXXXXXXXXXXXXXXXXXXXXX .
    1     . . . . . . . . XXXXXXXXXXXXXXXXXXXXXXXXXXX .
    0     XXXXXXXXXXXXXXXXXXXXXXXXXXXXXXXXXXXXXXXXXXXXX
```

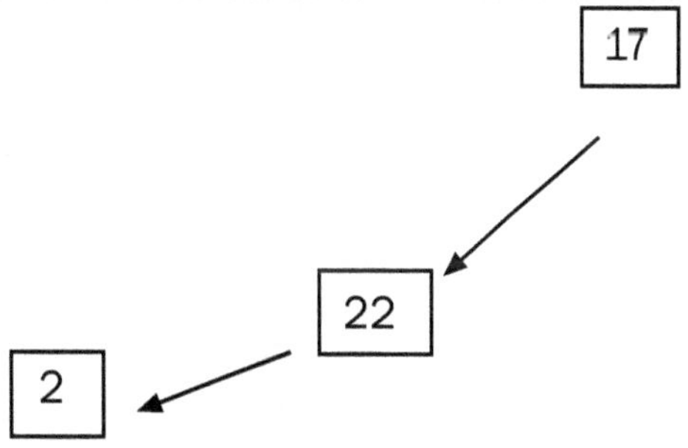

Competència i possibilitat d'intercanvis

9.2 L'enxarxat de la intel.ligència

En el món dels negocis, la col·laboració és la norma, mentre que el funcionament jeràrquic pur o el recurs exclusiu al mercat (comprar-ho tot) constitueixen els casos més rars. Fins i tot les xarxes denses existeixen des de fa molt de temps, tals les xarxes a la indústria de la construcció, amb empresaris anomenats precisament *generals* i que contracten lampistes, electricistes, guixaires, pintors, etc., mentre es reserven el gros de l'obra i la planificació general; o també els agricultors que s'agrupen en cooperatives per distribuir els seus productes a mercats llunyans o per plantar cara millor als grans compradors. A Europa, un bon nombre de districtes industrials actuals remunten a diversos centenars d'anys, cosa que Braudel (1979) ha recordat parlant, sobretot, del districte dels *drapaires* (de la roba) de Prato, a Itàlia, que existia ja al Renaixement. Això també passa a Amèrica del Nord on, per exemple, el districte de la pell de Montréal data de l'època del comerç de pells amb les Amerindis. Alguns investigadors arriben fins i tot a considerar aquests districtes com els residus de l'antic capitalisme del segle XVIII o del XIX (Pyke i Sengenberger, 1992).

L'enxarxat difereix tanmateix d'una empresa a l'altra, segons l'experiència i la implicació de l'emprenedor, així com les de la seva organització i de les xarxes del seu personal. Així, un jove emprenedor, sobretot si no ha sortit d'una família emprenedora, tindrà un enxarxat poc desenvolupat que haurà d'enriquir si vol créixer (Velts, 2002; Hite, 2005). Al contrari, un emprenedor innovador que evolucioni en un sector que requereix moltes tecnologies noves s'ajuntarà ràpidament amb altres, desenvoluparà un enxarxat complex que li permetrà tenir la informació abans que els seus competidors i aprofitarà a més les xarxes del seu personal (Julien, Lachance i Morin, 2004; Watson, 2006). A les regions ben proveïdes d'emprenedors dinàmics, les xarxes estan ben desenvolupades i connectades a xarxes externes. Aquests emprenedors encoratgen la complexificació de les xarxes creant-ne d'altres, cosa que dinamitza el medi per fer-ne un teixit[5] industrial complex, dotat d'un capital social fort i d'una cultura emprenedora pròpia per sostenir la creació de noves empreses.

Després d'haver llançat la seva pròpia empresa en un camp diferent del de l'empresa de la seva família i haver desenvolupat les seves pròpies xarxes, una emprenedora sueca es va haver de tornar a adaptar a tota una sèrie de xarxes quan va acceptar reprendre l'empresa familiar. Tanmateix, les seves antigues xarxes li van permetre mostrar les seves capacitats i sostenir les activitats de la seva firma per fer-se més fàcilment un lloc propi i acabar amb la imatge de filla de l'antic empresari (Tidåsen, 2001).

A les regions, les xarxes són finalment tan importants o més que la quantitat de recursos distribuïts a les empreses, sobretot si transcendeixen els sectors industrials per arribar a les filières. Un teixit de xarxes coexistents pot tanmateix prendre diferents formes i configurar-se i reconfigurar-se contínuament en entramats diferents. D'aquí la dificultat pels investigadors d'entendre-les bé, representar-ne l'estructura i mesurar-ne l'impacte.

5 La paraula "teixit" remet aquí a un conjunt format per un entreteixit complex i il·lustra prou bé la idea de xarxes interconnectades que s'encavalquen sota diferents formes i nivells.

La posada a punt d'un sistema mínim de xarxes d'innovació descansa sobre l'entramat d'enllaços institucionals, sobretot en educació, cap amunt i cap avall de les empreses, i finalment sobre el conjunt d'activitats econòmiques capaces de sostenir l'esperit emprenedor i afavorir una cultura de negoci oberta. Per exemple, les institucions educacionals formen el personal que podrà sostenir les innovacions possibles en el camp en què ha estudiat. Però la proximitat pot ser més o menys gran entre les institucions financeres, les empreses i les altres institucions generadores de coneixements i de mà d'obra eficaç. Quan la proximitat és gran, l'avaluació dels projectes innovadors és ràpid, perquè es coneix bé els seus promotors i se sap que les seves xarxes podran sostenir-los, siguin quins siguin els obstacles. Per contra, quan la proximitat és petita, els criteris són només financers, és a dir sovint conservadors i per tant poc propicis a les noves empreses o al canvi (reveure la figura 5.2). Això val també per a altres recursos: la proximitat pot en efecte permetre, per exemple, compartir la mà d'obra segons la temporada[6], o també diverses infraestructures en incubadores industrials o en parcs tecnològics.

Totes les regions prou grans poden tanmateix comptar amb un enxarxat mínim més o menys dinàmic per proporcionar a les empreses els recursos de base (mà d'obra més o menys qualificada, equips nous o de segona mà, serveis de manteniment, etc.) i els serveis (transport, finançament, distribució), o també oferir-los els diferents programes d'ajuda de les institucions públiques (que poden oferir el concurs dels seus experts o també comprometre's en una certa cooperació). Les xarxes es completen amb diferents grups intermediaris (cambres de comerç, clubs socials, associacions patronals, etc.) que reuneixen nombrosos empresaris que faciliten l'intercanvi de la informació. Bhérer i Désaulniers (1998) han mostrat no només que cada regió pot comptar amb un gran nombre d'aquests grups intermediaris per oferir diferents serveis i connectar la gent de negoci entre ells i també amb diversos socis, sinó que la relació entre el seu nombre, el d'habitants de la regió i el nivell de desenvolupament era relativament constant, tenint en compte les necessitats molt variades segons els sectors i el cicle de vida de les empreses. Evidentment, el dinamisme d'aquests grups varia considerablement. Per exemple, si a França les cambres de comerç juguen un paper major en el desenvolupament territorial controlant les Borses locals o els ports fluvials i sostenint la conciliació en negocis amb els *homes bons*, a Amèrica del Nord es limiten sovint a tenir un paper sobretot social, exercint si cal pressions a les autoritats i proporcionant als empresaris un lloc d'intercanvi informacional.

A la Mauricie de després de la guerra, les forces emprenedores que existeixen a tot arreu o no comptaven per res o estaven frenades per l'espai considerable que ocupaven les grans empreses en les decisions econòmiques (veure l'emmarcat de la pàgina 269). Llavors es van reunir en clubs socials de tota mena, de manera que, els anys 1960-1970, la regió comptava amb un dels més grans nombres de clubs socials per

6 Per la compartició de mà d'obra segons la temporada veure l'exemple de Rhino Food que presenten Hitt i Reed (2000).

càpita: Kiwanis, Lleó, Richelieu, Optimistes, Cavallers de Colom, etc. Encara avui dia, això no ha canviat gaire: la regió és una de les poques que no tenen un club de l'Agrupació dels caps d'empresa del Quebec, l'organització d'empresaris de PiME més dinàmica del Quebec.

El nombre de xarxes no diu res tanmateix ni del dinamisme ni de la capacitat que poden tenir per estar lligades a altres xarxes informacionals nacionals i internacionals, ni de la riquesa i oportunitat de la informació que proporcionen. Una regió dinàmica necessita un enxarxat proactiu, o sigui capaç de desenvolupar i combinar el nou coneixement i de sostenir la difusió de les noves tecnologies i la innovació (Lawson i Lorenz, 1999). Les xarxes poden fins i tot facilitar diverses formes d'aliances o també la creació de xarxes denses. Algunes han d'estar connectades a xarxes de senyals febles perquè la regió pugui atreure empreses de tecnologia puntera (Keeble i Wilkinson, 1999).

L'enxarxat proactiu prové d'entrada d'alguns pioners o de catalitzadors regionals[7] (Lawton Smith, Glasson i Chadwick, 2005), incloent l'emprenedoria social o comunitària (Johnstone i Lionais, 2004). Són ells que creen localment xarxes riques, d'entrada informals i a continuació cada cop més ben organitzades, i que conviden altres empresaris dinàmics a formar-ne part. Les primeres xarxes poden continuar sent limitades si els agents de canvi no són representatius o són considerats éssers a part que no saben arrossegar els altres. Rogers (1995, pàg. 272-274) precisa algunes característiques d'aquests pioners: tenen empatia (capacitat de posar-se a la pell d'un altre), són poc dogmàtics, saben jugar amb abstraccions, tenen curiositat pels canvis que els desenvolupaments de la ciència permeten, no són fatalistes, sinó capaços de gestionar la incertesa, finalment tenen fortes aspiracions. Podríem afegir altres qualitats: són molt sociables, se senten còmodes en les comunicacions interpersonals, ben situats sobre la informació nova, tenen una visió cosmopolita, etc. Aquests característiques són tanmateix discutibles, com les definides per l'escola dels trets; poden ser més o menys importants i compensades per altres, i sobretot evolucionar ràpidament segons les circumstàncies i les necessitats.

Als pioners cal afegir-hi líders capaços ser campions del canvi. Aquests últims són generalment més instruïts i tenen un esperit especialment obert a tota mena de qüestions noves; són reconeguts per la seva experiència, sovint adquirida en institucions privades o públiques importants i reconeguts a la regió; tenen un estatus social més elevat que la mitjana i una més gran mobilitat d'ascensió social; són molt altruistes i volen que els seus diversos missatges no semblin interessats, o que almenys proporcionin tanta informació rica com ells poden obtenir de les seves relacions; finalment, són capaços de posar la gent en relació amb noves fonts d'informació complementària (Sparrowe i Liden, 1997). Els líders poden estar entre els primers a adoptar els canvis per iniciar la seva difusió a la regió, o si més no promoure'ls, si no s'apliquen al seu camp d'acció. Com més són membres de xarxes dinàmiques i acceptats pels seus parells, més incentiven el canvi, més la regió es mou.

7 Per reprendre la imatge dels catalitzadors informacionals que es poden trobar a les empreses i de què hem parlat al capítol 6.

Parlant de líders, al Quebec es reconeix l'origen del que s'ha anomenat el miracle beauceron dels anys 1950-1970, i que ha permès a la regió de la Beauce passar d'una economia basada gairebé únicament en l'agricultura i l'explotació forestal a una economia sostinguda per centenars de PiME, sobretot en els sectors de l'acer i del plàstic. De bon començament, van ser els Lacroix, els Dionne i els Dutil, tots fills de la regió, que van engegar gradualment empreses manufactureres. Esdevinguts rics, van continuar molt implicats en diverses obres socials, cosa que era previsible, però també de cara a joves i menys joves emprenedors, sostinguts tant pels seus consells com amb finançament, cosa que ha afavorit la multiplicació d'empreses a la regió. Però no cal oblidar l'antic alcalde de Drummondville, el senyor Lampron, i després l'alcaldessa actual, la senyors Ruest Jutras, que han desenvolupat un comissariat industrial particularment dinàmic per incitar la gent de negocis a treballar junts i a multiplicar les empreses de fort creixement, tot fent de transmissors d'informació per estimular l'enxarxat. A Bellechasse o a Bagot, els germans Métivier, o també els germans Lacasse, que d'entrada van fundar la seva empresa i a continuació van multiplicar l'efecte rusc a totes les produccions que s'allunyaven del seu ofici principal, cosa que ha estimulat considerablement la seva regió.

Passa el mateix en altres regions, com al voltant d'Oxford, en Anglaterra. Lawton Smith i col. (2003) han mostrat que, en aquest cas, diversos líders científics i de negoci, com Wood, Hirsh, Bradstock, Cary, etc., havien jugat un gran paper en l'acceleració del desenvolupament basat en la tecnologia puntera, cosa que no disminueix en res, evidentment, la importància de tots els altres investigadors i empresaris. Líders semblants són també a l'origen del desenvolupament dels parcs tecnològics de la regió de Grenoble, de Sofia-Antipolis, prop de Niça, o en altres llocs, si bé és cert que no haurien tingut tanta influència si no haguessin estat precedits, ajudats o seguits per un gran nombre d'actors menys coneguts.

El teixit industrial que crea l'enxarxat ha de generar finalment, a més, capital social variat, d'entrada capital financer de proximitat per a l'engegada i a continuació capital de risc, sobretot per a les firmes tecnològiques. Però també ha de sostenir un cert capital psicològic, sobretot l'interès marcat de tots i cadascun pel canvi i la innovació, i per tant per una cultura emprenedora del canvi. L'enxarxat pot no obstant això limitar-se a estructures sense gaire força, si la compartició de la informació no és prou avançada. Saxenian (1994) ha mostrat que és per la seva cultura més oberta, menys conservadora i més cooperativa que Silicon Valley ha aconseguit que triomfin les molt nombroses empreses de tecnologia puntera instal·lades sobre la carretera 128 de Nova Anglaterra.

Perquè el teixit industrial sigui particularment portador d'idees noves i d'innovacions, l'enxarxat ha de complir almenys quatre condicions. Cal que sigui:

1. Capaç de multiplicar les idees i adaptar-les segons les xarxes a les necessitats de les empreses, a la seva capacitat a innovar, tant si es tracta de precursors o d'emprenedors de la majoria tardana;
2. Compatible amb els valors i les normes de funcionament dels membres actuals i futurs, tot sent innovador per ajudar aquests valors a evolucionar;

3. Senzill d'utilització pels membres que volen participar-hi, compartir i aprendre, o sigui xarxes amigables o si més no adaptades al grau d'educació o d'instrucció dels membres, que han de poder trobar-hi també una certa part de distensió;
4. Lligat cada cop més sòlidament a altres xarxes fora de la regió i de senyals febles, per augmentar la riquesa i la varietat de la informació que oferta i ajudar els empresaris a unir-se a xarxes molt més complexes.

9.3 El mecanisme del enxarxat

L'enxarxat que es desenvolupa per crear un teixit cada cop més ric a les regions segueix sis etapes: 1) la percolació de la informació rica; 2) l'efecte d'arrossegament pels líders d'opinió; 3) la multiplicació de les xarxes; 4) la seva complexificació; 5) la seva contribució a l'augment del nombre de *gaseles*; i finalment 6) l'avaluació del teixit resistent pels responsables del desenvolupament regional.

1. El mecanisme de percolació, del qual ja hem parlat al capítol 5, constitueix una metàfora que ajuda a entendre el primer efecte de l'enxarxat, o sigui multiplicar les fonts amb els grups successius i filtrar i enriquir la informació nova, tot adaptant-la a les necessitats de les empreses i ajudant-les a compartir-la, de manera que se susciti el canvi per intercomunicació; com la percolació permet treure tot el sabor del cafè sense patir l'amargor dels grans. Passa el mateix amb la informació bruta que, sovint indigesta, entra difícilment per manca d'adaptació, però també d'atenció, de temps, de capacitat si no d'interès de qui la rep. Llavors s'ha de reprendre sota diferents angles, repetir-se parcialment i adaptar-se a la capacitat de recepció de les empreses, proporcionant-los els elements complementaris que són la confiança entre l'informador i l'informat i les claus que permetran eliminar tota ambigüitat.
2. L'efecte d'arrossegament ve del fet que un o més líders d'opinió reconeguts com a tals pels membres de la xarxa ajudin aquests últims a acceptar la informació, per un cert mimetisme, i finalment a actuar i a canviar. L'eficàcia de les xarxes depèn per tant de la qualitat dels membres i de la informació nova que hi circula, però d'entrada d'alguns empresaris reconeguts com a líders i que inciten els altres a imitar el seu dinamisme. Tota xarxa enèrgica suposa alguns membres actuant com a agents de canvi; sense ells, els altres membres serien més aviat reactius, si no passius. Com que el medi o les xarxes poden ser tant estimuladors com frens de la innovació, els cal poder comptar amb líders d'opinió reconeguts pels seus parells per vèncer el conservadorisme i afavorir el canvi.

   Segons Rogers (1995), aquests actors són generalment els individus més exposats als mitjans de comunicació, els més cosmopolites i els més compromesos socialment, i en la majoria dels casos tindrien també un estatus social elevat. La seva influència els vindria tanmateix del fet que ocupen una posició de nus a la xarxa, on conflueixen un gran nombre d'enllaços, i per tant hi juguen un paper important. Han de tenir per tant influència sobre els altres membres i poder estar a la mateixa longitud d'ona que ells. Per la regió, aquests actors del canvi han de situar-se a més a les xarxes clau, si no el seu impacte seria limitat.

3. De la mateixa manera que tota empresa o tot empresari està connectat a diverses xarxes, tota regió en pot tenir més d'una, més o menys lligades entre si o que s'encavalquen. Si algunes d'elles es ramifiquen a escala nacional, d'altres ho fan a escala internacional. En efecte, ja sigui per raons que provenen del sector en què actua la seva empresa, per l'estratègia retinguda o pel seu nivell de desenvolupament, informacional sobretot, l'empresari ha de poder sortir de la seva regió i anar a veure sovint què es fa en altres països.

A la xarxa Bombardier, algunes firmes, que amb tot no són membres de la Càtedra, ocupen una posició clau per estimular el canvi entre diverses subxarxes. Per exemple, a la figura següent, l'empresa 60 (A2), un important comprador, està connectada a la xarxa global per les firmes 57 (A2), 42 (B2), 65 (B2), 3 (A3) i 21 (A3), també connectades a altres firmes.

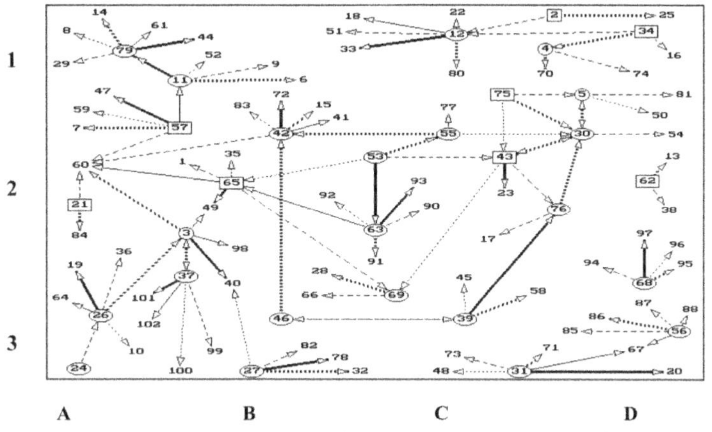

Subxarxes de les firmes subcontractades membres de la Càtedra Bombardier

Els números encerclats indiquen les firmes que són membres de la Càtedra des de fa uns anys; els números emmarcats, les firmes que en són membres recents; i els números sols, les empreses que no en són membres. La intensitat dels enllaços està expressada per la importància de les línies, la línia contínua ampla indicant els enllaços més forts. Font: P.-A. Julien i R. Lachance, 1999.

Pel que fa a les firmes membres *centrals*, que intercanvien sistemàticament productes i informació amb uns quants d'altres, com l'empresa 30 (D2), constitueixen tres grups[8] de tres components, formats, a més de l'empresa 30, per les empreses 5 (D1) i 75 (C1); 75 (C1) i 43 (C2), així com 43 (C2) i 76 (D3). A la xarxa Bombardier i a tot arreu, entre les influències dels líders, hem comprovat que firmes exportadores professionals han incitat altres firmes a llançar-se també a l'exportació (Julien i Morin, 1996). El seu èxit i les seves maneres de fer serveixen d'exemple a les empreses més reactives. Veiem jugar aquí altre cop la idea de model que segueixen tant els joves emprenedors com els dirigents més experimentats.

Distingim a més subxarxes que només estan connectades a la xarxa global per la gran firma pivot (no representada a la figura), com les subxarxes agrupades al voltant de la firma 12 (C1), les dues petites xarxes 31 i 56 (C4 i D4), connectades per la firma 67 (D4), i finalment l'empresa 68 (D3) i l'empresa 62 (D2). Aquí, les empreses membres de la Càtedra són subcontractats d'intel·ligència i alguns dels seus principals socis són compradors importants, sovint situats a l'exterior del Quebec.

Fins i tot les firmes localitzades en un parc tecnològic s'han connectat a diverses xarxes exteriors, perquè el parc tecnològic no pot proporcionar totes les respostes buscades (Storey i Strange, 1990; Westhead i Batstone, 1999). Aquestes xarxes són sovint locals per als recursos de base com la mà d'obra, una part del finançament i professionals com els experts comptables.

Les xarxes són per tant de dimensions diferents, segons les necessitats. Descansen sobre els costums, la confiança i la reputació dels seus membres. Per no fer-se obsoletes, es desenvolupen i es transformen segons l'evolució de la confiança, els costums i les necessitats dels membres.

L'estructura resistent difereix segons les regions, la seva cultura i la seva població. Així, Putnam (1995) explica que les connexions basades en la confiança serien responsables de les diferències democràtiques entre la Itàlia del Nord i la del Sud. Les connexions dels italians del nord serien més aviat horitzontals, descansant sobre tota mena d'associacions voluntàries, sobretot esportives i culturals. Aquestes connexions afavoririen la proximitat i el desenvolupament de xarxes eficaces per sostenir la democràcia. Mentre que les connexions dels italians del sud serien més aviat verticals, del local a la regió pròxima i a la regió molt gran, com Sicília o tot el Mezzogiorno, cosa que limita els enllaços entre els ciutadans i accentua el pes de l'autoritat, ja sigui política o criminal.

Ens hem interessat especialment en dues xarxes observades al Centre-del-Quebec, que corresponen als llocs on els empresaris van generalment a menjar. El primer, que hem anomenat la xarxa dels joves llops, agrupa joves emprenedors que treballen més aviat en els dominis tecnològics i que es troben sovint per menjar i conversar a *La cage au sport*, una cadena de restauració ben coneguda, de decoració de vegades extravagant, on s'ofereixen plats a la mexicana. El segon agrupa més aviat els empresaris més tradicionals i de més edat, que es reuneixen generalment al *Dauphin*,

8 En el sentit de la teoria sociològica de les xarxes. Veure amb relació a això Degenne i Forsé (1994).

un restaurant que proposa una cuina més tradicional de gamma alta. Evidentment, hi ha moltes altres xarxes, que s'encavalquen més o menys. Totes les xarxes es fan costat per obtenir projectes majors per a la regió, com la creació d'un centre universitari d'investigació i de formació per al conjunt d'empreses gràcies a l'aportació financera dels governs i també d'algunes de les PiME més importants.

4. Les xarxes també s'han de complexificar, perquè poden trobar-se incapaces d'aportar noves idees quan un alentiment colpeja sectors claus de la seva regió, com ha passat diverses vegades als districtes industrials (Conti i Julien, 1991). Sense comptar que és rar que el dinamisme sigui constant. Fins i tot Silicon Valley ha sofert un fort alentiment des de l'esclat de la bombolla borsària de les tecnologies de la informació i de les comunicacions a finals del 2000. Quatre anys més tard, encara tenia dificultats per recuperar l'alè[9]. Per poder oferir noves idees, per tant, les xarxes han de ser complexes, tant en la varietat de les persones-recursos que en formen part com en els seus enllaços amb xarxes de senyals febles a escala nacional i internacional. Els enllaços febles s'han de renovar o ampliar, si no s'enfonsen en rutines que impedeixen tota capacitat d'invenció. Per treure tot el potencial del procés de percolació, les xarxes han de passar directament o indirectament de l'enxarxat local al nacional o internacional, i crear enllaços no només amb els centres de recerca, malgrat les dificultats que pot haver-hi a conciliar les necessitats dels empresaris amb els modes de funcionament dels investigadors, sinó també amb xarxes d'altres dimensions, com les xarxes socioculturals que ajuden la gent de negocis a distendre's i a sentir-se bé a la regió (Coleman, 1990). Per exemple, els joves treballadors es queden més a la regió, en comptes d'expatriar-se a la metròpoli, si tenen accés a xarxes socioculturals que els ofereixin una vitrina sobre la «riquesa del món»; la sola presència de llocs de treball disponibles no es prou, per tant, per retenir-los (veure Leclerc i Béland, 2003). Afegim que aquests joves s'estimen més afrontar reptes en un entorn estimulant que els permet utilitzar totes les seves capacitats de viure en societat, un medi emprenedor que deixa lloc al fet sociocultural.

Florida (2001) reconeix la importància dels enllaços resistents multifuncionals, com els que existeixen entre les xarxes pròpiament de negoci i les que responen a altres funcions socials, com la cultura. Així, mostra l'adequació que hi ha entre una cultura dinàmica, que ofereix tota mena d'activitats, com teatre, cinema, festivals, etc., i una regió de fort creixement, on la cultura permet absorbir la novetat i apropiar-se-la. Proposa el seu *índex bohemi* per parlar de la mesura d'aquesta interdependència entre el dinamisme econòmic i el desenvolupament de les arts i els lleures a les societats. Afegim que els treballs de Florida han estat fortament criticats, ja que són molt difícils de mesurar i no poden ser generalitzats a diferents tipus de regions dinàmiques. En particular, l'art és per definició un bé no fàcilment avaluable i depèn de relacions complexes entre el mecenatge i altres recursos del territori per sostenirlo i connectar-lo amb les firmes, l'economia i la cultura, cosa que no és evident.

Per la seva part, Johannisson (2003) explica xarxes culturals que són atractives perquè permeten als seus membres multiplicar els contactes rics i completar-los amb intercanvis de negoci. Oi que la innovació prové del camp del somni i de la confrontació d'idees de tota mena, inclosos contactes amb gent diferent, sobretot immigrants, que proporcionen senyals febles portadors de noves idees?

5. Les xarxes també han de contribuir a augmentar el nombre d'empreses proactives, i sobretot les *gaseles*. La figura 9.3, per simplificada que sigui, il·lustra, amb un esquema en dues dimensions, com una xarxa dinàmica pot facilitar la multiplicació d'aquestes firmes. La primera corba representa les diverses oportunitats de negoci i la segona els recursos que necessiten, sobretot recursos informacionals per avaluar els seus avantatges–costos.

La primera corba indica que generalment és molt rendible ser el primer a agafar les noves oportunitats de mercat o les que deriven d'innovacions. Però els beneficis disminueixen a mesura que altres emprenedors les capten al seu torn i les reprodueixen, ja que la competència exerceix una pressió a la baixa sobre els preus, de manera que la corba baixa d'esquerra a dreta. Per contra, les noves oportunitats són incertes, perquè res no assegura que responguin bé al mercat, ni que se'ls pugui afegir ràpidament els elements complementaris que el satisfarien. Per disminuir la incertesa, l'emprenedor ha de recórrer per tant a recursos de suport que avaluaran els avantatges i els costos de cadascuna de les oportunitats, o que faran per manera que les innovacions arribin al mercat. Per conseqüent, si ser el primer a vendre un bé pot ser molt rendible, en contrapartida els riscos d'equivocar-se augmenten. Per limitar aquest risc, cal obtenir informació i assegurar-se recursos complementaris, cosa que és cara. La segona corba comença per tant pujant d'esquerra a dreta, i a continuació baixa al cap d'un cert temps, quan les proves i errors d'un bon nombre d'empreses imitadores, les de la majoria precoç, hauran fet disponible la informació. Tanmateix, el fet que encara més emprenedors s'afegeixin a la imitació crea una competència que exerceix pressió sobre els recursos i augmenta el seu cost, cosa que impedeix que la corba baixi més[10].

9 Afegim que, contràriament a allò que molts pensen, Silicon Valley no està només format per empreses que recorren a mà d'obra molt especialitzada o científica. Un dossier del *Mercury News/ Silicon Valley* revelava que hi ha, sobretot a la regió de San José, moltes indústries subcontractades que fan el muntatge de peces d'equips per a firmes més conegudes, i que contracten treballadors immigrants, sobretot asiàtics, sense fer cas de totes les lleis del treball, la fiscalitat i les normes de seguretat (Martineau i Trépanier, 1999).

10 A més, la informació continua costant alguna cosa, ni que sigui per encarregar estudis per tal de poder adaptar millor la innovació al mercat propi i els propis recursos a la nova producció.

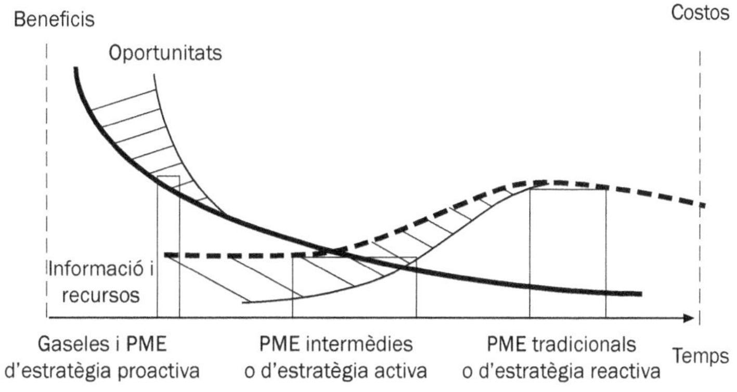

| Figura 9.3 | Efecte de l'enxarxat sobre els beneficis i els costos d'una oportunitat o d'una innovació, i sobre la multiplicació de les empreses proactives o de fort creixement en una regió

Les dues corbes permeten distingir tres grans tipus d'empreses o emprenedors, indicats en abscisses. Els primers, a la dreta, són els emprenedors d'imitació o de reproducció, o també les empreses d'estratègia reactiva que prioritzen la perennitat i la independència més que el creixement (PIC). Aquests emprenedors prefereixen deixar que altres empreses siguin les primeres a innovar o a captar les ocasions, però també les primeres a equivocar-se o a fer diverses temptatives abans de reeixir. Els segons, al mig, són els emprenedors de valorització, empreses que tenen una estratègia més activa i estan disposades a seguir més o menys ràpidament els iniciadors després dels primers èxits. Són PiME que agafen les oportunitats amb un cert retard, però obtenint prou informació per reaccionar. Finalment, els tercers, a l'esquerra, són els emprenedors dits aventurers, o si més no empreses amb una estratègia proactiva i les més susceptibles de créixer ràpidament, agafant les oportunitats de seguida que apareixen i innovant regularment. L'últim tipus comprèn les *gaseles*, que es desenvolupen afrontant ràpidament els reptes.

Com hem vist als capítols 3 i 4, les regions compten generalment amb menys del 10% d'empreses proactives, aproximadament un 20% d'empreses actives i prop del 70% d'empreses reactives (o *defensives*, segons la tipologia de Miles i Snow; Hambrick, 1982). Les primeres arrisquen evidentment molt en actuar sovint de manera més o menys intuïtiva, amb poca informació. Fan d'alguna manera una aposta de futur, esperant guanyar almenys dos cops de cada tres, amb el segon guany per compensar la pèrdua. Són empreses que fan passar l'esperit d'aventura per davant de la prudència i les llargues anàlisis. Els segons intenten agafar les ocasions prou d'hora per treure'n bons beneficis, però es concedeixen el temps de trobar prou d'informació per equivocar-se menys i disminuir el risc que prenen. Finalment, les últimes proven de guanyar sobre segur, no adopten una innovació fins que no se n'han fet les proves, disposades a treure'n beneficis menys importants que els de les primeres i les segones. Com ja hem dit, és el fet que hi hagi moltes empreses proactives, o sigui *gaseles*, allò que explica millor el dinamisme regional. Però com pot l'enxarxat regional facilitar la seva multiplicació?

La resposta pot trobar-se en la separació de les dues corbes a l'origen, espai que disminueix gradualment anant cap a la dreta. A la corba de les oportunitats, és l'enxarxat, sobretot el de xarxes de senyals febles, el que fa que la corba pugi més, perquè multiplica la informació sobre noves oportunitats per a les empreses amatents i innovadores. Però les xarxes proporcionen també a menor cost tota mena d'informacions sobre les millors maneres d'agafar les oportunitats o d'adaptar la innovació al mercat, oferint si cal recursos barats gràcies al capital social disponible. És això que indica l'espai tramat de la corba d'informació i recursos.

Així, l'enxarxat té com a efecte general, primer, ajudar les firmes proactives a tenir encara més possibilitats (o riscos) al mercat. En proveir-les generosament d'idees, informació i recursos, els permet guanyar tres cops de cada quatre, si no és quatre de cada cinc. Amb el concurs del medi, encoratja les firmes a anar encara més ràpides, a esdevenir *gaseles*. Aquest suport, tant en la multiplicació de les idees com en l'augment de la informació per aplicar-les millor, empeny també les empreses actives a passar al costat esquerre de la figura, cosa que augmenta el nombre de *gaseles*, fins al punt que algunes regions compten fins a un 15 a 20% d'aquestes empreses, i això transforma tot el dinamisme territorial. Les xarxes permeten així la creació del que Bruyat (2001) anomena *configuracions calentes*, que faciliten el compromís dels emprenedors i dels altres actors regionals per a la creació d'empreses i per a la innovació.

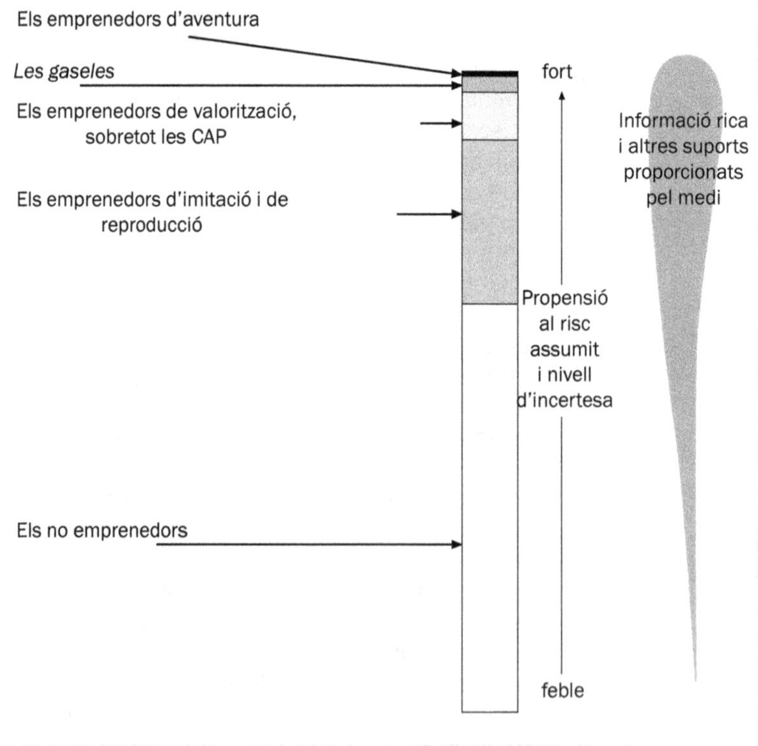

| Figura 9.4 |
Distribució dels diferents tipus d'emprenedors i efecte del medi sobre la multiplicació dels emprenedors d'aventura i de les gaseles

Adaptat de: «Fostering entrepreneurship and firm creation as a driver of growth in a global economy», informe presentat al grup de treball de Budapest, OCDE, 8-10 de setembre del 2003.

Per entendre la relació entre l'enxarxat regional dinàmic i el tipus d'empreses a les regions, podem també utilitzar l'enfocament no gaire diferent de l'OCDE, que classifica les empreses o els diferents tipus d'emprenedors en funció del risc assumit i del grau d'incertesa. Així, a la figura 9.4, veiem clarament que com més elevat és el risc, menys emprenedors de valorització, gaseles i emprenedors aventurers hi ha. Però si el risc disminueix pel suport complex proporcionat per les xarxes, el nombre d'empreses de fort creixement es multiplicarà, més empreses especialment innovadores veuran la llum, cosa que permetrà a la regió distingir-se encara més. Com il·lustra la figura, el medi dinàmic actua com un globus d'heli, perquè permet als empresaris gestionar un elevat grau d'incertesa i buscar així com arribar al cim no només pujant més ràpidament, sinó també resistint molt més temps.

Les cinc etapes de l'enxarxat que acabem de descriure en detall es poden encavalcar o també seguir un ordre diferent, segons les regions i el període. Les presentem resumides al quadre 9.1.

| Quadre 9.1 |
Les etapes de l'enxarxat dinàmic a la regió

Etapes de l'enxarxat a la regió	**Objecte**	**Condicions**	**Efectes a curt termini**	**Efectes a llarg termini**
La percolació	Filtrar, triturar, adaptar la informació nova	La capacitat de les xarxes per fer circular informació rica	Enriquir la informació vàlida per als emprenedors	Estimular el canvi tecnològic
L'arrossegament	Afavorir els efectes de mimetisme	La qualitat i el dinamisme dels membres	Fer com els altres i modernitzar-se	Accelerar la innovació gradual
La multiplicació	Adaptar les xarxes a les necessitats diferents	La qualitat de les passarel·les informacionals a les empreses	Obrir els emprenedors a la cooperació	Accelerar l'aprenentatge col·lectiu
La complexificació	Multiplicar els senyals febles a la regió amb informació no tradicional	El desenvolupament de la confiança cap a fonts com els centres de recerca i les universitats	Criticar les respostes sabudes i satisfer els mercats tradicionals	Afavorir la innovació més radical i augmentar les oportunitats
La multiplicació de PiME proactives (gaseles, EM, etc.)	Multiplicar els models de firmes dinàmiques	Desenvolupar enllaços a l'exterior de la regió, sobretot els enllaços internacionals	Multiplicar els llocs de treball qualificats	Complexificar els serveis proactius i finalment les filières

Així, gràcies a un bon enxarxat, la regió pot comptar amb un entorn estratègic que facilita els intercanvis de tota mena, estimula la innovació i augmenta la seva competitivitat i la de les seves empreses. Sostingudes per xarxes riques, aquestes interaccions diverses creen un moviment en espiral, observable sobretot en alguns districtes industrials italians (Paniccia, 2002), o en algunes comunitats en reconversió (Johnstone and Lionais, 2004). Amb tots els recursos i les idees que hi circulen, els medis dinàmics esdevenen essencials no només per estimular els emprenedors, sinó també per multiplicar-ne el nombre. Això crea un esperit emprenedor col·lectiu en el qual el fet mateix de compartir informació a través de les xarxes encoratja la difusió encara més àmplia de la informació i dels recursos, difusió que alimenta al seu torn l'entusiasme del medi. Aquest va ser el cas, el segle XIX, a la regió dels alts forns anglesos (Allen, 1983), que va facilitar la modernització i el desenvolupament dels mercats. També va passar a la indústria química alemanya, sobretot en els productes de tintura, una indústria que es va desenvolupar fins al punt d'arribar a controlar al començament del segle XX més del 85 % de la producció mundial, no només perquè les firmes químiques estaven ben connectades amb els centres de recerca de les universitats, sinó perquè, en retorn, aquests últims estaven sostinguts per l'Estat i per tot un grup d'actors econòmics, en un procés que es pot anomenar de *coevolució* (Murmann, 2000).

Per reprendre la nostra metàfora, es pot veure al *Nom de la rosa* que l'esperit de curiositat mòrbida propagat sobretot als passadissos pels frares els va empènyer a investigar el llibre emmetzinat (en els dos sentits del terme, perquè les idees que contenia pertorbaven les ànimes i perquè el director de la gran biblioteca n'havia emmetzinat les pàgines). De Baskerville, després de moltes reflexions, va acabar per entendre que el comportament individual dels frares no es podia explicar sense tenir en compte una *coevolució* informal als esperits que suscitava el contagi particularment malsà al monestir.

En resum, un enxarxat dinàmic sosté la formació d'un cercle virtuós que afavoreix el dinamisme territorial, partint dels recursos col·lectius i de les experiències regionals per apropiar-se la informació rica i transformar-la en empreses i finalment en llocs de treball, creant finalment un contagi emprenedor, com es veurà al proper capítol.

10

contagi emprenedor i apropiació del coneixement

Diries que, en un exèrcit de cent mil homes, no hi pugui haver ni un sol covard? No creus que el seu desànim pot produir el desànim d'un altre; que el segon, que fa abandonar un tercer, no faci aviat abandonar un quart? No cal gaire més perquè la desesperança de vèncer corprengui de sobte tot un exèrcit, i que el corprengui tant més fàcilment com més nombrós és.

MONTESQUIEU, *CXLIIIena carta persa*

El declivi territorial prové de la clausura d'algunes empreses o de la marxa d'una empresa clau, però sobretot del desànim d'uns quants que es transmet d'un a l'altre, afecta els líders, i finalment arrossega tota la regió, com recorda Monstesquieu. De la mateixa manera, però en sentit contrari, el dinamisme depèn d'entrada de la voluntat d'alguns, a continuació de la sinergia desenvolupada amb altres actors que aprenen a superar els obstacles i a plantar cara millor a la incertesa. Aquests actors acaben per actuar en xarxes per accelerar l'aprenentatge col·lectiu, apropiar-se la informació rica per tal d'innovar i facilitar l'obtenció dels recursos necessaris per a l'acció. La innovació permet no només a les firmes sinó també a la regió distingir-se, cosa que facilita les produccions per a diferents mercats i per tant la creació de llocs de treball. Es passa així del pessimisme o la resignació a l'optimisme col·lectiu, al món de la imaginació, com tornarem a veure amb Montesquieu a la cloenda, i a l'acció, segons una trajectòria més o menys en espiral feta de reculades però sobretot d'èxits acumulatius, com il·lustrem a la figura 10.1.

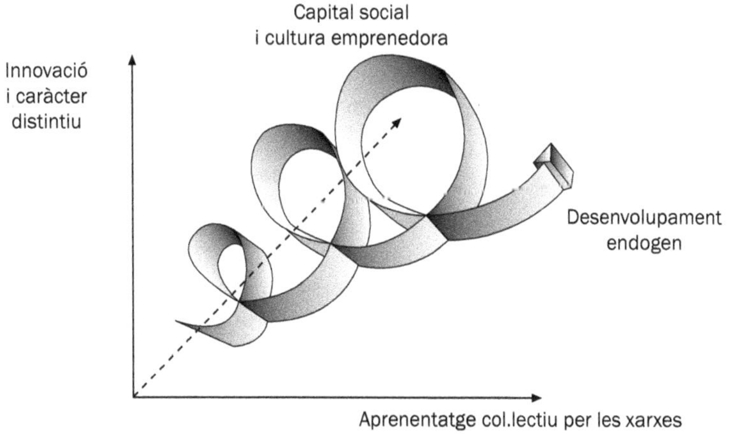

| Figura 10.1 |
Com l'aprenentatge per les xarxes, la disponibilitat del capital social i la innovació contribueixen a dinamitzar la regió

L'aprenentatge col·lectiu i l'apropiació de la informació rica per la xarxa acaben per crear una atmosfera propícia als negocis que permet *superar* la incertesa i l'ambigüitat, tot generant un capital social i una cultura emprenedora que mantenen al seu torn aquesta atmosfera i representen finalment la diferència entre el derrotisme o l'immobilisme i l'acció. Una cultura emprenedora vigorosa és per tant la condició suficient per estimular la creació d'empreses més enllà del que els emprenedors potencials haurien pensat, i encara més per sostenir el canvi a les empreses clau de la regió, afavorir la seva competitivitat, arrossegar la transformació de les firmes de suport i, finalment, multiplicar la innovació a les altres empreses imitadores. La innovació explica la inserció de les PiME i finalment de tota la regió en l'economia del coneixement. La importància del capital social, de la cultura emprenedora i de la innovació són capitals per reforçar el caràcter distintiu de les empreses i de les regions i permetre el seu desenvolupament.

Sobre un medi dinàmic i un important capital social es funda l'encaix territorial, i per tant les transaccions relatives als recursos de menor cost o més fàcilment disponibles i la informació per a l'engegada i desenvolupament de les empreses. Ofereixen models d'empresa, informació potencial, confiança, reputació sobretot per al finançament i suports a la innovació, o sigui actius reals i virtuals que distingeixen la regió (Storper, 1996). La figura 10.2 il·lustra les relacions entre el medi i l'encaix territorial. En aquestes relacions, el capital social facilita la creació i desenvolupament de les petites empreses, mentre que el mecanisme resistent permet la disseminació de la informació rica i estimula l'aprenentatge dels actors segons les necessitats de cada empresa, que n'obté avantatges per innovar i enriquir en retorn les xarxes, el desenvolupament del capital social i el dinamisme del medi, com podem veure per les fletxes de retroacció.

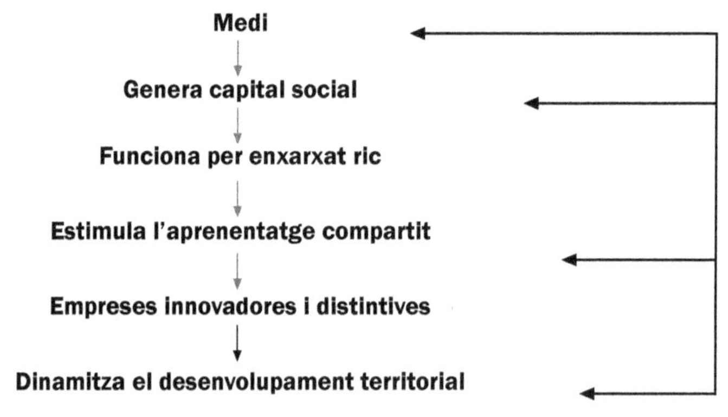

| Figura 10.2 |
Relacions entre el medi dinàmic, el capital social, les xarxes, el procés d'aprenentatge col·lectiu, l'emprenedoria i el desenvolupament territorial

Agafem un exemple contrari a aquest *encaix*, com és l'arribada de les cadenes comercials o de les grans superfícies a una regió. Aquestes, és veritat, creen llocs de treball directes i indirectes, però comporten diversos acomiadaments o potser la clausura dels petits comerços competidors, sense que se sàpiga gaire bé si el balanç total és favorable o negatiu. Però massa sovint compren poc o res a la regió, potser a causa de la poca competitivitat de les firmes regionals, però sobretot perquè coneixen malament les produccions ofertes i les capacitats d'aquestes últimes a adaptar-se a la seva demanda. Obligats o empesos per la seu central, que no coneix la regió, els seus compradors recorren sovint als productes i serveis nacionals, si no internacionals[1]. Així mateix, encara que els seus gerents formin part d'alguns clubs socials regionals, són menys inclinats a sostenir altres activitats socioeconòmiques, per desconeixement o simplement per manca d'interès[2]. Un altre exemple seria les exportacions a preu baix de productes alimentaris cap als països en desenvolupament, que acaben per destruir l'agricultura local i, finalment, les solidaritats territorials, i que comporten el subdesenvolupament, com es veu actualment amb la crisi d'aquests productes a causa de la seva utilització per produir etanol per reemplaçar el petroli. Finalment, una part creixent del teixit industrial territorial es deteriora, cosa que frena el desenvolupament regional en comptes d'afavorir-lo.

González Ledesma[3], a les seves novel·les, descriu la transformació del vell barri del Poble Sec de Barcelona, en el qual el seu detectiu Mendes es troba cada cop més desplaçat. Mendes explica que la multiplicació de la criminalitat gran o petita té el seu origen en l'augment de la pobresa en un medi en descomposició, amb la construcció extensiva i l'especulació o la corrupció que es va produir amb motiu dels Jocs Olímpics de 1992. Observa en particular la lenta desaparició dels referents socioculturals per a la població del barri, sobretot els cafès i les petites botigues, però també les escoles i els petits museus, empesos per la modernització i la multiplicació de bosses de riquesa. Això s'assembla al que va passar als barris vells de Londres a finals del segle XIX, amb la proliferació del crim en relació amb la pobresa deguda a la descomposició del teixit local, com observa Sherlock Holmes a les novel·les de Conan Doyle. Una ciutat o un barri és un sistema global en el qual, si un dels component es debilita molt, acaba per afectar tots els altres components.

Al contrari, si són cada cop més dinàmics, els intercanvis entre els emprenedors locals serveixen per sostenir el teixit capaç d'afavorir l'envol de l'economia regional, a condició, evidentment, que siguin ràpidament competitius.

És veritat que, les cadenes i els centres comercials augmenten la competència i multipliquen la varietat dels productes oferts als consumidors. De totes maneres, s'inscriuen en el moviment de la mundialització i segueixen l'exemple del comerç internacional. I ja hem vist, en el cas de les grans empreses, com massa dependència exterior acaba per tenir efectes perversos, perquè limita l'emprenedoria regional. Fins al punt

1 És sovint el cas de comerciants membres de cadenes o de centrals de compres, que es limiten a un cert percentatge de compres regionals precisament per conservar la força competitiva de les compres agrupades. Però almenys els propietaris de les cooperatives de compres estan encaixats al territori i participen en el seu desenvolupament; a més, al contrari que els membres de les grans cadenes, sovint pressionen per comprar més productes regionals.

2 Els que pensen que el bloqueig de les grans superfícies no és possible només han de considerar l'experiència del moviment californià anomenat "Formula-restaurant ban movement", que va començar a la petita ciutat de Carmel-by-the-Sea a mitjans dels anys 1980 i que bloqueja cada cop a més ciutats mitjanes dels Estats Units qualsevol construcció de grans superfícies que alterin molt el medi de vida dels barris (Mitchell, 2006).

3 Recordem que aquest autor de novel·les policíaques va ser editor de La Vanguardia, un dels diaris més importants d'aquesta metròpoli i de Catalunya.

que alguns podrien estar temptats d'aplicar la teoria de List, economista alemany del segle XIX, que promovia una protecció temporal per desenvolupar intercanvis mínims regionals; com van fer d'altra banda els britànics abans de la seva revolució industrial, o els japonesos abans de 1980 (veure sobre el tema Maurice Allais, 1993)[4]. Si més no, les autoritats regionals no tenen cap interès a afavorir amb ajudes directes i indirectes la vinguda d'aquests centres comercials.

De totes maneres, el fet que hi hagi molts intercanvis regionals no explica com es fa l'engegada o l'acceleració del desenvolupament, i com aquestes permeten superar les rigideses existents. Per tant, en aquest últim capítol, descriurem d'entrada els mecanismes o les etapes de la multiplicació d'empreses fins a la constitució d'una massa crític capaç d'arrossegar el desenvolupament de la regió per un cert contagi emprenedor. Parlarem a continuació del paper dels governs en l'engegada i el creixement regional. A continuació veurem que l'objectiu és fer la regió aprenent i innovadora, igual com les empreses en una economia del coneixement. Finalment, ho resumirem tot proposant una figura que il·lustra els mecanismes de l'emprenedoria endògena i les diferents etapes per les quals passa sovint, de l'estagnació o la dependència a l'assumpció del desenvolupament i al dinamisme.

10.1 Les etapes del contagi emprenedor

Qualsevol engegada o represa de l'economia territorial descansa sovint sobre alguns emprenedors de valorització (si no d'aventura), iniciadors de noves produccions, habitualment a la indústria manufacturera de mitjà o d'alt coneixement. Aquests empresaris han de ser reconeguts o acabar tenint un pes sobre l'opinió de la gent de negocis, a la cambra de comerç o a les organitzacions lligades al desenvolupament econòmic. També han de poder comptar amb un capital social de partida mínim, sobretot bons empleats que puguin compartir el seu entusiasme, mitjans de transport i de distribució per als seus futurs productes i serveis de manteniment per als seus equips. Poden també necessitar ajudes governamentals d'engegada per assegurar el seu èxit.

Les primeres experiències destacables (i *observades* a la regió) fan evolucionar les mentalitats, susciten un cert optimisme i serveixen de model a altres emprenedors potencials: «Hauria de ser tan capaç com ell!» Permeten establir les primeres convencions de confiança i diversos suports socioculturals que propagaran l'optimisme en el medi i afavoriran l'encaix de la gent de negocis a la regió i, gradualment, la multiplicació de nous recursos i el desenvolupament d'institucions per estimular la innovació.

La consolidació d'aquesta etapa es manifesta per la complexificació de les xarxes locals i el desenvolupament de noves xarxes connectades a l'exterior (algunes de senyals febles) per rebre idees noves, informació sobre els competidors nacionals o mundials i recursos més complexos, com hem vist al capítol precedent. Quan són capaces de suscitar un fort

4 Primer Premi Nobel d'Economia francès. Veure també amb relació al tema Carmignac i Ratel (2002).

interès per les tècniques modernes de gestió i els sistemes avançats de producció, com la disposició cel·lular o la producció síncrona, quan és necessària, les xarxes esdevenen motors reals del canvi.

L'enxarxat ha de facilitar la multiplicació dels seguidors precoços influïts pels comportaments dels iniciadors. A continuació, per influència de proximitat, es produeix una acceleració i d'aquí el *contagi* emprenedor a diferents sectors econòmics, cosa que constitueix a poc a poc la massa crítica d'empreses necessària per transformar el teixit industrial (Uzzi, 1997). Segueixen les firmes de serveis, filials d'empreses de la metròpoli o noves firmes locals, que faciliten la distribució (el transport, els magatzems, el comerç a l'engròs, els consultors, etc.) i la modernització de les empreses de la regió (per la formació, la descentralització i la implantació de tècniques com els Kaisen).

Tanmateix, els investigadors no es posen d'acord pel que fa a aquest contagi. Ha d'afavorir la diversificació o al contrari la concentració en un sol o molt pocs sectors industrials? La diversificació permet atenuar les fluctuacions d'un sol sector, l'alentiment conjuntural, si no estructural, del qual pot afectar tota la dinàmica regional, però la concentració crea més ràpidament una massa crítica per atreure diversos serveis especialitzats capaços d'ajudar les empreses a desenvolupar-se millor. Potser la qüestió està mal plantejada, perquè traeix una simplificació de la noció sectorial: és rar, en efecte, que es trobin diverses firmes actuant alhora en el mateix sector i el mateix mercat. Per exemple, els districtes industrials italians o l'Arc jurassià suís, encara que estiguin especialitzats en alguns sectors, tenen una proporció important d'empreses que treballen en altres sectors i desenes de milers d'oficis diferents (Maillat, Quévit i Senn, 1993). Cal que es multipliquin les activitats complementàries per crear filières complexes[5], amb possiblement un sector més important que sostingui serveis més especialitzats, però que també pugui intervenir a les empreses dels altres sectors. Cal també que el desenvolupament d'una certa massa crítica d'empreses manufactureres i de serveis motors pugui sostenir un mínim de xarxes informacionals riques, capaces de dinamitzar el capital social i augmentar així les sinergies de la regió (Best, 1990).

El capital social permet accelerar la creació de noves empreses, no només perquè els recursos materials són més disponibles i menys costosos, sinó perquè la bona reputació dels empresaris de la regió estimula els intercanvis, les col·laboracions i les transaccions amb tota confiança. Juga també un paper major en ajudar a canviar les mentalitats o l'esperit de conformisme i altres reticències confessades o no amb relació al canvi. Actuant sobre les normes i les convencions, pot ajudar a limitar els comportaments oportunistes (Knack i Keefer, 1997), com l'especulació sobre un terreny on una firma busca establir-se o les restriccions a la implantació de serveis motors allà on la gestió harmoniosa del territori està ben protegida[6].

5 Veure amb relació a això Rey i Mattheis (2000).

6 Qualsevol canvi no és forçosament bo. Es pot voler protegir l'entorn o el patrimoni natural o històric. Es pot intentar de totes maneres fer una cosa i l'altra, com els plans de muntanya a França, que han aconseguit protegir la vida dels pobles durant l'estació d'esquí i fora d'ella, tot i les grans inversions. Però no és sempre fàcil ni possible.

Com ha mostrat Giddens (1984), els obstacles vénen sovint del desig d'algunes elits tradicionals, inclosa gent de negocis, de conservar el seu poder, legalment o no, amb convencions conservadores (si no és amb una estructura industrial tancada o de control restringit), o limitant el nombre de competidors, inclosos sistemes de subcontractació de capacitat. Però aquests obstacles augmenten quan el teixit industrial local té dificultat o bé a transformar la informació, per tal de superar la incertesa i l'ambigüitat per actuar, o bé a proporcionar recursos o capital social.

Diverses grans ciutats nord-americanes ofereixen desgraciadament un exemple patent d'aquest tancament desenvolupant barris tancats i sobreprotegits, alguns dels quals arriben a exigir la decoració uniforme de les cases i a imposar, fins i tot, instal·lar a les finestres cortines del mateix tipus i el mateix color. Això només pot acabar frenant tota imaginació i tota innovació, i impregnar l'esperit dels futurs empresaris i dels executius que hi viuen. No està gaire lluny de les antigues ciutats tancades de les companyies a començaments del segle XX, que tenien justament per objectiu bloquejar qualsevol iniciativa que es pogués oposar als interessos de la firma[7].

Un capital social dinàmic accelera la formació de recursos, sobretot dels recursos humans, i la compartició de les idees noves. Acaba també per atreure emprenedors exteriors que volen aprofitar aquests recursos complexos, el cost dels quals és més baix que a la metròpoli, i les múltiples col·laboracions entre empreses de tota mena. Multiplica així els oportunitats i la innovació a la regió (Burt, 1987).

Multiplicant la qualitat i la varietat de la informació, inclosa la informació tàcita, cosa que permet generar idees noves i recursos de tota mena, i disminuint les reticències aquí o allà, el capital social i les xarxes faciliten la transformació de les empreses existents en *gaseles*. Els enllaços establerts gràcies als mecanismes sinèrgics augmenten el nombre dels emprenedors convençuts d'actuar i els ajuden a ser diferents, distints, acceleren el funcionament de l'actuació intercomunicacional, per tant la proacció i, així, el moviment. Estimulen la penetració de noves produccions segons una corba en S (veure la segona corba de la figura 8.2). La regió es troba gradualment transformada per la multiplicació de les *gaseles*, que han d'exportar necessàriament, no només fora de la regió, sinó sovint a escala internacional.

Finalment, els llocs de treball però també l'entusiasme del medi conserven els recursos de la regió, sobretot els joves, creant un entorn sociocultural tal que no tenen ganes de traslladar-se a la metròpoli. Això accelera *l'espiral virtuosa* del desenvolupament i estimula la multiplicació de firmes proactives i de les empreses de serveis motrius, unes i altres ajudant-se mútuament per evolucionar i consolidar així el teixit industrial (veure la figura 10.1).

7 Les ciutats *tancades* de les regions mineres, on la gran empresa controlava fins i tot la vida social i política, funcionaven perquè aquells medis es banyaven literalment en el conservadorisme. Les pressions a favor d'una democratització més gran del territori van aconseguir de totes maneres forçar l'obertura dels esperits, encara que alguns hagin conservat els seus vells costums de *poder*, especialment als països en desenvolupament.

10.2 El rol complementari de l'estat

L'Estat juga un paper important en aquest contagi emprenedor, ja sigui per l'intermedi de les seves antenes territorials, que coneixen millor les necessitats locals, o de la seva organització central per a les operacions més estructurants, com el desenvolupament d'institucions de formació de la mà d'obra i la posada en marxa d'infraestructures eficaces. Aquest paper pot resumir-se amb cinc verbs: *apuntar, connectar, sostenir, estimular* i *facilitar.*

ENFOCAR. El primer paper de l'Estat és d'entrada reconèixer (per diversos estudis detallats sobre l'estructura industrial regional[8]) i a continuació enfocar els empresaris, les seves empreses i els altres actors de canvi amb qui ells actuen i que poden ajudar fortament la regió i la seva producció a distingir-se. Políticament, sovint és més difícil, perquè les demandes poden ser nombroses i diverses. Com ja hem dit, no podem a priori ordenar els empresaris en categories segons característiques generals o trets; d'altra banda, no és l'emprenedor ni l'empresa sola que ens interessen, sinó com a parts del teixit industrial. Cal per tant orientar la tria cap a emprenedors dels sectors manufacturers i de serveis avançats. La qualitat dels projectes i la formació, l'experiència i els enllaços dels emprenedors amb les xarxes externes són bones indicacions complementàries per decidir les primeres firmes que s'ha de sostenir directament o indirecta. Johannisson (2003) recorda tanmateix que és difícil precisar per endavant tots els criteris i que cal saber improvisar. En efecte, si té regles massa estrictes, un programa de suport pot veure's obligat a rebutjar un projecte amb molt bon potencial perquè no s'hi ajusta, i haver de mantenir-ne d'altres que no tenen futur però que les respecten. És aquí que entra en joc la competència del funcionari: com un campió d'empresa, ha de ser capaç de defensar un projecte que considera vàlid, basant-se en altres actors del medi per completar la seva avaluació[9].

Durant la forta recessió de començaments dels anys 1990, l'Ordre dels enginyers del Quebec va llançar una campanya adreçada a les PiME per incitar-les a contractar joves enginyers acabats de sortir de les universitats i que tenien cada cop més dificultats per trobar feina. Com que la campanya donava pocs resultats, vam ajudar l'Ordre a enfocar millor les firmes. Per ser seleccionades, aquestes últimes havien de: 1) tenir

8 Aquests estudis no es limiten a conèixer el nombre, la distribució sectorial i la dimensió de les empreses d'un territori, sinó que volen tenir un coneixement precís de l'estructura de cadascuna de les empreses que componen el teixit industrial, i fins i tot de l'evolució de les més importants, del seu creixement els últims anys, dels seus mercats, del seu nivell tecnològic, de les seves principals relacions, etc. Els instituts nacionals d'estadística donen rarament aquestes dades, de manera que cal passar enquestes en profunditat a les mateixes empreses, i fins i tot recollir de funcionaris que les poden conèixer informacions complementàries sobre els seus punts forts i dèbils.

9 Així retornem sempre a les persones. Chicha (1981), ja fa temps, i Bennet i Robson (2003) més recentment, han mostrat que el mateix programa estatal de formació dels nous emprenedors funcionava molt bé en algunes regions, en tant que era un fracàs en altres que tenien, però, la mateixa dimensió i gairebé el mateix grau de dinamisme. Tot depèn de la qualitat dels funcionaris a la regió i de la seva experiència; el fet que siguin reemplaçats sovint limita necessàriament el coneixement que puguin tenir dels actors locals. Així mateix, aquests funcionaris poden ser tant més eficaços si els recursos del territori els donen suport i fins i tot orienten les seves intervencions.

almenys quaranta empleats i per tant una infraestructura mínima per poder utilitzar eficaçment els serveis d'un enginyer; 2) produir béns complexos (d'enginyeria) o si més no béns de gran valor afegit que testifiquessin la seva capacitat d'innovació sistemàtica de productes; i 3) exportar fora de la regió. Totes aquestes dades eren accessibles als arxius del ministeri d'Indústria i Comerç. Els responsables de l'operació de l'Ordre s'havien d'interessar a continuació especialment pels canvis recents o en curs a l'empresa, perquè si els canvis eren importants seria més fàcil convèncer l'empresari de la utilitat de contractar un enginyer per sostenir-los millor. Aquestes característiques van permetre que la taxa d'èxit de la campanya passés de menys del 10% de les empreses contactades per l'equip de treball a més del 30% (Julien i Lachance, 1992).

CONNECTAR. El segon rol és ajudar a desenvolupar les xarxes complexes, més enllà de les xarxes tradicionals, i connectar millor els empresaris a aquestes últimes. Un dels mitjans és proporcionar recursos tècniques i científics a les empreses, sota la forma de plataformes o llocs informacionals avançats que afavoreixin els intercanvis tecnològics d'informació. (Hjalmarsson i Johansson, 2003). Només cal pensar en les Xarxes de recerca i innovació tecnològica (RRIT) a França, en les «Business Links» a Gran Bretanya, en les ALMI a Suècia, en els Instituts Fraunhofer a Alemanya, en els Centres Kohsetsushi al Japó[10] o en els Centres col·legials de transferència tecnològica al Quebec (CCTT)[11]. També es pot fomentar la creació d'incubadores o de vivers d'empreses i de parcs tecnològics per afavorir l'efecte rusc de projectes vàlids.

De manera general, els organismes d'interfície o d'intermediació informacional han de permetre connectar les entitats que tenen necessitats d'informació rica i les que la produeixen, com les universitats. Les agències poden esdevenir gradualment *facilitadors* per multiplicar la informació avançada que sostingui la innovació i la distinció (Blind i Grupp, 1999). En particular, els intermediaris informacionals poden ajudar a reduir els obstacles entre el món dels negocis i el de la producció de sabers (Julien, 1993; Shane, 2003)[12]. A les regions, són els líders els que efectuen aquesta intermediació, però també els funcionaris i els representants de diverses organitzacions d'emprenedors, en contacte amb el capital de proximitat, amb les firmes avançades de formació i assessoria i amb els centres de recerca i valorització (Bennett, Bratton i Robson, 2000). Aquests intermediaris han de poder comptar alhora amb diferents fonts informacionals exteriors, com les fonts de senyals febles, conèixer el comportament dels informadors i el seu llenguatge, i reconèixer les necessitats complexes i canviants dels emprenedors. Han de superar el seu propi camp d'interès,

10 Interindustrial Networks for Technological Activities.

11 Aquestes xarxes semblen molt eficaces per desenvolupar nous productes complexos, ja que posen en relació laboratoris públics i empreses de dimensions diferents que treballen sobre temes clarament definits. Veure amb relació a això MIFE (2001), per a França, i Trépanier i col. (2003) per al Québec.

12 Per exemple, la comunitat científica utilitza un llenguatge complex en tant que els emprenedors demanen un llenguatge senzill i operacional; els primers busquen la millor solució possible, mentre que els segons volen una resposta ràpida; i finalment els científics necessiten tres o quatre mesos per engegar una recerca, en tant que les gents de negocis volen la resposta abans de tres mesos. Etc.

la seva especialització, per obrir noves portes i connectar els emprenedors amb informadors capaços de respondre a les seves necessitats del moment i permetre'ls anar més ràpidament i més lluny[13].

Aquest tipus d'intermediació és sovint fonamental per a les empreses d'alta tecnologia que han de recórrer a diferents recursos científics. És també més fàcil, perquè aquestes firmes tenen el costum de contractar personal molt instruït que prové de la universitat i que pot conservar el contacte amb els seus antics professors i els equips de recerca, a condició que això sigui encoratjat per la direcció. D'altra banda, aquestes firmes ocupen generalment menys del 5% al 10% dels llocs de treball a les regions; però poden jugar un paper motor per afavorir el canvi tecnològic (Van Looy, Debackerer i Andries, 2003), promovent la difusió de la informació tecnològica a les altres empreses de mitjana alta o mitjana baixa tecnologia, sobretot per la seva necessitat de consell avançat, que pot ser utilitzat per les altres firmes. Cal consolidar les relacions científiques i tecnològiques multiplicant les xarxes denses i de senyals febles entre els emprenedors, els investigadors i els funcionaris, com es fa a Suècia i al Quebec a la indústria del moble (Johannisson, 2000; Lagacé i Trépanier, 2007)[14].

El problema de les xarxes de senyals febles és que les relacions entre investigadors i gent de negocis no van per si soles, sobretot a causa de la dispersió geogràfica sovint diferent entre les capacitats i les necessitats d'uns i altres[15]. Cal doncs intermediaris per connectar els empresaris i els informadors especialitzats, vinguin d'on vinguin, de manera que es puguin *acomodar* gradualment entre ells per formar xarxes encara més eficaces. Per multiplicar la innovació, doncs, pot resultar molt profitós transformar els funcionaris locals en intermediaris informacionals que posin en relació els emprenedors a la recerca d'informació especialitzada amb els investigadors o especialistes que tenen aquesta informació o coneixen algú *que sap* i que es pot contactar.

Evidentment, un bon nombre de petites regions no tenen universitat, centres de recerca o firmes assessores especialitzades en els sectors que hi són presents. La *intermediació* pot doncs esdevenir essencial per connectar els empresaris dinàmics amb especialistes, allà on siguin, i crear gradualment xarxes eficaces i que interessin a uns i altres (Hutchinson, Foley i Oztel, 1997).

Però, per ser veritablement eficaços, els intermediaris no s'han de deixar sols, perquè els seus contactes són necessàriament limitats. Siguin quines siguin les seves preguntes, han de poder consultar un banc de da-

13 Els intermediaris satisfan la necessitat de *finestreta única* tants cops demanada pels emprenedors, però gairebé impossible d'organitzar, perquè les diferents necessitats socioeconòmiques sovint es contraposen, com en el cas de la protecció de l'entorn i de l'aprofitament dels recursos naturals. La *finestreta única* és per tant més que res un funcionari o un consultor que els emprenedors coneixen, que coneix les seves empreses i que és capaç d'obrir ràpidament les portes adequades, en comptes d'estar obligat a trucar a massa portes abans de trobar la bona quan es necessita.

14 En especial al Québec, hi ha una xarxa de 24 PiME a la indústria del moble, lligada a un gran comprador i a un centre de recerca universitari, sobretot per sostenir plataformes d'innovació i per afavorir la difusió de noves pràctiques de negoci per augmentar la productivitat.

15 En efecte, res no indica que l'investigador especialitzat en el problema presentat per un emprenedor donat visqui necessàriament a la regió d'aquest últim. Passa sovint que viu a l'estranger, però que és conegut per un investigador pròxim que havia treballat amb ell. L'enxarxat és un sistema que permet precisament que els lligams es multipliquin a salts, de l'intermediari més pròxim al més llunyà.

des tan al dia com sigui possible que reculli les recerques i experiències en curs a la regió i al país. Posat al dia regularment, aquest banc proactiu ha de dependre del govern nacional, perquè les informacions que recull no poden limitar-se a la regió.

SOSTENIR. El tercer paper és sostenir les firmes o els grups de firmes més distintives o proactives de la regió amb diverses ajudes complementàries, com el finançament de risc (que s'afegeix, per exemple, al finançament de proximitat de la regió), la contractació de personal tècnic com dissenyadors o enginyers, o també la modernització dels equips i el servei avançat d'assessoria tecnològica. En altres paraules, quan el potencial sembla molt gran i la incertesa també ho és, el suport de l'Estat és el complement necessari per fer engegar una nova indústria o crear una massa crítica de producció en una regió (Laperche i Uzunidis, 2003). En aquest cas, cal tanmateix que els emprenedors assumeixin la seva part de risc i posin el creixement per davant de la satisfacció de les necessitats d'autonomia i de perennitat. No serveix de res ajudar empreses reactives i conservadores o nous emprenedors d'imitació, llevat potser en un període de recessió intensa on el suport a l'ocupació que recomanen les polítiques keynesianes pot esdevenir primordial per frenar o provar d'invertir la tendència. Aquest suport s'ha de dirigir sobretot a les empreses que reestructuren o fan evolucionar el teixit industrial manufacturer de la regió, o també als parcs tecnològics, amb el finançament de recursos i d'activitats de recerca. Ha d'ajudar també, en els serveis, els agents de canvi que són capaços d'estimular els intercanvis fora de la regió, si no internacionals. Els diferents suports, tanmateix, s'han d'adaptar a les necessitats de cada regió per ser realment útils, més que sorgir de programes generals aplicats sovint fora de context (Robson i Benneth, 2000; Lambrecht i Pirnay, 2005).

ESTIMULAR. L'Estat té igualment el paper d'estimular el teixit industrial encoratjant sistemàticament la innovació global a tota la cadena de valor o la logística de les empreses, tant a l'interior com a l'exterior, multiplicant els llocs de suport i de desenvolupament de la R+D i facilitant els enllaços entre aquests i les empreses. La intermediació entre els llocs de valorització i de recerca i les empreses, si cal posant en marxa antenes regionals dels centres de recerca que són fora de la regió, és un bon mitjà per estimular la innovació. Permetre als joves emprenedors visitar firmes especialment modernes o participar en fires industrials dirigides per les autoritats locals pot afavorir, per l'efecte entre parells, les noves idees i maneres de fer, i fins i tot el desenvolupament de mercats potencials fora de la regió. Si l'ajuda es dirigeix d'entrada a les firmes del sector manufacturer i dels serveis motors, es pot estendre gradualment a altres firmes i permetre, per exemple, que petites firmes de transport s'agrupin per augmentar la seva eficàcia i els seus serveis. Pot fins i tot promoure empreses de restauració de qualitat perquè el personal tècnic o de direcció se senti bé a la regió. En aquest últim cas, l'Estat pot sostenir activitats de temporada relacionades amb l'hostaleria i la restauració, així com esdeveniments culturals importants, estenent, d'una part, la recerca de qualitat total a tots els serveis i facilitant, de l'altra, l'oferta de forfaits, cosa que afavoreix el turisme i fa que els habitants de la regió reconeguin els avantatges del seu racó de país i n'estiguin encara més orgullosos. L'optimisme territorial passa per tota mena d'activitats i de canvis que acaben per revertir en operacions econòmiques més importants.

Així, els festivals anuals sobre els temes més diversos poden tenir un efecte que supera de lluny els beneficis econòmics de la vinguda de molts turistes pròxims o llunyans; serveixen per crear en els ciutadans el sentiment de pertinença, si no d'orgull, que afavoreix la compartició dels recursos locals, la compra local i sobretot que a la regió hi quedin els treballadors necessaris per al bon funcionament de les empreses.

Un altre exemple és l'ajuda a subcontractats per augmentar no només les seves capacitats per satisfer les comandes dels grans compradors a través de l'externalització, sinó a esdevenir gradualment subcontractats d'intel·ligència, capaços d'ajudar el desenvolupament de productes necessaris a les plataformes d'innovació, de forma que es redueixi l'asimetria informacional i es consolidi així el saber a la regió (Julien, i al., 2003c).

Altra vegada, cal fer per manera que els líders d'opinió o els agents de canvi participin a les activitats d'innovació, explicant-los els avantatges importants del canvi i fins i tot, si les seves reticències són grans, el seu caràcter inevitable. Després s'ha d'arribar als grups que poden adoptar els canvis més fàcilment i esdevenir models a continuació, i al mateix temps mantenir la motivació dels altres grups perquè segueixin el moviment més ràpidament. Finalment, quan el moviment està en marxa, cal descentralitzar la campanya d'estimulació de les mentalitats creant noves xarxes per arribar als nous públics de negoci. Aquesta operació per estimular la innovació pot utilitzar l'estructura jeràrquica de les empreses o també els compradors, com en el cas de les pràctiques de qualitat total.

FACILITAR. Finalment, l'Estat ha de facilitar l'aprenentatge dels actors, dels dirigents i dels empleats, i sostenir el desenvolupament d'enllaços de complicitat entre els diferents innovadors, amb la finalitat de connectar millor els recursos i les competències i multiplicar les idees. Les relacions entre les institucions d'ensenyament i les empreses són particularment importants.

Per exemple, que gent de negocis vagin a les escoles a explicar la seva experiència als alumnes és molt eficaç per suscitar vocacions a continuació. En retorn, els contactes que tenen els empresaris amb els ensenyants i els professors poden orientar la formació de manera que respongui millor a les seves necessitats, i també donar lloc a intercanvis rics que suscitaran noves idees o maneres de fer[16]. Al quadre 10.1 hem resumit els cinc papers que l'Estat hauria de complir amb les seves intervencions.

16 Dins el rol que vol facilitar l'emprenedoria no discutim la necessitat de disminuir les diferents barreres burocràtiques o d'altre tipus que frenen el desenvolupament de les empreses, necessitat que ha estat expressada tantes vegades en altres llocs, sobretot als treballs de l'OCDE. Remarquem de totes maneres que algunes de les barreres són necessàries per respondre a altres necessitats socials o simplement per protegir les PiME de les accions sovint contra la competència de les grans empreses. Sigui com sigui, com recorda el "procés de Bolonya" per afavorir l'emprenedoria, "no hi ha un entorn emprenedor ideal"; cada país ha de trobar un equilibri entre les diferents necessitats econòmiques i socials a curt termini, però també a llarg (OCDE, 2003, pàg. 310, però també Stevenson i Lundström, 2001).

Paper de l'Estat	Objectiu	Condició	Actors complementaris	Efectes
Enfocar	Engegar o reforçar les filières de fort potencial	Obtenir informació complexa sobre l'estructura industrial	Funcionaris amb experiència i proactius a la regió	Augmentar les possibilitats de subsistència i desenvolupament de les firmes
Connectar	Dinamitzar les xarxes	Intermediació basada en un banc de fonts complexes	Els centres de recerca, els col·legis i les universitats	Augmentar la compartició de senyals febles per sostenir la innovació
Sostenir	Augmentar la perennitat i desenvolupar algunes *gaseles*	L'ajuda només pot ser multifuncional complexa i adaptada	Els funcionaris amb experiència i altres agents de canvi	Augmentar l'exportació
Estimular	Compensar les carències importants del teixit industrial	Coneixement fi del teixit, que supera les simples dades estadístiques	Els líders de les xarxes i els centres de transferència	Fer els serveis proactius
Facilitar	Augmentar les capacitats d'aprenentatge col·lectiu	Disminuir les barreres inútils	Els funcionaris i els campions	Augmentar el caràcter distintiu de la regió

| Quadre 10.1 |
El paper complementari de l'Estat

Algunes empreses del sector dels productes de plàstic de la Beauce i del Bas-Saint-Laurent tenien moltes dificultats per cobrir les seves necessitats de mà d'obra. Per tant, no només han establert acords amb escoles secundàries de la regió, amb la finalitat que aquestes adaptin els seus cursos a les seves necessitats, sinó que també els han ofert temps màquina durant les hores buides perquè una part de la formació es faci sobre les màquines més modernes, amb l'objectiu de reduir el període d'entrenament dels nous empleats. Aquesta col·laboració ha satisfet a tots: avui, la majoria dels alumnes del programa saben on seran contractats al final dels seus estudis, i les empreses cobreixen tan fàcilment les seves necessitats de mà d'obra que firmes exteriors a la regió acudeixen a elles per respondre a les seves.

En resum, l'Estat territorial no només ha de participar en el desenvolupament d'una atmosfera industrial especialment dinàmica i oberta al canvi, sinó també sostenir diversos recursos i mobilitzar els actors per crear un cercle cada cop més virtuós en una regió capaç d'aprendre i innovar.

10.3. Regions aprenents i innovadores

Alguns investigadors han estès a la regió la noció d'organització que aprèn desenvolupada amb relació als gestors, com a continuació de la idea d'economia del coneixement i per tant de la necessitat d'orientar el desenvolupament sobre el saber i la innovació (Florida, 1995; Morgan,

1997; Maskell i al., 1998). Expliquen que els enllaços dinàmics que existeixen entre actors de tota mena en una regió, connectats a l'exterior per un enxarxat complex i portador d'informació rica, constitueixen un mecanisme col·lectiu d'aprenentatge molt poderós per estimular la cultura emprenedora, multiplicar el canvi, sostenir la competitivitat de les firmes i finalment dinamitzar tot el territori. Recorden així que l'encaix de la majoria de les empreses i dels diferents actors al seu territori i, en diversos casos, els intercanvis sistemàtics d'informació de tota mena entre els membres del medi, són els millors mitjans per desenvolupar a la regió competències distintives (avantatges comparatius immaterials) que els permeten encarar millor la competència internacional.

Segons les anàlisis d'aquests investigadors, una regió hauria de complir almenys les set condicions següents per esdevenir aprenent:

1. Una part de la seva base industrial ha de ser manufacturera i les seves produccions han de requerir innovació i així crear molt valor afegit.
2. Ha de basar el seu desenvolupament sobre una mà d'obra instruïda, o sigui formada en bones escoles, col·legis i universitats, establint a continuació enllaços amb les institucions d'ensenyament i de recerca, sobretot per a la formació contínua.
3. Ha de posseir de bones infraestructures, tant materials (carreteres, ferrocarrils, ports, etc.) com immaterials (xarxes Internet i extranet eficaces que connectin proveïdors, productors, clients, consultors, etc.), de forma que facilitin els intercanvis; a més, ha de tenir accés a múltiples llocs de trobada i de distensió, com cafès, restaurants i instal·lacions culturals i esportives de qualitat.
4. Ha de poder recórrer de manera relativament fàcil a diferents fonts per al finançament de risc, com el capital de proximitat per a les noves PiME i altres capitals pacients quan s'ha de fer inversions més grans.
5. Ha de disposar d'un conjunt de convencions, regles de comportament obertes i basades en la confiança entre les firmes i altres actors privats i públics, que s'afegeixen a les regles polítiques de governança existents a la regió. Les diferents convencions han de promoure la descentralització de les decisions a les empreses, la flexibilitat de les operacions, l'orientació al client, la col·laboració–competència amb els proveïdors i subcontractats, però sobretot l'excel·lència o les pràctiques exemplars i finalment una cultura emprenedora dinàmica.
6. S'ha de sustentar en la presència de xarxes informacionals riques connectades a altres xarxes de senyals febles fora de la regió i que multipliquin els intercanvis tècnics i tecnològics i el suport a diverses iniciatives.
7. Finalment, tot això ha d'afavorir l'aprenentatge continu i per tant el canvi a tots els nivells, tant entre els dirigents públics i els caps d'empresa com entre els executius i els empleats. L'aprenentatge és estimulat per tots els coneixements obtinguts de l'estranger per diverses connexions directes (connexions en continu per l'enxarxat) i indirectes (per la presència regular a les fires internacionals i pels enllaços entre les fonts de R+D, com els que hi ha entre la universitat o el col·legi regional i les universitats estrangeres).

La regió que aprèn ha de basar sistemàticament el seu desenvolupament en el coneixement i la intel·ligència humana. Ha de fer per tant l'adequació entre esperit emprenedor, recursos de qualitat, competències diverses i informació rica. Això li ha de permetre *apropiar-se*[17] el coneixement nou i aprofitar si cal un conjunt de fonts informacionals complementàries (la informació *potencial*), per poder plantar cara millor a la incertesa i a l'ambigüitat, i innovar sense parar. Com hem dit, la innovació s'adopta tant més ràpidament si les canals de comunicació en parlen i en mostren els avantatges (avantatges relatius, compatibilitat, complexitat limitada, possibilitat de provar i observar), si els campions o agents de canvi són eficaços, però també si els dirigents, els executius i els empleats de les empreses estan formats i oberts a la novetat. I això ha de fer-se de manera flexible, per diferents canals que permetin trajectòries obliqües i fins i tot, si convé, passes enrere per superar els obstacles (Lawson i Lorenz, 1999).

Evidentment, en una regió aprenent i innovadora, cal iniciadors per accelerar el canvi, individus o petits grups d'individus capaços de copsar ràpidament les idees noves, adaptar-les i adoptar-les. Però cal també allò que Atlan (1979) anomenava, de manera metafòrica, en el cas de les ciències socials, pseudo-atractors[18], mecanismes visibles i atraients per a molts, o individus que atreuen les mirades, susciten l'adhesió, afavoreixen els canvis a les empreses i finalment l'autoorganització i l'autodesenvolupament (Johannisson, 2003). Els pseudo-atractors han d'ajudar de manera contínua a fer i desfer les relacions, establint enllaços més o menys estrets que incentivin l'aprenentatge i permetin a la regió autotransformar-se per adaptar-se regularment a l'economia global (Weick, 1976).

10.4. La superació de la incertesa i l'ambigüitat

Per resumir, el desenvolupament territorial endogen descansa sobre el paper crucial, d'entrada, de la informació (*efectiva* i *potencial*) compartida en xarxes complexes; a continuació, de la formació dels recursos humans capaços d'absorbir i de transformar aquella, i finalment de la innovació i de l'estratègia per distingir-se, sense oblidar els enllaços que es pot anomenar *complicitats* quan són especialment actius per sostenir el desenvolupament. És el triangle central de la figura 10.3. El flux informacional és mantingut contínuament per antenes de vetlla que diferents actors han posat en marxa, tant per veure o copsar l'evolució dels mercats i reconèixer els canvis tecnològics i competitius com per captar els senyals febles que afavoreixen la innovació sistemàtica. Les diferents complicitats formen el medi dinàmic i susciten el capital social capaç d'estimular el desenvolupament de les noves empreses i els canvis a les més anti-

17 És a dir fer "propi seu", fer per manera que el coneixement esdevingui natural, com una part d'ella mateixa.

18 Els pseudo-atractors són virtualitats significatives i que arrosseguen, desenvolupades dins el mateix moviment on s'actualitzen, i per tant és impossible dir si eren allà abans de l'acció, ja que s'expressen al mateix temps que aquesta (Atlan, 1979). Un exemple de pseudo-atractor és la idea reconeguda una mica arreu que és més fàcil fer negocis al mateix territori, sense que això es pugui demostrar.

gues. És allò que permet finalment crear el que s'anomena *economies d'esfera* (o *d'atmosfera*, segons Marshall), a imatge de les economies d'escala de les grans empreses o de les economies d'aglomeració de les grans metròpolis, economies que disminueixen les despeses generals i els costos de transacció, i faciliten així els negocis. Les economies *d'esfera* redueixen sobretot els costos de la informació i de la recerca de recursos, com hem vist a la figura que il·lustra les subxarxes de les firmes subcontractades de la Càtedra Bombardier (veure capítol 9). El resultat és un rebaix de l'obstacle major que representen la incertesa i l'ambigüitat, obstacle que té tendència a bloquejar l'acció dels emprenedors potencials i, finalment, a impedir la multiplicació o el *contagi* necessaris per crear o desenvolupar empreses de tota mena, sobretot les *gaseles,* que tenen el màxim impacte sobre l'emprenedoria endògena.

Si bé totes les regions poden esdevenir aprenents per distingir-se de les altres i ser cada cop més competitives, el camí que empren per arribar-hi i els resultats que n'obtenen sovint difereixen, perquè els actors i les condicions no són mai els mateixos. Pocs són els casos, no obstant això, on les regions parteixen per dir-ho així de res, com la Beauce, de la qual hem parlat abans, i la regió d'Alta-Vadaisa a Itàlia, que han estudiat Bagnasco i Trigilia (1988), on l'economia descansava essencialment sobre l'agricultura. Però fins i tot les regions que havien apostat fort sobre els seus recursos naturals o la seva mà d'obra abundant i barata no han actuat totes de la mateixa manera quan la indústria que havia arribat per aprofitar els avantatges ha decidit marxar i ha arrossegat així el seu esfondrament. Les diferències en la reconversió de les regions de Detroit, de Pittsburg i de Montréal (Conti, 1983; Lamonde i Martineau, 1992), o també de les de Torí i Milà (Rigini i Sabel, 1989), ho il·lustren prou bé. I les regions que han començat a accelerar després d'un període de creixement molt lent han basat el seu desenvolupament sobre indústries ben diferents.

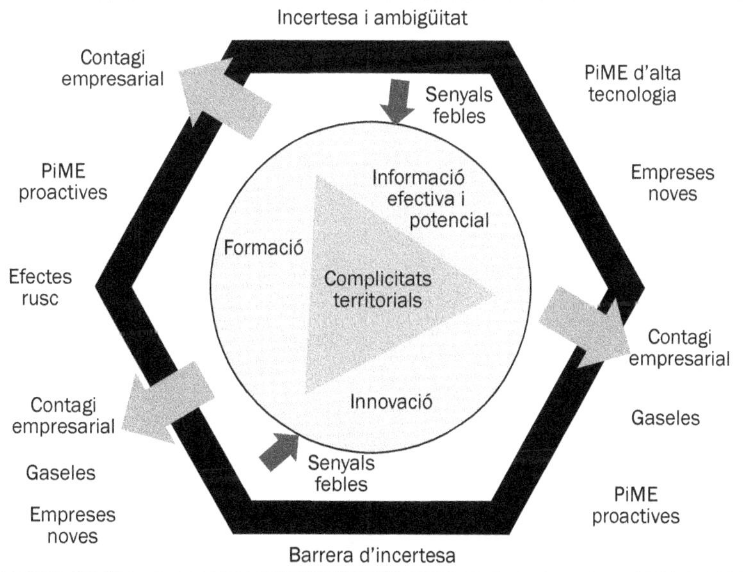

| Figura 10.3 | Esquema del desenvolupament regional que mostra com superar la incertesa i l'ambigüitat inherents a tota economia

Fins i tot els ritmes no són semblants i segueixen rarament el model lineal de Rostow. Algunes regions s'especialitzen d'entrada per diversificar-se a continuació, i altres fan francament el contrari. No hi ha un model únic i sobretot reproductible no importa on i quan, tant més que tot model canvia al llarg del temps per seguir l'evolució de les diverses capacitats regionals segons trajectòries que és impossible preveure. Qualsevol desenvolupament pren camins propis, les regions s'obren de vegades molt ràpidament a l'exportació llunyana, de vegades més lentament, quan volen comprovar el seu efecte a llarg termini. Els actors, els recursos, les regles, les convencions, però també les oportunitats dels mercats nacionals o internacionals acaben per arrossegar processos d'evolució molt diferents i imprevisibles. En l'economia del coneixement, per millor adequar-se a una realitat complexa i dinàmica, l'emprenedoria endògena, amb l'ajuda del govern central, només pot ajustar-se en la mateixa mesura de l'estat de la seva evolució.

Sherlock Holmes, encara que és extremament crític amb les maneres de fer de l'inspector Lestrade de Scotland Yard, la gran organització policíaca del Regne Unit, accepta però algunes de les seves investigacions i aprofita la cooperació que rep de tant en tant dels altres organismes públics.

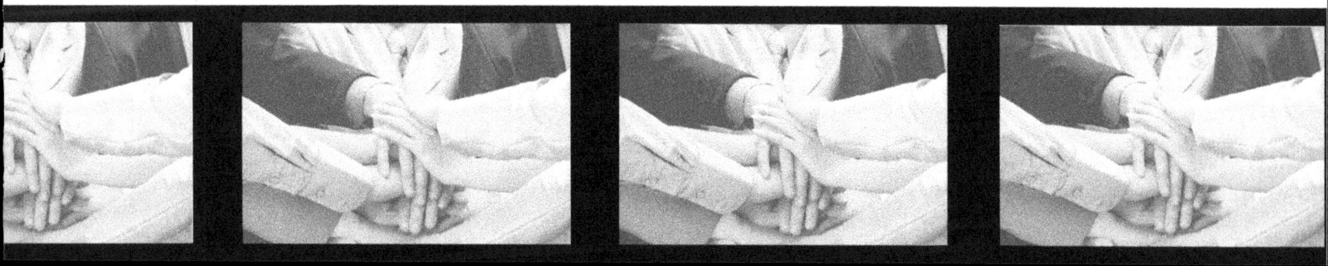

11

conclusió

Cap a una nova teoria de la iniciativa empresarial

En una illa prop de les Orcades, va néixer un nen que tenia per pare Eoli, el déu dels vents, i per mare una nimfa de Caledònia.
[...]
Va saber en els seus viatges que a la Bètica l'or brillava per tot arreu
[...]
ell va anar a totes les cantonades, on cridava sense parar amb veu ronca: "Gent de la Bètica, us creieu rics perquè teniu or i plata. El vostre error em fa pena. Creieu-me, abandoneu el país dels vils metalls; Veniu a l'Imperi de la imaginació, i us prometo riqueses que us sorprendran".

MONTESQUIEU, *CXLII carta persa*

L'esperit emprenedor auto adaptador i portador de noves dinàmiques està lluny tant del liberalisme econòmic de Jeremy Bentham, que només veu l'empresari racional i egoista en recerca d'or i plata[1], com de l'empresa sola enfront de la competència. L'esperit emprenedor endogen és principalment una qüestió de coneixement difusos i per tant d'idees en l'aire o, finalment, d'imaginació escampada per la regió, com diu el nen de les Orcades[2]. La imaginació que afecta l'economia ha d'abastar gradualment tot el medi i afegir-se a un capital social proactiu i de recursos humans complexos per crear conjuntament una cultura emprenedora estimulant. En resum, l'esperit emprenedor es una qüestió social que només es pot desenvolupar en osmosi amb un medi innovador, on les PIME d'alt creixement juguen un paper central, tant pel que fa a resultats com a factor de dinamisme. La presència d'aquestes PIME testimonia allò que el medi és capaç d'oferir en capital humà de qualitat, en multiplicació de xarxes riques i en aprenentatge compartit i, per tant, de crear tot tipus d'empreses i altres agents complementaris per convertir-se en un entorn particularment propici que dóna temps als emprenedors per consolidar les seves punts forts.

Podem utilitzar de nou les novel·les policíaques per il·lustrar aquesta manera de concebre l'emprenedoria com una cosa que només es pot desenvolupar si hi participa un gran nombre d'actors amb funcions diferents i complementàries. Per exemple, el doctor Watson[3], el fidel amic de Sherlock Holmes, ens mostra precisament, amb la seva acurada descripció de les etapes de les investigacions, que hi ha un complex conjunt de factors que explica els èxits del gran policia, l'extraordinària capacitat

1 O «completament racionals», com explica Amartya Sen (premi Nobel d'economia del 1998), per exemple, "actuant sempre per comprar al preu més baix possible, deixant de banda qualsevol altra possibilitat, com els hàbits, la mandra, l'amistat, l'altruisme, etc."

2 Amb aquesta idea, Montesquieu va predir ja els efectes negatius de l'or i la plata de Perú i Mèxic sobre l'economia espanyola, que es va enfonsar quan aquestes importacions es van esgotar.

3 O, evidentment, l'autor Conan Doyle (1859-1930).

d'observació i l'esperit de síntesi del qual en són només dos elements. Aquests factors ens fan entendre no només per què la primera revolució industrial va començar a la Gran Bretanya, sinó també què li va permetre tirar endavant, sobretot a finals del segle XIX, amb l'aparició de milers d'empreses de tot tipus a les diferents regions. Així, per resoldre un assassinat comès en un remot llogaret d'Anglaterra, Holmes i Watson envien sense cap dificultat un o dos telegrames, posen als diaris dos o tres petits anuncis que apareixen publicats un parell d'hores més tard, reserven dos seients en un tren que surt i arriba a l'hora, els espera un cotxer que els porta en un còmode cotxe a un petit alberg confortable que els ofereix una habitació prou luxosa i una bona cuina..., cosa que era gairebé impensable en altres països d'Europa en aquell moment. En altres paraules, Holmes, malgrat el seu geni, no hauria pogut aconseguir els èxits que van fonamentar la seva reputació i que fins i tot atreien els prínceps d'altres països sense el suport d'una economia, diguem, tan complexa i eficient com era possible en una època de ja fa més de cent anys[4].

De la mateixa manera, els emprenedors que hi havia darrere de la revolució industrial tenien més possibilitats d'èxit, ja que comptaven amb tota mena de serveis, com bons mitjans de transport i magatzems per rebre les matèries primeres o enviar els seus productes, finançament de proximitat i bancs, o si no la Borsa, per donar suport a les seves inversions, intermediaris com majoristes per distribuir els seus productes, però també tot tipus d'altres agents i organismes per a la conclusió de les operacions, tant de producció com de serveis en el mercat nacional o internacional. Per contra, tot i que siguin sens dubte tan capaços com els emprenedors occidentals, els millors emprenedors dels països en desenvolupament s'enfronten avui dia a dificultats tan grans que una bona part de la seva energia s'utilitza per intentar trobar els recursos bàsics i superar tot tipus d'obstacles, en lloc de millorar la seva empresa i ampliar el seu mercat. No només el seu medi no els dóna el suport necessari que els ajudaria a tenir èxit, sinó que fins i tot els multiplica els obstacles.
L'organització complexa que es va anar instal·lant gradualment els segles XVIII i XIX per donar suport sistemàticament a la iniciativa emprenedora obliga els investigadors a qüestionar seriosament la forma en què Max Weber va explicar per què la primera revolució industrial va tenir lloc a Anglaterra i no en altres llocs. De fet, gran part de la seva anàlisi es basa

4 Aquesta analogia em va ser suggerida pel meu col·lega Francesc Solé Parellada, de la Universitat Politècnica de Catalunya.

5 Al seu llibret titulat *L'ètica protestant i l'esperit del capitalisme*, del 1904. Era l'aplicació concreta que proposaven els més puritans de la coneguda màxima: *La mandra és la mare de tots els vicis*, el complement de la qual seria per tant: *El treball és la mare de totes les virtuts*. Cosa que hauria justificat finalment que els grans treballadors més virtuosos s'hagin considerat *elegits* i hagin explotat els seus obrers *ganduls* per ajudar-los suposadament *a guanyar el cel*. Braudel (1979, pàg. 506) precisa de totes maneres que, al contrari d'allò que han dit a continuació els seus deixebles, especialment Sombart i Offenbacher, per Weber la relació era més a causa d'una coincidència que d'un fet demostrat.

6 Bona part de les institucions i pràctiques comercials van aparèixer als països del Sud d'Europa: el primer banc conegut seria el banc venecià del Rialto; la Borsa (batejada així pel nom de M. van der Bourse de Bruges, Bèlgica, que tenia tres bosses o petits sacs com a ornament de la façana de casa seva) hauria nascut a Portugal (primera cita del 1294) i s'hauria estès primer a Luca, Pisa, Venècia i Barcelona, molt abans d'arribar als països del Nord; la teneduria de llibres i la comptabilitat van ser utilitzades d'entrada pels àrabs, que les van rebre dels hindús, i a continuació van ser adoptades pels italians (la comptabilitat per partida doble està perfectament descrita a l'obra de 1494 de Luca Pacioli), i finalment transmeses als anglesos pels holandesos (Braudel, 1979, volum II).

en l'impacte de l'ètica protestant puritana, que, segons ell, empenyeria els individus a treballar dur per desenvolupar els negocis[5]. Però si aquesta era l'explicació central, la revolució hauria d'haver començat a Suïssa o a Holanda, on el puritanisme es va desenvolupar encara més, en lloc d'Anglaterra, on l'Església Anglicana seguia en gran part els ensenyaments de l'Església Catòlica. A més, segons les memòries de Burnet (1824), bisbe de Salisbury, els anglicans van fer tot el possible per frenar el puritanisme que predicaven sobretot els presbiterians d'Escòcia. També s'ha de recordar que van ser els seguidors d'aquestes sectes puritanes, expulsats per la persecució de l'Església oficial, els que van abandonar Europa per colonitzar, almenys en gran part, el que es convertiria en els Estats Units. Si el puritanisme hagués estat el fonament de la revolució industrial anglesa, aquesta hauria d'haver-se extingit amb el seu exili. Al seu gran fresc de l'evolució socioeconòmica dels països entre els segles XV i XVIII, Braudel mostra al contrari que és l'efecte acumulatiu del desenvolupament i de la interpenetració de les riqueses, les tecnologies i les institucions públiques i parapúbliques modernes, moltes de les quals, però, s'havien creat en altres llocs[6], allò que va fer que la revolució industrial tingués lloc primer a Anglaterra en lloc d'Itàlia o els Països Baixos, que, tanmateix, gaudien d'una major acumulació de riqueses la primera i de capitals la segona.

La història de l'esperit empresarial al Quebec està plena d'exemples de com la manca de complexitat industrial pot explicar els retards en el desenvolupament. Així, en el decenni de 1960, alguns investigadors (sobretot Taylor [1965], que es basava en la teoria de Martin Offenbacher[7]), van donar motius culturals per explicar la baixa participació dels francòfons i els negres a la gestió de les grans empreses nord-americanes. En el cas dels francòfons, Toulouse (1977) va posar de manifest que, si bé estaven insuficientment representats a la indústria manufacturera i als serveis financers, els únics sectors que havien atret l'atenció de Taylor, estaven sobrerepresentats a la majoria dels altres sectors. A més, altres recerques, com les dels historiadors economistes Michel Brunet (1964) i Richard Desrosiers (1976), van recordar les dificultats dels francòfons per entrar a les xarxes manufactureres i financeres, en particular perquè les barreres culturals erigides després de la conquesta anglesa de 1763 havien permès als representants de la nova metròpoli reemplaçar-los per anglòfons. Prova que explicacions massa simples, com les de Taylor, no van ben encaminades, és que en el decenni de 1970 els mateixos francòfons van aconseguir no només penetrar en algunes d'aquestes xarxes, sinó desenvolupar les seves pròpies, per fer-se en menys de vint anys una posició envejable en la indústria manufacturera i financera. En aquest últim cas, només cal pensar en la importància de les cooperatives de crèdit, que s'han convertit en les primeres institucions financeres privades del Quebec, seguides de prop pel Banc Nacional, que pertany també a francòfons. Aquest exemple mostra altre cop que l'esperit emprenedor no és ni una cosa que aparegui automàticament quan la demanda es fa sentir, ni el resultat espontani d'una conjuntura global favorable. No es pot entendre limitant-se a l'anàlisi dels empresaris aïllats.

7 *Ibid.*, pàg. 505.

Anem a un altre exemple de la nostra metàfora per entendre millor la complexitat del desenvolupament emprenedor. Així, Maigret, a les seves *Memòries*[8], diu que en una investigació autèntica s'afegeixen sovint als seus inspectors del Quai des Orfèvres, que interroguen centenars de testimonis, els policies de la comissaria de districte, que visiten milers de llars, sense comptar els de les estacions, que examinen acuradament les cares, i fins i tot els gendarmes de tot el país a la recerca de pistes, així com els *informadors* i una part de la població que proporciona informacions diverses, algunes de les quals poden ser crucials, per exemple, després de la publicació de la fotografia del sospitós als diaris. Com diu Simenon, aquests milers de participants i centenars d'aventures no es poden descriure amb detall en una novel·la sense confondre el lector fins al punt que es perdi del tot[9]. Però, en el cas de l'èxit d'una empresa, se sap que no pot ser degut només al seu cap, sinó que prové d'un conjunt: els membres de la seva organització, les empreses associades cap amunt i cap avall, el sistema d'informació i múltiples actors a la regió i fora de la regió, per no parlar de la conjuntura o de la sort.

Cal per tant abandonar les teories que tracten d'explicar amb tan poc èxit l'esperit emprenedor endogen i adoptar un enfocament més complex, que tingui en compte les capacitats de superar l'ambigüitat i la incertesa creixents causades per la globalització dels mercats i l'economia del coneixement. Hem de passar de l'anàlisi de l'empresa aïllada i de l'emprenedor aventurer més o menys excepcional a la de les empreses vinculades a xarxes més o menys complexes i més o menys integrades en sistemes de cooperació i competència que facilitin l'intercanvi d'idees i el dinamisme del medi. És particularment necessari tenir en compte les variables sociològiques, com la confiança i les convencions relacionals que promouen la penetració tecnològica i la innovació i que, per tant, recolzen el dinamisme regional. Al quadre A indiquem algunes de les relacions complexes hi ha entre algunes de les principals fases de desenvolupament territorial discutit al capítol 9, la creació de xarxes, el tipus d'empresa més freqüent i l'aportació de l'Estat.

Però, ¿com podem justificar el pas de les teories simplificadores a un enfocament més complex que tingui en compte els cinc actors, que són l'emprenedor, l'organització, el medi, l'entorn i el temps, així com els tres factors de dinamisme, la informació, les xarxes i la innovació? En aquesta conclusió, mostrarem com l'evolució de les teories econòmiques i de la gestió dóna suport al nostre enfocament transdisciplinari. A continuació, descriurem el seu funcionament a escala macroeconòmica, fent èmfasi en la inestabilitat que no pot deixar de sorgir dels comportaments innovadors dels emprenedors. Per últim, acabarem reprenent la nostra metàfora de les novel·les policíaques per tornar a recordar que l'esperit emprenedor d'una regió reposa sobre el desenvolupament al seu interior d'un model que englobi els comportaments socials dels actors; per tant, una cultura emprenedora i col·lectiva sostinguda per tot el potencial de l'entorn.

8 Evidentment, segons «Una confrontació irònica i afectuosa entre el *creador* i el seu personatge», les memòries van ser escrites per Simenon per explicar "els mecanismes de la seva creació i denunciar el seu caràcter fictici". A *Simenon. Romans*, volum II, París, Biblioteca de la Pléiade, pàg. 1419-1420.

9 Passa el mateix a les innovacions majors, la paternitat de les quals s'atribueix a un o més inventors, en tant que la realitat és molt més complexa, com hem recordat al capítol 8.

Principals fases del desenvolupament	Magnitud de les xarxes	Empreses més freqüents	Contribució de l'Estat
Dependència			
Desacceleració Espera Descoratjament o dimissió	Xarxes econòmiques externes no vinculades i xarxes socials Xarxes pansides	Algunes grans empreses en sectors tradicionals i PiME insignificants	Mínim suport de l'Estat, sobretot en infraestructures i intervencions reactives purament financeres
Desenvolupament endogen			
Presa de consciència del potencial regional	Pas gradual d'una xarxa purament de negocis a una xarxa d'informació rica	Alguns emprenedors de valorització si no d'aventura	Suport a l'engegada d'empreses en sectors nous
Multiplicació d'empreses Innovadores	Acceleració del desenvolupament del capital social i de la confiança	Multiplicació de PiME manufactureres i del terciari motor que serveixen de models	Desenvolupament d'un canal d'informació rica
Complexificació de les xarxes i de les convencions estimulants	Multiplicació de les xarxes connectades a nivell internacional	Multiplicació de gaseles i de PiME exportadores	Suport a les empreses més arrossegadores per accelerar la penetració de la tecnologia
Cultura emprenedora dinàmica	Creació de xarxes tecnològiques denses	Arribada d'emprenedors exògens per aprofitar el dinamisme regional	Estimulació sistemàtica de la innovació i de les complicitats que sostenen la competitivitat

| Quadre A |
Algunes relacions entre les fases del desenvolupament endogen (des de l'estancament o declivi al desenvolupament ràpid) i altres variables

11.1 L'evolució de les teories

Per parlar de l'evolució de les teories que donen suport al nostre enfocament holístic, podem partir de la teoria econòmica neoclàssica, molt anterior a totes les teories que posteriorment s'han dedicat a la gestió i al desenvolupament regional. Encara que hagi discutit diverses conclusions[10] dels economistes clàssics del segle XIX, especialment les de l'economista francès Léon. Walras i les de l'Escola de Viena, aquesta teoria n'ha conservat els principals fonaments: la racionalitat dels agents econòmics, la recerca dels interessos econòmics a qualsevol preu o el seu comportament purament egoista i, per últim, la capacitat del mercat de proporcionar tota la informació necessària. Molts economistes encara avui defensen aquesta teoria, ara anomenada neoliberal, perquè és relativament simple, coherent i sobretot tranquil·litzadora per als seus seguidors. Els permet, en efecte, explicar-ho tot de manera racional, sense fer-se gaires preguntes sobre el seu realisme[11] i, sobretot, la seva capacitat per integrar el canvi sistemàtic i, per tant, la inestabilitat

10 Per exemple, els mecanismes del valor i dels preus centrats només en el mercat, la competència perfecta, la informació completament disponible, la moneda neutra, etc.

de l'entorn econòmic. Més aviat estàtica, la teoria no té en compte el complex comportament dels emprenedors ni el paper de l'organització, el coneixement dels quals dependria d'altres ciències, com recordaven McCloskey i Sandberg (1971). De la mateixa manera, no té cap interès a entrar a la caixa negra de l'empresa, ja que considera que aquesta, de totes formes, no pot fer altra cosa que actuar racionalment i cercar a tota costa el benefici si vol sobreviure i desenvolupar-se amb relació als seus competidors (Marchlup, 1967). Com a molt, l'emprenedor seria una funció residual que influiria de manera marginal en el comportament de les empreses (Lucas, 1978), cosa que explica que l'emprenedor, com l'organització, continuï estant absent de la majoria dels llibres de text de cursos bàsics d'economia. Baumol (1968) també lamentava aquesta absència, i considerava que es tractava d'una llacuna tan gran com si Shakespeare no hagués esmentat el Príncep a *Hamlet*. Per continuar amb la nostra metàfora, com si els autors de novel·les policíaques tractessin de resoldre un crim sense la intervenció de policies, oficials o no[12].

Així, a la part més alta del quadrant nord-est de la figura A, presentada una mica més avall, podem veure que la teoria ha hagut d'evolucionar per superar aquests límits. Per exemple, Simon (1951), a la segona part d'aquest quadrant, ha posat en dubte la idea de la informació perfecta o de la incertesa inexistent o molt baixa, recordant que els agents no ho poden predir tot, cosa que els impedeix concloure en el mercat contractes *complets* que cobreixin totes les eventualitats. El seus comportaments per tant només poden ser *satisfactoris*, mai *òptims*, per molt que ells siguin d'allò més racionals. Però els límits de la informació són encara més grans que el que ell va dir, ja que el joc dels agents en el mercat competitiu és retenir el major temps possible la informació, si no esbiaixar-la. Sense considerar que, quan finalment s'aconsegueix apoderar-se'n, s'ha de saber interpretar i poques vegades és simple, sinó d'una gran ambigüitat. Per damunt de tot, el coneixement és sovint amb retard respecte a la sempre canviant realitat. Una altra crítica de l'enfocament neoclàssic prové dels treballs de Coase el 1937, represos a continuació per Williamson (1985). Tots dos van afegir la idea que el mercat, compost de milers de petites empreses o de treballadors autònoms en competència més o menys forta, no ho resol tot, i que als preus, que reflecteixen els costos de producció i gestió, cal afegir els costos de recerca d'un proveïdor de qualitat i fiable i també de verificació dels passos de la transacció, especialment quan aquesta és més o menys irregular. Quan aquests costos són massa alts, és millor produir a l'interior d'un sistema jeràrquic, o sigui en una gran empresa, que utilitza la seva autoritat per limitar els comportaments oportunistes, almenys entre els empleats.

---

11 Milton Friedman, un dels pares de l'enfocament neoliberal, mort el 2006, afirmava, seguint George Stigler, probablement com a broma, que si la realitat no pot ser explicada per la teoria, "és que la realitat està equivocada!". Per desgràcia, molts economistes neoclàssics s'apunten a aquesta manera de veure les coses. Sobre les raons que invoquen alguns d'ells per defensar la teoria neoclàssica –malgrat la seva falta patent de realisme–, veure entre altres De Vroey (1986).

12 Se sap que alguns autors de novel·les policíaques posen en escena un ciutadà especialment perspicaç, com Miss Marple en Agatha Christie, que actua en paral·lel al servei de policia per resoldre els crims. El lector també s'haurà adonat que ni Sherlock Homes ni Guillame de Baskerville no eren oficialment policies.

A la figura 1 posem de manifest que les teories han evolucionat al llarg de dos eixos. Òbviament, la figura és molt concisa i no pot contenir tota la riquesa de les teories i la seva evolució. Només serveix per il·lustrar la seva evolució cap a una major complexitat, per justificar el nostre enfocament holístic de l'emprenedoria endògena en una economia del coneixement. L'eix horitzontal indica el pas de la racionalitat forta (completa i substantiva, és a dir, basada en el coneixement de la substància de les coses) dels neoclàssics, a la dreta, a la racionalitat dèbil, en funció d'allò que els agents o els actors accepten proporcionar com a informació, a l'esquerra. L'eix vertical representa la captació per part dels agents del nivell d'incertesa a què s'enfronten. A la teoria neoclàssica, la racionalitat substantiva és forta perquè els agents estan buscant, sobretot, els seus beneficis i ho estan fent, voluntàriament o no, respectant les lleis del mercat[13]; sense oblidar que el mercat proporcionarà tota la informació, cosa que debilitarà la incertesa i, per tant, el risc. Es tracta de la teoria propugnada en particular per l'escola econòmica de Chicago, i que Favereau (1989) anomena model estàndard TSE1 ampliat. És el model neoclàssic heretat de la teoria clàssica dels segles XVIII i XIX i, per tant, de la idea de Bentham, Weber i el seu deixeble Sombart, de què hem parlat en diverses ocasions, i que diu que les persones actuen racionalment i egoista. Simon i Coase, per la seva banda, construeixen el model TSE2 de la teoria estàndard ampliada, que es desplaça gradualment cap al quadrant nord-oest.

Tanmateix, com ara reconeixem, els agents no actuen aïllats per fer front als seus competidors, i fins i tot solen arribar a acords. Alguns investigadors arriben a dir que en molts mercats no és la demanda, sinó més aviat l'oferta o la pròpia empresa, especialment en una situació de monopoli o càrtel, amb el suport de tècniques cada vegada més complexes de publicitat i de posada al mercat, qui determina els preus i la qualitat més o menys bona[14]. Només cal veure que, en molts casos, la competència només és a llarg termini i es fa molt sovint entre coalicions que inclouen centenars si no milers d'empreses i estan formades per compradors, proveïdors, fabricants d'equips, subcontractistes, distribuïdors i fins i tot l'Estat, amb ramificacions més enllà de les fronteres, com veurem a les pàgines següents i com vam veure en el cas de la química a Alemanya a finals del segle XVIII i a principis del XX. Més recentment, només s'ha de pensar en la competència entre Airbus i Boeing o entre Bombardier Aerospace i Embraer, competència que supera amb escreix les seus socials d'aquestes empreses. Els preus poden dependre també de les institucions públiques i parapúbliques, o, en el cas de les empreses aïllades, d'una organització eficaç, definida, per exemple, pel model LCAG[15] de l'Escola de gestió de Harvard, o per la planificació estratègica[16]. La

13 Recordem que ni a la ciència econòmica ni a les ciències de la gestió no hi ha lleis pròpiament dites, sinó més aviat inclinacions o tendències fortes. Tot i que als segles XVIII i XIX els economistes van definir unes suposades *lleis*, esperant ser tan *racionals* com els investigadors en ciències de la natura. Aquests economistes consideraven en efecte que, si la comprensió de la natura permetia explicar els comportaments dels cossos per lleis físiques, també hi havia d'haver *lleis naturals* per explicar el comportament dels actors econòmics. Afegim que fins i tot científics com Buffon (especialment al volum V de la seva Història Natural de 1769) es van haver de defensar per haver volgut explicar alguns comportaments dels homes a través de *lleis* contràries a l'ensenyament de l'Església.

14 Per exemple, el quasi-monopoli de Microsoft, que gairebé ens obliga a acceptar programes de mala qualitat comparats amb els de la competència.

racionalitat va també condicionada a l'adopció de comportaments no oportunistes per part dels agents que obtenen informació privilegiada. Perquè aquests agents es posin d'acord per treballar junts sense buscar contínuament enganyar els altres, és necessari que el mercat o les organitzacions prevegin contractes especificant els costos i guanys de cadascú. Per exemple, més enllà dels seus contractes de compra amb els proveïdors i de vendes amb els seus distribuïdors, una organització pot ser considerada com un conjunt de contractes entre la direcció i els seus empleats, que accepten, a través de la remuneració i avantatges socials, no cercar seu interès personal.

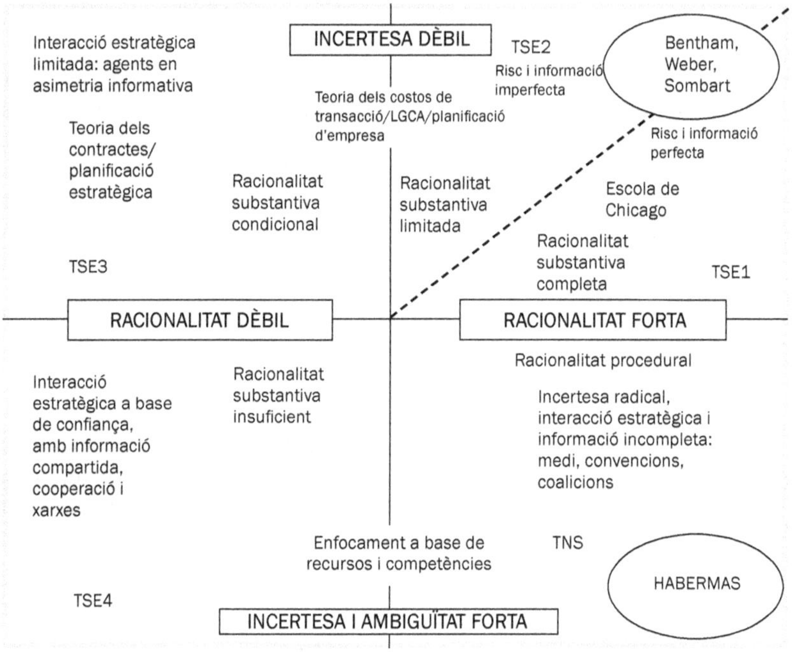

| Figura A |
L'evolució dels fonaments teòrics de la capacitat emprenedora endògena

Font: Adaptat de BILLAUDOT (2001)

Aquests contractes s'estenen a altres agents, tals com proveïdors de diversos serveis, almenys durant el temps de la prestació. Per tant, no és la simple racionalitat que fa actuar els agents; o, almenys, és qüestionable i condicional, ja que la informació és asimètrica, alguns saben més o millor que altres, especialment els que tenen el poder o que són els primers a innovar. Per últim, com expliquen Meckling i Jensen (1976), l'empresa pot ser vista com un sistema o un node de contractes establerts amb molts *participants*, a qui ella convida a jugar, amb un intercanvi de beneficis definits.

Però els contractes per si sols no són suficients. Els investigadors han retornat així a la funció de l'organització, explicant que els agents també necessiten *autoritat* per actuar, o sigui la jerarquia i la planificació estra-

15 Acrònim dels noms dels seus principals autors, o sigui Learned, Christensen, Andrews i Guth, professors de Harvard. Es parla també del model SWOT, que considera els punts forts (*strength*) i dèbils (*weakness*) al si de l'organització, així com les oportunitats (*opportunity*) i amenaces (*threat*) detectables a l'entorn.

16 *Corporate planning.*

tègica imposades pel propietari o pels representants dels accionistes. Res no assegura, de fet, que els contractes sols facin desaparèixer els comportaments oportunistes, sobretot quan qualsevol acord només pot ser incomplet, donada l'opacitat i l'asimetria de la informació econòmica[17]. El desig de treballar junts en una empresa prové també dels incentius per seguir la política de l'empresa. Cosa que ens porta a les anàlisis de la planificació estratègica i a les estratègies genèriques que, segons Porter (1981), permeten influir si no controlar el mercat i determinar les condicions de la competència, almenys en el curt termini, a través de diverses barreres d'entrada, per exemple. L'empresa té finalment un bon marge de maniobra i el mercat és menys controvertible del que diuen els neoliberals, com recorda Blaug (1982). Això ens porta al model estàndard ampliat TSE3.

El marge de maniobra de què disposa l'empresa davant un imprevist permet a l'economista superar la teoria relativament simplista dels costos de transacció per tenir en compte situacions intermèdies o híbrides entre la jerarquia (l'organització integrada) i el mercat, i parlar per tant de cooperació. Aquesta es pot exercir pel fer-fer (subcontractació *de capacitat*) o també pel fer-junts (subcontractació *d'especialitat* i, sobretot, *d'intel·ligència* [Julien, 1994]), ja sigui formal (amb contractes més o menys estrictes) o informal (sense contractes específics). Així doncs, com recordava Richardson (1972), la majoria de les empreses operen més o menys en cooperació, si no en coalició, ja sigui cap amunt (amb els proveïdors de matèries primeres, serveis i equipaments) o cap avall (amb els seus transportistes, els seus distribuïdors, però també alguns clients); i la cooperació va molt més enllà dels contractes, la majoria molt imperfectes[18]. Això permet a les empreses no només reduir els costos de transacció, sinó també obtenir tot tipus d'informacions estratègiques quan es troben en situacions carregades de molta incertesa i ambigüitat. A més, alguns estudis (Powell, 1990; Conti, 2000) han demostrat, com hem fet aquí, que el desenvolupament i, per tant, l'èxit de les empreses no és independent del suport que reben de la regió, ni que sigui per l'accés a personal capacitat i a diversos serveis, o pels lligams que estableixen amb altres empreses. Altres investigadors han mesurat els avantatges de la proximitat, per exemple, en la innovació (Feldman i Audretsch, 1996), i s'oposen en això als neoclàssics, que afirmen que la informació sobre innovació és automàticament disponible i que per tant no hi ha cap raó per concentrar les activitats en alguns llocs, com ara parcs tecnològics, per fomentar la innovació. Tanmateix, la cooperació és sovint tan beneficiosa per a les empreses situades cap amunt com per a les empreses situades cap avall, ja que una associació que funciona bé accelera l'aprenentatge de tots i, per tant, facilita la proliferació de

17 Lorino (1989) precisa que, al seu interior, "cada home d'empresa [...] disposa d'un quantum d'informació que només comunica parcialment, perquè no pot (per manca de temps, per manca de capacitat de formalitzar) o perquè no el vol donar a conèixer del tot". En resum, cadascú a l'empresa protegeix de diverses maneres els seus interessos. Foray (1990) afegeix que, a l'exterior, la disponibilitat de la informació és dèbil, perquè els recursos tendeixen a ser cada cop més específics. En altres paraules, el *pregoner* de Walras és sovint absent o si no molt poc eficaç, perquè impedeix als actors potencials que es parlin.

18 Ja que un contracte que ho intenti preveure tot limita sovint el canvi i impedeix aprofitar les diverses oportunitats. Tant més que contractes complexos poden comportar discussions, i per tant despeses jurídiques elevades.

les noves informacions i de la innovació, cosa que els permet continuar sent competitives.

En aquest món de cooperació, la racionalitat substantiva és per tant insuficient, i pot estar subjecte a tot tipus de comportaments, tant lògics o racionals com intuïtius o impulsius, quan els interessos divergeixen o es presenten les oportunitats, com recorda Mintzberg (1994). La informació és asimètrica la majoria de les vegades, hi ha empreses que saben més coses que altres, sobretot els contractants amb relació als subcontractistes, per als qui la incertesa i l'ambigüitat són encara més fortes. Aquesta es la raó per la qual s'ha d'incloure un altre mecanisme que els neoclàssics no poden considerar, com és la confiança que prové de la psicosociologia. Aquesta confiança, per limitada que sigui, segons els casos, s'afegeix als elements d'elements d'autoritat i de propietat en l'organització i s'estén a les xarxes personals, de negocis i d'informació per permetre a l'empresa obtenir la informació tàcita que necessita per innovar, per diferenciar-se i donar suport a la seva gestió i producció, en definitiva per participar (Karpik, 1996). La confiança disminueix l'asimetria d'informació i limita molt els comportaments oportunistes. Això ens porta a la tercera transformació de la teoria estàndard ampliada o TSE4, al quadrant sud-oest.

La transformació teòrica supera l'escola de la planificació, planificació gairebé impossible quan l'entorn està canviant contínuament (Brown i Eisenhardt, 1998), i ens fa passar a l'enfocament basat en els recursos i les competències, un enfocament que permet a l'empresa i als seus associats reaccionar de manera ràpida o adaptar-se normalment per enfrontar la incertesa i la imprevisibilitat, tot aprenent de forma col·lectiva, pel mètode de prova i error[19] i per l'experiència, *fent camí* (Foss, 1999). Aquest enfocament permet superar la idea de la competència només per preus per introduir la qualitat i, per tant, l'intercanvi, a les diverses xarxes d'informació sobre la mateixa, així com dels coneixements específics de l'organització i les institucions, incloses les normes i convencions. La xarxa facilita l'intercanvi d'informació tant per als consumidors com per a les organitzacions, cosa que augmenta la seva flexibilitat, ja que no estan obligats a fer tot o saber-ho tot. La xarxa esdevé una forma de coordinar una part de les activitats, en particular a escala *regional*. La creació de xarxes és al rerefons del mode de governança del territori, per estructurar una gran part de les transaccions de les PiME, en particular les noves. Contràriament a allò que pretén la teoria neoclàssica, en afirmar que l'empresa té l'opció de qualsevol estratègia, la inclusió en xarxes i la flexibilitat que aquestes permeten creen *efectes de camí* (Nelson i Winter, 1982), o sigui eleccions limitades pels equipaments, el coneixement desenvolupat amb anterioritat i els vincles amb els associats. És cert que l'empresa actua en una incertesa i una ambigüitat fortes, però hi pot respondre millor amb la formació de coalicions actives, primer a l'interior amb personal involucrat i amb confiança, en segon lloc a l'exterior amb xarxes de negoci i d'informació que també

19 Pascale (1981) dóna l'exemple d'Honda, que va aconseguir introduir-se al mercat nord-americà tot aprenent dels seus errors, per demostrar que una bona manera d'encarar la incertesa i l'ambigüitat és la flexibilitat que procuren la qualitat i la varietat dels recursos i competències de l'empresa i dels seus associats.

tenen interès que l'empresa funcioni. Aquest camí no és de cap manera coercitiu; permet ajustaments o canvis, i fins i tot ruptures, en funció de la qualitat de la informació obtinguda, la flexibilitat de l'empresa amb els seus socis i la seva capacitat d'innovació (Math, de 2001; Desreumaux, 1998).

L'últim pas és la participació del medi i per tant del capital social, que, quan són dinàmics, mobilitzen i proporcionen recursos i idees, reputació, confiança, però també convencions i normes basades en coalicions diverses per fer front millor a la incertesa radical i a la competència mundial. Les normes i convencions poden ser generals o específiques per a alguns grups o coalicions. La racionalitat ja no és substantiva, sinó de procediment i social: com que no es pot, de cap manera, saber si la informació és veritable o vàlida a causa de la gran incertesa connatural a l'economia, és millor treballar (deliberar i *procedir*) conjuntament, cosa que permet actuar *com si fos veritat*[20], ja que els socis fan el mateix: actuant en conjunt, es té la *convicció* que la cosa funcionarà, i sobretot es fa per manera d'augmentar les possibilitats que funcioni (Malecky 1994). A més, aquesta forma d'actuar permet una acció molt més eficaç, ja que compta amb el suport d'un consentiment col·lectiu que facilita l'obtenció de recursos i d'idees i alimenta l'entusiasme. Les estratègies esdevenen interactives i responen a la necessitat que té el grup de compartir i copsar les idees que estan en l'aire. Allò que diferencia l'empresa és la combinació especial que fa de les idees que provenen de les seves xarxes, amb els seus recursos i habilitats propis i tenint en compte les dels seus socis; aquesta combinació interna i externa constitueix la base de la competitivitat en l'economia del coneixement.

Aquest nou enfocament adopta una racionalitat d'un altre tipus, una racionalitat "forta", però aquesta vegada de procediment i social, sobre la base d'una veritat col·lectiva circumstancial i a llarg termini. Atès que qualsevol veritat només es pot escriure en el temps i l'espai: allò que és cert en un país o regió i avui no és necessàriament cert a altres llocs o més tard. Passem, per tant, d'una teoria econòmica estàndard ampliada a una teoria no estàndard, TNS, i ens adherim així a filòsofs com Habermas, en una racionalitat col·lectiva que s'oposa als enfocaments positivistes.

En la nova teoria econòmica, la racionalitat col·lectiva es construeix a través dels set passos següents, més o menys simultanis, que corresponen a tants altres aspectes sota els quals pot ser copsada.

1. La racionalitat individual, especialment l'occidental, sorgida sobretot de Descartes, Hobbes, Comte o Weber, i que afirma que hi hauria una relació entre la racionalitat individual i l'eficiència de l'economia (ben il·lustrada per la *mà invisible* del capitalisme), avança una concepció deformada de la realitat.
2. La racionalitat (o sigui les inclinacions i desigs, sentiments i estats d'ànim, la comprensió del món, la justificació de les accions, etc) és sobretot *subjectiva*; prové de l'atavisme, de la família, dels amics,

20 La racionalitat de procediment, tan limitada com sigui, té en compte de totes maneres processos de presa de decisions i la mateixa forma de copsar el problema i aprendre a continuació. Veure sobre aquest tema Quinet (1994).

de la formació inicial, de diverses trobades i de la voluntat, o sigui l'innat, l'adquirit i el construït, que caracteritzen l'emprenedor en el seu medi (vegeu el capítol 3). Per tant, també és fortament influenciada per les necessitats, coneixements i comportaments dels que l'envolten.

3. És a través d'un aprenentatge col·lectiu que els individus efectuen la racionalització de les imatges del món, aprenentatge que serveix per reduir la incertesa i l'ambigüitat, i també del suport a l'acció, com recorda Hodgson (1988) referint-se a Veblen. La racionalització es converteix en un construït social, cosa que dóna a l'enfocament la seva aparença constructivista.
4. L'aprenentatge col·lectiu passa a través de les relacions interpersonals (en diversos tipus de xarxes), amb el suport de les normes tècniques, regles i convencions socials (o un llenguatge comú), i sobretot a través de la intercomunicació. Aquestes normes i regles vénen a augmentar però sobretot superar la limitació dels contractes i els efectes d'autoritat (del poder) per regular els conflictes, arrossegar l'adhesió i afavorir la coordinació a les organitzacions i institucions[21]. Evolucionen (sobretot les normes tècniques recolzades per la innovació, mentre que les regles institucionals són sovint inhibidores) i per tant imposen ajustaments sostinguts per l'aprenentatge col·lectiu, cosa que explica el dinamisme de les institucions, organitzacions i, per últim, territoris.
5. Com que aquestes regles i convencions depenen dels llocs i de les èpoques, el models genèrics de desenvolupament *vàlids per a tothom* no existeixen. Cada model és únic, encara que es pot millorar a través del contacte amb els altres.
6. L'èxit de l'acció és, per tant, dependent de les accions dels altres (la cooperació entre les empreses) i de l'intercanvi d'informació (intercomunicació), que manté la creença que allò funcionarà i, per tant, permet superar la incertesa creixent en una economia del coneixement.
7. Finalment, la intensitat de l'activitat emprenedora depèn de la qualitat i la intensitat de la cooperació i de la intercomunicació en un medi, de la capacitat de les normes i convencions per promoure el canvi tecnològic i organitzacional, així com d'un entorn propici que proporcioni capital social sistemàtic, capacitats especials adequades de suport a la innovació i una cultura emprenedora dinàmica.

Al quadre B hem resumit aquests diversos aspectes i els seus efectes sobre l'esperit emprenedor.

21 Enteses aquí, com de vegades en altres llocs, segons l'enfocament dels economistes institucionals, cosa que comprèn les normes i convencions.

Racionalitat	Efecte sobre l'emprenedor	Conseqüències sobre l'estudi de l'emprenedoria
La racionalitat purament individual no existeix	L'emprenedor no és un ésser excepcional o a part	Hem de pensar l'emprenedoria de forma col·lectiva
És subjectiva i temporal	Ell o ella pertanyen a un medi i una època determinats	El medi afecta l'esperit emprenedor
Prové d'un aprenentatge col·lectiu	La seva aparició és estimulada pel seu medi	L'eficàcia de l'aprenentatge col·lectiu distingeix les regions dinàmiques de les altres regions
Passa a través de relacions interpersonals, regles i convencions	Els emprenedors són persones de xarxes i el seu èxit es deu als seus vincles i a l'acció de les xarxes	La qualitat de les xarxes és un element clau per frenar o estimular l'emprenedoria
Les regles i convencions són específiques als llocs i èpoques	Les regles i convencions conservadores o dinàmiques permeten distingir el tipus d'emprenedor més comú a la regió	L'emprenedoria dinàmica s'ha de basar en regles i convencions obertes i canviants
L'èxit de l'acció depèn de les accions dels altres	L'emprenedor depèn del suport i de l'acció dels altres emprenedors i actors	La qualitat de l'emprenedoria prové d'un conjunt d'actors més o menys dinàmics
La intensitat de l'emprenedoria depèn del nivell de cooperació i d'intercomunicació en un medi	L'emprenedor ha de veure les empreses amb qui treballa com a socis i integrar xarxes d'informació que accelerin el seu aprenentatge del canvi tecnològic i de la innovació en una economia del coneixement	El dinamisme regional depèn de la qualitat del capital social i, per tant, de la presència d'una cultura emprenedora proactiva

| Quadre B |
Racionalitat col·lectiva i esperit emprenedor

Al quadrant sud-est trobem una teoria basada en la racionalitat subjectiva, col·lectiva i circumstancial que preveu l'intercanvi sistemàtic d'informació entre totes les parts interessades que treballen amb l'emprenedor i la seva organització per sostenir la innovació. Cosa que ens allunya de forma definitiva de la imatge de l'empresa sola contra els altres, amb un funcionament que només depèn de la direcció. Encara que l'emprenedor vulgui conservar la seva independència, només pot tenir èxit recorrent a altres actors que li presten recursos, però també informacions, idees i oportunitats per a desenvolupar-se millor. Això explica per què l'esperit emprenedor i els models de creació d'empreses són diferents en el temps i l'espai: allò que és cert avui i aquí no és necessàriament cert més tard o en altres llocs.

A més, fins i tot si es basa en l'atmosfera general per actuar, l'emprenedor té sempre alguna influència sobre aquesta última, encara que només sigui perquè ha decidit actuar, fins i tot si no sap com els altres interpretaran la situació. La confiança mai no pot ser total i completa, no només perquè els comportaments oportunistes són sempre possibles, sinó també perquè la informació és incompleta i l'interès pot incitar algunes persones a treballar amb altres actors més interessants. D'altra banda, cada vegada que l'emprenedor transforma la seva nova idea en innovació, alhora és impulsat pel desig de ser el primer i es troba enfrontat a la dificultat d'explicar-se als seus socis, quan de vegades les coses no són encara prou clares per ell; espera per tant que aquests entendran els diferents senyals de la transformació (la compra d'un nou equipament, la contractació d'un venedor nou, les proves de mercat, etc.) i s'hi ajustaran.

Aquest ajust reflecteix la flexibilitat, que té com a contrapartida, tanmateix, un augment de la incertesa. En efecte, el mateix empresari no sap prou bé què farà l'endemà, encara que en general segueix una certa rutina i el camí de producció i innovació que li permeten els seus actuals recursos i competències, així com l'experiència que s'ha forjat amb un aprenentatge constant. I sap encara menys com reaccionaran i s'ajustaran els seus socis més o menys pròxims, en tant que és probable que ells tampoc no ho saben. Així doncs, la racionalitat de procediment i social implica que les peces encaixin per tempteig, sense saber on aniran a parar, ja que el mateix procediment està subjecte a canvis, com també les regles i convencions. Per tant, estem lluny de la tendència a l'equilibri entre oferta i demanda, tant si l'equilibri és parcial o general, en què la mà invisible empenyeria tothom per acordar el preu mínim[22].

11.2 Equilibri o inestabilitat

L'economia es basa en les tensions dins i entre les empreses, així com en les oportunitats i les innovacions que promoguin la competitivitat, incloses les petites empreses. Es basa tant en la competència a llarg termini com en la cooperació, la creació de xarxes, el suport del medi, els comportaments socials i, per tant, les convencions que fan que l'emprenedor no estigui mai sol. És el lloc de coalicions formals o informals, àmplies o restringides, i de jocs de poder, com recorda l'economia institucionalista de Comuns o Veblen. Aquestes coalicions poden ser vagues i limitar-se a seguir les convencions i mantenir la confiança, però també poden anar més enllà i convertir-se en càrtels o aliances diverses que portin a *lobbies*, si no a la corrupció, per obtenir beneficis particulars. Però sense anar tan lluny, l'esperit emprenedor endogen de la regió necessita la creació de xarxes, la col·laboració i la confiança per generar *economies d'esfera*, i així compensar la debilitat de les economies d'escala o d'aglomeració a causa d'estar fora dels grans centres i de les grans empreses.

Si la competència funcionés automàticament, la corrupció i el lobbying serien inútils, fins i tot als països en desenvolupament. La teoria de l'equilibri dels economistes neoclàssics, que diu que la pressió dels competidors empeny totes les empreses a trobar les millors maneres de reduir els preus i millorar la qualitat, suposa un estat de competència perfecta que, potser, existia fins a un cert punt en temps d'Adam Smith. Però ja el capitalisme salvatge dels segles XIX i XX va menystenir aquesta recerca d'equilibri per funcionar a cops de Jarnac*, si no amb assassinats i suïcidis encoberts, com va ser el cas a la indústria del

22 La idea que els economistes clàssics i neoclàssics es fan de l'equilibri és també una herència de la recerca de la llei natural dels físico-químics que és a la base de les seves teories, una llei però que fins i tot aquests últims fa temps que han posat en qüestió (veure sobre això Prigogine i Stengers, 1979).

* Sorpresiva estocada d'esgrima que es considera a traïció.

petroli americana[23]. Fins i tot avui dia, les empreses farmacèutiques es preocupen en primer lloc i sobretot de mantenir els seus vincles privilegiats amb els metges, en lloc de tractar de reduir sistemàticament els preus, com explica Foucault (1994) i com ja havia demostrat la Comissió Kefauver (1965) als Estats Units en el decenni de 1960. La comissió va descriure l'impacte de les pràctiques monopolístiques i de lobbying en altres indústries, com la de l'automòbil, la de l'acer, la de l'armament i fins i tot les fleques. Només cal llegir els diaris per veure que les coses no han canviat gaire des d'aleshores: a França, Elf i la seva utilització sistemàtica de suborns, els recents escàndols de manipulació dels balanços d'Enron, Worldcom i TYCO als EUA, de Hollinger i Nortel al Canadà, d'Adecco a Suïssa, i de Parmalat a Itàlia, o el recent escàndol de la borsa, que afecta més d'un 25% de les accions de les multinacionals americanes[24]. A nivell mundial, els comportaments monopolístics de les grans empreses nacionals són corrents, com recordava Ricardo Petrella (1989), ex-director del programa FAST, de la Comunitat Econòmica Europea. Aquestes empreses demanen primer als seus governs que les ajudin a assolir una gran dimensió, generalment monopolística, per defensar-se millor al mercat internacional, però després, una cop han assegurat la seva posició, s'apressen a posar-se d'acord amb els seus competidors internacionals per evitar qualsevol competència.

El lobbying no es limita a l'Estat. Una empresa subcontractista en què hem intervingut s'havia desenvolupat no només a través de la informació privilegiada que el seu propietari havia obtingut quan treballava a l'empresa contractant i als contactes que hi havia mantingut, sinó també perquè el seu fill hi continuava treballant, i mantenia el flux d'informació i influència. Només després de la nostra intervenció el contractant va actuar per garantir una major equitat en l'adjudicació de contractes.
Alguns restaurants d'alta categoria exigeixen al seu personal que treballin sense sou, i de vegades que paguin pel seus llocs, amb l'argument que els clients donen propines tan altes que són més que suficients com a salari. A més, als períodes en què la construcció d'habitatges va de baixa, passa que els treballadors independents facin regals als mestres d'obra o als empresaris de la construcció, i fins i tot que acceptin pagar un percentatge del seu sou. També és sabut que massa contractes de construcció civil (ponts, carreteres, ports, etc.) es concedeixen a canvi de suborns importants. I si aquesta corrupció s'estén és perquè d'una banda hi ha persones corruptes i de l'altra persones que accepten ser corrompudes. Si hi ha tanta corrupció als països en desenvolupament i a alguns països d'Europa oriental, és sobretot perquè les empreses occidentals la faciliten i se n'aprofiten.

D'altra banda, fins i tot en el cas de fenòmens econòmics molt més localitzats, el model neoclàssic d'oferta i demanda que manté el mite de

23 Ja el 1964 Jacques Desrousseaux havia demostrat que, si l'empresa tenia com a únic objectiu el benefici financer, faria temps que no hi hauria emprenedors, ja que haurien estat reemplaçats per enginyers obsessionats per la posada en marxa d'una producció a cost marginal.

24 En aquest escàndol, els operadors avençaven artificialment la data de distribució de les accions a un preu menor, per revendre-les a continuació al preu de mercat del dia, maximitzant el seu benefici.

l'equilibri no pot explicar el funcionament de molts mercats, com el dels cotxes de segona mà o el dels advocats, per exemple, com constatava Léon Walras, el pare d'aquesta teoria, però que massa economistes seguidors seus després han simplificat escandalosament[25]. En el primer cas, Akerlof (1970) va mostrar que el mercat sovint treballa a la inversa: són els cotxes menys bons els que es venen més, els cotxes dolents expulsen els bons, com si seguissin d'alguna manera la *llei de Gresham*. En el segon cas, Karpik (1989) va mostrar que el client tria la majoria de les vegades un advocat que li ha estat recomanat per gent de la seva xarxa de coneixences, però el criteri dels quals només en rares ocasions es basa en consideracions racionals, cosa que porta sovint a una elecció amb poc criteri.

No és cosa d'ahir que la tendència a l'equilibri econòmic, coneguda com a natural, és criticada. A principis del segle XIX, Sismondi ja la discutia, seguit, a finals del mateix segle, per Alfred Marshall, que sostenia que la dinàmica d'una economia s'explica sobretot per les condicions estructurals heretades de la història, especialment les tècniques (el període llarg), en comptes de la tendència a l'equilibri (Lecoq, 1993). Els anys 1960, Georgescu-Roegen (1971), un dels primers economistes a considerar l'ecologia en els càlculs econòmics, va dir que la idea de l'equilibri no tenia en compte la llei de l'entropia ni, per tant, els rendiments decreixents, perquè l'economia liberal no és capaç d'incloure els efectes perversos, com la contaminació, en el càlcul de l'optimalitat. Joan Robinson (1971), per la seva banda, explicava que la realitat està formada sobretot de desequilibris, desigualtats i malbarataments. Altres crítiques són fins i tot procedents d'economistes neoclàssics, com Kaldor (1972), que recordava que la teoria de l'equilibri té en compte només les funcions d'assignació i oblida les funcions creatives, com les de l'esperit emprenedor, que alteren l'equilibri econòmic[26]. Per últim, diferents anàlisis econòmiques (per Debreu, Lipsey-Lancaster, Sonnenschein, Nash, Allais, per exemple)[27] van demostrar que *l'equilibrium* només era un estat d'ànim. Malauradament, aquesta teoria continua servint com a referència, perquè de canviar obligaria els economistes neoclàssics a qüestionar no només la resta de les seves teories, sinó també la seva metodologia i el seu enfocament de la realitat.

---

25 El seu primer ajudant, Antonelli (1930; 20,218,254,268) explica molt bé que el seu mestre no veia l'equilibri com un model molt reduït de la realitat: "una primera aproximació de la realitat [...] que desgraciadament els joves economistes s'imaginen que es fa cada cop més 'científica' a mesura que la van fent més i més confusa i fosca... [L'equilibri no es pot veure] com un moviment real, sinó virtual [...]; sens dubte, no existeix un temps real on l'equilibri general hagi tingut lloc [...]. Podem dir que l'equilibri estable (el retorn a la mateixa posició) és una rara excepció, en tant que l'equilibri inestable (el retorn a qualsevol altra posició), després d'un canvi tecnològic, per exemple, és la situació general. Finalment, per Walras, l'equilibri no és més que] una metàfora".

26 Referent a això veure Anne Isla (1999).

27 Debreu (premi Nobel d'Economia de 1983) va demostrar que l'equilibri general, quan arriba, es pot donar a qualsevol lloc, molt sovint lluny de l'òptim social. Lipsey i Lancaster (1956) van demostrar que només podia ser general; qualsevol canvi, tant si venia de comportaments monopolístics com d'una innovació emprenedora, el destruïa. Sonnenschein (1973) explicava que aquest equilibri només podia presentar-se per atzar o a causa d'un comportament erràtic de l'oferta i la demanda, i que finalment era totalment inestable. Nash (premi Nobel d'Economia de 1994) va demostrar que l'equilibri en el mercat era la pitjor solució. Finalment, Allais (premi Nobel de 1988) va especificar que l'equilibri no pot funcionar si els actors tenen comportaments irracionals a causa de la incertesa, com és sovint el cas.

Lluny de promoure l'equilibri, les grans empreses, així com les petites, el dificulten, i al contrari creen *inestabilitat* quan adopten comportaments que intenten frenar els competidors, les primeres, i a diferenciar-se per assegurar-se una clientela, innovant sistemàticament, les segones. En el cas de les grans empreses, els preus tendeixen sempre a ser superiors al preu d'equilibri. Pensem en el comportament de les companyies petrolieres, de les empreses farmacèutiques o dels grans bancs, amb els seus enormes beneficis, sempre creixents. En el cas de les PiME, la innovació sistemàtica, gràcies a informacions transmeses després en comptagotes al mercat, permet quasi-rendes. Ja el 1917 John Maurice Clark explicava que el mercat funciona *per oscil·lacions*[28]. Les relacions entre l'oferta i la demanda passen així contínuament de l'explosió a la implosió, frenades pel control social de les convencions, les normes i la *coevolució*, o sigui mitjançant la creació de xarxes i l'aprenentatge col·lectiu, que estableixen els diferents límits[29] que no es poden traspassar. Tanmateix, la tendència cap a l'equilibri no està més assegurada que la tendència al desequilibri, a no ser, per descomptat, que una crisi no jugui clarament a favor d'una respecte a l'altra (forta deflació o inflació galopant). És per això que Cohendet (2003) parla de *desequilibri permanent*. Fins i tot Adam Smith[30] explicava que no s'arriba mai a l'equilibri, sinó que, al contrari, tot tendeix a evitar que arribi, especialment en el preu de la mà d'obra.

L'escola de Viena demostra d'altra banda que la innovació suscita desequilibris contínuament (veure especialment els treballs de von Mises, 1949). Per Kirzner (1982), el desequilibri és la norma en l'economia. És constantment mantingut pels comportaments dels emprenedors *aventurers* o de *valorització*, la finalitat dels quals és qüestionar l'ordre establert, evitar que s'aconsegueixi l'equilibri amb el control d'informacions exclusives o compartides en cercles restringits. Aquests emprenedors creen contínuament informació fragmentària i complexa a través del canvi o la *innovació*, de manera que quan els competidors arriben a entendre la innovació i es preparen per entrar-hi també ells, la realitat ha tornat a canviar (Milgrom i Roberts, 1997). La teoria econòmica neoclàssica és una teoria de la *regularitat* per la competència (Fellner, 1983), mentre que la de l'emprenedoria és fonamentalment un sistema de distinció per la coevolució de diverses empreses i actors que aprenen junts contínuament, anticipant el canvi i generant-lo sistemàticament per reposicionar-se en un mercat també en desequilibri permanent.

Per últim, avui dia la inestabilitat és accelerada a causa que les enormes capacitats de coneixement poden conduir a canvis brutals, tals com la substitució de tota una indústria per una altra, com han viscut algunes regions amb el declivi d'un sector important. Però això té el mèrit d'obligar els sistemes locals, com els districtes industrials, a regenerar-

28 Precedent de la teoria termodinàmica, com es pot veure amb el concepte d'oscil·lació reactiva de Belousov-Zhabotinski. El premi Nobel de Química de 1977, Ilya Prigogine (2001; 31, 80) explica que "lluny de l'equilibri, la natura crea contínuament noves formes de coherència [...cosa que fa que] la vida només sigui possible en un univers lluny de l'equilibri [...] En equilibri, la natura és cega, però lluny de l'equilibri hi comença a veure".

29 Per exemple, per conservar la reputació necessària, per tal d'obtenir els recursos buscats.

30 Veure especialment el capítol X del seu llibre I (*Recerques sobre la natura i les causes e la riquesa de les nacions*, traducció francesa de P. J: Duplain, Londres, 1788)

se periòdicament, generalment a continuació de crisis que es produeixen més o menys cada deu anys (Lazzeretti i Stora, 2001). La inestabilitat és particularment forta en sistemes de PiME, però les grans empreses es veuen menys afectades perquè poden confiar en la seva burocràcia per controlar o estabilitzar el mercat i en els seus enormes recursos per obtenir informació nova mitjançant l'adquisició de les PiME innovadores, si és necessari[31]. Després, altres emprenedors i altres PiME ocupen el lloc de les empreses adquirides per renovar contínuament l'economia, i destrueixen l'ordre econòmic amb la introducció sistemàtica de nous productes i de noves formes de fer les coses. Per últim, l'Estat intervé, per tal que tots aquests moviments no comportin una crisi major. Per exemple, el gran crash de la Borsa de 1987 va portar l'Estat a dissenyar alguns frens anomenats automàtics i a prohibir les conductes més especulatives a la Borsa. Tanmateix, això no va impedir que l'any 2000 esclatés la bombolla financera de les TIC. Com podem veure a la Figura B, l'esperit emprenedor és la innovació i, per tant, la inestabilitat controlada fora dels temps de crisi.

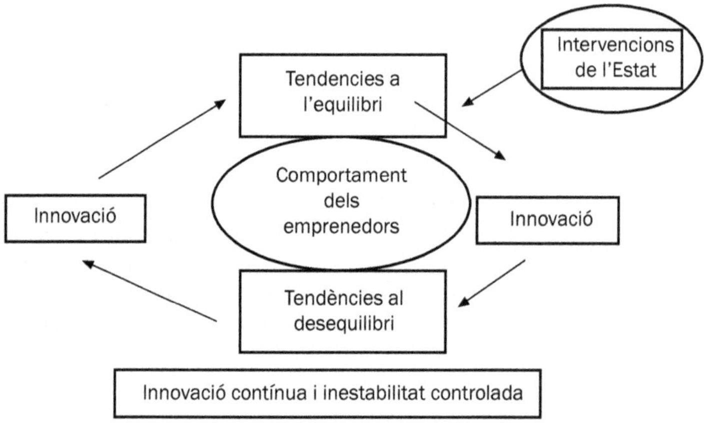

| Figura B |
La inestabilitat o les tendències, tant a l'equilibri com al desequilibri

Adaptat de S. Alvarez i J. Barney, "Capacitats emprenedores", en Meyer i Heppard (2000), p. 63-81.

En limitar-se a un enfocament positivista i, per tant, lineal i causal, que no inclou el paper especial dels emprenedors sostinguts pel seu medi i no veu la innovació com la resposta al mercat o a necessitats latents que permet assolir l'equilibri entre la demanda i l'oferta, la ciència econòmica, fins i tot actual, és incapaç d'entendre bé les veritables fonts de desenvolupament i els seus mecanismes. Tanmateix, les relacions econòmiques no es poden entendre sense tenir en compte el seu context social, inclòs el comportament de les multinacionals, la direcció i per tant la filosofia de les quals són gairebé sempre nacionals (americana, japonesa, francesa o altra), contràriament a allò que anunciava Polanyi (1944). Com que considera el coneixement el resultat exclusiu de les relacions entre l'oferta i la demanda i, per tant, ignora el paper que hi

31 Tenen el costum d'ofegar a continuació l'esperit d'innovació que caracteritzava les empreses adquirides, com hem pogut constatar massa sovint.

juga la força imaginativa de moltes persones i organitzacions, sovint unides per vincles de fora del mercat, la teoria econòmica, especialment la neoclàssica, no pot entendre que, en la seva dimensió individual (l'emprenedor), així com col·lectiva (l'empresa, el medi i les xarxes), la nova economia és un acte profundament humà, d'homes en col·lectivitat.

Per poder mesurar el valor exacte a curt i llarg termini de les informacions que rep del seu principal proveïdor de matèries primeres, una petita empresa de productes químics encara manté contactes amb l'executiu ara retirat que era el seu principal vincle amb el proveïdor, una multinacional dels EUA. Aquesta va actuar de forma cavallerosa en la jubilació d'aquest directiu, després de trenta anys de serveis lleials, mentre que els dirigents de la PiME l'han respectat sempre, abans i després del canvi. La ciència econòmica és incapaç de tenir en compte aquests vincles fora de mercat.

És en la naturalesa de l'esperit emprenedor crear inestabilitat i mantenir amb les seves innovacions un cert desequilibri. Crea sistemàticament informació nova, sovint molt complexa i per tant difícil de copsar o desxifrar, informació que les empreses tracten de retenir a través del secret i, sobretot, del canvi continu, però que, un cop ha arribat a les oïdes dels competidors, ja està canviant, o per tant és més o menys superada.

L'esperit emprenedor i la innovació que crea funciona malgrat la ciència econòmica, que, sense l'aportació de les altres ciències socials, és incapaç d'entendre la seva dinàmica, ja que en la majoria dels casos exclou l'emprenedor o no capta el seu paper, ni els seus vincles privilegiats amb el medi. Pels economistes tradicionals, la gran empresa, especialment la multinacional *no localitzada*[32], d'alta inèrcia, continua sent pràcticament l'única font de riquesa i desenvolupament. Per ells, la imitació és encara més important que la innovació, ja que qualsevol innovació tendeix a ser copiada, cosa que frena la introducció d'aquesta innovació i priva de la seva renda els que la van llançar; mentre que, de fet, un gran nombre d'innovacions no són imitades, sinó substituïdes per altres. Si l'equilibri fos la norma, hi hauria poca renda emprenedora i per tant molt poca innovació, com recorda Rumelt (1987).

Darrera limitació de la ciència econòmica: té una gran dificultat per entendre l'espai emprenedor. En considerar que tot és global, no veu la importància del fet local. Almenys el 95% de les empreses són d'entrada locals, i aquest arrelament els és crucial per trobar tots els recursos bàsics que necessiten per sobreviure i desenvolupar-se. Curiosa paradoxa, en què gairebé tot és local o territorialitzat, quan l'economia s'ha convertit en global, la competència, en internacional, i les xarxes, imbricant-se les unes amb les altres, connecten tots els racons del planeta (Conti, 2002; Schmitt et al., 2003).

32 Segons ells.

11.3 Enfocament tècnic o holístic

El crim, el gangsterisme i l'esperit emprenedor endogen

La ciència econòmica s'ha tornat tan tècnica que ja no entén la realitat. Es tanca en una teoria aïllada del món real, que es limita a explicacions com les de Colombo, en virtut de les quals la creació d'empreses a la regió dependria només de la llunyania dels grans centres i, per tant, de problemes de transport o de necessitats específiques. Quan el mercat s'expandeix, l'empresa pot aleshores créixer i convertir-se progressivament en una mitjana i després gran empresa, que finalment es desplaçarà a un centre gran, passarà a ser una filial o, al contrari, desapareixerà, perquè no està en condicions de resistir la competència externa. Passa el mateix amb les recerques unidisciplinàries en finances, en màrqueting o en sociopsicologia, per exemple, que limiten l'emprenedoria al resultat o bé d'un finançament fàcilment disponible, o bé d'una nova demanda, si no és a causa d'una ruptura social. Una mica com si un assassinat de qualsevol tipus només es pogués explicar per motius clars, com l'afany de riquesa o l'odi. A la teoria econòmica neoclàssica li agrada aquest tipus de raonament simple. A més, el seu homenatge a l'individualisme o *cadascú a la seva* (en contra d'altres) permet *dividir i vèncer*, ja que tots sabem molt bé que una petita empresa aïllada és molt fàcilment manipulable.

Almenys el neoliberalisme que en sorgeix no pot negar els llaços comercials que uneixen les empreses amb els nombrosos participants i altres actors, incloses en relacions fora de mercat; per contra, en limitar-se a una simple anàlisi dels comportaments racionals d'una determinada empresa, no pot entendre el seu èxit o fracàs. Això és el que Sherlock Holmes recorda quan es preocupa no només del màxim de possibles pistes a l'escena del crim, sinó també de l'ús del temps de la víctima els dies anteriors, així com dels seus llaços familiars i socials. Per damunt de tot, la seva anàlisi de cada indici és especialment detallada. Els investigadors dirien que recorre a anàlisis estadístiques complexes, i que les interpreta a la llum de la seva gran sensibilitat a la realitat. Lamentablement, a massa revistes científiques, estudis estadísticament perfectes obliden les subtileses de la realitat i es limiten a diferències febles al voltant de la mitjana[33], cosa que en última instància només pot donar trivialitats.

Per exemple, la història d'èxit o fracàs d'una empresa poques vegades s'explica per les decisions adoptades durant el seu últim any. Cal sovint remuntar-se fins a les seves decisions durant l'arrencada inicial i a les estratègies que ha seguit. Fins i tot cal retornar no només a l'itinerari de l'emprenedor[34] i dels seus empleats clau, sinó també als canvis imprevistos. S'ha d'entendre els diversos vincles que l'empresa ha establert durant la seva història, interessar-se per les xarxes que ha freqüentat i conèixer les innovacions que ha posat en marxa, tant les que han tingut èxit com no, i així successivament. Ens situem així a la

33 Per exemple, els resultats trets d'una enquesta amb respostes a preguntes semiobertes, i que presenten valors mitjans de 2,8 o 3,3 sobre una escala de 5 no volen dir gran cosa, encara que siguin discriminadors. Bygrave (1989) continua explicant en aquest sentit que un R^2 de 0,60 o més no dóna cap indicació sobre la causalitat entre dues variables.

34 Incloent els fracassos a la seva vida familiar.

línia de Maigret, que tracta de trobar amb paciència les relacions recents i antigues de la víctima i intenta ficar-se a la seva pell, a fi d'entendre millor les complexitats de la seva vida. Al personatge de Simenon no li fa res criticar els policies de nova fornada que imposa l'administració pública i que pretenen resoldre un crim quedant-se ben calents a l'oficina, acontentant-se amb només recollir i simplificar la informació que els seus ajudants els porten. En el cas de l'emprenedoria, molts conceptes relatius a l'empresa o a l'economia industrial són completament artificials, perquè han estat proposats per investigadors que s'han limitat a trinxar les estadístiques massa limitades dels instituts nacionals, sense posar mai els peus en una empresa, ja sigui organitzada o caòtica, com hem vist més d'una vegada.

Un estudi de Statistics Canada realitzat entre 1999 i 2002 pretén que les empreses canadenques amb menys de 20 empleats van per darrere de les empreses més grans pel que fa a l'ús de les noves tecnologies. Tanmateix, aquests resultats no signifiquen res: en primer lloc, moltes de les petites empreses no necessiten aquestes tecnologies i, a continuació, l'estudi no diu res ni de les relacions especials que les PiME mantenen amb els seus clients per compensar les seves deficiències tècniques ni d'altres comportaments que poden adoptar per obtenir algun avantatge especial. Per exemple, la producció per encàrrec requereix molt poca tecnologia punta, i la proximitat sovint compensa la suposada bretxa tecnològica.

Per últim, el medi i el seu entorn més ampli juguen un paper actiu molt important en l'emprenedoria mitjançant la creació d'un clima propici a l'enfortiment de les empreses existents i de suport a les noves empreses, i amb el subministrament d'informació compartida, que redueix la incertesa i l'ambigüitat en una economia del coneixement. Superem així l'emprenedor i l'empresa per arribar al col·lectiu, que no només dóna suport a la innovació difusa, sinó que també promou el contagi emprenedor per estimular el desenvolupament de tota la regió. Aquí toquem el cor de la comprensió de la piràmide emprenedora, no només els elements més evidents a primera vista en qualsevol desenvolupament regional, com la qualitat i la quantitat d'empresaris i empreses, els tipus de sectors industrials, el dinamisme dels serveis complementaris públics i privats, la qualitat de les infraestructures i les institucions, sinó també les qüestions més complexes, com ara la complexitat de la creació de xarxes, la vitalitat del medi o del capital social, l'obertura a l'exterior i, per últim, les normes i convencions socials que funden la cultura emprenedora. Per entendre els crims, Guillaume de Baskerville té en compte la situació política i les creences religioses de la seva època, cosa que li permet fer els lligams necessaris entre els diferents indicis que troba dins i fora de l'abadia i els conflictes latents en una comunitat que, tot i que només està en contacte amb altres abadies, no deixa de reflectir les convencions de tota la societat occidental.

Al quadre C mostrem de forma resumida la relació entre aquests diferents elements i la iniciativa emprenedora, posant a la segona columna els tres tipus de comprensió que es descriuen a la novel·la *El nom de la rosa*, i que corresponen als enfocaments behaviorista, interpretacionista i constructivista, l'última superant l'anàlisi del crim individual per tractar d'explicar per què algunes societats són més criminals que altres. Per exemple, qualsevol persona que vulgui entendre el gangsterisme (les xarxes criminals) no pot limitar-se a l'estudi exclusiu de la conducta dels criminals petits o grans. Com que qualsevol societat és capaç de crear marginats i persones violentes en major o menor nombre, és necessari, per explicar la major presència de delinqüents, tenir també en compte les disparitats i l'exclusió social. Però atenir-se només a això portaria a pensar que la delinqüència *per càpita* seria més gran, per exemple, a l'Índia, on el sistema religiós de castes subsisteix, malgrat la seva abolició oficial, que als EUA, on tanmateix és més forta que a tots els altres països industrialitzats[35]. Per tant, hem de passar a un tercer tipus de comprensió i veure fins a quin punt la societat és permissiva[36] i encoratja d'alguna manera una espècie de deliqüescència social que trivialitza diversos tipus de delictes[37]. Per exemple, Rússia, que durant molt de temps ha tancat els ulls davant l'existència, al costat del seu sistema oficial altament centralitzat, d'una floreixent economia paral·lela de suborns i incompliments, ara té molt difícil controlar el gangsterisme, com s'explica a les novel·les de policies de Marinina.

| Quadre C |
Crims, gangsterisme i l'esperit emprenedor endogen: tres tipus d'enfocament

Tipus d'enfocament	El nom la rosa	Xarxes criminals	Esperit emprenedor endogen
Enfocament positivista o behaviorista (Colombo)	Crims passionals o d'interès per als monjos	Comportaments criminals i gangsterisme	Els emprenedors i la seva organització
Enfocament post-positivista o interpretacionista (Holmes i Maigret)	El conflicte entre el papa i l'emperador i els seus representants (benedictins o franciscans)	Pobresa i exclusió, riquesa ostentosa, etc.	Xarxes, la complicitat i els mitjans de comunicació més o menys ben organitzades i innovadores
Enfocament constructivista (de Baskerville)	Importància de la recerca de la veritat pels habitants	Permissivitat i deliqüescència social	Regles, convencions, esperit d'innovació i, en definitiva, cultura emprenedora conservadora o dinàmica

35 Per exemple, el ministeri de justícia americà admet que el nombre de persones tancades a la presó per càpita és el més alt del món. A data de 30 de juny del 2003, les penitenciaries d'aquest país acollien 2.078.570 detinguts, o sigui un 49% més que el 1991, o 714 presoners per cada 100.000 adults, contra 137 a la Gran Bretanya, 134 al Canadà i 88 a França. Com explicava Solow, "La presó constitueix als Estats Units una de les respostes al problema de l'atur, especialment per a les persones de color". Cal destacar de totes maneres que la importància de l'empresonament als Estats Units difereix segons els estats. Per exemple, a Louisiana, Georgia, Texas, Mississipi i Oklahoma gairebé l'1% de la població és a la presó, en tant que a Maine, Minnesota, Rhode Island, Vermont i New Hampshire el percentatge és molt més baix. No ens ha de sorprendre que les diferències siguin paral·leles a les del nivell d'emprenedoria, com s'ha vist a la taula 2.1 del capítol 2.

36 Impedint, per exemple, bloquejar el lliure comerç d'armes de foc de tots tipus, per satisfer els lobbies extremadament potents, però també un gran nombre d'americans que invoquen la filosofia llibertària de la conquesta de l'Oest per fer valer el seu dret a portar armes. La venda lliure d'armes es troba també a altres països, com Brasil, amb també les mateixes conseqüències.

Una societat com la dels Estats Units, amb un president recent que massa sovint només reaccionava a l'olor de petroli, el pare i l'avi del qual van estar encantats de fer negocis amb la família Bin Laden abans de la catàstrofe o amb els nazis cinquanta anys abans (Fuentes, 2004), difícilment pot animar els seus fills a sacrificar-se per salvar la democràcia. Les últimes guerres americanes s'han basat per tant principalment en la contractació de mercenaris o dels seus ciutadans més pobres, que no poden trobar treball enlloc. L'exèrcit també ha hagut de recórrer a empreses privades per dur a terme determinades tasques, com l'interrogatori dels presoners a l'Iraq, amb les conseqüències que això va tenir a continuació. Un país com el Canadà, on un recent primer ministre va enviar la seva fortuna a un paradís fiscal per estalviar-se els impostos, o el seu predecessor, que va malbaratar els diners dels contribuents per pagar els nacionalistes del Quebec[38], on molts ciutadans accepten pagar alguns treballs en negre per estalviar-se els impostos, no pot pensar que la resta de la societat serà honesta, o que els nens que veuen els adults fer tot això se sorprenguin que algú els ofereixi drogues. Els privilegiats que creuen que en tenen prou de protegir-se per estar segurs obliden que, de totes maneres, en pagaran un preu molt alt algun dia, perquè els seus fraus sempre acaben per recaure sobre les capacitats competitives i fins i tot obstaculitzar molt els negocis[39]. Tot està lligat en una societat, com recorda Lipovetsky (1992).

Captar la interdependència entre les variables microeconòmiques, macroeconòmiques i sociològiques és fonamental per entendre l'esperit emprenedor endogen i pensar com suscitar el dinamisme en una regió. No podem analitzar uns sense tenir en compte els altres. Reprenem així a la Figura C els vincles que els uneixen, per il·lustrar encara millor la complexitat a tres nivells que mostra que és finalment la imaginació, l'esperit d'iniciativa, la creació de xarxes i la innovació que faciliten l'establiment de vincles entre els emprenedors, les empreses, el medi, les xarxes i les normes o la cultura emprenedora, per fer sorgir la informació rica, la diferenciació i, per últim, el desenvolupament regional. Recordem, també, que no hi ha un model genèric per a la promoció de l'esperit emprenedor, perquè tots els elements es poden combinar fins a l'infinit, una mica com una recepta que els grans cuiners reinventen cada vegada per seguir l'evolució dels gustos. A més, el model que s'haurà tractat d'implantar sense canvis en una regió diferent d'on es va crear s'adaptarà sempre malament al nou entorn i, en última instància, no hi funcionarà.

37 A la seva història de la novel·la policíaca, Dubois (2003) explica que la deliqüescència permet transgredir de forma relativament fàcil les barreres socials. Però això no vol dir que la transgressió sigui sense límits al món dels negocis. Per exemple, els fraus fiscals es poden tolerar a condició que no superin un llindar baix. Resulta de totes maneres que la permissivitat és perillosa, ja que sempre acaba per portar a abusos més greus, com les manipulacions financeres de les grans empreses els darrers anys, i de què ja hem parlat.

38 És allò que s'han anomenat l'escàndol del programa de les comandites, que per fer la promoció de Canadà al Quebec, va permetre a empreses de publicitat amigues del govern embutxacar-se 100 milions de dòlars en despeses d'intermediació sobre un pressupost de 250 milions. A França, un antic primer ministre va estar a punt de ser condemnat per haver manipulat la distribució d'habitatges públics a favor d'amics seus quan era alcalde de París.

39 Per exemple, segons una enquesta de l'empresa Ernst & Young, més de dos terços de les firmes internacionals declaren haver estat víctimes de fraus greus, un 30% dels quals provindrien dels empleats i un 55% dels directius de l'empresa. I aquestes taxes haurien augmentat molt des dels primers sondeigs realitzats per la firma ara fa setze anys. (http://www.ey.com/global/content.nsf/Canadaq_F/Media_2003Global)

D'altra banda, fer com els altres sempre comportarà una certa *bastardització* que impedirà ser tan bo *com els altres*. Cada regió ha de trobar el seu propi model i, per fer-ho, pot emmanllevar als altres els elements compatibles, a condició d'adaptar-los. Això està en consonància amb l'enfocament basat en recursos i competències, en virtut del qual cada regió ha de comptar amb una combinació especial d'empresaris, empreses i actors de tot tipus que formen un medi que té per objecte el desenvolupament, ser capaç d'aprendre i innovar, establir per fer això convencions i una xarxa de complicitat que promoguin la innovació; en resum, crear una autèntica cultura emprenedora. Trobem un bon exemple d'aquesta combinació especial a la capacitat, diferent d'una regió a una altra i segons les èpoques, per integrar els immigrants, la taxa d'emprenedors dels quals és normalment superior a la de la població en general. Així, mentre que Marsella va integrar molt bé els piemontesos a la primera meitat del segle XX, sembla tenir més dificultats per fer-ho avui amb els magrebins.

L'esperit emprenedor endogen és un projecte col·lectiu que suposa una construcció social especial dels recursos, competències i, finalment produccions a cada regió. Aquesta construcció ha de tenir en compte valors difusos, comportaments dinàmics així com conservadors, i les institucions que els fomenten. L'esperit emprenedor endogen reposa per tant sobre la base de la mobilització social, lenta a l'inici durant l'engegada, i que després s'accelera quan la identitat local i alguns actors dinàmics que funcionen com a motors es posen a arrossegar els altres. La mobilització es fa primer *al cap*, per la imaginació, com recordava Montesquieu. S'ha de creure que és possible, i difondre gradualment aquesta creença de cercle en cercle, de xarxa en xarxa, per finalment *superar* la incertesa i l'ambigüitat i multiplicar les accions.

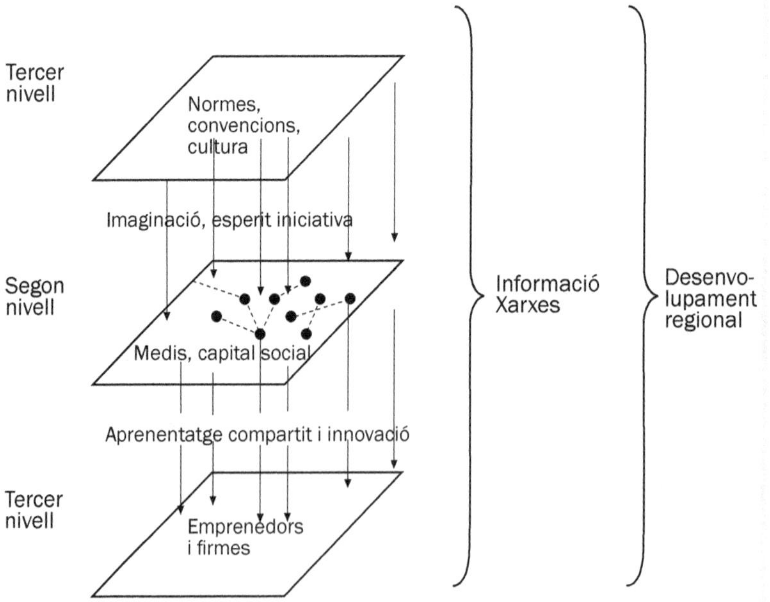

| Figura C |
Nivells d'anàlisi del desenvolupament regional endogen

És, en última instància, una creació de valors col·lectius, reconeguda d'entrada pels altres participants, que accepten compartir el repte, els riscos de la novació, malgrat la incertesa i l'ambigüitat, acceptada a continuació pel mercat proper, i per tant pel medi, i finalment per l'exterior. En la nova economia del coneixement, el producte és encara més l'activitat humana, sobretot perquè la part de servei i d'intangible, inclosa com a complement als productes que s'ofereixen, hi és cada vegada més important. Es tracta bàsicament d'un procés informacional i, per tant, col·lectiu, perquè, en facilitar el desenvolupament de les oportunitats i enllaços amb els recursos, la informació permet a la regió diferenciar-se de les altres.

Per tornar per darrera vegada a la nostra metàfora, si les millors novel·les policíaques són considerades com a tals, sovint és perquè *superen* el tema del delicte per aturar-se a les relacions humanes i ocupar-se dels vincles existents entre el criminal i la víctima, i finalment remuntar fins a la societat que ha donat suport, facilitat o dificultat aquests vincles, com recorda contínuament Simenon. Les grans novel·les de policies, com les de ciència-ficció, són *faules modernes* que, per descriure la condició humana, substitueixen els animals d'Esop, Fedre o La Fontaine, en el primer cas pel crim, en el segon per la representació d'allò que podria existir en altres móns habitats. L'emprenedoria és també un acte bàsicament humà, que posa en escena un emprenedor individual que forma part d'un medi i està connectat a xarxes que li donen suport i estimulen, per tant, una combinació que pot, quan és encoratjada, recollir la Informació i els recursos indispensables per accelerar el desenvolupament territorial.

Com qualsevol procés de desenvolupament, l'emprenedoria és simplement la història col·lectiva de l'home (en tant que humanitat diferenciada en un territori), que va a la recerca de la seva identitat per conèixer-se (*néixer amb*) primer i després fer-se reconèixer pel seu treball (el resultat noble del seu treball a través de la creació i la innovació). I aquest home, l'emprenedor, comparteix l'experiència amb el personal de la seva empresa i tots els participants, com amb els de la seva xarxa i el seu entorn. Això és cert fins a tal punt que qualsevol història individual pertany també a tots els que la defensen i li donen el seu valor, com a reconeixement, més enllà de qualsevol valor monetari, el valor d'allò que és realment la humanitat i el seu poder per canviar el curs de coses.

És en la manera de pensar dels homes
fer més cas de la valentia
que de la timidesa; de l'activitat, que de la prudència;
de la força, que dels consells.

Montesquieu, L'Esperit de les lleis, llibre XI, cap. 6.

bibliografia

bibliografia

ABDESSELAM, R. ; BONNET, J. ; LE PAPE, N. (2000): "An explanation of the life span of new firms: an empirical analysis of French data", *Cahier de Recherche du Gemma-Lere*. Université de Caen, desembre.

ABDESSALAM, R.; BONNET, J.; LE PAPE, N. (2002): "Le modèle de créateurs et de repreneurs et les facteurs de pérennité dans l'espace régional en France". Comunicació al Congrés de l'Association des Sciences Régionales de Langue Française. Trois-Rivières, 20-22 d'agost.

ABERNATHY, W.; UTTERBACK, J. (1978): "Patterns of industrial innovation", *Technology Review*, 80, p. 41-47.

ACS, J. Z.; ARENUS, P.; HAY, M.; MINNUTI, M. (2005): *Global Entrepreneurship Monitor: 2004 Executive Report.* Babson: Babson College.

ACS, J. Z.; AUDRETSCH, D. B.; BRAUNERHJELM, P.; CARLSSON, B. (2005): "The knowledge spillover theory of entrepreneurship", *Cahier de Recherche,* 5326. Londres: Centre for Economic Policy Research.

ACS, J.Z.; AUDRETSCH, D. B. (1990): *Innovation and Small Firms.* Cambridge: MIT Press.

ADAM, M. C.; FARBER, A. (1994) : *Le financement de l'innovation technologique.* París: Presses Universitaires de France.

ADLER, P. S.; KWON, S. W. (2002): "Social capital: prospects for a new concept", *Academy of Management Review*, 27(1): 17-40.

AFXENTIOU, P.; SERLETIS, A. (1998): "Convergence accross Canadian provinces", *Revue Canadienne des Sciences Régionales*, 21(1): 11-126.

AHUJA, G. (2000): "Collaboration networks, structural holes and innovation: a longitudinal study", *Administrative Science Quarterly*, 45(3): 425-455.

AKERLOF, G. (1970): "The market for lemons: quality, uncertainty and the market mechanism", *Quarterly Journal of Economics*, 84(3): 448-500.

AKERLOF, G. (1997) : "Social distance and social decision", *Econometrica,* 65(5): 1005-1027.

AKRICH, M.; CALLON, M.; LATOUR, B. (1988): "À quoi tient le succès des innovations? Premier épisode: l'art de l'intéressement", *Gérer et comprendre*, 11, p. 4-17.

ALDRICH, H. E. (1990): "Using an ecological perspective to study organizational founding rates". *Entrepreneurship Theory and Practice*, 15(2): 7-23.

ALDRICH, H.; ZIMMER, C. (1986): "Entrepreneurship through social networks". A: SEXTON, D.; SMILOR, R. (dir.): *The Art and Science of Entrepreneurship*. Cambridge (MA): Ballinger, p. 3-23.

ALIOUAT, B. (1996): *Les stratégies de coopération industrielle*. París: Economica.

ALLAIS, M. (1993): "Le libre-échange, réalités et mythologies", *Le Figaro*, 5 de març.

ALLEN, R. (1983): "Collective invention", *Journal of Economic and Organizational Behaviour*, 1(1): 1-24.

ALLEN, J. (1997): "Economic of power and space". A: LEE, R.; WILLS, J. (dir.): *Geographies of Economies*. Londres: Arnold Editor, p. 59-70.

ALTER, N. (2003): "Innovation organisationnelle. Entre croyance et raison". A : MUSTAR, P.; PENAN, H. *Encyclopédie de l'innovation*. París: Economica, p. 71-88.

ÁLVAREZ, S.; BARNEY, J. (2000): "Entrepreneurial capabilities". A : MEYER, G. D.; HEPPARD, K. A. (dir.), *Entrepreneurship as Strategy*. Thousand Oaks: Sage Publications, p. 63-81.

AMAR, A. D. (2001): "Leading for innovation through symbiosis", *European Journal of Innovation Management*, 4(3): 126-132.

AMESSE, F. ; AVADIKYAN, A. ; COHENDET, P. (2005): "Ressources, compétences et stratégies de la firme: une discussion de l'opposition entre la vision portérienne et la vision fondées sur les compétences". *Management international*, 10, número especial d'homenatge a Fernand Amesse, p. 1-17.

ANDERSON, A. R.; JACK, S. L. (2002): "The articulation of social capital in entrepreneurial networks: a glue or a lubricant?", *Entrepreneurship and Regional Development*, 14(3): 193-210.

ANGELL, E. (2004): *The Truth about the Drug Companies*. Nova York: Random House.

ANGLES D'AURIAC (1979): "Les organisations pour et contre l'individu". Comunicació al Congrés de l'AFCET sobre els "Petits groupes et grands systèmes". ". París: Éditions Hommes et Techniques.

ANSIAUX, M. (1926): *Traité d'économie politique*. París: Marcel Girard.

ANSOFF, H. I. (1975): "Managing strategic surprise by response to weak signals", *California Management Review*, 18(2): 21-33.

ANTONELLI, É. (1939): *L'Économie pure du capitalisme*. París: Marcel Rivières.

ARGYRIS, C.; SCHÔN, D. A. (1978): *Organizational Learning*. Reading: Addison-Wesley.

ARON, R. (1964): *La lutte des classes. Nouvelles leçons sur les sociétés industrielles*. París: Gallimard.

ARRÈGLE, I. L. (1996): "Analyse resource-based et identification des actifs stratégiques", *Revue Française de Gestion*, març-maig, p. 25-36.

ARROW, K. (1962): "The economic implications of learning by doing", *Review of Economic Studies*, 29(2): 155-173.

ARROW, K. (1994): "Methodological individualism and social knowledge", *American Economic Review*, 84(1): 1-9.

ASHCROFT, B.; LOVE, J. (1995): "Employment change and new firm formation in UK countries, 1981-89". A: DANSON, M. (dir.): *Small Firm Formation and Regional Development*. Londres: Routledge.

ASHCROFT, B.; LOVE, J. H.; MALLOY, E. (1991): "New firm formation in the British countries with special reference to Scotland", *Regional Studies*, 25(5): 395-409.

ATHREYE, S.; KEEBLE, D. (2002), "Sources of increasing returns and regional innovation in U.K.", *Regional Studies*, 36(4): 345-357.

ATKINSON, R.; COURT, R. H.; WARD, J. M. (1999): *The State New Economy Index*. Washington: Progressive Research Institute, juliol.

ATLAN, H. (1979): *Entre le cristal et la fumée*. París: Seuil.

AUBERT, B. A.; KELSEY, B. L. (2000): "The illusion of trust and performance", *Cahier de Recherche de CIRANO*, 13.03, Université de Montréal.

AUDET, J.; JULIEN, P.-A. (2003): *Les facteurs de succès du démarrage et de la gestion subséquente d'une entreprise CFER*. Informe de recerca efectuat per a l'Association des CFER. Institut de Recherche sur les PME, Université du Québec à Trois-Rivières, desembre.

AUDRETSCH, D. B.; ELSTON, J. A. (1995): "Le financement de la Mittelstand allemande", *Revue Internationale PME*, 8(3-4): 121-147.

AUDRESTCH, D. B. (2002): "Entrepreneurship: A survey of the literature". Informe preparat per al Servei d'Empreses de la Comissió Econòmica Europea, juliol.

AUDRETSCH, D.; FELDMAN, M. (1996): "R&D spillovers and the geography of innovation and production", *American Economic Review*, 86(3): 630-640.

AUDRETSCH, D.; FRITSCH, M. (1994): "The geography of firm births in Germany", *Regional Studies*, 28(4): 359-365.

AVENIER, M. J. (dir.) (2001): *Ingénierie des pratiques collectives*. París: L'Harmattan.

AYDALOT, P. (1976): *Dynamique spatiale et développement intégral*. París: Economica.

BACHARACH, S.B. (1989): "Organizational theories: some criteria for evaluation", *Academy of Management Review*, 14(4): 496-515.

BAGNASCO, A. (1977): *Tre Italie. La problematica territoriale dello sviluppo italiano*. Bologna: Il Mulino.

BAGNASCO, A. (1999), "Teoria del capitale sociale e *political economy* comparata", *Stato e Mercato*, 3, p. 351-372.

BAGNASCO, A.; TRIGILIA, C. (1988): *Società e politica nelle aree di piccola impresa. Il caso dell'Alta Valdaisa*. Milà: Franco Angeli.

BAILLY, A.; HURIOT, J. M. (dir.) (1999): *Villes et croissance. Théorie, modèles, perspectives*. París: Anthropos.

BAIROCH, P. (1999): "Villes et développement économique dans une perspective historique". A: BAILLY, A.; HURIOT, J. M. *Villes et croissance. Théorie, modèles, perspectives*. París: Anthropos, p. 9-48.

BAKSTRAM, L.; CROSS, R. (2001): "Knowledge sharing within the social networks of a highly successful, high technology organization". Comunicació a la Babson Entrepreneurship Research Conference, Jönköping, Suècia, 14 de juny.

BALA, V.; GOYAL, S. (1998): "Learning from neighbours", *Review of Economics Studies*, 65(4): 595-621.

BALDWIN, J. R.; CHANDLER, C.; PAPAILLIADIS, T. (1994): *Stratégies pour le succès. Le profil des PME en forte croissance au Canada*. Ottawa: Statistique Canada, 61-523ER.

BALDWIN, J.; GELLATLY, G. (2003): *Innovation Strategies and Performance in Small Firms*. Cheltendam: Edward Edgar.

BARAN, P. (1957): *Économie politique de la croissance*. Traducció de 1970. París: Maspero.

BARNEY, J. (1986): "Strategic factors markets: expectations, lucks, and business strategy", *Management Science*, 32, p. 1231-1241.

BARNEY, J. (1991): "Firm resources and sustained competitive advantage", *Journal of Management*, 17, p. 99-120.

BARON, R. A.; MARKMAN, G. D. (2000): "Beyond social capital: How social skills can enhance entrepreneurs' success", *Academy of Management Executive*, 14(1): 106-115.

BARON, R. A.; ENSLEY, M. D. (2006): "Opportunity Recognition as the Detection of Meaningful Patterns", *Management Science*, 52(9): 1333-1344.

BARRET, F. J. (1998): "Creativity and improvisation in jazz and organizations: Implications for organizational learning", *Organization Science*, número especial sobre la metàfora del jazz l'organització, 9(5): 605-622.

BARREYRE, P. Y. (1975): *Stratégie d'innovation dans les moyennes et petites industries*. París: Éditions Hommes et Techniques.

BARRINGER, B. R. (2000): "Walking a tightrope: creating value through interorganizational relationship", *Journal of Management*, 26(3): 367-404.

BARTH, H. (2003): "Fit among strategy, administrative mechanism, and performance: a comparative study of small firms in mature and new industries", *Journal of Small Business Management*, 41(2): 133-147.

BASU, A. (1998): "An exploration of entrepreneurial activity among Asian small business in Britain", *Small Business Economics*, 10(4): 313-326.

BAUDRY, C.; BRESCHI, S. (2000), "Does clustering really help firms' innovative activities?", *Cahier de Recherche du CESPRI*, 111. Milà, Università Bocconi.

BAUMARD, P. (1996): "Competitive advantage from tacit knowledge: bringing some empirical evidence", *Cahier de Recherche*, 96.09. IRG. Val-de-Marne: Université Paris XII.

BAUMOL, W. J. (1968): "Entrepreneurship in economic theory", *American Economic Review*, 58(2): 64-71.

BAUMOL, W. J. (1986): "Entrepreneurship and a century of growth", *Journal of Business Venturing*, 1(2): 141-149.

BAUMOL, W. J. (1990): "Entrepreneurship: productive, unproductive and destructive", *Journal of Political Economy*, 98(9): 893-921.

BECCATINI, G. (1989): "Rifflessioni sul distretto industriale marshalliano come concetto socio-economico", *Stato e Mercato*, 25, p. 111-128.

BECKER, G. (1976a): "Crime and Punishment: An Economic Approach", *Journal of Political Economy*, 76(2): 170-195.

BECKER, G. (1976b): *The Economic Approach of Human Behavior*. Chicago: Chicago University Press.

BENKO, G.; LIPIETZ, A. (dir.) (1992): *Les régions qui gagnent*. París: Presses Universitaires de France.

BENNETT, R. J.; ROBSON, P. J. A. (1999): "The use of external business advice by SMEs in Britain", *Entrepreneurship and Regional Development*, 11(3): 155-180.

BENNETT, R. J.; ROBSON, P. J. A.; BRATTON, W. J. A. (2000): "The influence of location in the use by SMEs of external advice and collaboration", *Urban Studies*, 9(6): 1531-1558.

BERGER, P.; LUCKMAN, T. (1986): *La construction sociale de la réalité*. París: Méridien.

BERGSON, H. (1907): *L'évolution créatrice*. París: Marcel Rivière.

BERNOUX, P. (1983): *La sociologie des organisations*. París: Seuil.

BEST, M. (1990): *The New Competition*. Cambridge: Polity Press.

BETTIS, R. A.; PRALAHAD, C. K. (1995): "The dominant logic: retrospective and extension", *Strategic Management Journal*, 16(1): 5-14.

BHÉRER, H.; DÉSAULNIERS, L. (1998): *Les groupes intermédiaires et l'organisation des services aux entreprises*. Informe de recerca. Mont-real: DEC, març.

BIANCHI, R. (1996): "Pour une lecture politico-institutionnelle du modèle industriel italien et en particulier de la forte présence de P.M.E", *Revue Internationale PME,* 9(2): 103-123.

BIDAULT, F.; GÓMEZ, P. Y.; MARION, G. (dir.) (1995): *Confiance, entreprise et sociétés*. París: Eska.

BILLAUDOT, B. (2001): *Régulation et croissance*. París: L'Harmattan.

BIRCH, D.; HAGGERTY, A.; PARSONS, W. (1997): *Corporate Almanac*. Cambridge, MA: Cognitic Inc.

BIRD, B. (1988): "Implementing entrepreneurial ideas: the case for intention", *Academy of Management Review*, 13(3): 442-453.

BIRLEY, S. (1985): "The role of networks in the entrepreneurial process", *Journal of Business Venturing,* 1(1): 107-119.

BIRLEY, S.; CROMIE, S.; MYERS, A. (1991): "Entrepreneurial networks: their emergence in Ireland and overseas", *International Small Business Journal,* 9(4): 56-74.

BLAUG, M. (1982): *La méthodologie économique*. París: Economica.

BOSCHMA, R. A.; LAMBOOY, J. G.; SCHUTJENS, V. (2002): "Embeddedness and innovation". A: TAYLOR, M.; LEONARD, S. (dir.): *Embedded Enterprise and Social Capital*. Ashgate: Adelshot, p. 19-37.

BOSMA, N.; WENNEKERS, S.; DE WIT, G. (2001): "Explaining and forecasting the number of business owners: the case of Netherlands". Comunicació a la Babson Entrepreneurship Research Conference, Jönköping, Suècia, 14 de juny.

BOSMA, N.; JONES, K.; AUTIO, E.; LEVIE, J. (2007): *Global Entrepreneurship Monitor. 2007, Executive Report*. Babson: Babson College.

BOURDIEU, P. (1980a): "Le capital social. Notes provisoires", *Actes de la recherche en sciences sociales*, 31, p. 8-19.

BOURDIEU, P. (1980b): *Le sens pratique*. París: Minuit.

BOURDIEU, P. (1984): "Réponse aux économistes", *Économie et société*, vol. XVIII, p. 23-32.

BOURDIEU, P. (1987): *Choses dites*. París: Minuit.

BOUTILLIER, S.; UZUNIDIS, D. (1999): *L'entrepreneur*. París: Economica.

BRANBANDERE, L. de (1998): *Le management des idées: de la créativité à l'innovation*. París: Dunod.

BRAUDEL, F. (1979): *Civilisation matérielle, économie et capitalisme, XVe-XVIIIe siècle*. 3 vol. París: Armand Colin.

BROWN, S. L.; EISENHARDT, K. M. (1998): *Competing on the Edge. Strategy as Structured Chaos*. Boston: Harvard Business School Press.

BRUNÅKER, S. (1999): "Understanding the succession process in family businesses". A: JOHANNISSON, B.; LANDSTRÖM, H. *Images of Entrepreneurship and Small Business. Emerging Swedish Contributions to Academic Research*. Student Literature. SIRE, Växjö University.

BRUNET, L.; SAVOIE, A. (2003): *La face cachée de l'organisation. Groupes, cliques et clans*. Mont-real: Les Presses de l'Université de Montréal.

BRUNET, M. (1964): *La présence anglaise et les Canadiens*. Mont-real: Beauchemin.

BRUYAT, C. (2001): "Créer ou ne pas créer? Une modélisation du processus d'engagement dans un projet de création d'entreprise", *Revue de l'Entrepreneuriat*, 1(1): 25-42.

BRUYAT, C.; JULIEN, P.-A. (2001): "Defining the field of research in entrepreneurship", *Journal of Business Venturing*, 16(2): 17-27.

BUENSTORF, G. (2007): "Creation and pursuit of entrepreneurial opportunities: an evolutionary economic perspective", *Small Business Economics*, 28(4): 323-337.

BULL, I.; WILLARD, G. E. (1993): "Toward a theory of entrepreneurship", *Journal of Business Venturing*, 8(3): 183-195.

BUREAU INTERNATIONAL DU TRAVAIL (2003): "Apprendre et se former pour travailler dans la société du savoir". Conferència Internacional del Treball, 91a sessió. Ginebra, BIT.

BURNET, G. (1824): *Histoire de mon temps*. París: Béchet Ainé.

BURT, R. S. (1982): *Toward a Structural Theory of Action*. Nova York: Academic Press.

BURT, R. (1987): "Social contagion and innovation: cohesion versus structural equivalence", *American Journal of Sociology*, 92, p. 1287-1335.

BURT, R. S. (1992): *Structural Holes: The Social Structure of Competition*. Cambridge: Harvard University Press.

BUSENITZ, L. W. (1996): "Research on entrepreneurial alertness", *Journal of Small Business Management*, 34(4): 35-45.

BYGRAVE, W. D. (1989): "The entrepreneurship paradigm (I): a philosophical look at its research methodologies", *Entrepreneurship: Theory and Practice*, 14(1): 7-26.

BYGRAVE, W. D.; HOFER, C. W. (1991): "Theorizing about entrepreneurship", *Entrepreneurship. Theory and Practice*, 16(1): 13-22.

CABUS, P.; VANHAVERBEKE, W. (2006): "The territoriality of the network economy and urban networks: Evidence from Flanders", *Entrepreneurship and Regional Development*, 18(1): 25-53.

CALLOCK, R. S.; WARD, J. L. (2001): *Strategic Planning for the Family Business: Parallel Planning to Unify the Family and Business*". Palgrave: MacMillan.

CALLON, M. (1995): "L'innovation technologique et ses mythes". A: *La recherche sur l'innovation, une boîte de Pandore?* Mont-real: Les Cahiers Scientifiques de l'ACFAS.

CAMAGNI, R. (1991): "Development scenarios and policy guideline for the lagging regions in the 1990s", *Regional Studies*, 26(4): 361-374.

CAMOCHE, K.; PINA, M.; CUNHA, E. (2001): "Minimal structures: From jazz improvisation to product innovation", *Organization Studies*, 22(6): 733-764.

CAPT, D. (1994): "Demande de biens différenciés, comportements spatiaux et diversification de l'activité des exploitations agricoles". Tesi doctoral. Dijon: Université de Franche-Comté, 13 de desembre.

CARAYANNOPOULOS, S. (2005): "Research in motion: A small firm commercializing a new technology", *Entrepreneurship Theory and Practice*, 29(2): 219-232.

CARMIGNAC, C.; RATEL, J. (2002): "L'ouverture à la globalisation commerciale et financière comme source de développement: un modèle autarcique est-il encore possible?", *Cahiers de Recherche*, 02-105. París: École de Commerce Supérieure.

CARON-FAISAN, M. L. (2001): "Une méthode de gestion de l'attention aux signaux faibles", *Systèmes d'Information et Management,* 6(4): 27-35.

CARRIER, C. (1997): *De la créativité à l'intrapreneuriat*. Quebec: Presses de l'Université du Québec.

CARRIER, M. (1992): "Structuration d'un système industriel de PME". Tesi doctoral. Quebec: Université Laval, maig.

CASSON, M. (1991): *L'entrepreneur.* París: Economica. Traducció de *The Entrepreneur*. Oxford: Basic Blackwell, 1982.

CASSON, M.; WADESON, N. (2007): "The discovery of opportunities. Extending the economic theory of the entrepreneur", *Small Business Economics*, 28(4): 285-300.

CATIN, M. (1991): "Économies d'agglomération et gains de productivité", *Revue d'Économie Régionale et Urbaine*, 5, p. 565-598.

CERISIER, C.; LUBOT, A. (1992): "L'inertie de la firme", *Cahier de Recherche*, 01-92. París: ESCP-EAP.

CHALMER, A. F. (1994): *What is this thing called science?* Reimprès a partir de la segona edició de 1982. St-Lucie: University of Queensland Press.

CHANDLER, A. (1962): *Strategy and Structure*. Cambridge: MIT Press.

CHANDLER, A. (1988): *La main visible des managers: une analyse historique*. París: Economica.

CHELL, E. (2001): *Entrepreneurship: Globalization, Innovation and Development*. Londres: Thompson Learning.

CHELL, E.; BAINES, S. (2000): "Networking, entrepreneurship and microbusiness behaviour", *Entrepreneurship and Regional Development*, 12(3): 195-215.

CHIA, R. (1998): "From complexity science to complex thinking: organization as simple location", *Organization*, 3(3): 341-369.

CHICHA, J. (1981): "Impact de certaines politiques horizontales sur les stratégies des PME", *Cahier de Recherche du GREPME,* 81-11. Université du Québec à Trois-Rivières.

CHICHA, J.; JULIEN, P.-A. (1979): "Les stratégies des PME et leur adaptation aux changements", *Cahiers de Recherche du GREPME*, 79-06. Université du Québec à Trois-Rivières.

CHOO, C. W. (1998): *The Knowing Organization – How Organization Use Information to Construct Meaning, Create Knowledge, and Make Decision*. Nova York: Oxford University Press.

CLARK, J. M. (1926): *Social Control of Business*. Citat per GIROU (1939) , *Théorie économique aux États-Unis: l'économie institutionnelle,* vol. II. 2a ed. París: Donnat-Montchestiers.

COASE, R. H. (1937): "The nature of the firm", *Economica,* novembre. Citat per WILLIAMSON, O. E. (1985).

COFFEY, W.; POLÈSE, M. (1984): "The concept of local development: a stage model of endogenous regional growth", *Papers of Regional Science Association*, 55, p. 1-12.

COHEN, S. S.; FIELDS, S. (1999): "Social capital and capital gains in Silicon Valley", *California Management Review*, 41(2): 108-130.

COHEN, W.; LEVINTHAL, D. (1990): "Absorptive capacity: a new perspective on learning and innovation", *Administrative Science Quarterly*, 35(1): 128-152.

COHENDET, P. (2003): "Innovation et théorie de la firme". A: MUSTAR, P.; PENAN, H. *Encyclopédie de l'innovation*. París: Economica, p. 383-403.

COHENDET, P.; LLERA, P.; STAHN, H.; URMBHAER, G. (1998): *The Economic of Networks Behaviour and Interaction*. La Haia: Springer.

COLE, A. H. (1942): "Entrepreneurship as an area of research", *Journal of Economic History Supplement*, 2, p. 118-126.

COLEMAN, J. S. (1990): *Foundations of Social Theory*. Cambridge: Harvard University Press.

COLEMAN, J. S.; KARTZ, E.; MENZEL, H. (1966): *Medical Innovation*. Indianapolis: Bobbs-Merrill.

COMMONS, J. (1919): *Industrial Good Will*. Citat per GIROU (1939), *Théorie économique aux États-Unis: l'économie institutionnelle*, vol. II, 3a ed. París: Donnat-Montchestiers.

CONKLIN FREDERKING, L. (2004): "A cross-national study of culture, organization and entrepreneurship in three neighbourhoods", *Entrepreneurship and Regional Development*, 16(3): 197-215.

CONTI, S. (1983): *Dopo la città industriale. Detroit tra crisi urbana e crisi dell'automobile*. Milà: Franco Angeli Editore.

CONTI, S. (2000): "Small and medium-sized enterprise in space: the plural economy". A: VATNE, E.; TAYLOR, M. *The Networked Firms in a Global World*. Ashgate: Adelshot, p. 19-43.

CONTI, S. (2002): "Développement local, réseaux, institutions et complexité". Comunicació al 28è Col·loqui Anual de l'Association Régionale de Langue Française. Trois-Rivières, 21-23 d'agost.

CONTI, S.; JULIEN, P.-A. (dir.) (1991): *Miti e realtà del modello italiano. Letture sull'economia periferica*. Bologna: Pàtron Editore.

COOKE, P.; WILLS, D. (1999): "Small firms, social capital and the enhancement of business performance through innovation programmes", *Small Business Economics*, 13(2): 219-234.

COOPER, A.C.; DUNKELBERG, W. C.; WOO, C. Y.; DENNIS, W. J. (1990): *New Business in America. The Firms and Their Owners*. Washington: NFIB Education Foundation.

COROLLEUR, F.; COURLET, C. (2003): "Marshallian district: an organizational and institutional answer to uncertainty", *Entrepreneurship and Regional Development*, 15(4): 299-307.

CORRIVEAU, G. (1997): *Sur la piste du Projet Mini Z*. Informe de recerca per a l'estudi experimental d'un mode de gestió de projecte en una gran firma i un grup de pimes proveïdores. Institut de Recherche sur les PME. Université du Québec à Trois-Rivières.

COTTA, A. (1980): *La société ludique*. París: Grasset.

COVIN, J. G.; SLEVIN, D. P. (1988): "The influence of organisation structure on the utility of an entrepreneurial top management style", *Journal of Management Studies*, 25(3): 217-234.

CREVOISIER, O. (2001): "L'approche par les milieux innovateurs: état des lieux et perspectives", *Revue d'Économie Régionale et Urbaine*, 1, p. 153-165.

CROZIER, M.; FRIEDBERG, E. (1977): *L'acteur et le système*. París: Seuil.

CRUICKSHANK, P.; ROLLAND, D. (2006): "Entrepreneurial success through networks and social capital: Exploratory considerations from GEM research in New Zealand", *Journal of Small Business and Entrepreneurship,* 19(1): 63-80.

CSIKSZENTMIHÀLYI, M.; SAWYER, K. (1995): "Creative insight: the social dimension of a solitary moment". A: STERNBERG, R. J.; DAVIDSON, J. E. (dir.) *The Nature of Insight*. Cambridge: MIT Press, p. 329-363.

CURRAN, J.; BLACKBURN, R. A. (2001): *Researching the Small Enterprise*. Londres: Sage Publications.

DAFT, R. L.; LENGEL, R. H. (1984): "Information richness: a new approach to managerial behavior and organizational design", *Research in Organizational Behavior*, 6(2): 191-233.

DAFT, R. L.; LENGEL, R. H. (1986). "Organizational information requirements, media richness and structural", *Design. Management Science*, 32(5): 554-571.

DAILY, C. M.; DOLLINGER, M. J. (1992): "An empirical examination of ownership structure in family and professionally managed firms", *Family Business Review,* 5(2): 117-136.

DAKHLI, M.; DE CLERCQ, D. (2004): "Human capital, social capital, and innovation: a multi-country study", *Entrepreneurship and Regional Development*, 16(2): 107-128.

DANA, L. (1998): "Small but non independent: SME in Japan", *Journal of Small Business Management*, 36(4): 73-76.

DARF, R. L.; LEWIN, A. Y. (1990): "Can organization begin to break out of the normal science straitjacket?", *Organizational Science*, 1(1): 1-9.

D'AURIAC, A. (1979): "Les organisations pour et contre l'individu". Comunicació presentada al Congrés de l'AFCET sobre "Petits groupes et large systèmes". París.

DAVENPORT, T. H.; DELONG, D. W.; BEERS, M. C. (1998): "Successful knowledge management projects". *Sloan Management Review*, 39(2): 43-57.

DAVID, P.-A. (1994): "Les standards des technologies de l'information, les normes de communication et l'État: un problème de biens publics". A: ORLÉANS, A. *Analyse économique des conventions*. París: Presses Universitaires de France, p. 249-278.

DAVIDSSON, P. (1991): "Continued entrepreneurship: ability, need and opportunity as determinants of small firms growth", *Journal of Business Venturing*, 6(6): 405-429.

DAVIDSSON, P. (2001): "Entrepreneurship: what it is, what it aint't, and how we can study it". Comunicació al Col·loqui de Babson / Kaufmann Foundation, Boulder.

DE LA VIGNE, V.-I. (2001): "L'émergence du projet entrepreneurial: apprentissage, improvisations et irréversibilités", *Revue de l'Entrepreneuriat*, 1(1): 43-60.

DE SARBO, W. S.; DI BENEDETTO, C. A.; SONG, M.; SINHA, I. (1995): "Revisiting the Miles and Snow Strategic Framework: Uncovering Relationships", *Strategic Management Journal*, 26(1): 47-74.

DE SOTO, H. (1989): *The Other Paths. The Invisible Revolution in the Third World*. Nova York: Harper and Row.

DE VRIES, K. (1985): "The dark side of entrepreneurship", *Harvard Business Review,* 63(6): 160-167.

DE VROEY, M. (1986): "Une explication sociologique de la prédominance du paradigme néo-classique dans la science économique", *Économie et Société*, 6(8): 37-47.

DEAKINS, D.; PHILPOTT, T. (1995): "Networking by external support agencies and financial institutions: evidence form different financing arrangements in two European regions", *International Small Business Journal*, 13(2): 47-58.

DEGENNE, A.; FORSÉ, M. (1994): *Les réseaux sociaux*. París: Armand Colin.

DELMAR, F.; DAVIDSSON, P. (2000): "Where do they come from? Prevalence or characteristics of nascent entrepreneurs", *Entrepreneurship and Regional Development,* 12(1): 1-23.

DENISON, E. F. (1974): *Accounting for United States Economic Growth*. Washington: The Brooking Institute.

DESROSIERS, R. (1976): "La question de la non-participation des Canadiens français au développement industriel au début du XXe siècle". A: TREMBLAY, R. (dir.): *L'économie québécoise*. Québec: Les Presses de l'Université du Québec.

DESROUSSEAUX, J. (1964): "Taille et rendement des industries à l'optimum économique", *Annales des Mines*, 55, p. 43-47.

DESS, G.; SHAW, J. D. (2001): "Voluntary turnover, social capital, and organizational performance", *Academy of Management Review,* 26(3): 446-456.

DEWAR, R.; DUTTON, J. (1986): "The adoption of radical and incremental innovations: an empirical analysis", *Management Science*, 32(11): 1422-1433.

DIMAGGIO, P.; POWELL, W. W. (1983): "The iron cage revisited: institutional isomorphism and collective rationality in organizational fields", *American Sociological Review*, 48(2): 147-160.

D'IRIBARNE, P.-A. (1992): "Contre l'anti-culturalisme primaire", *Revue Française de Gestion*, 91, p. 132-137.

D'IRIBARNE, P. (2000): "Management et cultures politiques", *Revue Française de Gestion*, 128, p. 71-75.

D'IRIBARNE, P.; HENRY, A.; SEGAL, J. P.; CHEVRIER, S.; GLOBOKAR, T. (1998): *Culture et mondialisation*. París: Seuil.

DODD, S. D.; ANDERSON, A.; JACK, S. I. (2004): "The development of entrepreneurial networks: A longitudinal study". Comunicació al Babson Entrepreneurial Research Exchange, Melbourne, 23-25 de febrer.

DOSI, G. (1988): "Sources, procedures and microeconomic effects of innovation", *Journal of Economic Literature*, 26(2): 157-178.

DRAKOPOULOU DODD, S.; ANDERSON, A. R. (2001): "Understanding the enterprise culture", *Entrepreneurship and Innovation*, p. 13-26.

DRAKOPOULOU DODD, S.; PATRA, E. (2002): "National difference in entrepreneurial networking", *Entrepreneurship and Regional Development*, 14(2): 117-134.

DROLET, J.; MARCOUX, Y.; ABDUL-NOUR, G. (2003a): "Dynamic cellular manufacturing systems: a performance comparison with classical cellular systems and jobshop systems". Comunicació al Technology/ Cellular Manufacturing World Symposium, Columbus, Ohio, 28-31 de juny.

DROLET J.; BARON, M.; LACHANCE, R.; POITRAS, G.; DUBEAU, K.; LACOURCIÈRE, R. (2003b): *Enquête sur les besoins d'information des entreprises des industries d'équipements de transport de la région de la Mauricie*. Informe de sondeig realitzat per l'equip del Centre de veille des équipements de transport (CVET) per encàrrec del Ministeri de Desenvolupament Econòmic Regional, 77 pàg., maig.

DRUCKER, P. F. (1985): *Les entrepreneurs*. París: L'Expansion/Hachettte/ Éditions Jean-Claude Lattès.

DTI (1999): *Small Firms in Britain*. Londres: Ministry of Employment.

DUBAR, C. (2000): *La crise des identités*. París: Presses Universitaires de France.

DUBOIS, J. (2003): *Le roman policier ou la modernité*. París: Nathan.

DUMONT, F.; LANGLOIS, S.; MARTIN, Y. (dir.) (1994): *Traité des problèmes sociaux*. Quebec: Institut Québécois de Recherche sur la Culture.

DUNKELBERG, W. G.; COOPER, A. C. (1982): "Patterns of small business growth". Informe del Congrés de l'Academy of Management, p. 409-413.

DURAND, D. E. (1975): "Effects of achievement motivation and skill training on the entrepreneurial behaviour of black businessmen", *Organizational Behaviour and Human Performance*, 14(1): 76-90.

DURAND, T. (2000): "L'alchimie de la compétence", *Revue Française de Gestion*, 127, p. 84-101.

DUSSUC, B. (2000): "Une vision processuelle des réseaux d'entreprises". Comunicació a la IXe Conferència Internacional de Gestió Estratègica, Montpeller, 24-26 de maig.

DYER, J. H. (1996): "Specialized supplier networks as a source of competitive advantage. Evidence from the auto industry", *Strategic Management Journal*, 17, p. 271-292.

DYER, J. H.; SINGH, H. (1998): "The relational view: cooperative strategy and sources of interorganizational competitive advantage", *Academy of Management Review*, 23(4): 660-678.

EISENHARDT, E. (1990): "Speed and strategic choice: how managers accelerate decision-making", *California Management* Review, 32(3): 39-54.

EISENHARDT, K. M.; MARTIN, J. (2000): "Dynamic capabilities: what are they?", *Strategic Management Journal*, 21(10-11): 1105-1121.

EMMANUEL, A. (1969): *L'échange inégal*. París: Maspero.

EPIFANIO, R. (1995): "Innovazioni tecnologiche e dimensione di impresa: una interpretazione", *Piccola Impresa*, 1, p. 81-97.

ERICKSON, E. H. (1959): *Enfance et société*. Neuchâtel: Delachaux et Niestlé.

EVERAERE, C. (1997): *Management de la flexibilité*. París: Economica.

EYMARD-DUVERNAY, F. (1989): "Conventions de qualité et formes de coordination", *Revue Économique*, 2, p. 329-359.

FADAHUNSI, A.; ROSA, P. (2002): "Entrepreneurship and illegality: Insights form the Nigerian cross-border trade", *Journal of Business Venturing*, 17(5): 397-430.

FAVEREAU, O. (1989): "Organisation et marché", *Revue Française d'Économie*, 1, p. 65-96.

FAYOLLE, A. (2000): "Dynamisme entrepreneurial et croissance économique: une comparaison France-États-Unis". A. VERSTRAETE, T. (2000), p. 33-47.

FELDMAN, M. P. (1994): "Knowledge complementary and innovation", *Small Business Economics*, 6(3): 363-372.

FELLNER, W. (1983): "Essays in contemporary economic problems: demand, productivity and population, 1981-1982, Edition Review", *Canadian Journal of Agricultural Economics*, 31(2): 260-277.

FERRARY, M. (2002): *Organisations: Modèles et représentations*. París: Presses Universitaires de France.

FILION, L. J. (1991): "Vision and relations: elements for an entrepreneurial metamodel", *International Small Business Journal*, 9(2): 26-40.

FILION, L. J. (1997): "Le champ de l'entrepreneuriat: historique, évolution et tendances". Notes de lectura. *Revue Internationale PME,* 10(2): 129-172.

FLORIDA, R. (1995): "Toward the learning region", *Futures*, 27(5): 527-536.

FLORIDA, R. (2001): "The geography of Bohemia", *Cahier de Recherche*. Carnegie Mellon University.

FLORIN, J.; LUBATKIN, M.; SCHULSE, W. (2003): "A social capital model of high-growth ventures", *Academy of Management Journal*, 46(3): 374-384.

FORAY, D. (1990): "The secret industries are in the air". Comunicació al Col·loqui de les HEC de Mont-real sobre les "Réseaux d'innovateurs", 1-3 de maig.

FORAY, D. (2000): *L'économie de la connaissance*. París: La Découverte.

FORAY, D.; HARGREAVES, D. (2002): "The production of knowledge in different sectors: a model and some hypothesis". Quadern de recerca de l'Institut pour le Management et la Recherche de l'Innovation. Université Paris Dauphine, setembre.

FORAY, D.; LUNDVAL, B. A. (1996): "From the economics of knowledge to the learning economy". A: *Employment and Growth in the Knowledge-Based Economy*. París: OCDE.

FORAY, D.; MAIRESSE, J. (dir.) (1999): *Innovations et performances*. París: EHESS.

FOSS, N. J. (1999): "Networks, capabilities, and competitive advantage", *Scandinavian Journal of Management*, 15(1): 1-15.

FOUCAULT, M. (1994): "Crise de la médecine ou crise de l'anti-médecine?" A: *Dits et écrits, 1976-1979*. París: Gallimard.

FREEL, M. S. (2000): "External linkages and product innovation in small manufacturing firms", *Entrepreneurship and Regional Development*, 12(3): 245-266.

FRIEDBERG, E. (1993): *Le pouvoir et la règle. Dynamiques de l'action organisée*. París: Seuil.

FRIEDKIN, N. E. (1980): "A test of the structural features of Granovetter's Strength of weak ties' theory", *Social Networks*, 2(3): 411-422.

FRIEDMAN, Y. (1974): *Comment vivre avec les autres sans être chef ni esclave*. París: J.J. Pauvert.

FRIEDMAN, Y. (1978): "About critical group size". Quadern de Recerca, 131. Ginebra: Universitat de les Nacions Unides.

GADREY, J. (1996): *Services: la productivité en question.* París: Desclée de Brouwer.

GADREY, J. (2000): *Nouvelle économie, nouveau mythe*. París: Flammarion.

GAGLIO, C. M.; TAUB, R. T. (1992): "Entrepreneurship and opportunity recognition". A: Churchill, N. C., et al. (dir.), *Frontiers of Entrepreneurship Research,* Babson College, p. 136-147.

GAGNON, Y. C.; TOULOUSE, J. M. (1993): "Adopting new technologies: an entrepreneurial act", *Technovation*, 13(7): 411-423.

GALLAUD, D.; TORRE, A. (2001): "Les réseaux d'innovation sont-ils localisés? Proximité et diffusion des connaissances. Le cas des PME de 'l'agbiotech'". Comunicació al XIII Congrés sobre la proximitat. París. 13-14 de desembre.

GALLOUJ, F. (1994): *Économie de l'innovation dans les services*. París: L'Harmattan.

GALLOUJ, F. (2003): "Innovation dans une économie de service". A: MUSTER, P.; PENAN, H. *Encyclopédie de l'innovation.* París: Economica, p. 109-130.

GARDNEY, E. (1998): "The genesis of high technology milieu. A study of complexity", *International Journal of Urban and Regional Science*, 22(3): 361-397.

GARDNEY, E.; HEFFERMAN, P. (2003): "Growth setbacks in new firms". Cahier de Recherche, 2003-01. Centre for Technology Management, University of Cambridge, gener.

GARTNER, W. B. (1988): "'Who is an entrepreneur?' is the wrong question", *American Journal of Small Business*, 12(4): 11-22.

GARTNER, W. B. (1989): "'Who is an entrepreneur?' is the wrong question", *Entrepreneurship. Theory and Practice*, 13(4): 47-67.

GARTNER, W. B. (1990): "What are we talking about when we talk about entrepreneurship?", *Journal of Business Venturing*, 5(1): 15-29.

GARTNER, W. B. (2001): "Is there an elephant in entrepreneurship? Blind assumptions in theory development", *Entrepreneurship Theory and Practice,* 25(4): 27-39.

GARTNER, W. B.; CARTER, N. M.; HILLS, G. E. (2003): "The language of opportunity". A: STEYAERT, C.; HJORTH, H. (2003), p. 103-124.

GASSE, Y. (1978): "Characteristics, Functions and Performance of Small Firms: Owner-managers in Two Industrial Environments". Tesi doctoral. Northwestern University.

GEORGESCU-ROEGEN, N. (1971): *The Entropy Law and the Economic Process*. Cambridge: Harvard University Press.

GERVAIS-LINON, L. (2003): "L'entrepreneur immigrant aux États-Unis: évolution des représentations entre 1850 et 1924". A: ESPOSITO. M. C.; ZUMELLO, C. (dir.), *L'entrepreneur et la dynamique économique. L'approche anglo-saxonne*. París: Economica, p. 81-96.

GIBB, A.; SCOTT, M. (1986): "Understanding small firm growth". A: SCOTT, M.; GIBB, A.; LEWIS, A.; FAULKNER, T. *Small Firms Growth and Development.* Gower: Adelshot.

GIDDENS, A. (1984): *The Constitution of Society*. Berkeley: University of California Press.

GIDDENS, A. (1991): *Modernity and Self-Identity*. Cambridge: Polity Press.

GILDER, G. (1985): *L'esprit d'entreprise*. París: Fayard.

GILLE, B. (1978): *Histoire générale des techniques*. París: Encyclopédie de la Pléiade, Gallimard.

GIOIA, D. A. (1986): "Symbols, scripts, and sensemaking: creating meaning in the organizational experience". A: GIOIA, D. A.; SIMS, H. (dir.), *The Thinking Organization: Dynamics of Organizational Social Cognition*. San Francisco: Jossey-Bass, p. 49-74.

GRANOVETTER, M. (1973): "The strengh of strong ties", *American Journal of Sociology*, 78(6): 1360-1380.

GRANOVETTER, M. S. (1985): "Economic action, social structure and embeddedness", *American Journal of Sociology*, 91(3): 481-510.

GRANT, D.; OSWICK, C. (dir.) (1996): *Metaphor and Organization*. Londres: Sage Publishing.

GREENE, P. (1997): "A resource-based approach to ethnic business sponsorship: A consideration of Imaili-Pakistan immigrants", *Journal of Small Business Management*, 35(4): 58-71.

GREVE, A.; SALAFF, J. (2003): "Social networks and entrepreneurship", *Entrepreneurship: Theory and Practice*, 28(1): 1-23.

GRIMAL, J. C. (2000): *Drogue: l'autre mondialisation*. París: Folio et Le Monde.

GROSJEAN, N. (2002): *Globalisation et autonomie des systèmes de production territoriaux*. Neuchâtel: IRER/EDES.

GUIHEUX, G. (1998): "PME-PMI à Taïwan. Quelles leçons tirer pour une théorie de l'entrepreneur?", *Revue d'Innovation*, 8, p. 113-125.

GUINET, J. (1993): "Les systèmes nationaux de financement de l'innovation". OCDE, Direction de la Science, de la Technologie et de l'Industrie. DSTI/STP3/TIP, vol. 93, n. 3.

GULATI, R. (1998): "Alliances and networks", *Strategic Management Journal*, 19(3): 293-317.

GULIK, D. (1992): *Encounters with Chaos*. Nova York: McGraw-Hill.

GUTH, W. D.; KUMARASWAMY, A.; McERLEAN, M. (1991): "Cognition, enactment and learning in the entrepreneurial process". A: *Frontiers of Entrepreneurship Research*. Babson College.

GUZMAN CUEVAS, J. (1995): "Les petites entreprises et les petits entrepreneurs en Espagne: une approche qualitative", *Revue Internationale PME*, 8(1): 121-137.

HABERMAS, J. (1981): *Théorie de l'agir communicationnel*. Traducció de l'alemany. 2 vol. París: Fayard.

HABBERSHON, T. G.; WILLIAMS, M. (1999): "A resource-based framework for assessing the strategic advantages of family firms", *Family Business Review*, 12(1): 1-25.

HALL, R. (1993): "A framework linking intangible resources and capabilities to sustainable competitive advantage", *Strategic Management Journal*, 14(8): 607-618.

HAMBERG, D. (1966): *R & D Essays on the Economic of Research and Development*. Nova York: Random House.

HAMBRICK, D. C. (1982): "Some tests of effectiveness and functional attributes of Miles and Snow's strategic types", *Academy of Management Journal*, 26(1): 5-26.

HAMEL, G.; PRALAHAD, C. K. (1994): *Competing for the Future* [1989]. Cambridge: Harvard Business School Press.

HANIFAN, L. J. (1920): *The Community Center*. Boston: Sirver Burdette & Co. Citat per PLOCINICZAK, S. (2003), "La construction locale du marché des très petites entreprises. Des réseaux sociaux au capital social des entrepreneurs. L'exemple de l'arrondissement lensois", *Revue d'Économie Régionale et Urbaine*, juliol.

HARRISSON, B. (1994): *Lean and Mean*. Nova York: Basic Books.

HAYEK, F. A. (1945): "The use of knowledge in society", *American Economic Review*, 35(4): 519-539.

HAYEK, F. A. (1959): "Economics and knowledge". A: HAYEK, F. A. *Individualism and Economic Order*. Londres: Routledge and Kegan Paul, p. 33-56.

HAYEK, F. A. (1959): "The meaning of competition". A: HAYEK, F. A. *Individualism and Economic Order*. Londres: Routledge and Kegan Paul, p. 92-106.

HEDSTRÖM, P.; SANDELL, R.; STERN, C. (2000): "Mesolevel networks and the diffusion of social movement. The case of Swedish Democratic Party", *American Journal of Sociology*, 106, p. 145-172. Citat per RUEF, M. (2001).

HILL, N. (1952): *Think and Grow Rich*. Cleveland: Ralston Publishing Co.

HILLS, G. E.; SHRADER, R. C.; LUMPKIN, G. T. (1997): "Opportunity recognition as a creative process", *Frontiers of Entrepreneurship Research*. Babson College, p. 216-227.

HINDLE, K. (2007): "Formalizing the concept of entrepreneurship". Comunicació al Congrés Internacional de l'ICSB, Turku.

HITE, J. M. (2005): "Evolutionary processes and paths of relationally embedded network ties in emerging entrepreneurial firms", *Entrepreneurship Theory and Practice*, 29(1): 113-123.

HITT, M. A.; REED. T. S. (2000): "Entrepreneurship in the new competitive landscape". A: MEYER, G. D.; HEPPARD, K. A. *Entrepreneurship as Strategy*. Thousand Oaks: Sage Publications, p. 23-47.

HITT, M. A.; IRELAND, R. D.; CAMP, S. M.; SEXTON, D. L. (2001): "Strategic entrepreneurship: entrepreneurial strategies for wealth creation", *Strategic Management Journal*, 22(3): 479-491.

HJALMARSSON, D.; JOHANSSON, A. W. (1993): "Public advisory services - theory and practices", *Entrepreneurship and Regional Development*, 15(1): 83-98.

HOANG, H.; ANTONIC, B. (2003): "Network-based research in entrepreneurship: a critical review", *Journal of Business Venturing*, 18(2): 165-187.

HODGSON, G. (1988): *Economics and Institutions: A Manifesto for a Modern Institutional Economics*. Cambridge: Polity Press.

HOFFMAN, K.; PAREJO, M.; BESSANT, J.; PERREN, L. (1998): "Small firms, R&D, technology and innovation in the UK: a literature review", *Technovation*, 18(1): 39-55.

HOFSTEDE, G. (1994): *Culture and Organizations: The Software of the Mind*. Nova York: Harper and Collins.

HOFSTEDE, G. (1980): "Motivation, leadership and organization: Do American theory apply abroad?", *Organization Dynamics*, 9(1): 42-63.

HOLMQUIST, C. (2003): "Is the medium really the message? Moving perspective from the entrepreneurial actor to the entrepreneurial action". A: STEYAERT, C.; HJORTH, D. (2003), p. 73-85.

HOWITT, P. (1996): *The Implication of the Knowledge-based Growth for Micro-Economic Policies*. Calgary: University of Calgary Press.

HUBBARD, R. (1998): "The golden goose? Understanding (and taxing) the saving of entrepreneurs", *Advances in Entrepreneurship, Innovation and Economic Growth*, 10, p. 43-69.

HUMAN, S. E.; PROVAN, K. G. (1994): "An emergent theory of structure and outcomes in small firms strategic manufacturing networks", *Academy Management Journal*, 40(2): 368-403.

HURIOT, J. M. (dir.) (1998): *La ville ou la proximité organisée*. París: Anthropos.

HUSE, M.; LANDSTRÖM, H. (1997): "European entrepreneurship and small business research – Methodological openness and contextual differences", *International Studies of Management and Organization*. Citat per JOHANNISSON i LANDSTRÖM (1999).

HUSE, M.; JOHANNISSON, B. (1998): "Recruiting outside board members in the family business. Challenging the dominant logic". Comunicació a la reunió de l'Academy of Management, San Diego.

HUSTED, K.; MICHAILOVA, S. (2002): "Knowledge sharing in Russian companies with Western participation", *International Management*, 6(2): 17-28.

HUTCHINSON, J.; FOLEY, P.; OZTEL, H. (1997): "Business link adviser's impact on SMEs: an agency theory approach". *Regional Studies*, 31(7): 1148-1152.

IRTS-JRS (2000): "Emerging thematic priorities for research in Europe". Quadern de recerca. Sevilla, 4 de desembre.

ISLA, A. (1999): "Le statut d'acteur dans les analyses économiques", *Cahiers de Recherche de LEREPS*, 99-02. Toulouse: Université des Sciences Sociales, Manufactures de Tabac.

ISLAM, K. (2002): "Identifying shortcoming and preparing for success", *E-learning Magazine*, maig, p. 1-3.

IVERSEN, J.; RASMUS JØRGENSEN, R.; MALCHOW-MØLLER, N. (2008): "Defining and measuring entrepreneurship", *Foundations and Trends in Entrepreneurship*, 4(1): 1-63.

JACOB, R.; JULIEN. P.-A.; RAYMOND, L. (1997): "Compétitivité, savoirs stratégiques et innovation: les leviers de l'apprentissage collectif en contexte de réseau", *Gestion. Revue Internationale*, 22(3): 93-100.

JACOB, J. (1992): *Les villes et la richesse des nations. Réflexions sur la vie économique*. Traducció de *Cities and the Wealth of Nations*, 1984, Mont-real: Boréal.

JAMESON, E. (1961): *De la nada a millonarios*. 5a ed. Mèxic: Espasa-Calpe.

JENSEN, M.C.; MECKLING, W. H. (1976): "Theory of the firm: Managerial behavior agency costs and ownership structure", *Journal of Financial Economics*, 3(4): 305-360.

JEWKES, J.; SAWERS, D.; STILLERMAN, R. (1969): *The Sources of Invention*. Nova York: W. W. Norton.

JOHANNISSON, B. (1995): "Entrepreneurial networking in the Scandinavian context: Theoretical and empirical positioning", *Entrepreneurship and Regional Development*, 7(3): 189-192.

JOHANNISSON, B. (1996): "The dynamic of entrepreneurial networks". A: REYNOLDS, P. S., et al. (dir.), *Frontiers of Entrepreneurship Research*. Wellesley, MA: Babson College, p. 253-267.

JOHANNISSON, B. (2000): "Networking and entrepreneurial growth". A: SEXTON, D.; LANSTRÖM, H. (dir.), *Handbook of Entrepreneurship*. Londres: Blackwell, p. 215-236.

JOHANNISSON, B. (2003): "La modernisation des districts industriels. Rajeunissement ou colonisation managériale?", *Revue Internationale PME,* 16(1): 11-42.

JOHANNISSON, B.; ALEXANDERSON, O.; NOWICKI, K.; SENNETEH, S. (1994): "Beyond anarchy and organization: entrepreneurs in conceptual network", *Entrepreneurship and Regional Development*, 6(3): 329-356.

JOHANNISSON, B.; KANTIS, H. (2000): "Industrial districts in Argentina and Sweden. Using network analysis to reveal the secrets of business organizing", Quadern de recerca. SIRE, Växjö University.

JOHANNISSON, B.; JOHNSSON, R. (1988): "New venture network strategies". Quadern de recerca, n. 18, Växjö University.

JOHANNISSON, B.; LANDSTRÖM, H. (dir.) (1999): *Images of Entrepreneurship and Small Business. Emerging Swedish Contributions to Academic Research.* Student Literature. SIRE, Växjö University.

JOHNSON, L. K.; KUEN, R. (1987): "The small business owner-manager's search for external information", *Journal of Small Business Management*, 25(3): 29-39.

JOHNSON-LAIRD, P. (1983): *Mental Models*. Boston: Harvard University Press. Citat per VAGHELY, I .

JOHNSTONE, H.; LIONAIS, D. (2004): "Depleted communities and community business entrepreneurship: revaluing space through place", *Entrepreneurship and Regional Development*, 16(3): 217-233.

JONES, G.; WADHWANI, R. D. (2006): "Entrepreneurship and business history: Renewing the research agenda". Quadern de Recerca. Harvard Business School, 51 pàg.

JULIEN, P.-A. (1989): "Entrepreneurship and economic theory", *International Small Business Journal*, 7(3): 29-38.

JULIEN, P.-A. (1993a): *Les petites et moyennes entreprises: technologie et compétitivité*. París: OCDE.

JULIEN, P.-A. (1993b): "Small business as a research subject: some reflections on knowledge of small businesses and its effect on economic theory", *Small Business Economic*, 5(2): 157-166. Extret de KRUEGER, N. (dir.) (2002), *Entrepreneurship*. Londres: Routledge.

JULIEN, P.-A. (1995): "New technologies and technological information in small business", *Journal of Business Venturing*, 10(6): 459-475.

JULIEN, P.-A. (1996a): "Globalization: different types of small business behaviour", *Entrepreneurship and Regional Development*, 8(1): 57-74.

JULIEN, P.-A. (1996b): "Information control: a key factor in small business development". XLI International Congress on Small Business (ICSB). Estocolm, 17-19 de juny.

JULIEN, P.-A. (2000): *L'entrepreneuriat au Québec. Pour une révolution tranquille entrepreneuriale, 1980-2005*. Mont-real: Éditions Transcontinental; Les Éditions de la Fondation de l'Entrepreneurship.

JULIEN, P.-A.(2006): "Réseautage et innovation: le cas des PME manufacturières d'une région en reconversion", *Économie et Société* (sèrie W: 'Dynamique technologique et organisation', n. 9) p. 75-100.

JULIEN, P.-A.; ANDRIAMBELOSON, E.; RAMANGALAHY, C. (2004): "Networks, weak signals and technological innovation among SMEs land-based transportation equipment sector", *Entrepreneurship and Regional Development*, 16(4): 251-269.

JULIEN, P.-A.; BEAUDOIN, R.; NJAMBOU, R. (1999): "PME exportatrices et information en zones rurales et en zones urbaines", *Revue Internationale PME*, 12(1-2): 107-127.

JULIEN, P.-A.; CARRIÈRES, J. B.; RAYMOND, L.; LACHANCE, R. (1994a): "La gestion du changement technologique dans les PME manufacturières au Québec: une analyse de cas multiples", *Revue Internationale PME*, 7(3-4): 87-120.

JULIEN, P.-A.; CARRIER, M.; LUC, D.; DÉSAULNIERS, L.; MARTINEAULT, Y. (2002): *Les PME à forte croissance au Québec. Cas de 17 gazelles dans huit régions québécoises*. Quebec: Presses de l'Université du Québec.

JULIEN, P.-A.; JOYAL, A.; DESHAIES, L. (1994b): "SMEs and international competition: free trade agreement and globalization", *Journal of Small Business Management*, 32(3): 52-64.

JULIEN, P.-A.; JOYAL, A.; DESHAIES, L.; RAMANGALAHY, C. (1997): "A typology of strategic behaviour among small and medium-sized exporting businesses: A case study", *International Small Business Journal*, 15(2): 33-50.

JULIEN, P.-A.; LACHANCE, R. (1993): "Questionnaire d'enquête: Embauche d'ingénieurs dans les PME manufacturières". Encarregat per l'Ordre d''Enginyers del Quebec i adreçat a identificar les pimes manufactureres susceptibles de contractar un enginyer, desembre, 28 pàg.

JULIEN, P.-A.; LACHANCE, R. (1999): "Networking: willingness of formal network SME members to trade information and a descriptive analysis of this network". Comunicació al XLIV International Congress on Small Business (ICSB). Nàpols, Itàlia, 20-23 de juny.

JULIEN, P.-A.; LACHANCE, R. (2000): "Dynamic regions and high-growth SMEs: uncertainty, potential information and weak signal networks". IV REN Conference. Praga, novembre.

JULIEN, P.-A.; LACHANCE, R.; MORIN, M. (2004): "Réseautage complexe des entreprises manufacturières performantes en région renaissante", *Géographie, Économie et Société*, 2, p. 179-202.

JULIEN, P.-A.; LEYRONAS, C.; MAKITA, J.; MOREAN, E. (2008): "La capacité d'absorption, l'élément clé dans la compréhension de la relation entre information et innovation. Le cas des PME du Congo-Brazzaville". [En premsa]

JULIEN, P.-A.; MARCHESNAY, M. (1990): "Sur le dynamisme des petites entreprises dans les pays industrialisés", *Piccola Impresa*, 2, p. 3-20.

JULIEN, P.-A.; MORIN, M. (1996): *Mondialisation de l'économie et PME québécoises*. Quebec: Les Presses de l'Université du Québec.

JULIEN, P.-A.; MUSTAR, P.; ESTIMÉ, M. F. (2001): "Les PME à forte croissance", número temàtic, vol. 14, n. 3-4.

JULIEN, P.-A.; RAYMOND, L.; JACOB, R.; ABDUL-NOUR, G. (2003b): "The network enterprise. Ten years' experience of the *Bombardier Chair*, 1993-2003". Comunicació a la XXXIII European International Small Business Conference- Milà, 10-12 de setembre.

JULIEN, P.-A.; RAYMOND, L.; JACOB, R.; ABDUL-NOUR, G. (dir.) (2003c): *L'entreprise-réseau. Dix ans d'expérience de la Chaire Bombardier produits récréatifs.* Quebec: Presses de l'Université du Québec.

JULIEN, P.-A.; RAYMOND, L.; JACOB, R.; RAMANGALAHY, C. (1999): "Types of technological scanning in manufacturing SMEs: An empirical analysis of patterns and determinants", *Entrepreneurship and Regional Development,* 11(4): 281-300.

JULIEN, P. A.; THIBODEAU, J. C. (1991): *Nouvelles technologies et économie*. Quebec: Les Presses de l'Université du Québec.

JULIEN, P. A.; VAGHELY, I. (2008): "Opportunités: idée, marché et temps". Comunicació al Congrés Internacional de l'ICSB. Halifax, juny.

JULIEN, P.-A.; VAGHELY, I.; CARRIER, C. (2004): "PME et contrôle de l'information: le rôle du 'troisième homme'", *Journal of Small Business and Entrepreneurship*, 17(3): 333-348.

KAISH, S.; GILAB, B. (1991): "Characteristics of opportunities search of entrepreneurs versus executives: sources, interest, general alertness", *Journal of Business Venturing*, 6(1): 45-61.

KALDOR, N. (1975): "What is wrong with economic theory?", *American Economic Review*, 89(3): 347-358.

KANDEM, E. (2001): "Entrepreneuriat et sciences sociales en Afrique", *Management international*, 6(1): 16-32.

KANGASHARJU, A. (2000): "Regional variations in firm formation: panel and cross-section data evidence from Finland", *Regional Science*, 79(4): 355-373.

KANTER, R. M. (1984): *The Change Masters*. Londres: Unwin Hyman. Citat per SCHELL, E. (2001).

KARPIK, L. (1989): "L'économie de la qualité", *Revue Française de Sociologie*, 30, p. 187-210.

KARPIK, L. (1996): "Dispositifs de confiance et engagements crédibles", *Sociologie du travail*, 4, p. 527-549.

KARTZ, F.; LAZARFELD, P. F. (1955): *Personal Influence.* Nova York: Collier-Macmillan.

KAUFMAN, A.; FUSTIER, M.; DREVET, A. (1971): *L'inventique. Nouvelles méthodes de créativité*. París: EMI.

KEEBLE, D.; WILKINSON, F. (1999): "Collective learning and knowledge development in the evolution of regional clusters of high technology SMEs in Europe", *Regional Studies*, 33(2): 295-332.

KEFAUVER, A. (1965): *In a Few Hands. Monopoly Power in America.* Harmondsworth: Penguin.

KELLY, D.; AMBURGEY, T. L. (1991): "Organizational inertia and momentum: a dynamic model of strategic change", *Academy of Management Journal*, 34(5): 591-612.

KENDRICK, J. W. (1994): "Total capital and economic growth", *Atlantic Economic Journal*, 22(1). Citat per FORAY, D. (2000).

KETS DE VRIES, M. F. R. (1977): "The entrepreneurial personality: A person at the crossroads", *Journal of Management Studies*, 14(1): 34-57.

KICKERT, W. J. M. (1985): "The magic word *flexibility*", *International Studies in Management & Organization*, 14(4): 6-31.

KIESLER, S.; SPROULL, L. (1982): "Managerial response to changing environments: perspectives on problem sensing from social cognition", *Administrative Science Quarterly*, 27(5): 548-570.

KIRCHHOFF, B. A. (1994): *Entrepreneurship and Dynamic Capitalism.* Westport: Quorum Book.

KIRZNER, I. M. (1973): *Competition and Entrepreneurship.* Chicago, University of Chicago Press.

KIRZNER, I. M. (1979): *Perception, Opportunity and Profit.* Chicago: University of Chicago Press.

KIRZNER, I. M. (1982): "The theory of entrepreneurship in economic growth". A: KENT, C. A., et al., *Enclyclopaedia of Entrepreneurship*, Englewood Cliffs: Prentice Hall.

KLEINKNECHT, A. (1987): "Measuring R-D in small firms: how much are we missing", *Journal of Industrial Economics*, 36(2): 253-256.

KLEINKNECHT, A.; POOT, T. P.; REIJNEN, J. O. N. (1991): "Technical performance and firms size: survey results from the Netherlands". A: ACS, J. Z.; AUDRETSCH, D. B. (dir.), *Innovations and Technological Change: An International Comparison*, Ann Arbor: University of Michigan Press.

KLINE, S.; ROSENBERG, N. (1986): "An overview on innovation". A: LANDAU, R.; ROSENBERG, N. (dir.), *The Positive Sum Strategy*, Washington: National Academy Press, p. 275-305.

KNACK, S.; KEEPER, P. (1997): "Does social capital have an economic payoff?", *Quarterly Journal of Economics*, 72, p. 1251-1288.

KOENIG, G. (1990): *Management stratégique*. París: Nathan.

KOENIG, G. (dir.) (1999): *Les nouvelles formes de management pour le XXIe siècle*. París: Economica.

KOKA, B. R.; PRESCOTT, J. E. (2002): "Strategic alliances as social capital: a multidimensional view", *Strategic Management Journal*, 23, p. 795-816.

KOTTER, J. P. (1990), "What leaders really do", *Harvard Business Review*, maig-juny.

KOTTER, J. P. (1995): "Leading change: why transformation efforts fail?", *Harvard Business Review*, març-abril, p. 59-67.

KRACKHARDT, D. (1992): "The strength of strong ties: the importance of philos in organizations". A: NOHRIA, N.; ECCLES, R. G. (dir.), *Networks and Organizations: Structure, Form, and Action*, Boston: Harvard Business School Press, p. 216-239.

KRUEGER, N. F. (2007): "What lies beneath? The experiential essence of entrepreneurial thinking", *Entrepreneurship Theory and Practice*, 31(1): 122-138.

KUHN, T. S. (1970): *The Structure of Scientific Revolution*. 2a ed. Chicago: University of Chicago Press.

LACHMANN, J. (1996): *Financer l'innovation dans les PME*. París: Economica.

LAMBRECHT, J.; PIRNAY, F. (2005): "An evaluation of public support measures for private external consultancies to SMEs in the Walloon Region of Belgium", *Entrepreneurship and Regional Development*, 17(2): 89-108.

LAMMING, R. (1995): *Oltre la partnership. Strategie per l'innovazione e la produzione snella*. Traducció de *Beyond Partnership*. Nàpols: Cuen.

LAMONDE, P.; MARTINEAU, Y. (1992): *Désindustrialisation et restructuration économique. Montréal et les autres grandes métropoles nord-américaines, 1971-1991*. Mont-real: INRS-Urbanisation.

LANDA, J. T. (1993): "Culture et activité entrepreneuriale dans les pays en développement: le réseau ethnique, organisation économique". A: BERGER, B., et al. (dir.): *Esprit d'entreprises, culture et sociétés*. París: Éditions Maxima. Citat per HERANDEZ (1999).

LANDSTRÖM, H.; HUSE, M. (1996): "Trends in European entrepreneurship and small business research. A comparaison between Europe and US". *Cahier de Recherche*, 1996-3. SIRE. Halmstad i Växjö. Citat per JOHANNISSON i LANDSTRÖM (1999).

LANG, J. R.; CATALONNE, R. J.; GUDMUNDSON, D. (1997): "Small firm information seeking as a response to environmental threats and opportunities", *Journal of Small Business Management*, gener, 35(1): 11-23.

LAZZERETTI, L.; STORAI, D. (2001): "A multipopulation analysis of an Italian industrial districts: the case of Prato evolution (1946-1993)", *Piccola Impresa*, 2, p. 21-39.

LAPERCHE, B. (2003): "L'innovation: avec ou sans brevet?", *Innov.doc*, La lettre du LRII. Université du Littoral Côte d'Opale, n. 20, maig.

LAPERCHE, B.; UZUNIDIS, D. (2003): "Étatisme et marchandisation du service public. Le cadre d'une régulation keinesiano-libérale". Document de travail n. 63- Laboratoire RII/ULCO. Université du Littoral.

LARSON, A.; STARR, J. (1993): "A network model of organization formation", *Entrepreneurship: Theory and Practice*, 17(1): 1-15.

LATOUR, B. (2003): "L'impossible métier de l'innovation technique". A: MUSTAR, P.; PENAN, H. *Encyclopédie de l'innovation*. París: Economica, p. 1-26.

LAURENDEAU; LABRECQUE; RAY; BERNDSON (2003): "Les conseils d'administration sur la sellette", *Bulletin Émergences*, 4, n. 2bb.

LAVOIE, M.; ROY, R.; THERRIEN, P. (2003): "A growing trend toward knowledge work in Canada", *Research Policy*, 32(5): 827-844.

LAWSON, C.; LORENZ, E. (1999): "Collective learning, tacit knowledge and regional innovative capacity", *Regional Studies*, 33(4): 305-317.

LAWTON SMITH, H.; GLASSON, J.: SIMMIE, J; CHADWICK, A.; CLARK, G. (2003): *Enterprising Oxford: The Growth of the Oxfordshire High-Tech Economy*. Oxford: Oxfordshire Economic Observatory.

LE CORNU, M. R.; McMAHON, R. G. P.; FORSAITH, D. V.; STANGER, M. J. (1996): "The small enterprise financial objective function", *Journal of Small Business Management*, 34(3): 1-14.

LECLERC, Y.; BÉLAND, C. (2003): *La voie citoyenne. Pour renouveler le modèle québécois*. Mont-real: Plurimédia.

LECOQ, B. (1993): "Dynamique industrielle, histoire et localisation: Alfred Marshall revisité", *Revue Française d'Économie*, VIII(4): 195-234.

LEFF, N. (1979): "Entrepreneurship and economic development: the problem revisited", *Journal of Economic Literature*, 17(2): 46-74.

LEIBENSTEIN, H. (1979): "The general X-efficiency paradigm and the role of the entrepreneur". A: ROZZIO, R: (dir.), *Time, Uncertainty and Disequilibrium*, Lexington, Nova York, DC: Helth.

LENFLE, S.; MIDLER, C. (2003): "Management de projet et innovation". A: MUSTAR, P.; PENAN, H. *Encyclopédie de l'innovation*, París: Economica, p. 49-69.

LEONARD, D.; SENSIPER, S. (1998): "The role of tacit knowledge in group innovation", *California Management Review*, 40(3): 112-126.

LESCA, H.; BLANCO, S. (2002): "Contribution à la capacité d'anticipation des entreprises par la sensibilisation aux signaux faibles". Actes del *VIe Congrès international francophone sur les PME*. Mont-real, octubre.

LESKA, H.; LESKA, E. (1995): *Gestion de l'information: qualité de l'information et performance de l'entreprise*. París: Litec.

LETOWSKI, A. (2001): "Entreprendre, pourquoi?". París: Agence pour la Création d'Entreprise, novembre.

LEWIS, A. (1951): *Economic Development*. Nova York: McGraw-Hill.

LIAO, J.; WELSCH, H. P. (2001): "Social capital and growth intention: the role of entrepreneurial networks in technology-based new ventures". Comunicació a la Babson Entrepreneurship Research Conference. Jönköping, Suècia, 14 de juny.

LIN, N. (1999): "Building a network theory of social capital". *Connexions*, 22(1): 28-51.

LIPOVETSKY, G. (1992): *Le crépuscule du devoir. L'éthique indolore des nouveaux temps démocratiques*. París: Gallimard. Citat per KAMDEM, E. (2001).

LIPSEY, R. (1996): "Communication au Benefactors Lecture". Vancouver: Institut C.D. Howe, 6 de novembre, p. 48.

LONG, W.; McMILLAN, W. E. (1984): "Mapping the new venture opportunity identification process", *Frontiers of Entrepreneurship Research*. Babson College, p. 567-590.

LORENZONI, G. (1990): *L'architettura di sviluppo delle imprese minori*. Bologna: Il Mulino.

LORINO, P. (1989): *L'économiste et le manageur*. París: La Découverte.

LORINO, P.; TARONDEAU, J. C. (1998): "De la stratégie aux processus stratégiques", *Revue Française de Gestion,* 117, p. 5-17.

LU, D. (1994): "The entrepreneurs who do both: production and rent seeking", *Journal of Economic Behavior and Organization*, 23(1): 93-98.

LUCAS, R. E. (1978): "On the size distribution of business firms", *Bell Journal of Economic*, 9(4): 508-523.

LUNDVALL, B. A. (1988): "Innovation as an interactive process: from user-producer interaction to the national system of innovation". A: DOSI, G.; FREEMAN, C.; NELSON, R.; SILVERBERG, G.; SOETE. L. (dir.), *Technical Change and Economic Theory*, Londres: Frances Pinter Publishers.

LYNCH, R. P. (1993): *Business Alliance Guide: The Hidden Competitive Weapon*. Nova York: Wiley and Sons.

MADDISON, A. (2002): *L'économie mondiale*. París: OCDE.

MAILLAT, D. (1996): "Milieux innovateurs et nouvelles générations de politiques régionales", *Cahier de Recherche*, 9604. IRER, Université de Neuchâtel.

MAILLAT, D.; LECOQ, B. (1992): "New technologies and transformation of regional structures in Europe: the role of the milieu", *Entrepreneurship and Regional Development*, 4(1): 1-20.

MAILLAT, D.; QUÉVIT, M.; SENN, L. (1993): *Réseaux d'innovation et milieux innovateurs. Le pari pour le développement régional.* Neuchâtel: EDES.

MAILLAT, D.; PERRIN, J. C. (dir.) (1992): *Entreprises innovatrices et développement territorial.* Neuchâtel: GREMI, EDES.

MALECKI, E. (1994): "Entrepreneurship in regional and local development", *International Regional Science Review,* 16(1-2): 119-153.

MANGEMATIN, V. (2003): "PME de biotechnologie: plusieurs business modèles en concurrence". A: MUSTAR, P.; PENAN, H., *Encyclopédie de l'innovation*, París: Economica, p. 539-552.

MANSFIELD, E. (1968): *Industrial Research and Technological Innovation.* Nova York: W.W. Norton.

MARCHESNAY, M. (1993): *Management stratégique*. París: Eyrolles.

MARCHESNAY, M. (2001): "Les PME de terroir: entre *géo* et *clio* strategies", *Entreprises et Histoire*, 28, p. 51-63.

MARCHESNAY, M. (2001): "Management: les constructeurs: Michael Porter", *Revue Française de Gestion*, 4, p. 76-87.

MARCHESNAY, M. (2002): "Pour une approche entrepreneuriale de la dynamique ressources-compétences", *Les Cahiers de l'ERFI*, 22.

MARCHESNAY, M. (2003): "De la rente de différenciation à la rente de distinction". Paper de recerca. ISEM, Université de Montpellier I, abril.

MARCHESNAY, M.; JULIEN, P.-A. (1990): "The small business as a transaction space", *Entrepreneurship and Regional Development*, 2(2): 267-277.

MARCHLUP, F. (1967): "Theory of the firm marginalist, behavioural, managerial", *American Economic Review*, 57(1): 1-33.

MARIOTTI, F. (2003): "Gouverner l'entreprise-réseau. Apprentissage de la coopération et exercice de pouvoir dans les réseaux de sous-traitance et de production distribuée". Tesi doctoral. Université Pierre-Mendès-France - Grenoble II, 5 de desembre.

MARRIS, R. (1971): *L'entreprise capitaliste moderne.* Traducció de *The Economic Theory of "Managerial" Capitalism*. París: Dunod.

MARSHALL, A. (1920): *Principles of Economic Policy*. 8a ed. [1890]. Londres: Macmillan.

MARTIN, F. (1986): "L'entrepreneurship et le développement local: une évaluation", *Revue Canadienne des Sciences Régionales*, 11(1): 1-25.

MARTINEAU, Y.; TRÉPANIER, M. (1999): "Les technopoles et le développement de l'économie du savoir", *La minute de l'emploi*. Fonds de Solidarité des Travailleurs du Québec, 3, n. 2.

MARTINET, A. L. (2003): "Stratégie et innovation". A: MUSTAR, P.; PENAN, H. *Encyclopédie de l'innovation*, París: Economica, p. 49-69.

MARTINET, A. C.; THIÉTART, R. A. (1997): *Stratégies: actualités et futurs de la recherche*. París: Vuibert.

MARTRE, H. (1994): *Intelligence économique et stratégie des entreprises*. Treballs del grup del Commissariat general del pla, presidit per Henri Martre. París: La Documentation Française.

MASCLET, M. (2003): "L'analyse de l'influence de la pression des pairs dans les équipes de travail", *Cahiers de Recherche du CIRANO*. Université de Montréal.

MASKELL, P.; ESKELINEN, H.; HANNIBALSSON, I.; MALMBERG, A.; VATNE, E. (1996): *Competitiveness, Localized Learning and Regional Development. Specialization and prosperity in small open economies*. Londres: Routledge.

MASKELL, P.; MALMBERG, A. (1999): "Localized learning and industrial competitiveness", *Cambridge Journal of Economics*, 23(2): 167-185. Citat per JOHANNISSON (2003).

MATSANGA, O. (1997): *L'entrepreneurship au Gabon*. Memòria del màster en gestió de pimes. Université du Québec à Trois-Rivières.

MATUSIK, S. F.; HEELEY, M. B. (2005): "Absorptive capacity in the software industry: Identifying factors that affect knowledge and knowledge creation activities", *Journal of Management*, 31(4): 549-572.

MAURICE, M. (1992): "Les sociologues et l'entreprise". A: SAINSAULIEU, R. (dir.), *L'entreprise. Une affaire de société*. París: Presses de la Fondation Nationale des Sciences Politiques.

McCLELLAND, D. C. (1971): "Entrepreneurship and achievement motivation: approaches to the science of socio-economic development". A: LENGYEL, P. (dir.), *Approaches to the Science of Socio-Economic Development - Approches de la science et du développement socio-économique*, París: Unesco.

McCLOSEY, D. N.; SANDBERG, L. (1971): "From damnation to redemption: judgements: on the late Victorian entrepreneurs", *Explorations in Economic History*, 9(4): 89-108.

McMILLEN, J. S.; PLUMMER, L. A.; ACS, Z. J. (2007): "What is an entrepreneurial opportunity?", *Small Business Economics*, 28(4): 273-283.

MÉDUS, J. L.; PACITTTO, J. C. (1994): "L'innovation technologique dans la TPE: un premier bilan", *Cahier de Recherche*, 94-11, Université Paris Val-de-Marne, setembre.

MÉLÈSE, J. (1979): *Approches systémiques des organisations. Vers l'entreprise à complexité humaine*, París: Anthropos.

MERLO-PONTI, M. (1964): *Le visible et l'invisible.* París: Gallimard.

MESSEGHEM, K. (2002): "Peut-on concilier logiques managériales et entrepreneuriales dans les PME?", *Revue des Sciences de Gestion*, 37(194): 35-51.

MEYER, G. D.; HEPPARD, K. A. (dir.) (2000): "Entrepreneurial strategies: the dominant logic". A: *Entrepreneurship as Strategy*. Thousand Oaks: Sage Publications.

MICHELSONS, A. (1990): "Modèles, images et politiques: quels futurs pour la petite entreprise et les économies territoriales". Comunicació al Col·loqui del TETRA "La PME objet de recherche pertinent", Lió. 30-31 de maig.

MILES, G.; HEPPARD, K. A.; MILES, R. E.; SNOW, C. C. (2000): "Entrepreneurial strategy". A: MEYER, G. D.; HEPPARD, K. A., *Entrepreneurship as Strategy*, Thousand Oaks: Sage Publications, p. 101-114.

MILES, R. E.; SNOW, C. C. (1982): *Organizational Strategy. Structure and Process*. Nova York: McGraw-Hill.

MILES, R. E.; SNOW, C. C. (1995): "The network firms: a special structure built on a human investment", *Organizations Dynamics*, 23(4): 5-18.

MILGROM, P.; ROBERTS, J. (1979): *Économie, organisation et management*. Grenoble: Presses de l'Université de Grenoble.

MILLER, C. C.; IRELAND, R. D. (2005): " Intuition in strategic decision making: Friend or foe in the fast-paced 21th century", *Academy Journal Executive*, 19(1): 16-26.

MILLER, D. (1992): *Le paradoxe d'Icare. Comment les grandes entreprises se tuent à réussir?* Traducció de *The Icarus Paradox. How exceptional companies bring about their own downfall* (Harper Business, 1990). Quebec: Les Presses de l'Université Laval.

MILLS, D.; SCHUMANN, L. (1985): "Industry structure with fluctuating demand", *American Economic Review*, 75(4): 758-767.

MINGUZZI, A.; PASSARO, R. (2000): "The network of relationships between the economic environment and the entrepreneurial culture in small firms", *Journal of Business Venturing*, 16(2): 181-216.

MINISTÈRE DE L'INDUSTRIE, DES FINANCES ET DE L'ÉCONOMIE (2001): *La R&D industrielle. Une clé pour l'avenir. Six cas exemplaires d'entreprises*. París: MIFE, Les Éditions de l'Industrie.

MINNITI, M.; BYGRAVE, D.; AUTIO, E. (2005): *Global Entrepreneurship Monitor. 2005, Executive Report*. Babson: Babson College.

MINTZBERG, H. (1990): *Mintzberg on Management. Inside our Strange World of Organization*. Nova York: The Free Press.

MINTZBERG, H. (1994): *The Rise and Fall of Strategic Planning*. Londres: Prentice Hall.

MINTZBERG, H. (2001): *Je déteste les avions. Les tribulations d'un passager ordinaire*. París: Village Mondial.

MITCHELL, S. (2006): *Big-Box Swindle. The True Cost of Mega-Retailers and the Fight for America's Independent Businesses*. Nova York: Beacon Press.

MONSTEDT, M. (1995): "Process and structure of networks: reflections on methodology", *Entrepreneurship and Regional Development*, 7(3): 193-213.

MONTESQUIEU *(Charles-Louis de la Brède, baron de Montesquieu)* (1761): *Lettres persanes*. Nova edició augmentada [1721]. Amsterdam i Leipsick: Chez Arestés & Merkus, Libraires.

MONTESQUIEU *(Charles-Louis de la Brède, baron de Montesquieu)* (1958): *De l'esprit des lois*. París: Société Les Belles Lettres [Ginebra, 1748].

MONZINGO, J. E. (1977): "Economic analysis of the criminal justice system", *Crime and Delinquency*, 23(3): 260-271.

MOREL, B.; RYCHEN, F. (1994): *Le marché des drogues*. Le Château, Éditions de l'Aube.

MORGAN, G. (1997): "The learning region: institution, innovation and regional renewal", *Regional Studies*, 31(5): 491-503.

MORGAN, G. (1980): "Paradigm, metaphor and puzzle solving in organizational theory". *Administrative Science Quarterly*, 25(4): 605-621.

MORIN, E. (1977): *La méthode. I. La nature de la nature*. París: Seuil.

MORIN, E. (1981): *Pour sortir du XXe siècle*. París: Seuil.

MORVAN, Y. (1991): *Fondements de l'économie industrielle*. 2a ed. París: Economica.

MURMANN, J. P. (2000): "Knowledge and competitive advantage in the synthetic dye industry, 1850-1914: the coevolution of firms, technology, and national institutions in Great Britain, Germany, and the United States", *Enterprise and Society. International Journal of Business History*, 1(4): 699-704.

MUSTAR, P. (1997): "Recherche, innovation et création d'entreprise". A: SIMON, Y.; JOFFRE, P. (dir.), *Encyclopédie de gestion*, París: Economica.

MUSTAR, P.; PENAN, H. (dir.) (2003): *Encyclopédie de l'innovation*. París: Economica.

MYRDAL, G. (1956): *Economic Theory and Underdeveloped Regions*. Londres: Duckworth.

NANDRAM, S. S.; BORN, M. P.; SAMSON, K. J. (2007): "Do entrepreneurial attributes change during the life course of enterprises and entrepreneur?", *Cahier de Recherche*, 7-8. Nyenrode Business Universiteit.

NEIMEIJER, R. (1973): "Some application of the notion of density to network analysis". A: BOISSEVAIN, J.; MITCHELL, C: (dir.), *Network Analysis. Studies in Human Interaction*, París-La Haia: Mouton, 271 p.

NELSON, R. R.; WINTER, S. G. (1982): *An Evolutionary Theory of Economic Change*. Boston: Harvard University Press.

NEWMAN, P. (1981): *L'establishment canadien. Ceux qui détiennent le pouvoir*. Traducció de *The Canadian Establishment*. Mont-real: Éditions de l'Homme.

NONAKA, I. (1994): "A dynamic theory of organizational knowledge creation", *Organization Science*, 5(1): 14-37.

NONAKA, I. R.; TAKEUCHI, H. (1995): *The Knowledge Creating Company*. Nova York: Oxford Press.

NOOTEBOOM, B. (1994): "Innovation and diffusion in small firms. Theory and evidence", *Small Business Economics*, 6(5): 327-347.

NOOTEBOOM, B. (2000): *Learning an Innovation in Organization and Economics*. Oxford: Oxford University Press.

NOOTEBOOM, B. (2006): *Learning and Innovation in Organizations and Economies*. Nova York: Oxford University Press.

NORTH, D.; SMALLBONE, D. (2000): "The innovativeness and growth of rural SMEs during the 1990s", *Regional Studies*, 34(2): 145-157.

OBSERVATOIRE EUROPÉEN SUR LES PME (1995): *Rapport annuel*. Zoetermeer: EIM Small Consultancy.

OGBOR, J. O. (2000): "Mythicizing and reification in entrepreneurial discourse: Ideology-critique of entrepreneurial studies", *Journal of Management Studies*, 37(5): 605-635.

O'HALLORAN, E. F.; RODRÍGUEZ, P. L.; VERGARA, F. (dir.) (2005): *Angel Investing in Latin America*. Charlottesville: Darden Business Publishing, University of Virginia.

OLIVIER, C. (1997): "Sustainable competitive advantage: combining institutional and resource-based views", *Strategic Management Journal*, 18(6): 697-713.

ORGANITZACIÓ DE COOPERACIÓ I DESENVOLUPAMENT ECONÒMICS (1997): *La mondialisation et les petites et moyennes entreprises*, vol. 1. París: OCDE.

ORGANITZACIÓ DE COOPERACIÓ I DESENVOLUPAMENT ECONÒMICS (2001): *Tableaux de bord de l'OCDE de la science, de la technologie et de l'industrie. Vers une économie fondée sur la connaissance.* París: OCDE.

ORGANITZACIÓ DE COOPERACIÓ I DESENVOLUPAMENT ECONÒMICS (2002a): *La formation des dirigeants de PME.* París: OCDE.

ORGANITZACIÓ DE COOPERACIÓ I DESENVOLUPAMENT ECONÒMICS (2002b): *Les PME à forte croissance et l'emploi*. París: OCDE.

ORGANITZACIÓ DE COOPERACIÓ I DESENVOLUPAMENT ECONÒMICS (2003): *Le processus de Bologne. Atelier sur "L'entrepreneuriat dans une économie globale: Srategies et Politiques", Thème I.* A càrrec de C. Hall. Budapest, 8-10 de setembre.

ORGANITZACIÓ DE LES NACIONS UNIDES (1993): *World Economic Report. Transnational Corporation and Integrated International Production.* Nova York: ONU.

OUCHI, W. (1980): "Markets, bureaucraties and clans", *Administrative Science Quarterly*, 25(2): 129-141.

OUELLET, P. (1998): "Matériaux pour une théorie générale des problèmes sociaux. Le 'développement régional' réinterprété". Tesi presentada a la Université de Montréal, març.

OWOSU, Y. A. (1999): "Importance of employee involvement in world-class agile management systems", *International Journal of Agile Management Systems*, 1(2): 107-115.

OXBROW, N. (2000): "Information audits: the route to getting value from your intranet", <http://library.dialog.com/newsltrs/dialect/issue2/info_aud.html> .

PACITTO, J. C.; JULIEN, P.-A. (2004): "Does marketing have a place in very small enterprises?". Comunicació al Col·loqui de l'Institute for Entrepreneurial Studies sobre el tema "Marketing and Entrepreneurial Interface". Metz, 1-3 de juny <www.uic.edu/cba/ies/symposia.html>.

PACITTO, J. C.; JULIEN, P.-A. (2006): "Le marketing est-il soluble dans la très petite entreprise?", *Revue Internationale PME,* 19(3-4): 77-110.

PANICCIA, I. (2002): *Industrial Districts. Evolution and Competitiveness in Italian Firms*. Cheltenham: Edward Edgar.

PAPPAS, J. P. (dir.) (1997): *The University's Role in Economic Development: From Research to Outreach*. San Francisco: Jossey-Bass Publishers.

PARANQUE, B.; RIVAUD-DANSET, D. (1996): "Marchés, organisation de la production et rentabilité", *Les études de l'observatoire des enterprises*. Banque de France, n. 96-03.

PARKER, S. (2004): *The Economics of Entrepreneurship and Self-Employment*. Cambridge: Cambridge University Press.

PARKINSON, C. N. (1983): *Les lois de Parkinson*. Traducció de *The Law* (Boston: Houghton Mifflin Co., 1957). 4a ed. París: Robert Lafond.

PASCALE, R. T.; ATHOS, A. G. (1981): *The Art of Japanese Management*. Nova York: Simon & Schuster. Citat per PACITTO, J. C., "Richard Tanner Pascale. Du paradoxe à la complexité", a: CHARREIRE, S.; HUAULT, I., *Les grands auteurs en management*, Colombelle: Éditions EMS, 2002, p. 313-325.

PAVITT, K.; ROBSON, M.; TOWNSEND, J. (1987): "The size distribution of innovating firms in the UK", *The Journal of Industrial Economics*, 55(2): 291-316.

PEDLER, M.; BURGOYNE, J. G.; BOYDELL, T. (1991): *The Learning Company: A Strategy for Sustainable Development*. Londres: McGraw-Hill. Citat per CHELL, E. (2001).

PEEKS, M. J. (1962): "Inventions in the postwar-American aluminum company". A: *The Rate and Direction of Inventive Activity: Economic and Social Factors. A Report*. Princeton: National Bureau of Economic Research, Princeton University Press, p. 279-298.

PELLA FORGAS, J. (1892): *Las patentes de invención y los derechos del inventor*. Barcelona: Administración de Innovación e Invenciones.

PÉREZ, C. (2002): *Technological Revolutions and Financial Capital: The Dynamic of Bubbles and Golden Ages*. Camberley: Edward Edgar.

PERRIN, J. C. (1974): *Le développement régional*. París: Presses Universitaires de France.

PERROUX, F. (1970): *Aliénation et société industrielle*. París: Gallimard.

PERROUX, F. (1964): *Économie du XXe siècle*. París: Presses Universitaires de France, 598 p.

PETRELLA, R. (1989): "La mondialisation de l'économie: une hypothèse prospective", *Futuribles*, 135, setembre, p. 3-26.

PHILLIPS, B. D.; KIRCHHOFF, B. A. (1989): "Formation, growth and survival: small firm dynamics in the U.S. economy", *Small Business Economics*, 1(1): 65-74.

PICOTT, G.; DUPUY, R. (1995): *La création d'emploi selon la taille des entreprises au Canada*. Ottawa: Statistique Canada. Division de l'Analyse des Entreprises et du Marché du Travail.

PINÇON, M.; PINÇON-CHARLOT, M. (1999): *Nouveaux patrons, nouvelles dynasties*. París: Calmann-Lévy.

PIRES, A. (1994): "La criminologie: enjeux épistémologiques, théoriques et éthiques". A: DUMONT, F.; LANGLOIS, S.; MARTIN, Y. (dir.): *Traité des problèmes sociaux*. Quebec: Institut Québécois de Recherche sur la Culture, p. 247-275.

PIROU, G. (1939): *Des nouveaux courants de la théorie économique aux États-Unis. L'économie institutionnelle*, vol. II. 2a ed. París: Domat-Montchrestien.

PIROU, G. (1946): *Des nouveaux courants de la théorie économique aux États-Unis. Les précurseurs,* vol. I, 3a ed. París: Domat-Montchrestien.

PITCHER, P. (1994): *Artistes, artisans et technocrates. Rêves, réalités et illusions du leadership*. Mont-real: Presses des HEC.

POLANYI, K. (1944): *The Great Transformation*. Boston: Beacon Press.

POLÈSE, M.; SHEARMUR, R. (2005): *Économie urbaine et régionale*. París: Economica.

PORTER, J. (1966): *The Vertical Mosaic*. Toronto: Toronto University Press.

PORTER, M. (1981): *Choix stratégiques et concurrence*. París: Economica.

PORTER, M. E.; MILLAR, V. E. (1985): "How information gives you competitive advantage", *Harvard Business Review*, 63(4): 149-160.

POWELL, W. W. (1990): "Neither market nor hierarchy: networks forms of organization". A: CUMMING, L. L.; SHAW, B. (dir.), *Research in Organizational Behaviour*, Greenwich: JAI Press, p. 295-336.

PRALAHAD, C. K.; HAMEL, G. (1990): "The core competence of the corporation", *Harvard Business Review*, 41(3): 79-93.

PRALAHAD, C.; BETTIS, R. (1986): "The dominant logic: a new link between diversity and performance", *Strategic Management Journal*, 7(4): 485-501.

PRAS, B.; LE NAGARD-ASSAYAD, E. (2003): "Innovation et marketing stratégique". A: MUSTAR, P.; PENAN, H., *L'encyclopédie de l'innovation*, París: Economica, p. 255-280.

PRIEST, S. P. (1999): "Business link SME services: targeting, innovation and charging", *Environment and Planning C*, 17, p. 177-194.

PRIGOGINE, I.; STENGERS, E. (1979): *La nouvelle alliance*. París: Gallimard.

PRIGOGINE, I.; STENGERS, E. (1984): *Entre le temps et l'éternité*. París: Fayard.

PROULX, M. U. (1989): "Activité résilière et organisation économique de l'espace", *Revue d'Économie Urbaine et Régionale*, 3, p. 575-600.

PUTNAM, R. (1995): "Bowling alone: America's declining social capital", *Journal of Democracy*, 6(1): 64-78. Citat per SUIRE, R. (2000) .

PUTNAM, R. D.; FELDSTEINET, L. W.; COHEN D. (2003): *Better Together: Restoring the American Community*. Nova York: Simon & Cluster.

PYKE, F.; SENGENBERGER, W. (1992): *Industrial Districts and Local Economic Regeneration*. Ginebra: Institut International d'Études Sociaux. Bureau International du Travail.

QUINET, C. (1994): "Herbert Simon et la rationalité", *Revue Française d'Économie*, 9(1): 133-181.

RALLET, A. (1998): "Proximité urbaine et information". A: HURIOT, J. M. (dir.), *La ville ou la promiscuité organisée*, París: Anthropos, p. 103-114.

RALLET, A.; TORRE, A. (1999): "Is geography proximity necessary in the innovation networks in the era of the global economy?", *Géojournal*, 49(4): 373-380.

RAO, H. R.; JACOB, V. S.; LIN, F.; ROBEY, D.; HUBER, G. P. (1992): "Hemispheric specialization, cognitive difference, and their implications for the design of decisions support systems: responses", *MIS Quarterly*, 16(2): 145-152.

RATTI, R.; BRAMANTI, A.; GORDON, R. (dir.) (1997): *The Dynamics of Innovative Regions. The GREMI Approach*. Ashgate: Adelshot.

RAYMOND, L.; JULIEN, P.-A.; RAMANGALAHY, C. (2001): "Technological scanning by small Canadian manufacturers", *Journal of Small Business Management*, 39(3): 43-50.

REED, R.; FILIPPI, R. (1990): "Causal ambiguity, barriers to imitation and sustainable competitive advantage", *Academy of Management Review*, 15(1): 88-102.

REHN, A.; TAALAS, S. (2004): "'Znakomtva I Svyazi' (Acquaintances and connections)–Blat, the Soviet Union, and mundane entrepreneurship", *Entrepreneurship and Regional Development,* 16(3): 235-250.

REY, S.; MATTHEIS, D. (2000): *Identifying regional industrial cluster in California*. Informe preparat per al Ministeri de Treball de l'Estat de Califòrnia, vol. 1. San Diego: State University of San Diego.

REYNOLDS, P.; BYGRAVE, W. B.; COX, L. W.; AUTIO, E.; HAY, M. (2000): *Global Entrepreneurship Monitor. 2000 Executive Report*. Babson: Babson College.

REYNOLDS, P. D.; MILLER, B. (1989): "New firm survival: analysis of a panel's fourth year", *Frontiers of Entrepreneurship Research.* Wellesley: Babson College.

REYNOLDS, P. D.; MILLER, B.; MAKI, W. R. (1995): "Explaining regional variations in business births and deaths: U.S. 1976-1988", *Small Business Economics*, 7(4): 389-407.

REYNOLDS, P.; STOREY, D. J.; WESTHEAD, P. (1994): "Regional variations in new firms formation rates", *Regional Studies*, 28(4): 443-456.

RICHARDSON, G. (1972): "The organization of industry", *Economic Journal*, 82, p. 883-896.

RICOEUR, P. (1975): *La métaphore vive.* París: Seuil.

RIGINI, M.; SABEL, C. (1989): *Strategie di riaggiustamento industriale.* Bologna: Il Mulino.

RIVERIN, N. (2000): "Entreprendre en milieu rural au Québec". Comunicació al Col·loqui sobre "Développement rural dans la nouvelle économie". Alfred, Ontario, octubre.

ROBSON, P. J. A.; BENNETT, R. J. (2000): "SMEs growth: the relationship with business advices and external collaboration", *Small Business Economics,* 3(2): 193-208.

ROGERS, E. V. (1995): *Diffusion of Innovations.* 4a ed. [1962]. Nova York: The Free Press.

ROLFO, S.; CALABRESE, G. (1995): "Small innovative firms in Southern Italy", *Piccola Impresa,* 3, p. 87-111.

ROMER, P. (1990): "Endogenous technological change", *Journal of Political Economy,* 98(5): 71-102.

RONSTADT, R. (1988): "The corridor principle", *Journal of Business Venturing,* 3(1): 31-40.

ROSA, P.; HALLE, R. (1990): "The craft ideology as a barrier", *Piccola Impresa,* 1, p. 27-45.

ROSTOW, W. W. (1956): "The take-off into-self-sustained growth", *Economic Journal*, 66(261): 25-48.

ROTEFOSS, B.; KOLVEREID, L. (2005): "Aspiring, nascent and fledgling entrepreneurs: an investigation of the business start-up process", *Entrepreneurship and Regional Development*, 17(2): 109-127.

ROTWELL, R. (1989): "Small firms, innovation and industrial change", *Small Business Economics*, 1(1): 51-64.

ROUSE, M. J.; DAELLENBACH, U.S. (1999): "Rethinking research methods for the resources-based perspectives: isolating sources of sustainable competitive advantage", *Strategic Management Journal,* 20(4): 487-494.

RUEF, M. (2002): "Strong ties, weak ties, and islands: structural and cultural predictors and organizational innovation", *Industrial and Corporate Change*, 11(3): 427-450.

RUGGERI, M.-B. (2003): "Des pratiques managériales innovantes dans les PME: la gestion par les compétences". Comunicació al taller de l'OCDE sobre "L'entrepreneuriat dans une économie mondialisée: questions stratégiques et politiques. Le processus de Bologne". Budapest, 8-10 de setembre.

RUMELT, R. P. (1984): "Toward a strategy theory of the firm". A: LAMB, R. B. (dir.), *Competitive Strategic Management*, Englewood Cliffs: Prentice Hall, p. 556-571.

RUMELT, R. P. (1987): *Strategy, Structure and Economic Performance*. Cambridge: Harvard University Press.

RYAN, B.; CROSS, N. C. (1946): "The diffusion of hybrid seed corn in two Iowa communities", *Rural Sociology*, 8, p. 15-24. Citat per ROGERS, E. V. (1995).

SAHLMAN, W. A.; STEVENSON, H. H. (1985): "Capital market myopia", *Journal of Business Venturing*, 1(1): 7-31.

SAINSAULIEU, R. (dir.) (1990): *L'entreprise, une affaire de société*. París: Presses de la Fondation Nationale des Sciences Politiques.

SALOMON, J. J. (1992): *Le destin technologique*. París: Gallimard.

SAMMUT, E. (2001): "Processus de démarrage en petite entreprise: système de gestion et scénarios", *Revue de l'Entrepreneuriat*, 1(1): 61-76.

SANBERG, W. R.; HOFER, C. H. (1987): "Improving new venture performance: the role of strategy, industry, structure, and the entrepreneur", *Journal of Business Venturing*, 2(1): 5-28.

SANTARELLI, E.; STERLACCHINI, A. (1990): "Innovation formal vs. informal R&D, and firms size: some evidence from Italian manufacturing", *Small Business Economics*, 2(3): 223-228.

SARASON, Y.; DEAN, T.; DILLARD, J. F. (2005): "Entrepreneurship as the nexus of individual and opportunity: A structuration view", *Journal of Business* Venturing, 21(3): 286-305.

SAUL, J. R. (1993): *Les bâtards de Voltaire. La dictature de la raison en Occident*. Traducció de *Voltaire's Bastards. The Dictature of the Reason in the West*. París: Payot. Citat per SCOTT, K. (1994).

SAXENIAN, A. (1994): *Regional Advantage: Culture and Competition in Silicon Valley and Route 128*. Cambridge: Harvard University Press.

SCOTT, K. (1994): *Monster. The Autobiography of an L.A. Gang Member*. Nova York: Penguin Books.

SMALL BUSINESS RESEARCH CENTRE – SBRC (1992): *The State of British Enterprise: Growth, innovation and competitive advantage in small and medium-sized firms*. University of Cambridge. Citat per HOFFMAN, K. et al. (1998).

SCHERER, F. M. (1965): "Firm size, market structure, opportunity and the output of patented inventions", *American Economic Review*, 55(6): 1097-1125.

SCHERER, F. M. (1984): *Innovation and Growth: Schumpeterian Perspectives*. Cambridge: MIT Press.

SCHMITT, H. (dir.) (2003): *Local Enterprises in the Global Economy*. Cheltenham: Edward Edgar.

SCHULTZ, T. W. (1980): "Investment in entrepreneurial ability", *Scandinavian Journal of Economics*, 82, p. 437-448.

SCHUMPETER, J. A. (1911): *Theorie der Wirtschftlichen Entwicklung. Eine Untersuchung über Linternehmergewinn, Kapital' kredit, Zins und den Kunjunkturzyklus*. Traducció anglesa de R. Opie. [*The Theory of Economic Development. An Inquiry into Capital, Profits, Credit, Interest and the Business Cycle*. Oxford: Oxford University Press, 1963.]

SCHUMPETER, J. A. (1928): "The instability of capitalism", *Economic Journal*, 38, p. 361-386.

SCHUMPETER, J. A. (1939): *Business Cycles. A Theoretical, Historical and Statistical Analysis of the Capitalist Process.* Nova York: McGraw-Hill.

SCHUMPETER, J. A. (1942): *Capitalisme, socialisme et démocratie*. París: Payot.

SEIBERT, S. E.; KRAIMER, M. L.; LIDEN, R. C. (2001): "A social capital theory of career success", *Academy of Management Journal*, 44(2): 219-237.

SEN, A. (1977): "Rational fools: a critique of the behavioral foundations of economic theory", *Philosophy and Public Affairs*, 6, p. 317-344.

SENGE, P. (1990): "The leader's new work: building learning organizations", *Sloan Management Review*, 32(1): 7-23.

SENGE, P.; KLEINER, A.; ROBERTS, C.; ROSS, R.; ROTH, G.; SMITH, B. (1999): *La danse du changement: maintenir l'élan des organisations apprenantes*. París: Éditions First.

SESSI (1999a): *L'état des PMI, édition 1999*. París: Ministère de l'Économie, des Finances et de l'Industrie.

SESSI (1999b): "Les compétences pour innover dans l'industrie", *4 pages des statistiques industrielles*, 120, octubre.

SHAN, W.; WALTER, G.; KOGUT, B. (1994): "Interfirm cooperation and start-up innovation in biotechnology industry", *Strategic Management Journal*, 15(5): 387-394.

SHANE, S.; CABLE, D. (2002): "Network ties, reputation and the financing of new ventures", *Management Science*, 48(3): 364-381.

SHANE, S.; VANKATARAMAN, S. (2000): "The promise of entrepreneurship as a field of research", *Academy of Management Review*, 25(1): 217-226.

SHAPIRO, A. (1975): "The displaced, uncomfortable entrepreneur", *Psychology Today*, 9(6): 83-88.

SICOTTE, G. (2003): "Le discours gastronomique, le consommateur et le citoyen". A: LATOUCHE, D. (dir.), *Voulez-vous manger avec moi?*, Mont-real: Fides.

SIEGEL, R.; SIEGEL, E.; McMILLAN, I. C. (1993): "Characteristics distinguishing high growth ventures", *Journal of Business Venturing*, 8(2): 169-180.

SIMENON, G. (2003): *Romans*. 2 vol. París: Bibliothèque de la Pléiade.

SIMON, H. (1976): "From substantive to procedural rationality". A: LATSIS, S. (dir.), *Method and Appraisal in Economics*, Cambridge: Cambridge University Press, p. 129-148.

SINGH, R. P. (2000): *Entrepreneurial Opportunity Recognition through Social Networks*. Nova York: Garland.

SINGH, R. P.; HILLS, G. E.; HYBELS, R. C.; LUMPKIN, G. T. (1999): "Opportunity recognition through social network characteristics of entrepreneurs", *Frontiers of Entrepreneurship Research*. Babson College, p. 228-241.

SIVADA, E.; DWYER, F. R. (2000): "An examination of organizational factors influencing new product success in internal and alliance based processes", *Journal of Marketing*, 64(1): 31-49.

SMITH, A. (1776[1788]): *Recherches sur la nature et les causes de la richesse des nations*. Traduït de l'anglès. París: Pierre J. Duclain.

SOMBART, W. (1926): *Le Bourgeois*. Citat per BRAUDEL, F. (1979).

SØRENSEN, J. B.; STUART, T. E. (2000): "Aging, obsolescence and organizational innovation", *Administrative Science Quarterly*, 45(1): 81-112.

SOURIAU, P. (1881): *Théorie de l'invention*. París: Édition Vigdor. [Disponible gratuïtament a Internet.]

SPARROWE, R. T.; LIDEN, R. C. (1997): "Process and structure in leader-member exchange", *Academy of Management Review*, 22(2): 522-552.

SPENCER, H. (1864): *Principles of Psychology*. Citat per THONNARD, F. J., *Précis d'histoire de la philosophie*, Tournai: Desclée et Cie.

SPINOSA, C.; FLORES, F.; DREYFUS, H. L. (1997): *Disclosing the New Worlds. Entrepreneurship, Democratic Action and the Cultivation of Solidarity*. 3a ed. Cambridge: MIT Press.

STANWORTH, M. J. K.; CURRAN, J. (1976): "Growth and the small firm: an alternative view", *Journal of Management Studies*, 13(2): 94-110.

STAUFFER, D.; AHORANY, A. (1992): *Introduction to Percolation Theory*. 2a ed. Londres: Taylor & Francis.

STEVENSON, L.; LUNSTRÖM, A. (2001): "Patterns and Trends in Entrepreneurship/SME Policy and Practice in Ten Economies". Volum 3 d'*Entrepreneurship Policy for the Future Series*. Estocolm: Swedish Foundation for Small Business Research.

STEVENSON, H. H.; SAHLMAN, W. A. (1989): "The entrepreneurial process". A: BURNS, P.; DEWHURST, J. (dir.), *Small Business and Entrepreneurship*, Londres: Macmillan, p. 94-157.

STEWARD, A. (1991): "A prospectus on the anthropology of entrepreneurship". *Entrepreneurship Theory and Practice*, 16(2): 71-91.

STEYAERT, C.; HJORTH, D. (2003): *New Movements in Entrepreneurship*. Cheltenham: Edward Edgar.

STIGLER, G. (1939): "Production and distribution in the short run", *Journal of Political Economy*, 47(3): 305-327.

STÖHR, W. B.; TAYLOR, D. (1981): *Development for Above or Below*. Chichester: John Wiley & Sons.

STOREY, D. J. (1994): *Understanding the Small Business Sector*. Londres: International Thompson Business Press.

STOREY, D. J.; STRANGE, A. (1990): "Why are they now? Some changes in firms located on UK science parks since 1986", *Science Parks and Regional Development*. Aston-Birmingham: UKSPA.

STOREY, D. J.; WATSON, R.; WYNARCZYK, P. (1989): "Fast Growth Small Businesses: Case Studies of 40 Small Firms in Northern England". *Rapport de Recherche*, 67. Ministère du Travail. Citat per STOREY, D. J. (1994).

STORPER, M. (1996): "Regional economics as relational assets", *Revue d'Économie Régionale et Urbaine*, 4, p. 655-672.

ST-PIERRE, J. (2004): *La gestion du risque. Comment améliorer le financement des PME et parallèlement, leur dépendance*. Quebec: Presses de l'Université du Québec.

STRANG, D.; MEYER, J. (1993): "Institutional conditions for diffusion", *Theory and Society*, 22, p. 487-511. Citat per RUEF, M. (2002).

STRATOS (1990): *Strategic Orientation of Small European Business*. Avebury: Adelshot.

STREBEL, P. (1996): "Why do employees resist to change", *Harvard Business Review*, 74(3): 110-122.

SUIRE, R. (2002): "Capital social et performance régionale; une analyse exploratoire par l'économie des interactions". Comunicació al XXXVIII Congrés de l'ASRLF, Trois-Rivières, 21-23 d'agost.

SUNDBO, J. (1998): *The Theory of Innovation: Entrepreneur, Technology and Strategy*. Northampton: Edward Edgar.

SVERRISON, A. (1997): "Enterprise networks and technological change: aspects of light engineering and metal working in Accra". A: DIJKET, M.; RABELOTTI, R., *Enterprise Clusters and Networks in Developing Countries*, Londres: Franck Cass.

TARONDEAU, J. C. (1999): *La flexibilité dans les enterprises*. París: Presses Universitaires de France.

TARONDEAU, J. C. (2002): *Le management des savoirs*. París: Presses Universitaires de France. Col. "Que sais-je?".

TAWNEY, R. H. (1926): *Religion and the Rise of Capitalism*. Nova York: Harcourt, Brace & Co. Citat per JONES, G.; WADHWANI, R. D. (1999).

TAYLOR, N. (1965): "Entrepreneurship and traditional elites: the case of a dualistic society", *Exploration in Entrepreneurial History*, 2a sèrie, primavera-estiu.

TEECE, D. J.; PISANO, G.; SCHÖN, A. (1997): "Dynamic capabilities and strategic management", *Strategic Management Journal*, 18(7): 509-553.

THEIL, H. (1967): *Economics and Information Theory*. Amsterdam: North-Holland.

THOMAS, H. D. (1969): "Regional economic growth: some conceptual aspects", *Land Economics*, 45(1): 43-51.

THWAITES, A. T. (1988): "Technological changes, mobile planning and regional development", *Regional Studies*, 12(4): 445-461.

TIDÅSEN, C. (2001): "Succession in family business. To take over dad's business". Cahier de Recherche. SIRE. Växjö University.

TILMAR, M. (2006): "Swedish tribalism and Tanzanian entrepreneurship preconditions for trust formation", *Entrepreneurship and Regional Development*, 18(2): 91-108.

TILTON-PENROSE, E. T. (1959): *The Theory of the Growth of the Firm*. Oxford: Oxford University Press.

TÖDTLING, F.; WANZENBOCK, H. (2003): "Regional differences in structural characteristics of start-ups", *Entrepreneurship and Regional Development,* 15(4): 351-370.

TORKKELI, M.; TUOMINEN, M. (2002): "The contribution of technology selection to core competencies", *International Journal of Production Economics*, 77(2): 271-284.

TORRE, A. (1998): "Proximité et agglomération". A: HURIOT, J. M. (dir.), *La ville ou la proximité organisée*, Kartz: Anthropos, *op. cit.*, p. 89-103.

TORRÈS, O. (1994): "Les stratégies de globalisation des petites entreprises". Cahier de Recherche, 94-04. ERFI, Université de Montpellier.

TORRÈS, O. (2001): "Les divers types d'entrepreneuriat et de PME dans le monde", *Management International*, 6(1): 1-15.

TOULOUSE, J. M. (1979): *L'entrepreneurship*. Mont-real: Fides.

TOULOUSE, G.; BOK, J. (1978): "Principe de moindre difficulté et structure hiérarchique", *Revue Française de Sociologie*, 19(3): 391-406.

TRÉPANIER, M.; IPPERSIEL, M. P.; MARTINEAU, Y.; SZCZEPANIK, G. (2004): "Les CCTT et le soutien technologique aux entreprises". Informe de recerca. Mont-real: Institut National de Recherche Scientifique – Urbanisation, Culture et Société, novembre.

TSAI, W.; GHOSHAL, S. (1998): "Social capital and value creation: the role of intrafirm networks", *Academy of Management Journal*, 4(4): 464-477.

TYWONIACK, S. A. (1998): "Le modèle des ressources et compétences: un nouveau paradigme pour le management stratégique?". A: LAROCHE, H.; NIOCHE, J. P. (dir.), *Repenser la stratégie*, París: Vuibert, p. 166-204.

USEEM, M. (1996): "Corporate education and training". A: KAYSEN, C. (dir.), *The American Corporate Today*, Nova York: Oxford University Press.

USSBA (1998): *High Growth Companies – Doing it Faster, Better and Cheaper*. Washington, DC. Citat per MEYER, G.D.; HEPPARD, K. A. (2000).

UZZI, B. (1996): "Embeddedness and economic reconnaissance: the network effect", *American Sociological Review*, 61, p. 74-698 .

UZZI, B. (1997): "Social structure and competition in interfirm networks: the paradox of embeddedness", *Administrative Science Quarterly*, 42(1): 35-67.

VAGGAGINI, V. (1989): "Quattro paradigmi per un distretto". A: CONTI, S.; JULIEN, P.-A. (dir.), *Miti e realtà del modello italiano*. Bologna: Patron Editore.

VAGHELY, I. P.; JULIEN, P.-A.; CYR, A. (2007): "Human information transformation in SMEs: some missing links", *Human System Management*, 26(2): 14-29.

VAGHELY, I. P.; JULIEN, P.-A. (2008): "Are opportunities recognized or constructed? An information perspectives on entrepreneurial opportunity identification", *Journal of Business Venturing*. [En premsa.]

VALÉAU, P. (2001): "Pour une version non seulement lucrative de l'entrepreneur: exemples tirés de la zone Océan Indien", *Management international*, 6(1): 33-40.

VAN DE VEN, A. H. (1986): "Central problem in the management of innovation", *Management Science*, 32(4): 596-607.

VAN DER BOSCH, F.; VAN WIJK, R.; VOLBERDA, H. W. (2002): *Absorptive Capacity: Antecedents, models and outcomes*. Erasmus Research Institute of Management.

VAN LOOY, B.; DEBACKERE, K.; ANDRIES, P. (2003): "Stimulating knowledge-driven entrepreneurship: delineating relevant networks and interactions". A: STEYAERT, C.; HJORTH, D. (2003), p. 177-199.

VANKATARAMAN, S. (1997): "The distinctive domain of entrepreneurship research". A: KATZ, J. A. (dir.), *Advances in Entrepreneurship, Firm Emergence and Growth*, vol. 3, Greenwich, CN: JAI, p. 119-138.

VANKATARAMAN, S.; SARASVATHY, S. D. (2001): "Strategy and entrepreneurship: Outlines of an untold story". A: HITT, M.; FREEMAN, E.; HARRISON, J. (dir.), *Handbook of Strategic Management*, Londres: Blackwell Publishers, p. 650-668.

VEBLEN, T. (1915): *Place of Science in Modern Civilisation*. Nova York: Huebsch Editor. Citat per PIROU, G. (1946).

VEBLEN, T. (1889): *Théorie de la classe de loisir*. París: Gallimard. Traducció de *The Theory of the Leisure Class* (Nova York: Macmillan, 1899).

VEGGELAND, N. (1992): *Les régions d'Europe: un développement sur le modèle de concentration ou sur le modèle éclaté*. París: OCDE.

VELTS, P. (2002): *Des lieux et des liens: le territoire français à l'heure de la mondialisation*. París: Éditions de l'Aube.

VÉRIN, H. (1982): *Entrepreneur. Entreprises. Histoire d'une idée*. París: Presses Universitaires de France.

VERSTRAETE, T. (1999): "Autopoïèse et sciences de gestion: excès d'éclectisme". *Cahier de Recherche.* Centre Lillois d'Analyse et de Recherche sur l'Évolution des Entreprises, IAE de Lille.

VERSTRAETE, T. (2000): *Histoire d'entreprendre – Les réalités de l'entrepreneur*. París: Éditions Management et Société.

VERSTRAETE, T. (2001): "Entrepreneuriat: modélisation du phénomène", *Revue de l'Entrepreneuriat*, 1(1): 5-24.

VÉRY, P.; ARRÈGLE, J. L. (1997): "Combinaison de ressources et avantages concurrentiels". A: NOËL, A. (dir.), *Perspectives en management stratégique*, París: Economica.

VESPER, K. (1980): *New Venture Strategies*. Englewood Cliffs: Prentice Hall.

VESPER, K. (dir.) (1985): *Entrepreneurship Education*. Wellesley: Babson College.

VIGINIER, P. (dir.) (2002): *La France dans la nouvelle économie du savoir: pour une dynamique collective*. París: La Documentation Française.

VOGE, J. P. (1978): "Société d'information et crise économique", *Revue Française de Communications*, 1(2): 24-32.

VON HIPPEL, E. (1988): *The Sources of Innovation*. Nova York: Oxford University Press.

VON KROGH, G.; ICHIGO, K.; NONAKA, I. (2000): *Enabling Knowledge Creation. How to Unlock the Mystery of Tacit Knowledge*. Nova York: Oxford University Press.

VON KROGH, G.; NONAKA, I.; ICHIJO, K. (1997): "Develop knowledge activists!", *European Management Journal*, 15(5): 475-483.

VON KROGH, G.; ROOS, J.; SLOCUM, K. (1994): "An essay on corporate epistemology", *Strategic Management Journal*, 15(1): 53-71.

VON MISES, L. (1949): *Human Action. A Treatise on Economics*. New Haven: Yale University Press.

WACHEUX, F. (1996): *Méthodes qualitatives et recherche en gestion*. París: Economica.

WALKER, F.; BROWN, A. (2004): "What success factors are important into small business owners?", *International Small Business Journal*, 22(6): 577-594.

WALLERSTEIN, I. (1990): *Le capitalisme historique*. Traducció d'*Historical Capitalism*. París: La Découverte.

WALSH, D. (2006): *Knowledge and the Wealth of Nations*. Nova York: W. W. Norton.

WATSON, T. J. (1995): "Entrepreneurship and professional management: a fatal distinction", *International Small Business Journal*, 13(2): 34-46.

WATSON, J. (2006): "Modeling the relationship between networking and firm performance", *Journal of Business Venturing*, 22(6): 852-874.

WATTS, D. (1999): *Small Worlds: The Dynamics of Networks between Order and Randomness*. Princeton: Princeton University Press.

WATTS, D.; STROGRATZ, S. (1998): "Collective dynamics of small world networks", *Nature*, 393, p. 400-403.

WEBER, M. (1904): *Die Protestantische Ethik und der Geist des Kapitalismus*. Citat per HABERMAS, J. (1987) .

WEICK, K. E. (1976): "Educational organizations as loosely coupled systems", *Administrative Science Quarterly,* 21(1): 1-19.

WEICK, K. (1969, 1979): *The Social Psychology of Organizing*. Reading: Addison-Wesley.

WELTER, G. (1963): *Histoire de Russie*. París: Payot.

WENNEKERS, S.; THURIK, R. (1999): "Linking entrepreneurship and economic growth", *Small Business Economic*, 13(1): 27-55.

WERNERFELT, B. (1984): "A resource-based theory of the firm", *Strategic Management Journal*, 5(1): 99-120.

WEST, M. A. (1997): *Developing Creativity in Organization*. Leicester: BPS. Citat per CHELL, E. (2001).

WESTHEAD, P.; BATSTONE, S. (1999): "Perceived benefits of managed science park location", *Entrepreneurship and Regional Development*, 11(2): 129-155.

WHITE, H. C. (2001): *Markets from Networks: Socioeconomic Models of Production*. Princeton: Princeton University Press.

WILLIAMSON, O. E. (1985): *The Economic Institution of Capitalism*. Nova York: The Free Press.

WITT, P. (2004): "Entrepreneurs' networks and the success of start-ups", *Entrepreneurship and Regional Development*, 16(5): 391-412.

WITT, U. (1993): "Turning Austrian economics into an evolutionary theory". A: CADWELL, P. J.; BOERCH, J. (dir.), *Austrian Economics: Tension and New Direction*. Dordrecht: Kluwer.

WOO, C. Y.; COOPER, A. C.; DUNKELBERG, W. C.; DAELLENBACH, U.; DENNIS, W. J. (1989): *Determinants of Growth for Small and Large Entrepreneurial Start-ups*. Babson: Babson College.

WOODMAN, R. W.; SAWYER, J. E.; GRIFFIN, R. W. (1993): "Toward a theory of organizational creativity", *Academy of Management Review*, 18(2): 293-321.

WOODWARD, W. J. (1988): "A Social Network Theory of Entrepreneurship: An empirical study". Tesi doctoral. University Microfilms International.

YLI-RENCO, H.; AUTIO, E.; SAPIENZA, H. J. (2001): "Social capital, knowledge acquisition, and knowledge exploitation in young technology-based firms", *Strategic Management Journal*, 22(6): 587-613.

ZACK, M. H. (2000): "Jazz improvisation and organizing: once more from the top", *Organization Science*, 11(2): 227-234.

ZAFIROVSKI, M. (1999): "Probing into the social layers of entrepreneurship: outlines of the sociology of enterprises", *Entrepreneurship and Regional Development*, 11(3): 351-371.

ZAJAC, E. J.; OLSEN, C. P. (1993): "From transaction cost to transactional value analysis: implication for the study of interorganizational strategies", *Journal of Management* Studies, 30(2): 131-145.

ZHARA, A. S.; GEORGE, G. (2002): "Absorptive capacity: a review, reconceptualization, and extension", *Academy of Management Review*, 27(2): 185-203.

ZINGER, J. T. (2003): "The benefit of business planning in early stage small enterprises", *Journal of Small Business and Entrepreneurship*, 17(1): 1-16.

www.ingramcontent.com/pod-product-compliance
Lightning Source LLC
Chambersburg PA
CBHW082106220326
41598CB00066BA/5637
* 9 7 8 8 4 7 6 5 3 5 6 2 2 *